RUSSIAN
A COMPLETE ELEMENTARY COURSE

RUSSIAN

A COMPLETE ELEMENTARY COURSE

Peter Rudy
Xenia L. Youhn
Henry M. Nebel, Jr.

NORTHWESTERN UNIVERSITY

W · W · Norton & Company · INC ·
NEW YORK

Copyright © 1970 by W. W. Norton & Company, Inc.

First Edition

Library of Congress Catalog Card No. 67-11087

SBN 393 09871 0

Printed in the United States of America
234567890

Contents

	Page
Introduction	ix
Guidelines for Teachers	xvii

Phase I
Lesson
- 1   Simple Vowels—The Consonant ч—Variable Consonants—General Remarks   5
- 2   Hard and Soft Versions of Variable Consonants—The Soft Sign and Indicator Vowels after Variable Consonants—Hard Consonants ц, ж, ш—Soft Consonants ч, щ, й—The Soft Sign and Indicator Vowels after Hard and Soft Consonants   17
- 3   Indicator Vowels Not Following Consonants—The Hard Sign—Unvoicing and Voicing of Consonants—Reference Summaries   27

Phase II
Lesson
- 4   Nominative Case   37
- 5   Genitive Case   45
- 6   Accusative Case   51
- 7   Past Tense—Aspects   57
- 8   Locative Case   65
- 9   Dative Case   73
- 10   Present Tense   81
- 11   Future Tense   89
- 12   Instrumental Case   97

Phase III
Lesson
- 13   Reading: **Бог пра́вду ви́дит, да не ско́ро ска́жет** (I)   107
       Conversation: **Ви́ктор и Влади́мир**   111
       Grammar: *To Have* and *To Have Not* Constructions   113

14	Reading: **Бог пра́вду ви́дит, да не ско́ро ска́жет** (II)		117
	Conversation: **Ни́на и Том**		120
	Grammar: Separate Verbs for Incompletion and Repetition		124
15	Reading: **Бог пра́вду ви́дит, да не ско́ро ска́жет** (III)		129
	Conversation: **Кен в Москве́**		133
	Grammar: Spelling Rules		137
16	Reading: **Бог пра́вду ви́дит, да не ско́ро ска́жет** (IV)		141
	Conversation: Time Expressions (Full hours)		145
	Grammar: Genitive in Expressions of Quantity—Special Genitive in Expressions of Quantity		147
17	Reading: **Произведе́ние иску́сства** (I)		151
	Conversation: **Из дневника́ Джо́на**		155
	Grammar: Imperative		158
18	Reading: **Произведе́ние иску́сства** (II)		161
	Conversation: Time Expressions (Through the Half-Hour)		165
	Grammar: Short-Form Predicate Adjectives		167
19	Reading: **Переполо́х** (I)		171
	Conversation: Time Expressions (Through the Half-Hour)		175
	Grammar: The Relative Pronoun **кото́рый**		178
20	Reading: **Переполо́х** (II)		181
	Conversation: **Ве́ра на ле́кции**		185
	Grammar: The Pronominal Adjective **свой**		189
21	Reading: **Переполо́х** (III)		193
	Conversation: Time Expressions (After the Half-Hour)		197
	Grammar: Constructions Without a Grammatical Subject		199
22	Reading: **Рогу́лька**		203
	Conversation: **Кен в Ленингра́де**		208
	Grammar: Simple *If* Conditional Statements—*If* Conditional Statements with Unfulfilled Conditions		211
23	Reading: **Пи́ковая да́ма** (I)		215
	Conversation: Age Expressions		220
	Grammar: Verbs with the Particle **-ся (-сь)**		223
24	Reading: **Пи́ковая да́ма** (II)		227
	Conversation: **Кен в ла́гере на Днепре́**		233
	Grammar: Verbal Adverbs of Completed Action and Substitute Constructions		235
25	Reading: **Пи́ковая да́ма** (III)		241
	Conversation: Date Expressions (Days, Months)		246
	Grammar: Verbal Adverbs of Simultaneous Action and Substitute Constructions		248

CONTENTS

26	Reading: **Пиковая дама** (IV)	255
	Conversation: **Кен в Киеве**	259
	Grammar: The Comparative of Adjectives and Adverbs	263
27	Reading: **Пиковая дама** (V)	269
	Conversation: Date Expressions (Months, Years)	273
	Grammar: The Superlative of Adjectives and Adverbs	275
28	Reading: **Пиковая дама** (VI)	279
	Conversation: **Из дневника Веры**	283
	Grammar: Active Verbal Adjectives and Substitute Constructions	287
29	Reading: **Пиковая дама** (VII)	293
	Conversation: Date Expressions (Years)	297
	Grammar: Passive Verbal Adjectives and Substitute Constructions	298
30	Reading: **Пиковая дама** (VIII)	305
	Conversation: **Лиза и Ясная Поляна**	310
	Grammar: Cardinal and Ordinal Numbers (1–1000)	312
Additional Exercises		321
Appendix		431
Russian-English Vocabulary		449
English-Russian Vocabulary		489
Index		521

Introduction

Russian: A Complete Elementary Course is a first-year text which, by combining and integrating the functions of an elementary grammar, an introductory conversation book, and a graded reader, provides the basis for training in the fundamentals of aural comprehension, speaking, and reading. The materials are geared to a simple approach which is essentially a composite of audio-lingual and traditional techniques; it takes advantage of the fact that the aural, oral, and reading skills can be developed in a mutually reinforcing manner, while writing can serve as an effective auxiliary learning device. Both the materials and the approach have been tested at Northwestern University over a period of six years, in thirty full-year sections, by both experienced and inexperienced instructors teaching average (not selected) classes. The section following this one provides guidelines for the teacher, and the lessons themselves supply directions to the students, but the following remarks may be useful in giving an overview of the course format and its rationale.

The first phase of instruction (Lessons 1 through 3) provides an introduction to the fundamentals of sounds, reading, and writing through a hear-speak-read-write progression. The approach is designed to make learning both more interesting and more efficient by eliminating the need for complex explanations and the cumbersome paraphernalia of phonetic transcription, and by introducing as well as practicing reading and writing skills in the course of the homework. Through a series of intensive question-and-answer drill sessions in class, students acquire a solid aural-oral grasp of a small number of words that will be immediately useful in succeeding lessons; in the process, they assimilate the basic sounds naturally and easily. While doing the homework assignment after each such drill session, students learn the relationship between the sounds practiced that day and the printed and then written letters, and they do this within a word-sentence context. Since they are dealing with a limited number of letters and words in each assignment and since their strong aural-oral background for this material serves as an effective guiding and corrective frame of reference, the students' entree to reading and writing is both rapid and easy. The very nature of the homework provides additional practice in the oral skill. Everything necessary for the homework procedure—explanations, exercises, and step-by-step directions—is supplied in the lessons.

During the second phase of instruction (Lessons 4 through 12), the stress is on gradual vocabulary building and the assimilation of a grammatical framework reduced to the simplest practicable form. The classwork for each lesson starts with an aural-oral vocabulary drill in a question-and-answer format; after this, the grammatical section is taken up in small, manageable units, with each unit of explanation followed immediately by intensive pattern practice. This work in class is reinforced by homework exercises involving both oral reading and writing; again, the procedure to be followed with the exercises is specified in detail.

The organization of this second phase is governed by the following principles: 1) The amount and diversity of new material competing for the students' attention at any one time should be kept to the lowest practical minimum. For this reason a substantial amount of the new vocabulary in each lesson is learned before any new grammar is taken up. For this reason, too, the students start their study of grammar with a basic case and tense framework stripped of all possible distracting complications. The cases and tenses are presented in a selective and highly "regular" form, avoiding, wherever possible, all relatively minor patterns and real or apparent exceptions. The number of functions is limited to the minimum feasible for adequate drill of the essential forms involved—for example, the genitive case is used with only two functions, the accusative and dative with one; the aspectual pairs are practiced only with the most basic and clear-cut distinction. 2) All of the grammatical material presented should receive due emphasis and practice. This is why the plural forms for each case are introduced along with the singular and why the two aspects are presented simultaneously and as early as Lesson 7. 3) Grammatical material should be so introduced that significant areas of identity can be taken advantage of. Thus, the nominative (Lesson 4) *and* the genitive (Lesson 5) are presented before the accusative (Lesson 6). When the students start the accusative case, they still have to develop the reflex of using accusative endings to render the direct object, but the task seems much less formidable when they know that most of these endings coincide, according to a definite pattern, with those of the nominative and genitive. Later the present tense is given in Lesson 10, and, to reinforce immediately the common rules for stem formation and endings, it is followed by the future in Lesson 11.

INTRODUCTION

The third phase of instruction (Lessons 13 through 30) provides a further extension of vocabulary and grammar on both the aural-oral and reading levels. This is accomplished within the context of adapted, graded versions of short stories by Pushkin, Tolstoy, Chekhov, and Zoshchenko; conversation materials consisting of original narratives and question-and-answer sequences dealing with time, age, and date expressions; and formal grammar units.

The reading section of each lesson is taken up first. For homework, students follow the prescribed routine with an installment of a short story, and in the process they are introduced to a limited amount of new vocabulary and grammar; they also prepare answers to questions that favor vocabulary and grammatical principles useful for the conversation skills. Classwork is almost entirely aural-oral; it begins with the prepared questions, progresses to variants and extensions of these, and ends with brief, simple oral summaries. With this approach the problem of what part of the reading material is to be learned on an aural-oral basis disappears: as students go through the prescribed reading practice, they acquire a *reading* knowledge of all of it; as they respond to the questions and summarize, they obtain an *aural-oral* knowledge of that part of the material useful for the conversation skills.

Next, the class goes on to the conversation section. If it is centered around a narrative, the homework and class routines are the same as those used with the reading section, except that students are, of course, required to have an aural-oral knowledge of all the material. If the section consists of a question-and-answer sequence, homework is devoted to learning the questions and responses, and classwork concentrates on aural-oral practice with them. The gradual contextual introduction of new vocabulary and grammar continues in the conversation section.

The last part of every lesson is the grammar section, which concentrates on one of the points of grammar encountered in earlier reading and conversation sections. In doing their homework with this section, students cover a detailed grammatical explanation, then work with exercise sentences; class time is spent primarily on pattern practice. So that students can direct all of their attention to the grammatical item under consideration, no new vocabulary is introduced in the grammar section.

As in the previous phases, the homework procedure in this third phase is spelled out in detail, and both oral and written exercises are employed.

To make the basically contextual learning process in this third phase as efficient as possible, the text uses a special system for the exposition of new vocabulary and grammar. Both the reading and conversation materials of each lesson are methodically seeded with a limited number of new words and grammatical principles; the total amount of this new material does not vary substantially from lesson to lesson. Marginal notes and footnotes supply the meaning and relevant distinctive characteristics of every word appearing for the first time, and a capsule explanation of each new grammatical item—in short, all the information that students need in order to use the new material within the scope of the particular section. The capsule explanation is repeated in a footnote whenever the item reappears in subsequent reading or conversation material (except, of course, when this happens after only a few lines). If the item is essentially simple or needs only partial treatment in a first-year course, repetition of the footnote capsule explanation continues until it can be reasonably assumed that the students have learned the point. If, on the other hand, the item has complex ramifications or, though seemingly simple, has been traditionally troublesome for students, it eventually receives detailed attention in the grammar section of a lesson (and it may even rate a reminder in the footnotes after this point).

This system of exposition offers several advantages. For one thing, the regulated pace at which new vocabulary and grammar are introduced prevents students from being overwhelmed by a mass of new material in any one lesson. For another, the intensive use of notes saves time both in class (anticipatory explanations are unnecessary; follow-up reminders are drastically reduced) and out of class (students need not waste time flipping to the vocabulary at the end of the book for declensions of new nouns, conjugations of new verbs, etc.). Further, the presentation of limited grammatical items exclusively through repeated capsule explanations eliminates the need for additional grammatical sections, and this again saves considerable class and homework time. Finally, the procedure used for presenting complex or troublesome material—progression through successive capsule explanations in footnotes to a detailed treatment in a grammar section—makes learning a great deal easier. When students approach a grammar section, they are already familiar with the general principles involved and with a few concrete examples; their work consists essentially of expanding the knowledge they have, an undertaking which both seems and is easier than a sudden confrontation with totally unfamiliar material.

Three reasons prompted the radical change from the approach used in the second phase to that used in the third, the change from an approach

INTRODUCTION xiii

based on grammatical explanations and drills to one that concentrates so heavily on the reading and discussion of annotated narratives and reduces formal work with grammar to an essentially supporting role. First, this major change of routine prevents the buildup of monotony and the consequent drop in student efficiency that occur if any one pattern of presentation is used week in and week out for a whole year, even with substantial diversification in the homework and class exercises. Second, if the student is to retain a sense of reasonable progress, which is important for his self-confidence and enthusiasm, he must start to make heavy use of his language skills for the end-purposes that they are being learned, before he falls prey to the familiar malady of vocabulary-grammar fatigue. The typical student starts the study of Russian with a certain goal in mind: he wants it to provide him with the skills he will need to read and converse. In the early stage of a first-year course taught by almost any method, the student feels that he is making reasonable progress toward this goal—the grammar at this stage is relatively simple and can be learned without any great difficulty, and there is no burdensome backlog of vocabulary and grammar to be remembered. But then, no matter whether the method of instruction is traditional grammatical, audio-lingual, or some combination of the two, the course begins to approach a critical stage. Of necessity the grammar will become more complicated and the backlog of vocabulary and grammar will begin to pose a problem. If a heavy emphasis on formal explanations and formal drills continues into this stage, the student very soon feels that an insurmountable amount of lexical and grammatical material is walling him off from his goal. His sense of making reasonable progress toward this goal is dissipated, and he, unfortunately, regards as mere palliatives any reading or conversation dialogues that may be offered to him. But if, at this critical stage, the student is put on a heavy diet of reading and discussing material that interests him, his sense of reasonable progress is retained. He knows, of course, that he is dealing with simplified Russian, and using crutches at that, but he is impressed by the fact he is already using his skills for the end-purposes that they are being learned. Third, this shift to a heavy stress on the reading and discussion of narratives is designed to give the student an adequate amount of the specific preparation he needs for truly intermediate work in reading and conversation. If he is to make a comfortable transition to ungraded reading material of reasonable difficulty at the beginning of the second year, he must first go through an acclimatization of the type that this third phase provides—he must gradually, and over an extended period of time, get used to sentences that are longer, more diversified, and more complex than drill sentences can afford to be if they are to focus sharply on specific points and are not to be too unwieldy for classroom use. If the student's second-year work in conversation is to stress spontaneous give-and-take discussions on an intermediate lexical and grammatical level, instead of being restricted to the tedious and not very fruitful routine of ready-made dialogues, he must be properly prepared for such work. In his first-year course he must start developing 1) the aural flexibility necessary to grasp the meaning of a question or statement whose pattern and contents cannot be anticipated and 2) the oral dexterity requisite for framing an appropriately tailored response. Drill sentences, regardless of how advanced or well learned they are, contribute very little to this flexibility and dexterity, since they are necessarily based on repetition or on very restricted variations within predictable and essentially skeletal patterns. Only work comparable in type and amount to that of the third phase will do the job.

Several characteristics of the lessons as a whole deserve a few words of explanation. 1) Pattern drills are not normally used in the homework exercises. This is done to avoid the tedium that results if class and homework drills are consistently similar or identical. 2) Translation is utilized in the homework exercises, but only as a testing device and only after material has been thoroughly practiced in Russian alone; this avoids the danger of pattern transference from English. 3) A systematic review process has been built into the text. The ratio of new to old vocabulary and grammar is kept very low in each lesson, with the result that previously covered material is constantly in use. In addition, Lessons 2 through 12 have special review exercises. 4) Some grammatical items are never given more than limited presentation, because certain complications are best postponed until the second year—there is, after all, just so much that the average student can absorb in a first-year course. Thus, if there is a regularized deviation from a general rule, but if few examples occur at the elementary level, such a deviation is treated as an irregularity, for at this stage it is easier for a student to learn a few "irregular" words than to bother with a rule he will seldom apply. In some instances, such as superlatives, only the most common forms are given. 5) A limited amount of new terminology is introduced in order to provide the average beginning student, who is usually quite innocent of traditional nomenclature, with terms that have a highly descriptive value for him. In the several years that the text has been in use, there has been no sign that the "retreading" to conventional terminology at the start of the second year poses any problems.

Following the last lesson, there is a section of Additional Exercises for Lessons 4 through 30. Consisting of simple pattern drills and incorporating

INTRODUCTION

a self-testing feature, these exercises are useful not only for any supplementary homework that the teacher may wish to assign, but also as examples of types of drills and pattern sentences that can be used in class. In addition, the end of the book includes an appendix, vocabularies (with the Russian-English vocabulary listing all the information a student might need within the text's framework), and an index to all the grammar.

A complete program of self-correcting tapes is available with the text. The tapes for Lessons 1 through 3 provide repetition drill with the sentences of Homework Exercise A in those lessons. The remainder of the tapes reproduce the pattern drills from the Additional Exercises.

We would like to thank past and present colleagues in the Department of Slavic Languages and Literatures at Northwestern University for their very helpful suggestions. Also, we are grateful to the following people for their valuable criticism: Professors Richard Burgi of Princeton University, Horace W. Dewey of the University of Michigan, John Fizer of Rutgers University, and Louis Pedrotti of the University of California at Riverside. And we wish to express our thanks to Mrs. Theresa Ducato of Northwestern University for her excellent work in the preparation of the typescript. Final responsibility for the text rests with us, of course. Suggestions for improvements would be most welcome.

P. R.
X. L. Y.
H. M. N., Jr.

Guidelines for Teachers

PHASE I

Allow two fifty-minute periods of class instruction for each of the three lessons in this phase. Students should not anticipate the new material of the drill session by studying the text in advance, nor should the teacher, in presenting the new material, refer to the text or to the printed or written word. Tapes providing repetition drill with Homework Exercise A (which covers the new material of each of the first three lessons) are available.

LESSON 1

First Aural-Oral Drill Session

1. Explain and pronounce **Что э́то?** and have the students repeat it after you until they can do this accurately and without hesitation.
2. Do a simple sketch of a lamp on the blackboard, identify it as **"ла́мпа, a lamp,"** and, pointing to the drawing, have the students repeat the word after you until they can do this accurately and without hesitation.
3. Explain and pronounce **Э́то ла́мпа,** and, pointing to the sketch, have the students repeat the sentence until they can do this accurately and without hesitation.
4. Pointing to the sketch, practice asking **Что э́то?** and having the students respond with **Э́то ла́мпа** until they can do this without any hesitation.
5. Introduce and practice the **Э́то ла́мпа? Да, э́то ла́мпа** patterns with the procedure used under 3 and 4.
6. Pointing to the sketch, do rapid drill, interchanging the two routines until the students can give the correct answers immediately.
7. Do a simple sketch of a glass on the blackboard, identify it as **стака́н**, and have the students repeat the word after you until they can do this accurately and without hesitation. Pointing to the sketch, practice the **Что э́то? Э́то стака́н** routine, then **Э́то стака́н? Да, э́то стака́н,** and, after this, a mixture of the two. Finally, using the sketches as cues, practice both routines with **ла́мпа** and **стака́н** until the students can respond correctly and without any hesitation.

8. Sentences 5–18 in Homework Exercise A contain the rest of the new vocabulary to be introduced in this manner. Present the words in the order that they appear in these sentences. Use arbitrary cues on the blackboard where a simple sketch would not be practical. For example, **суп** can be represented by an oblong with *Campbell's* written in it, **мы́ло** by an oblong with *Ivory* inserted, etc. When presenting **мы́ло**, pay special attention to the explanation of the **ы**-sound. Here and in the two succeeding lessons, in explaining the sounds in the words presented orally, you can use the information on pronunciation from the explanation section as you see fit, but do not have the students turn to the text. Stress the proper oral formation of the sounds, not the theory.
9. When you finish with the above procedure, the students will have learned the sounds covered in the following parts of the explanation section: 1.1, Simple Vowels; 1.2, The Consonant **ч**; and 1.3, Variable Consonants **л** through **т**.
10. Refer the students to the homework instructions at the beginning of Lesson 1. These will guide them through reading and writing the material they have learned on an aural-oral basis.

Second Aural-Oral Drill Session

1. Answer any questions the students may have about their homework.
2. Use the procedure employed in the first drill session to introduce the remaining vocabulary of Lesson 1. New words and patterns should be presented in the order in which they appear in sentences 19–36 of Homework Exercise A.
3. When you finish this session, the students will have learned the sounds represented by the remainder of the letters (**б** through **х**) under 1.3, Variable Consonants, in the explanation section.
4. Refer the students to the homework instructions at the beginning of Lesson 1. Here, as in the two succeeding lessons, the instructions will guide them through reading and writing the material they have learned on an aural-oral basis.

LESSON 2

First Aural-Oral Drill Session

1. Answer any questions the students may have about their homework.
2. Explain and illustrate *orally* the difference between the variable consonants as they have been used up to now and their soft versions. Base this presentation on the discussion under 2.1 in the explanation

GUIDELINES FOR TEACHERS

section of the lesson, but do not have the students turn to the text. Help them practice pronouncing the soft versions of the variable consonants first alone and then with the vowel sounds represented by **и, ю, ё, е,** and **я**. Then continue with the procedure of the previous oral drill sessions and introduce the new vocabulary in sentences 1–16 of Homework Exercise A, using the same patterns and order of presentation.

3. When you finish this session, the students will have learned the sounds covered by the whole of 2.1 in the explanation section (hard and soft versions of variable consonants; the soft sign and indicator vowels after the variable consonants).

4. Refer the students to the homework instructions at the beginning of Lesson 2.

Second Aural-Oral Drill Session

1. Answer any questions the students may have about their homework.

2. Use the procedure employed in previous oral drill sessions to introduce the remaining vocabulary of Lesson 2, presenting new words in the order in which they appear in sentences 17–30 of Homework Exercise A.

3. When you finish this session, the students will have learned the sounds covered by 2.2 in the explanation section (hard consonants **ц, ж, ш;** soft consonants **ч, щ, й;** the soft sign and indicator vowels after these consonants).

4. Refer the students to the homework instructions at the beginning of Lesson 2.

LESSON 3

First Aural-Oral Drill Session

1. Answer any questions the students may have about their homework.

2. Use the procedure of previous oral drill sessions to introduce the vocabulary appearing in sentences 1–18 of Homework Exercise A.

3. When you finish this session, the students will have learned words embodying the principles in 3.1 (indicator vowels not following consonants) and 3.2 (the hard sign).

4. Refer students to the homework instructions at the beginning of Lesson 3.

Second Aural-Oral Drill Session

1. Answer any questions the students may have about their homework.
2. Use the procedure of previous oral drill sessions to introduce the remaining vocabulary of Lesson 3 (sentences 19–37 of Homework Exercise A).
3. At the end of this session, the students will have learned words illustrating the principles of 3.3 (unvoicing and voicing of consonants).
4. Refer students to the homework instructions at the beginning of Lesson 3.

PHASE II

Students should not anticipate the new material to be presented in class by studying the text in advance, nor should the teacher refer them to the text during the first (vocabulary) stage of classwork, although new words can be put on the board during this oral drill session. Pattern drill tapes are available for each lesson.

LESSON 4

1. Answer any questions the students may have about their homework.
2. *First Stage:* Using the procedure employed in previous aural-oral drill sessions, introduce the new vocabulary in Homework Exercise A in the same order it appears there. Be sure these words are learned thoroughly before you proceed to the next stage.
3. *Second Stage:* Go over, in 4.1 of the explanation section, the description of Russian nouns, the explanation of the uses of the nominative, and the chart giving the nominative endings of singular nouns. Ask the students to identify the gender of previously learned nouns on the basis of this chart. Then, referring to the chart of plural nouns, point out the ending that **журнáл** takes and do intensive pattern practice with the **журнáл**-type nouns learned up to this point until the students' response is accurate and quick. Introduce, one by one, the other types of masculine nouns, then the neuter and, finally, the feminine nouns. Before you move from one type to the next, use cumulative drills that mix the various types already practiced. Continue in this manner with the adjectives, the pronominal adjectives, and the pronouns, simultaneously introducing the new vocabulary that could not be presented in the first stage. The Additional Exercises section at the end of the text gives examples of pattern drills.

GUIDELINES FOR TEACHERS

The homework exercises dealing with new vocabulary and grammar are geared to the presentation above, so at the end of each period simply assign the part of the exercise material that concentrates on the specific items *completely* covered in class (since the singular and plural forms of the individual grammatical items are drilled together in these exercises, do not, of course, assign an unfinished item). The translation check on the new material of the lesson and the general review will be in the last homework assignment. If you should want to give students more homework, you can make an assignment in the Additional Exercises section, which consists of pattern drills.

LESSONS 5–12

Lessons 5–12 are organized and presented in the same manner as Lesson 4, with the following modifications:

1. In Lesson 6, present and drill the inanimate masculine nouns and adjectives, next the neuter, then the animate masculine, and finally the feminine.

2. In Lesson 7, go over 7.1 of the explanation section, the past tense, and do pattern drill with the past tense of incompletion-repetition verbs only. For homework, have the students do reading and writing practice with the left column of Homework Exercise B, which is limited to incompletion-repetition verbs. Then cover 7.2 and 7.3 of the explanation section, the aspects and forms of verbs of completion; do pattern drill; and assign both columns of Homework Exercise B.

3. In Lesson 10, explain and drill the **посылáть** type of stem formation (10.2A.) and with it the unstressed endings (10.2B.). Then proceed to **давáть, продавáть,** and **пить** (10.2A. and 10.2B.). Finish with **брать, жить,** and **писáть** (10.2A. and 10.2B.), referring to the statement on stress (10.4). Use the same piecemeal presentation with Conjugation II: first the **говорúть** type (10.3A. and 10.3B), next the **любúть** type (10.3A. and 10.3B), and then the **вúдеть** type (10.3A. and 10.3B). Finally, do **есть** (10.5). The homework exercise on this material is geared to such a presentation. (The explanation section is organized in this fashion so that students can quickly find information on stems, endings, or stress while working with later lessons.)

4. In Lesson 12 treat the grammatical items as follows: First, the instrumental with prepositions (12.1); nouns (12.1), adjectives (12.2), and pronominal adjectives (12.3); and Homework Exercise B. Then, the instrumental used to express an instrument or means (12.1) and Homework Exercise C; and finally, pronouns (12.4) and Homework Exercise D.

PHASE III

LESSONS 13–30

Before beginning this phase, call the attention of students to the italicized precaution that precedes Lesson 13: *"Do not memorize the footnotes as such; use them as a reference tool in doing your homework."* Be sure to emphasize this point so that no overzealous student wastes time committing entire footnotes to memory. Pattern drill tapes are available for use with the Grammar section of each lesson.

1. *Reading Section:* For homework, ask the students to read all or part of the selection and to prepare answers to the questions about the material according to the instructions provided in the text. At the beginning of the next class, answer any questions students may have about the homework. Then conduct a question-and-answer session about the reading material. First, ask the questions from the text in the order they appear there, then mix the questions. Do not be afraid of overdoing on the score of repetition—such drill represents a reasonable challenge for the students and hence interests them. When they can respond to the prepared questions correctly and without hesitation, make up variants and imaginative extensions of the questions which stress words and constructions particularly useful for conversation. In the latter part of the period ask for simple summaries that combine the material brought forth by the questions. If there is any time left, ask some review questions about previous reading or conversation narratives.

2. *Conversation Section:* (a) In the case of conversation sections centered around narratives, follow the same procedure as with the reading sections. (b) In dealing with conversation sections consisting of time, age, and date expressions, ask the students to study the material in advance according to the instructions provided in the text. At the start of the class, answer any questions they may have about the homework. Then do question-and-answer oral drill, using cues on the board. Start with the questions supplied in the section, and then proceed to variants of these.

3. *Grammar Section:* Assign the explanation and the exercise sentences for homework. (If you should want to give more homework, you can make an assignment in the Additional Exercises section at the end of the text.) In class, review the explanatory material and analyze the exercise sentences to the extent you think necessary. Then conduct pattern drills of the type given in the Additional Exercises section. If you wish, add some written drill.

Russian: A Complete Elementary Course

PHASE I

Lessons 1–3 introduce you to the aural comprehension, speaking, reading, and writing of Russian in a way that is somewhat similar to the way you learned these skills in English. During each of six aural-oral drill sessions (two for each lesson), you learn thoroughly a very limited number of words which are not only useful but which also illustrate the basic sounds of Russian. Your homework after each drill session consists of learning first to read and then to write these words according to the specific instructions provided in each lesson. In doing your homework, you also receive further oral practice.

LESSON I

Simple Vowels—The Consonant ч—
Variable Consonants—General Remarks

HOMEWORK ASSIGNMENTS

Study procedure after the first aural-oral drill session
1. Go over, in the explanation section, the *printed* versions of the simple vowels (1.1), the ч (1.2), and the variable consonants л through т (1.3); as you do this, read carefully the descriptions in the Pronunciation Guide column. Next, read over the General Remarks (1.4).
2. Turn immediately to *printed* sentences 1–18 in Homework Exercise A. Using the remarks about pronunciation in the explanation section as a guide, identify the words in each *printed* sentence, and pronounce the words exactly as you learned them during the oral drill. Reread the sentences *aloud* until you can do this easily without referring to the explanation section.
3. Carefully look over, in the explanation section, the *written* versions of the same letters.
4. Practice reading, *aloud* again, *written* sentences 1–18 in Homework Exercise A until you can do this with ease.
5. Next, with the aid of the stroke analysis in the explanation section, practice forming the same *written* letters.
6. Turn to sentences 1–18 in Homework Exercise A. Copy the *written* sentences, paying particular attention to the way the individual letters are joined.
7. Write the sentences, referring only to the *printed* versions, and then check your results against the written models.

Study procedure after the second aural-oral drill session
1. Repeat the same procedure with the remaining variable consonants in 1.3 (б through х) and sentences 19–36 in Homework Exercise A.

Opposite: A Moscow Street Scene (Roger-Viollet)

2. Test your ability to write the material of the lesson by translating the English sentences in Homework Exercise B.

1.1 Simple Vowels

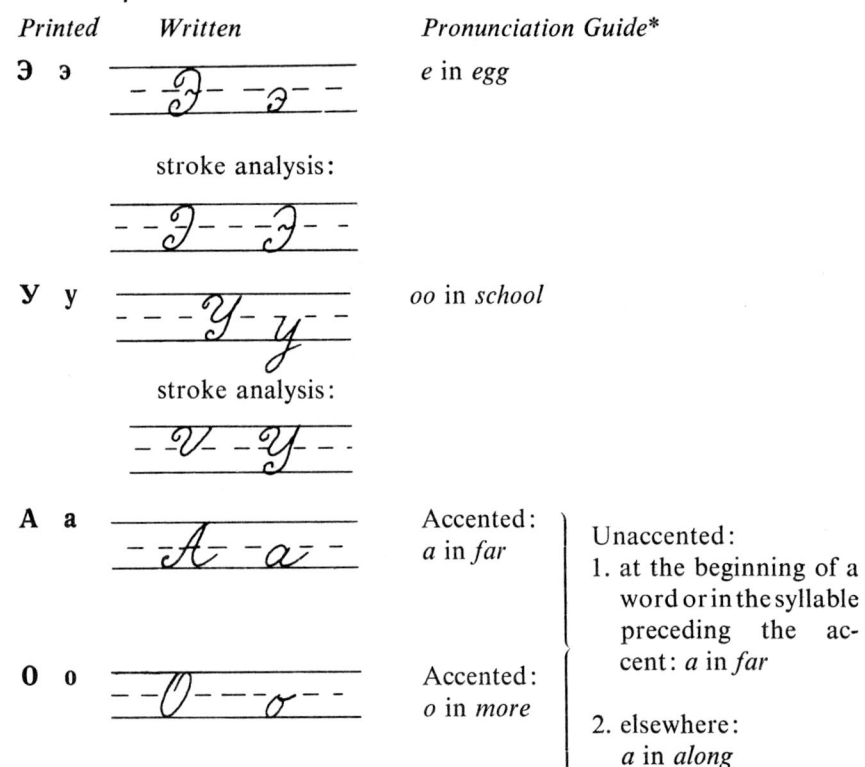

Printed	Written	Pronunciation Guide*	
Э э		*e* in *egg*	
	stroke analysis:		
У у		*oo* in *school*	
	stroke analysis:		
А а		Accented: *a* in *far*	Unaccented: 1. at the beginning of a word or in the syllable preceding the accent: *a* in *far* 2. elsewhere: *a* in *along*
О о		Accented: *o* in *more*	

The ы never begins a word; therefore, the capital letter is not used in writing.

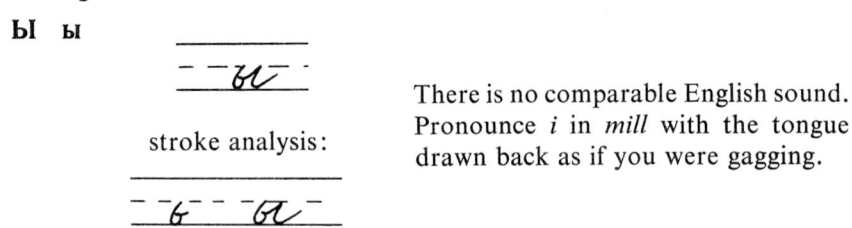

Ы ы

stroke analysis:

There is no comparable English sound. Pronounce *i* in *mill* with the tongue drawn back as if you were gagging.

* Unless otherwise indicated, Pronunciation Guide examples in this and the next two lessons are close approximations.

VARIABLE CONSONANTS

1.2 The Consonant Ч

Printed   *Written*   *Pronunciation Guide*

Ч ч   *sh* as in *shore*, but with the tongue in the position used for *r* in *read*. Ч stands for this sound in only a few Russian words. You will learn the common pronunciation of this letter in the next lesson.

stroke analysis:

1.3 Variable Consonants

The basic variation which each of these consonants can have will be explained in the next lesson.

Printed   *Written*   *Pronunciation Guide*

Л л   *l* in *full*, but with the tip of the tongue pressed against the upper teeth and the ridge above them

stroke analysis:

М м   *m* in *my*

stroke analysis:

С с   *s* in *soon*

Printed	Written	Pronunciation Guide	
К к		k in *took*	The aspiration (slight *h* sound) sometimes heard in English is not heard in Russian.
П п		p in *please*	
Д д	or	d in *do*	
Н н		n in *no*	but with the tip of the tongue pressed downward against the upper front teeth
Т т		t in *bat* but without aspiration	

VARIABLE CONSONANTS

9

Printed   *Written*   *Pronunciation Guide*

Б б   *b* in *boy*

stroke analysis:

В в   *v* in *voice*

stroke analysis:

Г г   *g* in *glad*

stroke analysis:

З з   or   *z* in *zone*

Р р   A trilled *r* formed by the vibration of the tip of the tongue against the spot above the upper tooth ridge

stroke analysis:

Ф ф   *f* in *face*

stroke analysis:

Printed Written

X x

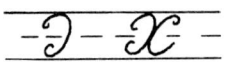

stroke analysis:

Pronunciation Guide

ch in *Bach:* To produce this sound, place your tongue in position to pronounce the English *k* and note how the back of the tongue touches the back of the roof of the mouth. Lower the back of the tongue slightly and exhale a stream of air. The resultant sound is the Russian **x**.

1.4 General Remarks

A. The accent must be learned with each word. Stress accented syllables strongly. (Accent marks are not normally used by Russians, but they will be provided throughout the text.)

B. There are no definite or indefinite articles in Russian, i.e., no *the, a,* or *an*.

C. The present tense of the verb *to be* is normally omitted in Russian.

D. As you will note from the exercises, Russian word order is quite flexible.

Homework Exercises

A. Oral Reading and Writing

1. Что э́то?
   Э́то ла́мпа.
2. Э́то ла́мпа?
   Да, э́то ла́мпа.
3. Что э́то?
   Э́то стака́н.
4. Э́то стака́н?
   Да, э́то стака́н.
5. Что э́то?
   Э́то суп.
6. Э́то суп?
   Да, э́то суп.

HOMEWORK EXERCISES

7. Что это? *Что это?*
   Это капу́ста. *Это капу́ста.*
8. Это капу́ста? *Это капу́ста?*
   Да, это капу́ста. *Да, это капу́ста.*
9. Что это? *Что это?*
   Это стол. *Это стол.*
10. Это стол? *Это стол?*
    Да, это стол. *Да, это стол.*
11. Что это? *Что это?*
    Это молоко́. *Это молоко́*
12. Это молоко́? *Это молоко́?*
    Да, это молоко́. *Да, это молоко́.*
13. Что это? *Что это?*
    Это ма́сло. *Это ма́сло*
14. Это ма́сло? *Это ма́сло?*
    Да, это ма́сло. *Да, это ма́сло*
15. Что это? *Что это?*
    Это ко́мната. *Это ко́мната.*
16. Это ко́мната? *Это ко́мната?*
    Да, это ко́мната. *Да, это ко́мната*
17. Что это? *Что это?*
    Это мы́ло. *Это мы́ло.*
18. Это мы́ло? *Это мы́ло?*
    Да, это мы́ло. *Да, это мы́ло*
19. Что это? *Что это?*
    Это колбаса́. *Это колбаса́.*
20. Это колбаса́? *Это колбаса́?*
    Да, это колбаса́. *Да, это колбаса́*

21. Что это? *Что это?*
    Это слово. *Это слово*
22. Это слово? *Это слово?*
    Да, это слово. *Да, это слово*
23. Что это? *Что это?*
    Это рыба. *Это рыба*
24. Это рыба? *Это рыба?*
    Да, это рыба. *Да, это рыба*
25. Что это? *Что это?*
    Это фраза. *Это фраза*
26. Это фраза? *Это фраза?*
    Да, это фраза. *Да, это фраза*
27. Что это? *Что это?*
    Это сахар. *Это сахар*
28. Это сахар? *Это сахар?*
    Да, это сахар. *Да, это сахар*
29. Он работал? *Он работал?*
    Да, он работал. *Да, он работал*
30. Кто работал? *Кто работал?*
    Он работал. *Он работал*
31. Кто работал утром? *Кто работал утром?*
    Он работал утром. *Он работал утром*
32. Когда он работал? *Когда он работал?*
    Он работал утром. *Он работал утром*
33. Она работала? *Она работала?*
    Да, она работала. *Да, она работала*
34. Кто работал? *Кто работал?*
    Она работала. *Она работала*

VOCABULARY 13

35. Кто рабо́тал у́тром?
    Она́ рабо́тала у́тром.
36. Когда́ она́ рабо́тала?
    Она́ рабо́тала у́тром.

B. Translation

1. Is this milk? Yes, this is milk.
2. This is a lamp.
3. What is this? This is a table.
4. Is this fish? Yes, this is fish.
5. What is this? This is soap.
6. This is a room.
7. Is this soup?
8. When did he work? He worked in the morning.
9. This is cabbage.
10. Is this a word?
11. What is this? This is sugar.
12. Did he work in the morning? Yes, he worked in the morning.
13. Is this butter? Yes, this is butter.
14. Did she work in the morning? Yes, she worked in the morning.
15. This is a drinking glass.
16. Who was working? He was working.
17. When did she work? She worked in the morning.
18. Is this sausage? Yes, this is sausage.
19. Who worked in the morning? She worked in the morning.
20. This is a sentence.

Vocabulary

са́хар		sugar
стака́н		drinking glass
стол		table
суп		soup
ма́сло		butter

LESSON 1

молоко́	*молоко́*	milk
мы́ло	*мы́ло*	soap
сло́во	*сло́во*	word
капу́ста	*капу́ста*	cabbage
колбаса́	*колбаса́*	sausage
ко́мната	*ко́мната*	room
ла́мпа	*ла́мпа*	lamp
ры́ба	*ры́ба*	fish
фра́за	*фра́за*	sentence
кто	*кто*	who
что	*что*	what
э́то...	*э́то*	this is a (an, the) ...
когда́	*когда́*	when
у́тром	*у́тром*	in the morning
да	*да*	yes
он ⎱ рабо́тал кто ⎰	*он ⎱ рабо́тал* *кто ⎰*	he ⎱ worked, was working, did work who ⎰
она́ рабо́тала	*она́ рабо́тала*	she worked, was working, did work

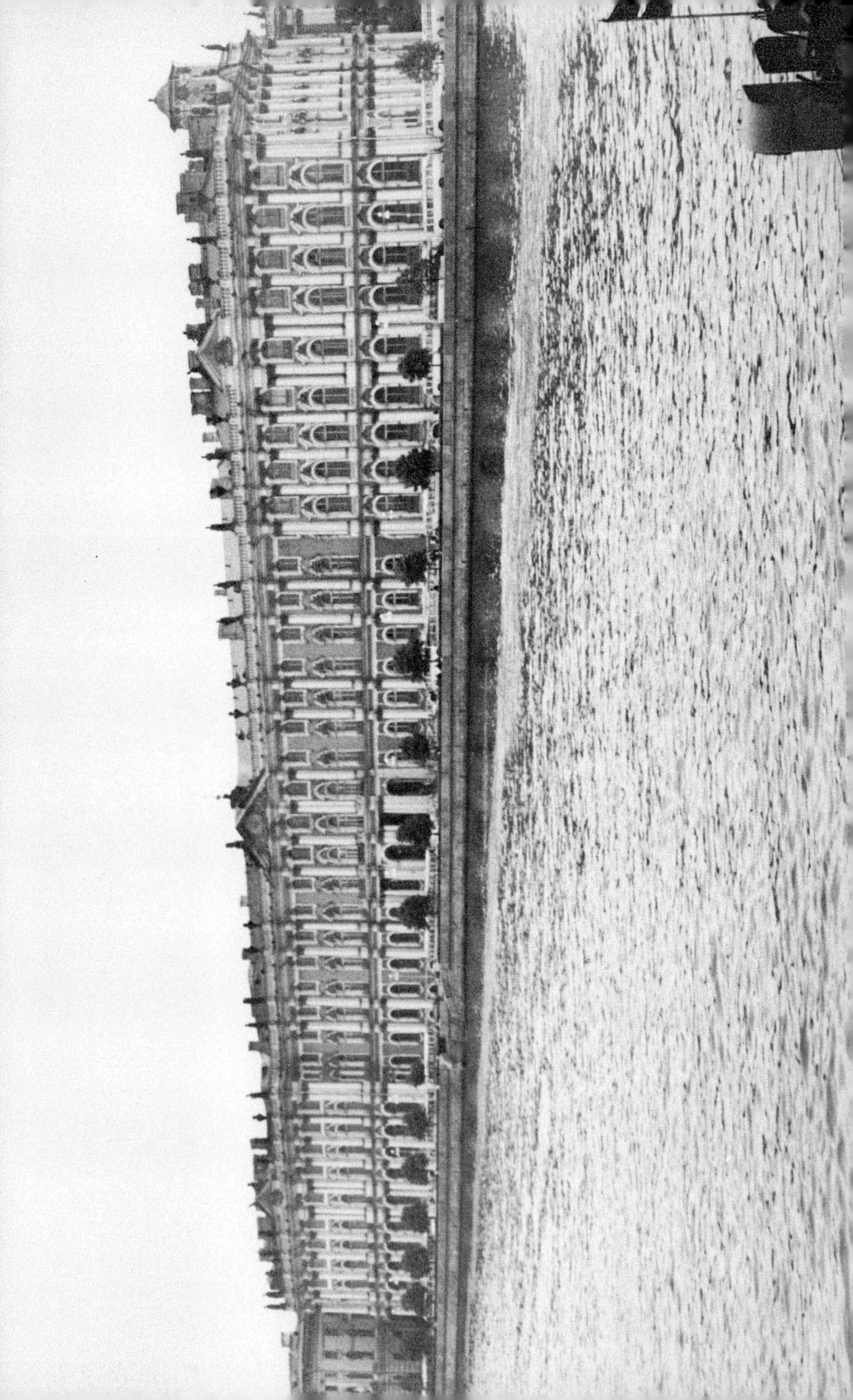

LESSON 2

Hard and Soft Versions of Variable Consonants— The Soft Sign and Indicator Vowels after Variable Consonants— Hard Consonants ц, ж, ш—Soft Consonants ч, щ, й— The Soft Sign and Indicator Vowels after Hard and Soft Consonants

HOMEWORK ASSIGNMENTS

Study procedure after the first aural-oral drill session

Using the procedure outlined in the first homework assignment for Lesson 1 (p. 5), work with 2.1 in the explanation section and with sentences 1–16 in Homework Exercise A.

Study procedure after the second aural-oral drill session
1. Repeat the same procedure with the material under 2.2 in the explanation section and sentences 17–30 in Homework Exercise A.
2. Test your ability to write the material of the lesson by translating the English sentences in Homework Exercise B.
3. Turn to Homework Exercise C. Read the sentences *aloud*. Do a written translation check: convert the sentences into English and then back into Russian.

2.1 Hard and Soft Versions of Variable Consonants; The Soft Sign and Indicator Vowels after the Variable Consonants

All of the consonants you have learned, with the exception of ч, have been called *variable* because they have two basic versions, *hard* and *soft*. The pronunciation you have learned for each of these consonants so far is the *hard* version.

The *soft* version of each of these variable consonants is formed like the hard version, except that the middle of the tongue is raised upward toward the roof of the mouth as the sound is made.

Opposite: The Hermitage Museum, Leningrad (Roger-Viollet)

The soft version of a variable consonant is used when the consonant is followed by any one of six letters: **ь, и, ю, ё, е, я**. As soon as you see one of these six letters following a variable consonant, use the soft version of the consonant.

A. The Soft Sign Following a Variable Consonant

The soft sign never begins a word; therefore, the capital letter is not used in writing.

Printed   *Written*
ь   ь

stroke analysis:

The soft sign does not represent any sound. When it follows a variable consonant, it merely indicates that the consonant is given its soft-version pronunciation: сколько (how much) = **ско** + soft **л** + **ко**

B. *The Indicator Vowels* **и, ю, ё, е, я** *Following a Variable Consonant*

1. The *Indicator* Function: When one of these indicator vowels follows a variable consonant, it indicates that the consonant is given its soft-version pronunciation.
2. The *Vowel* Function: In addition to indicating that the preceding consonant is soft, the letter also represents a vowel sound.

Printed   *Written*   *Pronunciation Guide*
И   и   *ee* in *feet*

Ю   ю   Identical with **y** in **суп**.

stroke analysis:

HARD AND SOFT CONSONANTS

Printed   *Written*   *Pronunciation Guide*

Ё ё   Identical with **о** in **стол.** The accent normally falls on this letter.

Е е
1. Accented: identical with **э**
2. Unaccented: resembles a very weak **и**

Я я
1. Accented: identical with the first **а** in **ла́мпа**
2. Unaccented: in a non-final syllable, or in a final syllable ending in a soft consonant, it normally resembles a very weak **и**; otherwise, it is identical with the second **а** in **ла́мпа**

stroke analysis:

Thus, after a variable consonant, an indicator vowel does the double duty of a soft sign *and* a vowel. For example:

плюс (plus)		are		пльус
днём (in the afternoon)		pronounced		дньом
нет (no)		as if		ньэт
пять (five)		written		пьать

2.2 Hard Consonants **ц, ж, ш**; Soft Consonants **ч, щ, й**; The Soft Sign and Indicator Vowels after These Consonants

A. *Hard Consonants*

The following three consonants have only a hard version.

Printed   *Written*   *Pronunciation Guide*

Ц ц   *ts* in *dots:* The *t* and *s* sounds are slurred together with one movement of the tongue.

stroke analysis:

Printed	Written	Pronunciation Guide	
Ж ж		*s* in *usual*	but with the tongue in the position used for *r* in *read*
	stroke analysis:		
Ш ш		*sh* in *shore*	
	stroke analysis:		

As indicated in the last lesson, the **ш**-sound is represented by **ч** in a very small number of words. You have had one such word, **что**. See the next item for the *normal* pronunciation of **ч**.

B. *Soft Consonants*

The following three letters represent consonants which have only a soft version (except, of course, in the few words where the letter **ч** is pronounced **ш**).

Printed	Written	Pronunciation Guide	
Ч ч		*ch* in *cheese*	After **ч** and **щ**, an unaccented **a** in a non-final syllable, or in a final syllable ending in a soft consonant normally resembles a very weak **и**.
Щ щ		*shch* in *fresh cheese*— run together*.	
	stroke analysis:		

* Some Russian speakers pronounce **щ** as a long soft *shsh*, as in bra*sh sh*eep.

HOMEWORK EXERCISES 21

Printed	Written	Pronunciation Guide
Й й		*y* in *boy*

C. *A Soft Sign or Indicator Vowel Following a Hard or a Soft Consonant*

A soft sign or indicator vowel following one of the three hard or three soft consonants has no indicator function as far as these consonants are concerned. When an indicator vowel follows one of these consonants, it merely represents its own vowel sound, but with these exceptions: the sound of an **и** or an unaccented **е** following a hard consonant resembles an **ы**:

маши́на (car) is pronounced as if written машы́на

Homework Exercises

A. Oral Reading and Writing

1. Что э́то?
   Э́то крова́ть.
2. Э́то крова́ть?
   Да, э́то крова́ть.
3. Что э́то?
   Э́то фильм.
4. Э́то фильм?
   Да, э́то фильм.
5. Э́то Сиби́рь?
   Да, э́то Сиби́рь.
6. Кто он?
   Он Влади́мир.
7. Кто он?
   Он пило́т.
8. Влади́мир пило́т?
   Да, Влади́мир пило́т.

9. Кто э́то? *Кто э́то?*
   Это Ни́на. *Это Ни́на.*
10. Кто он? *Кто он?*
    Он преподава́тель. *Он преподава́тель.*
11. Влади́мир преподава́тель? *Влади́мир преподава́тель?*
    Нет, Влади́мир пило́т. *Нет, Влади́мир пило́т.*
12. Когда́ он рабо́тал? *Когда́ он рабо́тал?*
    Он рабо́тал днём. *Он рабо́тал днём.*
13. Ни́на рабо́тала днём? *Ни́на рабо́тала днём?*
    Нет, Ни́на рабо́тала у́тром *Нет, Ни́на рабо́тала у́тром.*
14. Преподава́тель рабо́тал у́тром? *Преподава́тель рабо́тал у́тром?*
    Нет, преподава́тель рабо́тал днём. *Нет, преподава́тель рабо́тал днём.*
15. Кто рабо́тал днём? *Кто рабо́тал днём?*
    Влади́мир рабо́тал днём. *Влади́мир рабо́тал днём.*
16. Ско́лько бу́дет пять плюс пять? *Ско́лько бу́дет пять плюс пять?*
    Пять плюс пять бу́дет де́сять. *Пять плюс пять бу́дет де́сять.*
17. Что э́то? *Что э́то?*
    Это журна́л. *Это журна́л.*
18. Это журна́л? *Это журна́л?*
    Да, э́то журна́л. *Да, э́то журна́л.*
19. Что э́то? *Что э́то?*
    Это ци́фра. *Это ци́фра.*
20. Это ци́фра? *Это ци́фра?*
    Да, э́то ци́фра. *Да, э́то ци́фра.*

HOMEWORK EXERCISES

21. Что это? *Что это?*
    Это машина. *Это машина.*
22. Это машина? *Это машина?*
    Да, это машина. *Да, это машина.*
23. Что это? *Что это?*
    Это чай. *Это чай.*
24. Это чай? *Это чай?*
    Да, это чай. *Да, это чай.*
25. Что это? *Что это?*
    Это музей. *Это музей.*
26. Это музей? *Это музей?*
    Да, это музей. *Да, это музей.*
27. Что это? *Что это?*
    Это борщ. *Это борщ.*
28. Это борщ? *Это борщ?*
    Да, это борщ. *Да, это борщ.*
29. Что это? *Что это?*
    Это часы. *Это часы.*
30. Это часы? *Это часы?*
    Да, это часы. *Да, это часы.*

B. Translation

1. Who is this? This is Nina.
2. What is this? This is a magazine.
3. Who worked in the afternoon?
   Vladimir worked in the afternoon.
4. Who is he? He is a pilot.
5. Is this borsch? No.
6. This is a watch.
7. Who is he? He is a teacher.
8. How much is five plus five? Five plus five is ten.

9. This is Siberia.
10. What is this? This is a bed.
11. This is a car.
12. Is this a museum? Yes, this is a museum.
13. Is Vladimir a pilot? No, he is a teacher.
14. This is a film.
15. This is a number.
16. Is this tea?

C. Review

1. Это суп? Да, это суп.
2. Что это? Это рыба.
3. Это мы́ло? Да, это мы́ло.
4. Что это? Это молоко́.
5. Что это? Это капу́ста.
6. Кто рабо́тал? Он рабо́тал.
7. Что это? Это ма́сло.
8. Когда́ она́ рабо́тала? Она́ рабо́тала у́тром.
9. Что это? Это ко́мната.
10. Что это? Это са́хар.

Vocabulary

борщ	borsch (beet soup)
Влади́мир	Vladimir
журна́л	magazine
пило́т	pilot (of a plane)
фильм	film, movie
преподава́тель	teacher (male)
музе́й	museum
чай	tea
маши́на	car; machine
Ни́на	Nina
ци́фра	number
крова́ть	bed

VOCABULARY

Сиби́рь	*Сибирь*	Siberia
часы́	*часы*	watch
днём	*днём*	in the afternoon
плюс	*плюс*	plus
де́сять	*десять*	ten
пять	*пять*	five
нет	*нет*	no
ско́лько бу́дет ...?	*сколько будет ?*	how much is ...? (literally how much will be ...?)

Note the following combinations:

Влади́мир
пило́т   } **рабо́тал**
преподава́тель
Ни́на рабо́тала

Владимир
пилот   } *работал*
преподаватель
Нина — работала

Vladimir
the pilot   } worked, was working, did work
the teacher
Nina worked, was working, did work

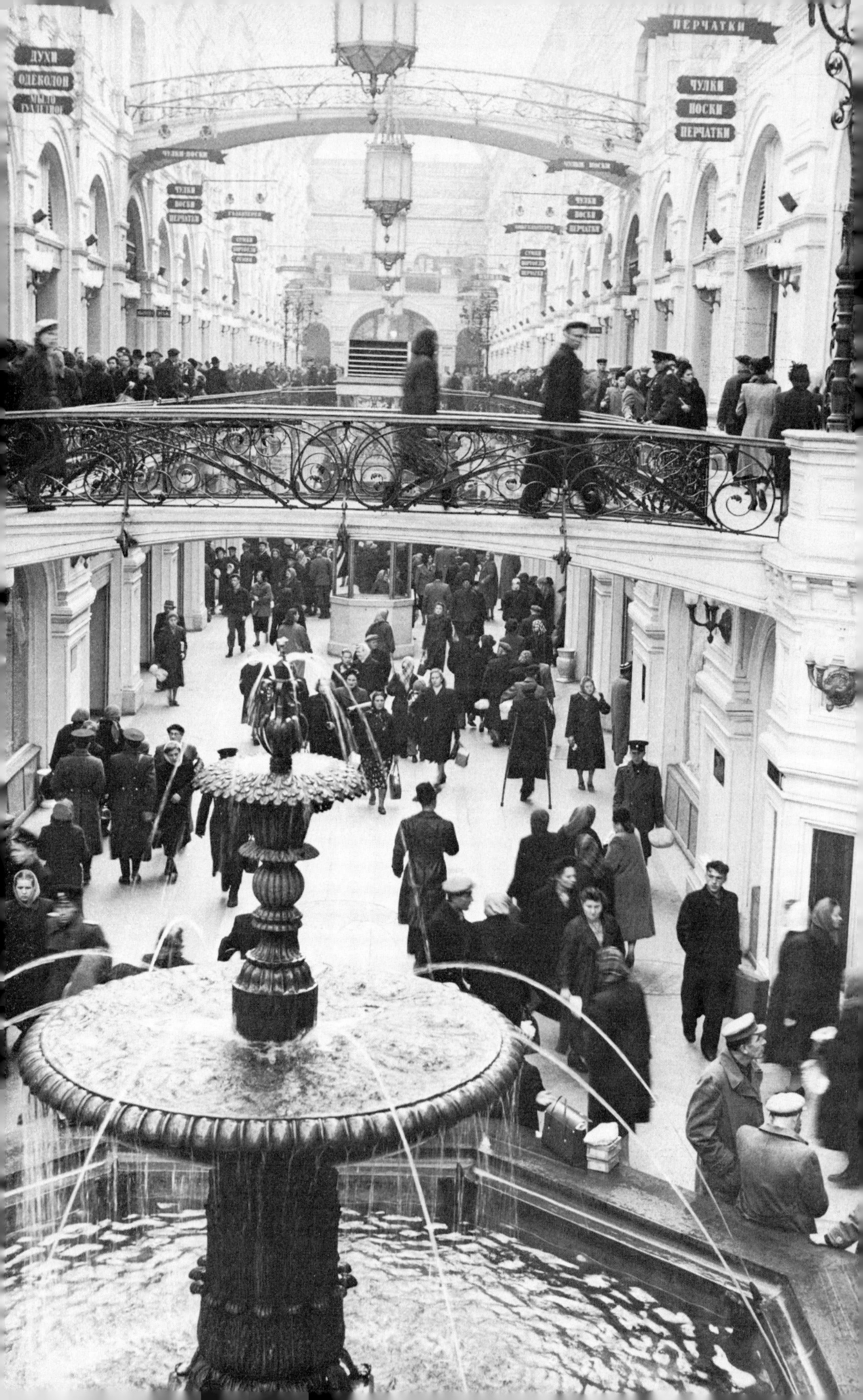
ДУХИ
ОДЕКОЛОН
ПЕРЧАТКИ
ЧУЛКИ
НОСКИ
ПЕРЧАТКИ

LESSON 3

Indicator Vowels Not Following Consonants—The Hard Sign—Unvoicing and Voicing of Consonants—Reference Summaries

HOMEWORK ASSIGNMENTS

Study procedure after the first aural-oral drill session
1. Read over 3.1 and 3.2 until you understand the principles involved.
2. Using the remarks in the explanation section as an aid, and remembering to pronounce the new words as you learned them during the oral drill, practice reading *aloud printed* sentences 1–18 in Homework Exercise A until you can do this with ease.
3. Repeat the oral reading practice with the *written* versions of the sentences.
4. Practice forming the *written* hard sign.
5. Copy *written* sentences 1–18.
6. Write the sentences, referring only to the *printed* versions; then check your results against the written models.

Study procedure after the second aural-oral drill session
1. Go over 3.3 and then repeat the oral reading and writing procedure with sentences 19–37 in Homework Exercise A.
2. Test your ability to write the material of the lesson by translating the English sentences in Homework Exercise B.
3. Turn to Homework Exercise C. Read the sentences *aloud*. Do a written translation check: convert the sentences into English and then back into Russian.

3.1 Indicator Vowels Not Following Consonants

When an indicator vowel does not follow a consonant—i.e., when it begins a word, or when it follows a vowel, a soft sign, or a hard sign (the next letter you will learn)—it is pronounced as follows:

Opposite: The State Department Store, Moscow ("Réalités")

A. **И** simply represents its own vowel sound.

B. A **ю, ё, е,** or **я** indicates that the **й**-sound precedes and is run in with the indicator vowel's own sound.

ночью	(at night)		ночьйу
пьеса	(play)	are pronounced as	пьйэса
её	(her)	if written	ейо́
рояль	(piano)		ройа́ль

Note that we have similar combinations of sounds in English: *Y*ukon, *y*es, *Y*ork, *y*ard.

3.2 The Hard Sign

The hard sign never begins a word; therefore the capital letter is not used in writing.

Printed   *Written*   ⎯ ъ ⎯

Ъ ъ

stroke analysis: ⎯ ⌒ ⎯ ъ ⎯

The hard sign, which is not used in many words, has no sound. Appearing between a variable consonant and a **ю, ё, е,** or **я**, the hard sign indicates that 1) the hard version of the consonant is to be used and 2) the vowel sound of the **ю, ё, е,** or **я** is preceded by the **й**-sound:

объявле́ние = об + й + a very weak и + вле́ние

3.3 Unvoicing and Voicing of Consonants

A. A *voiced* consonant in Column I is pronounced like the *unvoiced* counterpart indicated by the arrow if it is written at the end of a word *or* before any of the *unvoiced* consonants listed in Column II.

I		II		III
Voiced		Unvoiced		Voiced
б	→	п	→	б
г	→	к	→	г
д	→	т	→	д
ж	→	ш	→	ж
з	→	с	→	з
в	→	ф		
		х		
		ц		
		ч		
		щ		

		are pro-		
хлеб	(bread)	nounced	хлеп	
а́втор	(author)	as if	а́фтор	
		written		

B. An *unvoiced* consonant in Column II is pronounced like the *voiced* counterpart indicated by the arrow if it is written before any of the *voiced* consonants listed in Column III.

REFERENCE SUMMARIES

экза́мен (examination) } is pronounced as if written { эгза́мен

Reference Summaries

3.4 Hardness and Softness of Consonants

A. **Ц, ж, ш** are hard.
   Ч, щ, й are soft (except in the few words where **ч** is pronounced **ш**).

B. All other consonants are variable, i.e., each has a hard and a soft version.
   1. If a variable consonant is followed by **ь, и, ю, ё, е,** or **я**; the soft version of the consonant is used.
   2. Otherwise (i.e., if the variable consonant is followed by a simple vowel or **ъ,** or ends a word), the hard version is used.

3.5 Indicator Vowels

A. When an indicator vowel follows one of the hard or soft consonants, it merely represents a vowel sound.

B. When an indicator vowel follows a variable consonant, it indicates that the soft-version pronunciation of the consonant should be used *and* it also represents a vowel sound.

C. Elsewhere (i.e., at the beginning of a word, or after a vowel, **ь,** or **ъ**):
   1. **И** represents its vowel sound.
   2. A **ю, ё, е,** or **я** represents the **й**-sound run into its vowel sound.

Pronunciation Guide for Vowel Sounds of Indicator Vowels

и *ee* in *feet*, but after one of the three hard consonants: **ы**

ю identical with **у** in **суп**

ё identical with **о** in **стол**

е *Accented:* identical with **э**.
Unaccented: a very weak **и**, but after one of the three hard consonants, a very weak **ы**.

я *Accented:* identical with the first **a** in **ла́мпа**.
Unaccented: in a non-final syllable, or in a final syllable ending in a soft consonant, it normally resembles a very weak **и**; otherwise, identical with the second **a** in **ла́мпа**.

3.6 Letters in Alphabetical Order and Their Names

Letter		Name	Letter		Name	Letter		Name
А	а	а	К	к	ка	Х	х	ха
Б	б	бэ	Л	л	эль	Ц	ц	цэ
В	в	вэ	М	м	эм	Ч	ч	чэ
Г	г	гэ	Н	н	эн	Ш	ш	ша
Д	д	дэ	О	о	о	Щ	щ	ща
Е	е	йэ	П	п	пэ	Ъ	ъ	hard sign
Ё	ё	йо	Р	р	эр	Ы	ы	ы
Ж	ж	жэ	С	с	эс	Ь	ь	soft sign
З	з	зэ	Т	т	тэ	Э	э	э
И	и	и	У	у	у	Ю	ю	йу
Й	й	short и	Ф	ф	эф	Я	я	йа

Homework Exercises

A. Oral Reading and Writing

1. Когда́ он рабо́тал?
   Он рабо́тал но́чью.

2. Ни́на рабо́тала но́чью?
   Да, Ни́на рабо́тала но́чью.

3. Что э́то?
   Э́то пье́са.

4. Э́то пье́са?
   Да, э́то пье́са.

5. Что э́то?
   Э́то зда́ние.

6. Э́то зда́ние?
   Да, э́то зда́ние.

7. Что э́то?
   Э́то её часы́.

8. Э́то её ла́мпа?
   Да, э́то её ла́мпа.

HOMEWORK EXERCISES

9. Что это? *Что это?*
   Это роя́ль. *Это рояль.*
10. Это роя́ль? *Это рояль?*
    Да, э́то роя́ль. *Да, это рояль.*
11. Что э́то? *Что это?*
    Это аудито́рия. *Это аудитория.*
12. Это аудито́рия? *Это аудитория?*
    Да, э́то аудито́рия. *Да, это аудитория.*
13. Что э́то? *Что это?*
    Это объявле́ние. *Это объявление.*
14. Это объявле́ние? *Это объявление?*
    Да, э́то объявле́ние. *Да, это объявление.*
15. Что э́то? *Что это?*
    Это вино́. *Это вино.*
16. Это вино́? *Это вино?*
    Да, э́то вино́. *Да, это вино.*
17. Что э́то? *Что это?*
    Это сыр. *Это сыр.*
18. Это сыр? *Это сыр?*
    Да, э́то сыр. *Да, это сыр.*
19. Кто он? *Кто он?*
    Он а́втор. *Он автор.*
20. Он а́втор? *Он автор?*
    Да, он а́втор. *Да, он автор.*
21. Что э́то? *Что это?*
    Это хлеб. *Это хлеб.*
22. Это хлеб? *Это хлеб?*
    Да, э́то хлеб. *Да, это хлеб.*

23. Ско́лько бу́дет пять плюс де́сять? *Ско́лько бу́дет пять плюс де́сять?*
Пять плюс де́сять бу́дет пятна́дцать. *Пять плюс де́сять бу́дет пятна́дцать.*
24. Что э́то? *Что э́то?*
Это экза́мен. *Это экза́мен.*
25. Это экза́мен? *Это экза́мен?*
Да, э́то экза́мен. *Да, э́то экза́мен.*
26. Кто адвока́т? *Кто адвока́т?*
Влади́мир адвока́т. *Влади́мир адвока́т.*
27. Влади́мир адвока́т? *Влади́мир адвока́т?*
Да, Влади́мир адвока́т. *Да, Влади́мир адвока́т.*
28. Что э́то? *Что э́то?*
Это магази́н. *Это магази́н.*
29. Это магази́н? *Это магази́н?*
Да, э́то магази́н. *Да, э́то магази́н.*
30. Кто он? *Кто он?*
Он киноарти́ст. *Он киноарти́ст.*
31. Он киноарти́ст? *Он киноарти́ст?*
Да, он киноарти́ст. *Да, он киноарти́ст.*
32. Кто рабо́тал до́ма? *Кто рабо́тал до́ма?*
Влади́мир рабо́тал до́ма. *Влади́мир рабо́тал до́ма.*
33. Адвока́т рабо́тал до́ма? *Адвока́т рабо́тал до́ма?*
Да, адвока́т рабо́тал до́ма. *Да, адвока́т рабо́тал до́ма.*
34. Кто рабо́тал но́чью? *Кто рабо́тал но́чью?*
Они́ рабо́тали но́чью. *Они́ рабо́тали но́чью.*
35. Они́ рабо́тали но́чью? *Они́ рабо́тали но́чью?*
Да, они́ рабо́тали но́чью. *Да, они́ рабо́тали но́чью.*

HOMEWORK EXERCISES

36. Что это? *Что это?*
    Это гита́ра. *Это гитара.*
37. Это гита́ра? *Это гитара?*
    Да, э́то гита́ра. *Да, это гитара.*

B. Translation

1. Vladimir worked at night.
2. This is her play.
3. Is he a lawyer? No, he is a movie actor.
4. The author worked at night.
5. This is her piano.
6. Is this an advertisement?
7. How much is five plus ten? Five plus ten is fifteen.
8. This is a lecture room (auditorium).
9. Yes, this is an examination.
10. This is an announcement.
11. Is he a movie actor? No, he is a lawyer.
12. Is this a store?
13. This is cheese.
14. The author worked at home.
15. Is this her bread? No.
16. They worked at night.
17. This is her building.
18. This is wine.
19. Is this her guitar?
20. Is he an author?

C. Review

1. Что э́то? Э́то стака́н.
2. Когда́ пило́т рабо́тал? Пило́т рабо́тал днём.
3. Э́то её стол? Да, э́то её стол.
4. Что э́то? Э́то фра́за.
5. Э́то борщ? Нет.
6. Что э́то? Э́то чай.
7. Э́то колбаса́? Да, э́то колбаса́.
8. Что э́то? Э́то крова́ть.
9. Э́то её маши́на? Нет.
10. Э́то её журна́л? Да, э́то её журна́л.

Vocabulary

а́втор	*а́втор*	author
адвока́т	*адвока́т*	lawyer
киноарти́ст	*киноарти́ст*	movie actor
магази́н	*магази́н*	store
сыр	*сыр*	cheese
хлеб	*хлеб*	bread
экза́мен	*экза́мен*	examination
роя́ль	*роя́ль*	(grand) piano
вино́	*вино́*	wine
зда́ние	*зда́ние*	building
объявле́ние	*объявле́ние*	advertisement; announcement
гита́ра	*гита́ра*	guitar
пье́са	*пье́са*	play
аудито́рия	*аудито́рия*	lecture room; auditorium
её	*её*	her
до́ма	*до́ма*	at home
но́чью	*но́чью*	at night
пятна́дцать	*пятна́дцать*	fifteen
они́ рабо́тали	*они́ рабо́тали*	they worked

PHASE II

Lessons 4–12 gradually build up your stock of useful vocabulary and introduce you to basic grammatical principles. The classwork for each lesson is divided into two stages. The first and shorter stage consists of an aural-oral drill session introducing many of the new words in the lesson but without any reference to the new grammar. In the second and longer stage, small units of new grammar are explained, with each unit followed immediately by thorough aural-oral drill. The remaining new words in the lesson are learned during this second stage. After each class session, you perform reading and writing drills with material in the Homework Exercises that covers the vocabulary and grammar of the day. The last homework assignment includes a written translation check on the lesson and a general review exercise.

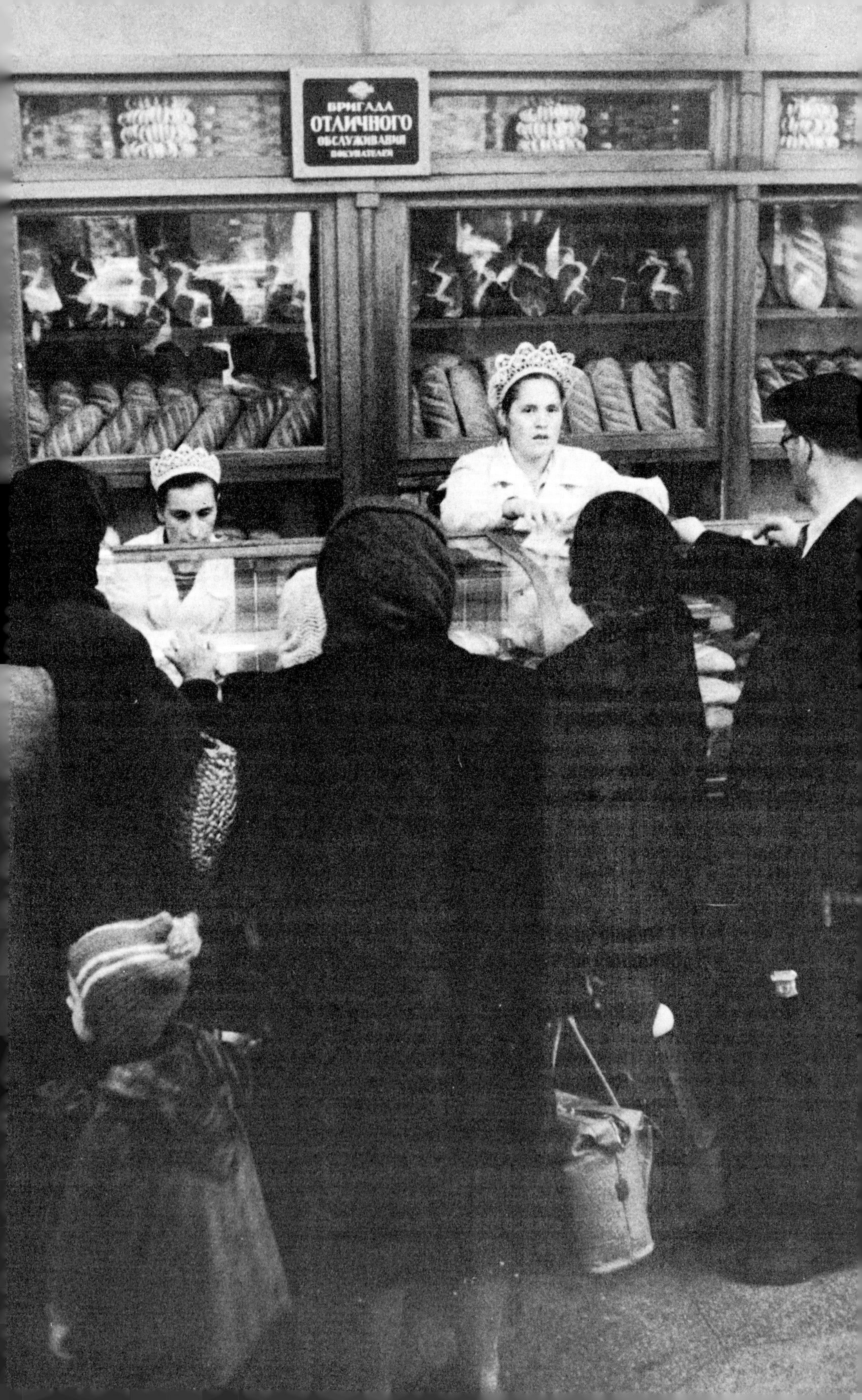
БРИГАДА
ОТЛИЧНОГО
ОБСЛУЖИВАНИЯ

LESSON 4

Nominative Case

4.1 Nouns in the Nominative Case

Nouns in Russian are masculine, neuter, or feminine. The gender can normally be determined from the last letter of the nominative singular form, in accordance with the models given under the basic pattern below. The important exceptions to this rule are the nouns ending in **ь.** They may be masculine or feminine. In this text, all masculine nouns ending in **ь** are specially noted; the rest are feminine. Of the nouns ending in **ь** given up to now, only two are masculine: **преподава́тель** and **роя́ль.**

When a noun is used as the subject of a sentence or as a predicate noun with the present tense of the verb *to be* (expressed or implied), it is in the nominative case, i.e., it has a singular or plural ending according to the models that follow.

Basic Pattern of Endings for Nouns in the Nominative Case

Singular

	Hard Endings*	*Soft Endings*
Masculine	журна́л	музе́-**й**
	(model for nouns whose last letter is any consonant except **й**)	преподава́тел-**ь**
Neuter	сло́в-**о**	зда́ни-**е**
Feminine	ла́мп-**а**	аудито́ри-**я**
		крова́т-**ь**

* The model nouns are classified under the conventional labels *hard endings* and *soft endings* in order to help you remember noun types that have identical endings in the various cases.

Opposite: A Moscow Bakery Shop ("Réalités")

	Plural	
Masculine	журна́л-**ы**	музе́-**и**
		преподава́тел-**и**
Neuter	слов-**а́**	зда́ни-**я**
Feminine	ла́мп-**ы**	аудито́ри-**и**
		крова́т-**и**

Note: 1. Nouns with accent shifts (such as **сло́во**) are specially noted in the vocabularies.

2. The word for *watch*, **часы́,** which you learned in Lesson 2, is the plural nominative of the masculine noun **час,** *hour*. Thus, while **часы́** is singular in *meaning*, it is *grammatically* plural.

4.2 Adjectives in the Nominative Case

Adjectives are normally in the same number, gender, and case as the nouns they describe.

Basic Pattern of Endings for Adjectives in the Nominative Case

	Singular	
	Hard Endings	Soft Endings
	(*new*)	(*blue*)
Masculine	но́в-**ый**	си́н-**ий**
Neuter	но́в-**ое**	си́н-**ее**
Feminine	но́в-**ая**	си́н-**яя**

	Plural	
All Genders	но́в-**ые**	си́н-**ие**

4.3 Pronominal Adjectives in the Nominative Case

A. *My, your, our*

These pronominal adjectives are in the same number, gender, and case as the nouns they describe.

As you will see in the chart below, Russian has two different words for *your*. There is an *informal your*—**твой, твоё,** etc.—which is used in addressing one person *informally*, i.e., in speaking to a member of the immediate family, a close friend, or a child. There is also a *formal/plural your*—**ваш, ва́ше,** etc.—that serves two purposes: it is used 1) in addressing *one* person *formally* and 2) in addressing more than one person.

PRONOMINAL ADJECTIVES IN THE NOMINATIVE CASE

Singular

Masculine	мо-**й**	(*my*)	на**ш**	(*our*)
	тво-**й**	(*your*)	ва**ш**	(*your*)
Neuter	мо-**ё**	(*my*)	на́ш-**е**	(*our*)
	тво-**ё**	(*your*)	ва́ш-**е**	(*your*)
Feminine	мо-**я**	(*my*)	на́ш-**а**	(*our*)
	тво-**я**	(*your*)	ва́ш-**а**	(*your*)

Plural

All Genders	мо-**и́**	(*my*)	на́ш-**и**	(*our*)
	тво-**и́**	(*your*)	ва́ш-**и**	(*your*)

B. *His, its, her, their*

The Russian equivalents for *his, its, her,* and *their* always have the same form, *no matter what the gender, number, or case of the noun they describe.*

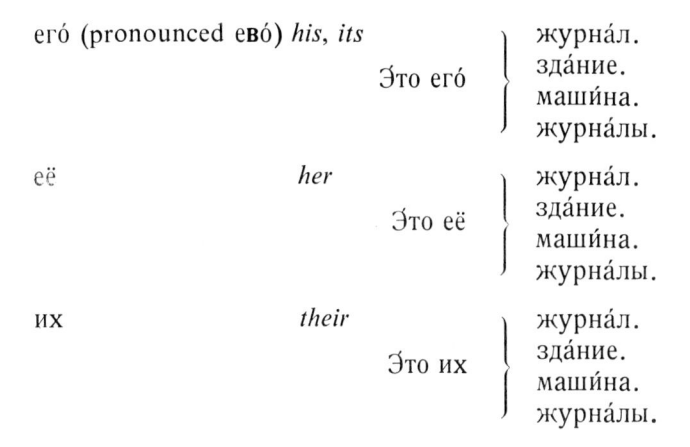

eго́ (pronounced eво́) *his, its*	Это его́	журна́л. зда́ние. маши́на. журна́лы.
её	*her*	
	Это её	журна́л. зда́ние. маши́на. журна́лы.
их	*their*	
	Это их	журна́л. зда́ние. маши́на. журна́лы.

4.4 Interrogative and Personal Pronouns in the Nominative Case

The nominative case of a pronoun is used to express a subject or a predicate pronoun.

As you will see in the following outline of the nominative forms of pronouns, Russian has two different words for *you*. The distinction between these two words is the same as that between the two words for *your*. The *informal you*—**ты**—is used in addressing one person *informally*, i.e., in speaking to a member of the immediate family, a close friend, or a child. The *formal/plural you*—**вы**—serves two purposes: it is used 1) in addressing *one* person *formally* and 2) in addressing more than one person.

Nominative Forms

что (what)   кто (who)

	Singular	Plural
1st Person	я (I)	мы (we)
2nd Person	ты, вы (you)	вы (you)
3rd Person	он (he) оно́ (it) она́ (she)	они́ (they)

4.5 The Use of он, оно́, and она́ to Render *it*

Since inanimate nouns in Russian may be masculine, neuter, or feminine, they are referred to as **он, оно́,** or **она́.**

Где́ журна́л? Он до́ма.   Where is the magazine? It's at home.
Где́ ма́сло? Оно́ тут.   Where is the butter? It's here.
Где́ лампа́? Она́ там.   Where is the lamp? It's there.

Homework Exercises

A. New Vocabulary

Read the following sentences *aloud* until you can do this with ease. Next, practice writing them. Finally, do a written translation check: convert the sentences into English and then back into Russian.

1. Что э́то? Э́то тетра́дь.
2. Э́то зе́ркало? Да, э́то зе́ркало.
3. Что э́то? Э́то одея́ло.
4. Ско́лько бу́дет оди́н плюс оди́н? Оди́н плюс оди́н бу́дет два.
5. Ско́лько бу́дет оди́н плюс два? Оди́н плюс два бу́дет три.
6. Где тетра́дь? Тетра́дь тут.
7. Где одея́ло? Одея́ло там.

B. Nouns and Adjectives in the Nominative Singular and Plural

Read the following sentences *aloud* until you can do this with ease. Then cover up the sentences on the right and give them *orally* by referring to those on the left. When you can do this without making any errors, repeat the procedure, but this time covering up the sentences on the left. Finally, repeat this process in writing.

1. Он адвока́т?   Они́ адвока́ты?
2. Где ла́мпа?   Где ла́мпы?
3. Где музе́й?   Где музе́и?

HOMEWORK EXERCISES

4. Преподава́тель рабо́тал днём.   Преподава́тели рабо́тали днём.
5. Аудито́рия там.   Аудито́рии там.
6. Где тетра́дь?   Где тетра́ди?
7. Одея́ло тут.   Одея́ла тут.
8. Э́то объявле́ние.   Э́то объявле́ния.
9. Э́то но́вый журна́л.   Э́то но́вые журна́лы.
10. Где си́ний стака́н?   Где си́ние стака́ны?
11. Э́то но́вое зда́ние.   Э́то но́вые зда́ния.
12. Где си́нее одея́ло?   Где си́ние одея́ла?
13. Э́то но́вая пье́са?   Э́то но́вые пье́сы?
14. Си́няя маши́на тут.   Си́ние маши́ны тут.
15. Где мой стол?   Где мои́ столы́?
16. Э́то твой журна́л.   Э́то твои́ журна́лы.
17. Он наш пило́т.   Они́ на́ши пило́ты.
18. Где ваш преподава́тель?   Где ва́ши преподава́тели?
19. Э́то моё зе́ркало.   Э́то мои́ зеркала́.
20. Твоё одея́ло тут.   Твои́ одея́ла тут.
21. Э́то на́ше зда́ние.   Э́то на́ши зда́ния.
22. Где ва́ше зда́ние?   Где ва́ши зда́ния?
23. Э́то моя́ ко́мната.   Э́то мои́ ко́мнаты.
24. Где твоя́ тетра́дь?   Где твои́ тетра́ди?
25. На́ша маши́на тут.   На́ши маши́ны тут.
26. Э́то ва́ша ла́мпа?   Э́то ва́ши ла́мпы?
27. Где его́ журна́л?   Где его́ журна́лы?
28. Э́то его́ маши́на?   Э́то его́ маши́ны?
29. Её ла́мпа тут.   Её ла́мпы тут.
30. Где её одея́ло?   Где её одея́ла?
31. Э́то их стол?   Э́то их столы́?
32. Где их зда́ние?   Где их зда́ния?

C. Pronouns in the Nominative Singular and Plural

Read the following sentences *aloud* until you can do this with ease. Then practice writing them. Finally, do a written translation check: convert the sentences into English and then back into Russian.

1. Кто ты? Я пило́т.
2. Когда́ ты рабо́тал? Я рабо́тал у́тром.
3. Когда́ ты рабо́тала? Я рабо́тала днём.
4. Когда́ вы рабо́тали? Я рабо́тал но́чью.
5. Когда́ вы рабо́тали? Я рабо́тала у́тром.
6. Кто вы? Мы адвока́ты.
7. Где мой стака́н? Он тут.

8. Где но́вая аудито́рия? Она́ там.
9. Где вино́? Оно́ до́ма.

D. Written Translation Check

1. My new teacher worked in the afternoon.
2. Their new notebook is here.
3. How much is one plus two? Three.
4. Where is the new building? It's there.
5. Where is our new blue car?
6. Our new notebooks are at home.
7. Where are your [formal] magazines?
8. My new blue blanket is here.
9. These are her lamps.
10. Is this his new play?
11. Where is his drinking glass? It's here.
12. Where are the new auditoriums?
13. Are these your [informal] blankets?
14. I worked in the morning.
15. Where is your [formal] car? It's here.

E. Review

Read the following sentences *aloud*. Next, do a written translation check: convert the sentences into English and then back into Russian.

1. Э́то но́вый роя́ль?
2. Ва́ши но́вые часы́ тут.
3. Кто они́? Они́ киноарти́сты.
4. Э́то их экза́мен.
5. Э́то но́вые слова́.
6. Ско́лько бу́дет пять плюс пять?
7. Где моё молоко́?
8. Твоя́ колбаса́ тут.
9. Пять плюс де́сять бу́дет пятна́дцать.
10. Где капу́ста? Она́ там.

Vocabulary

зе́ркало	mirror
Pl. nom. **зеркала́**	
одея́ло	blanket
тетра́дь	notebook
вы	you

VOCABULARY

мы	we
оно́	it
ты	you
я	I
ваш, ва́ше, ва́ша, ва́ши	your
его́ (pronounced ево́)	his, its
их	their
мой, моё, моя́, мой	my
наш, на́ше, на́ша, на́ши	our
твой, твоё, твоя́, твой	your
но́в-ый, -ое, -ая, -ые	new
си́н-ий, -ее, -яя, -ие	blue
где	where (Asks where a person, thing, or action is *located*.)
там	there ⎫ (Indicate where a person,
тут	here ⎭ thing, or action is *located*.)
два	two
оди́н	one
три	three

Note the following combinations:

Адвока́т ⎫		The lawyer worked, was working, did work.
Я ⎬	рабо́тал.	I worked, was working, did work.
Ты ⎭		You worked, were working, did work.

Ни́на ⎫		Nina worked, was working, did work.
Я ⎬	рабо́тала.	I worked, was working, did work.
Ты ⎭		You worked, were working, did work.

Адвока́ты ⎫		The lawyers ⎫	worked, were work-
Мы ⎬	рабо́тали.	We ⎬	ing, did work.
Вы ⎭		You ⎭	

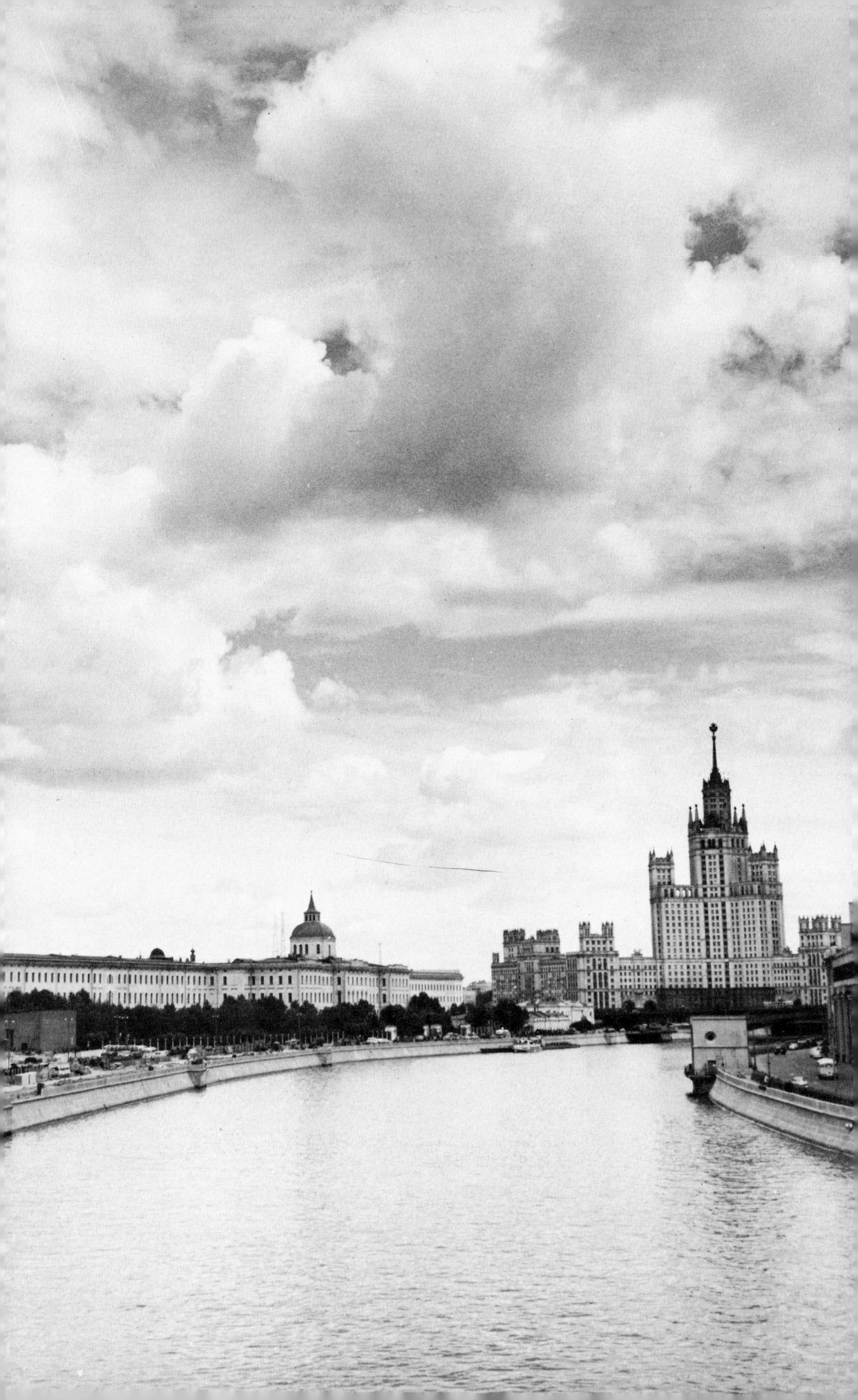

LESSON 5

Genitive Case

5.1 Nouns in the Genitive Case

The relationships indicated in English by *'s* or the preposition *of* in expressions such as *Nina's notebook* and *the teacher of Vladimir* are rendered in Russian by the genitive case, normally in the following word order: notebook + *Nina in the genitive case*; teacher + *Vladimir in the genitive case*.

In Russian, a noun which is the direct object of a *negated* verb (i.e., a verb preceded by *not*) is normally put into the genitive case.* The Russian word for *not*, **не,** always directly precedes the verb it negates.

Basic Pattern of Endings for Nouns in the Genitive Case

Singular

	Hard Endings	*Soft Endings*
Masculine	журна́л-**а**	музе́-**я**
		преподава́тел-**я**
Neuter	сло́в-**а**	зда́ни-**я**
Feminine	ла́мп-**ы**	аудито́ри-**и**
		крова́т-**и**

Plural

	Hard Endings	*Soft Endings*
Masculine	журна́л-**ов**	музе́-**ев**
		преподава́тел-**ей**
Neuter	слов ⎫ No ending	зда́ни-**й**
Feminine	ламп ⎭	аудито́ри-**й**
		крова́т-**ей**

* Note that this applies to *direct objects*. A predicate noun after the negated (expressed or implied) verb *to be* is not affected.

Opposite: The Moscow River (Roger-Viollet)

5.2 Basic Pattern of Endings for Adjectives in the Genitive Case

	Singular	
	Hard Endings	*Soft Endings*
Masculine and Neuter	но́в-**ого***	си́н-**его***
Feminine	но́в-**ой**	си́н-**ей**

	Plural	
All Genders	но́в-**ых**	си́н-**их**

5.3 Pronominal Adjectives in the Genitive Case

	Singular	
Masculine and Neuter	мо-**его́**	на́ш-**его**
	тво-**его́**	ва́ш-**его**
Feminine	мо-**е́й**	на́ш-**ей**
	тво-**е́й**	ва́ш-**ей**

	Plural	
All Genders	мо-**и́х**	на́ш-**их**
	тво-**и́х**	ва́ш-**их**

5.4 Interrogative and Personal Pronouns in the Genitive Case

A pronoun which is the direct object of a *negated* verb is put into the genitive case.

что: чего́   кто: кого́

	Singular	Plural
1st Person	меня́	нас
2nd Person	тебя́, вас	вас
3rd Person	его́** (*m.* and *n.*)	их
	её (*f.*)	

Homework Exercises

A. New Vocabulary

Read the following sentences *aloud* until you can do this with ease. Next, practice writing them. Finally, translate them into English and then back into Russian.

---

* The adjective endings -**ого** and -**его** are always pronounced -**ово** and -**ево**.
** Его́ is pronounced ево́.

HOMEWORK EXERCISES

1. Кто он? Он студе́нт.
2. Это ва́ше общежи́тие? Да.
3. Что э́то? Это газе́та.
4. Где изве́стный а́втор? Он до́ма.
5. Чей э́то журна́л? Это её журна́л.
6. Чьё э́то одея́ло? Это его́ одея́ло.
7. Чья э́то ла́мпа? Это моя́ ла́мпа.
8. Чьи э́то маши́ны? Это их маши́ны.
9. Когда́ они́ рабо́тали? Они́ рабо́тали ве́чером.
10. Ско́лько бу́дет четы́ре плюс шесть? Четы́ре плюс шесть бу́дет де́сять.
11. Это тетра́дь? Нет, э́то не тетра́дь, а журна́л.

B. Nouns and Adjectives in the Genitive Singular and Plural

Read the following sentences *aloud* until you can do this with ease. Then cover up the sentences on the right and give them *orally* by referring to those on the left. When you can do this without making any errors, repeat the precedure, but this time covering up the sentences on the left. Finally, repeat this process in writing.

1. Это журна́лы студе́нта. Это журна́лы студе́нтов.
2. Он не знал сло́ва. Он не знал слов.
3. Она́ не ви́дела музе́я. Она́ не ви́дела музе́ев.
4. Это тетра́ди преподава́теля. Это тетра́ди преподава́телей.
5. Влади́мир не ви́дел общежи́тия. Влади́мир не ви́дел общежи́тий.
6. Ни́на не чита́ла газе́ты. Ни́на не чита́ла газе́т.
7. Он не ви́дел аудито́рии. Он не ви́дел аудито́рий.
8. Я не ви́дела тетра́ди. Я не ви́дела тетра́дей.
9. Это маши́ны изве́стного киноарти́ста. Это маши́ны изве́стных киноарти́стов.
10. Я не знал но́вого сло́ва. Я не знал но́вых слов.
11. Мы не ви́дели си́него стака́на. Мы не ви́дели си́них стака́нов.
12. Они́ не ви́дели си́него одея́ла. Они́ не ви́дели си́них одея́л.
13. Он не ви́дел но́вой ко́мнаты. Он не ви́дел но́вых ко́мнат.
14. Я не ви́дела си́ней тетра́ди. Я не ви́дела си́них тетра́дей.
15. Влади́мир не чита́л моего́ журна́ла. Влади́мир не чита́л мои́х журна́лов.
16. Где тетра́ди твоего́ студе́нта? Где тетра́ди твои́х студе́нтов?
17. Они́ не ви́дели на́шего музе́я. Они́ не ви́дели на́ших музе́ев.
18. Это газе́ты ва́шего преподава́теля. Это газе́ты ва́ших преподава́телей.
19. Она́ не ви́дела моего́ зе́ркала. Она́ не ви́дела мои́х зерка́л.

20. Мы не видели твоего одеяла. Мы не видели твоих одеял.
21. Нина не видела нашего общежития. Нина не видела наших общежитий.
22. Я не видел вашего одеяла. Я не видел ваших одеял.
23. Владимир не видел моей гитары. Владимир не видел моих гитар.
24. Она не видела твоей лампы. Она не видела твоих ламп.
25. Они не видели нашей комнаты. Они не видели наших комнат.
26. Он не видел вашей машины. Он не видел ваших машин.
27. Нина не видела его тетради. Нина не видела его тетрадей.
28. Это комната её преподавателя. Это комната её преподавателей.
29. Мы не видели их машины. Мы не видели их машин.

C. Pronouns in the Genitive Singular and Plural

Read the following sentences *aloud* until you can do this with ease. Next, practice writing them. Finally, translate them into English and then back into Russian.

1. Чего они не знали?
2. Кого он не видел?
3. Нина не видела меня.
4. Он не знал тебя.
5. Мы не видели его.
6. Это новое слово? Вы не знали его?
7. Владимир её не знал.
8. Пилоты не видели нас.
9. Она не видела вас.
10. Адвокат не видел их.

D. Written Translation Check

1. We did not see your new mirror. Where is it?
2. Whose newspaper is this? Is it your newspaper? No, this is his newspaper. My newspaper is at home.
3. I did not see your new teacher's notebooks.
4. Whose blanket is this? This is the student's blanket.
5. How much is two plus two? Two plus two is four.
6. I did not read his magazine.
7. Whose dormitories are these? These are our students' dormitories.
8. We did not know the famous author.
9. He did not see them in the morning.
10. Five plus five is ten, but five plus ten is fifteen.

VOCABULARY

E. Review

Read the following sentences *aloud*. Next, translate them into English and then back into Russian.

1. Где наш хлеб? Он тут.
2. Это но́вые фи́льмы.
3. Что э́то? Э́то крова́ть.
4. Где Сиби́рь?
5. Где чай? Он там.
6. Это но́вые фра́зы.
7. Ско́лько бу́дет два плюс три? Два плюс три бу́дет пять.
8. Это моё вино́.
9. Мы не ви́дели их часо́в.
10. Где но́вый магази́н? Он там.

Vocabulary

студе́нт	(male) student
газе́та	newspaper
общежи́тие	dormitory
изве́стн-ый, -ое, -ая, -ые (The т is not pronounced.)	well-known, famous
чей (*m.*) чьё (*n.*) чья (*f.*) чьи (*pl.*)	whose
ве́чером	in the evening
а	but, and (when used to express contrast)
он ви́дел	he saw, was seeing, did see
она́ ви́дела	she saw, was seeing, did see
они́ ви́дели	they saw, were seeing, did see
он знал	he knew, did know
она́ зна́ла	she knew, did know
они́ зна́ли	they knew, did know
он чита́л	he read, was reading, did read
она́ чита́ла	she read, was reading, did read
они́ чита́ли	they read. were reading, did read
не (normally not stressed, so the е usually resembles a very weak и)	not
четы́ре	four
шесть	six

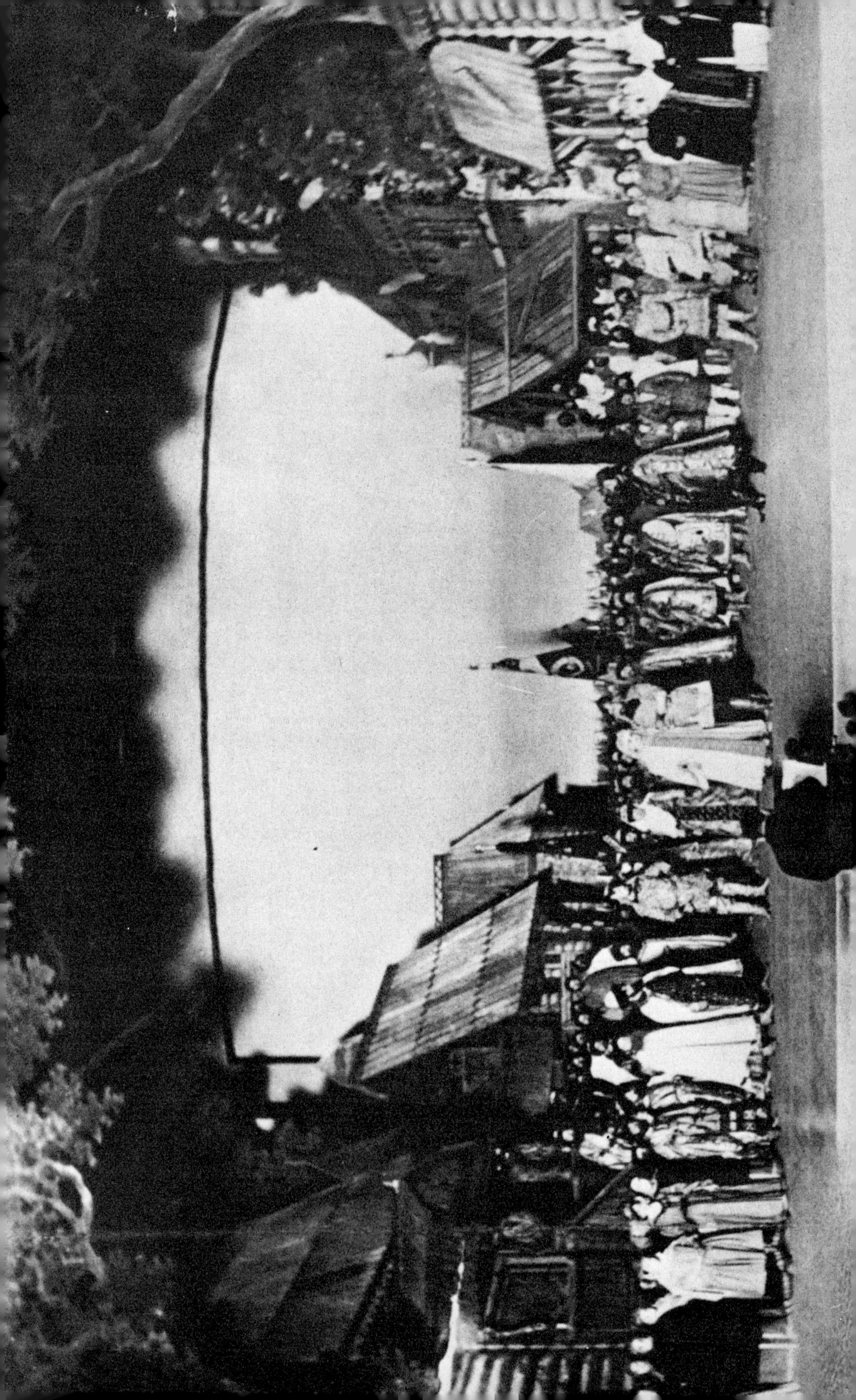

LESSON 6

Accusative Case

6.1 Nouns and Adjectives in the Accusative Case

When a noun is the direct object of a *positive* verb, it is normally in the accusative case.

Basic Pattern of Endings for Nouns and Adjectives in the Accusative Case

Except for singular feminine nouns and the adjectives that describe them, singular and plural nouns and their adjectives normally use:
  nominative forms if the nouns are *inanimate*,
  genitive forms if the nouns are *animate*.

The *singular feminine* endings of nouns and adjectives are as follows.

	Hard Endings	*Soft Endings*
Nouns	ла́мп-**у**	аудито́ри-**ю**
		крова́т-**ь**
Adjectives	но́в-**ую**	си́н-**юю**

The *singular feminine* endings of pronominal adjectives are as follows.

мо-**ю́**	на́ш-**у**
тво-**ю́**	ва́ш-**у**

6.2 Interrogative and Personal Pronouns in the Accusative Case

A pronoun which is the direct object of a *positive* verb is put into the accusative case.

The accusative forms are identical with the genitive forms, except for **что,** which is the same as the nominative.

Homework Exercises

A. New Vocabulary

Read the following sentences *aloud* until you can do this with ease. Next, practice writing them. Finally, translate them into English and then back into Russian.

Opposite: From the opera, *Prince Igor* (Society for Cultural Relations with the USSR)

1. Это его роман? Да, это его роман.
2. Где её доклад? Её доклад тут.
3. Кто герой её романа? Киноартист герой её романа.
4. Чья жена работала утром? Моя жена работала утром.
5. Это новая опера? Да, это новая опера.
6. Как ваша фамилия? Моя фамилия Смит.
7. Это новая повесть? Да, это новая повесть.
8. Где старый преподаватель? Старый преподаватель дома.
9. Это интересный роман? Да, это интересный роман.
10. Когда он работал? Он работал вчера ночью.
11. Вы ели сегодня? Да, я ел сегодня утром.
12. Сколько будет семь плюс восемь? Семь плюс восемь будет пятнадцать.

B. Nouns and Adjectives in the Accusative Singular and Plural

Read the following sentences *aloud* until you can do this with ease. Then cover up the sentences on the right and give them *orally* by referring to those on the left. When you can do this without making any errors, repeat the procedure, but this time covering up the sentences on the left. Finally, repeat this process in writing.

1. Вы видели его синий стакан?	Вы видели его синие стаканы?
2. Нина слышала мой доклад?	Нина слышала мои доклады?
3. Ты читала её интересный роман?	Ты читала её интересные романы?
4. Она видела твой магазин вчера днём?	Она видела твои магазины вчера днём?
5. Владимир видел наш старый музей сегодня вечером.	Владимир видел наши старые музеи сегодня вечером.
6. Вы видели их рояль?	Вы видели их рояли?
7. Вы знали новое слово?	Вы знали новые слова?
8. Мы видели его старое зеркало.	Мы видели его старые зеркала.
9. Ты видел её синее одеяло?	Ты видел её синие одеяла?
10. Он видел наше общежитие сегодня днём.	Он видел наши общежития сегодня днём.
11. Я читал твоё объявление сегодня.	Я читал твои объявления сегодня.
12. Вы видели их общежитие вчера днём?	Вы видели их общежития вчера днём?
13. Нина знала известного киноартиста.	Нина знала известных киноартистов.
14. Он видел нашего старого адвоката вчера вечером?	Он видел наших старых адвокатов вчера вечером?

HOMEWORK EXERCISES

15. Мы ви́дели его́ но́вого студе́нта там.
16. Ты знал её адвока́та?
17. Преподава́тель опи́сывал геро́я рома́на вчера́.
18. Я знал твоего́ ста́рого преподава́теля.
19. Сего́дня у́тром я ви́дела их преподава́теля там.
20. Влади́мир ви́дел но́вую интере́сную пье́су.
21. Ни́на чита́ла на́шу ста́рую газе́ту.
22. Ты ви́дела его́ ста́рую маши́ну?
23. Влади́мир ви́дел их ко́мнату.
24. Мы зна́ли их фами́лию.
25. Вы ви́дели её но́вую крова́ть?
26. Преподава́тель ви́дел мою́ но́вую си́нюю тетра́дь.
27. Он чита́л твою́ по́весть?
28. Мы ви́дели его́ интере́сную жену́.
29. А́втор опи́сывал жену́ геро́я рома́на.

Мы ви́дели его́ но́вых студе́нтов там.
Ты знал её адвока́тов?
Преподава́тель опи́сывал геро́ев рома́на вчера́.
Я знал твои́х ста́рых преподава́телей.
Сего́дня у́тром я ви́дела их преподава́телей там.
Влади́мир ви́дел но́вые интере́сные пье́сы.
Ни́на чита́ла на́ши ста́рые газе́ты.
Ты ви́дела его́ ста́рые маши́ны?
Влади́мир ви́дел их ко́мнаты.
Мы зна́ли их фами́лии.
Вы ви́дели её но́вые крова́ти?
Преподава́тель ви́дел мой но́вые си́ние тетра́ди.
Он чита́л твой по́вести?
Мы ви́дели их интере́сных жён.
А́втор опи́сывал жён геро́ев рома́на.

C. Pronouns in the Accusative Singular and Plural

Read the following sentences *aloud* until you can do this with ease. Next, practice writing them. Finally, translate them into English and then back into Russian.

1. Что он ел сего́дня у́тром?
2. Кого́ студе́нт ви́дел вчера́ ве́чером?
3. Он ви́дел меня́.
4. Ни́на ви́дела тебя́.
5. Преподава́тель знал Влади́мира? Да, он знал его́.
6. Вы слы́шали её докла́д? Да, я его́ слы́шал.
7. Ты знал но́вое сло́во? Да, я знал его́.
8. Они́ ви́дели Ни́ну сего́дня днём? Нет, они́ ви́дели её вчера́ ве́чером.
9. Влади́мир ви́дел но́вую пье́су сего́дня? Нет, он ви́дел её вчера́.
10. Они́ ви́дели нас вчера́.
11. Когда́ он ви́дел вас?
12. А́втор ви́дел их вчера́ у́тром.

D. Written Translation Check

1. Did you know our teacher?
    No, I didn't know him. I knew his wife.
2. What did you eat this evening?
3. Nina saw the blue notebooks this morning.
4. The lawyer heard her report.
5. We saw the old buildings this afternoon.
6. Did you see Nina this morning? No, I saw her yesterday.
7. The author described the hero of the novel.
8. Did you know the new students? Yes, I knew them.
9. He saw the museums yesterday.
10. I saw the blue cars.
11. We heard an old opera yesterday evening.
12. Did he know your teachers?
13. Did you read their announcement? Yes, I read it.
14. I saw their wives this morning.
15. Did she know the new words?

E. Review

Read the following sentences *aloud*. Next, translate them into English and then back into Russian.

1. Где масло? Оно тут.
2. Владимир читал интересный роман, а я работала.
3. Где мои новые часы? Вы видели их?
4. Мой студент дома сегодня, а твой тут.
5. Где мыло? Оно тут.
6. Сколько будет два плюс пять? Два плюс пять будет семь.
7. Где синяя лампа? Она там.
8. Сколько будет три плюс пять? Три плюс пять будет восемь.
9. Это рояль твоего преподавателя? Нет.
10. Где они работали утром? Он работал тут, а она работала дома.

Vocabulary

доклад	report; talk
роман	novel
герой	hero
жена	wife
pl. nom. жёны, *gen. and acc.* жён	
опера	opera
фамилия	last name
Как ваша фамилия?	What is your last name?

VOCABULARY

по́весть	story
pl. gen. повесте́й	
интере́сн-ый, -ое, -ая, -ые	interesting
ста́р-ый, -ое, -ая, -ые	old
вчера́	yesterday
вчера́ у́тром	yesterday morning
вчера́ днём	yesterday afternoon
вчера́ ве́чером	yesterday evening (Remember, in English we frequently use *last night* to express *yesterday evening*.)
вчера́ но́чью	last night (literally, *yesterday during the night*)
сего́дня (pronounced сево́дня)	today
сего́дня у́тром	this morning
сего́дня днём	this afternoon
сего́дня ве́чером	this evening (Remember, in English we frequently use *tonight* to express *this evening*.)
сего́дня но́чью	tonight (literally, *today during the night*)
он ел	he ate, was eating, did eat
она́ е́ла	she ate, was eating, did eat
они́ е́ли	they ate, were eating, did eat
он опи́сывал	he described, was describing, did describe
она́ опи́сывала	she described, was describing, did describe
они́ опи́сывали	they described, were describing, did describe
он слы́шал	he heard, was hearing, did hear
она́ слы́шала	she heard, was hearing, did hear
они́ слы́шали	they heard, were hearing, did hear
во́семь	eight
семь	seven

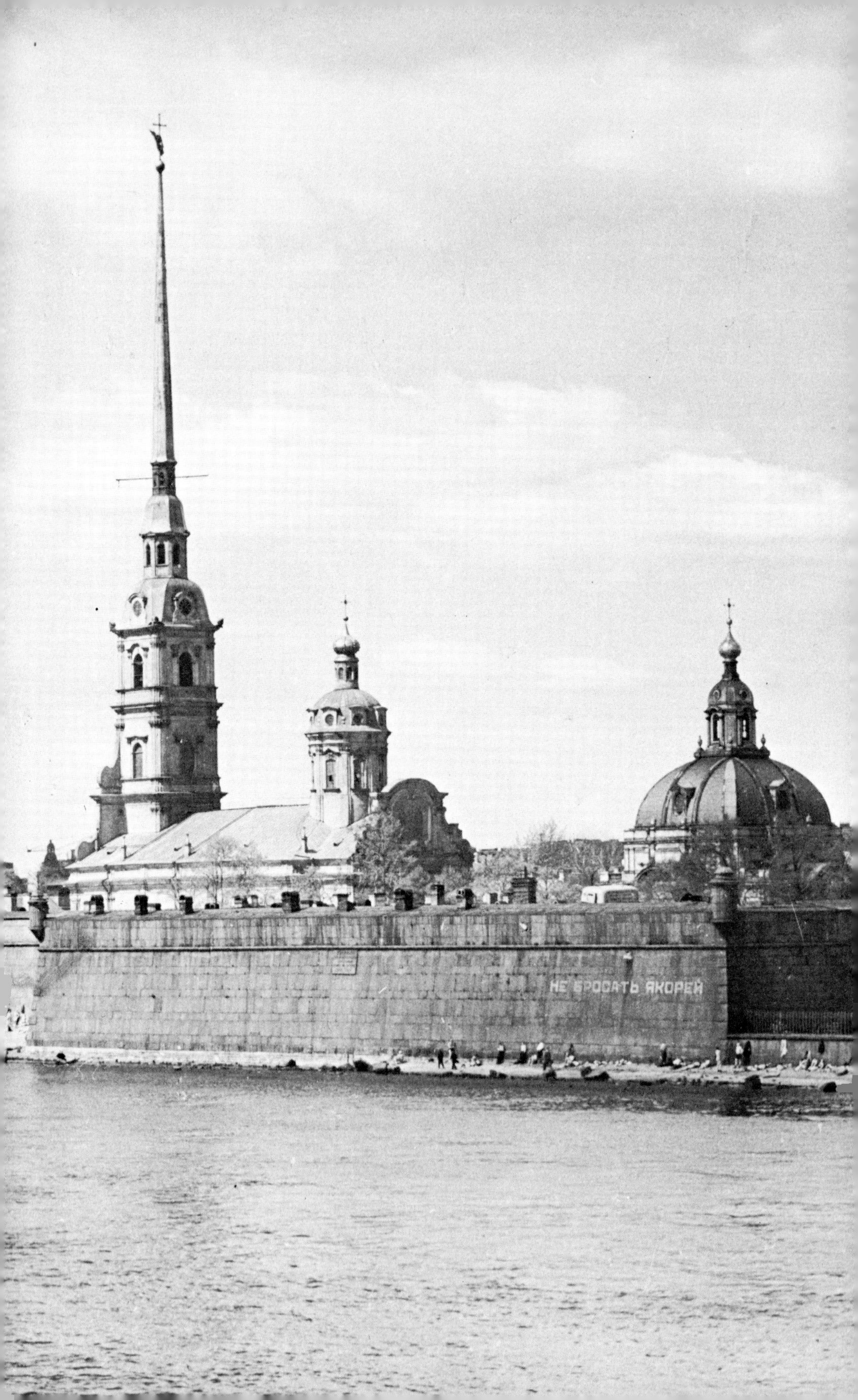
НЕ БРОСАТЬ ЯКОРЕЙ

LESSON 7

Past Tense—Aspects

7.1 Past Tense of Verbs

An action that occurred in the past is expressed by *one* past tense in Russian. The variety of verbal constructions that we have in English—*he read, he did read, he had read, etc.*—does not exist in Russian.

The past tense is normally formed from the infinitive as follows.

A. Obtain the past tense stem by dropping the **-ть**

    стро́и-**ть**
    (to build)

B. If the subject of the verb is *singular masculine*, add **-л.**

инжене́р, он, я, ты, кто } стро́и-**л**

If the subject of the verb is *singular neuter*, add **-ло.**

прави́тельство (government), оно́ } стро́и-**ло**

If the subject of the verb is *singular feminine*, add **-ла.**

Ни́на, она́, я, ты } стро́и-**ла**

If the subject of the verb is *plural*, add **-ли.**

инжене́ры, мы, вы, они́ } стро́и-**ли**

Note: 1. **Я** and **ты** take the masculine or feminine singular form of the verb, depending on the sex of the person they refer to. **Кто** al-

Opposite: Peter and Paul Fortress, Leningrad (Society for Cultural Relations with the USSR)

ways takes the masculine singular form of the verb. **Вы** *always* takes the plural form, even when it refers to one person.

2. Exceptions to the rules for forming the past tense are specially noted in the vocabularies.

7.2 Aspects of Verbs

In speaking of most past actions in Russian, you have to choose one of two paired verbs: the *verb of incompletion-repetition* or the *verb of completion.** Both verbs in such a pair describe the same action (i.e., have the same meaning), but they are used to express different views of that action.

A. The verb of incompletion-repetition is used when a speaker wishes merely to indicate that an action was *in the process of taking place*, without any reference to whether or not it was completed or terminated.

> На́ши инжене́ры стро́или но́вое общежи́тие.
> Our engineers were building a new dormitory.

The verb of incompletion-repetition is also used when a speaker wishes to indicate that an action was *repeated*, again without any reference to whether or not the repetition was completed or terminated.

> Влади́мир ча́сто чита́л по́вести.
> Vladimir frequently read the stories.

An adverb indicating repetition is apt to accompany the verb in such instances.

B. The verb of completion is used when the speaker wishes to indicate that an action *was carried through to completion or termination.*

> На́ши инжене́ры постро́или но́вое общежи́тие.
> Our engineers built a new dormitory.

In describing most past actions, then, the speaker uses one or the other of the two verbs, and his choice depends on the particular view of the action that he is presenting.

7.3 Forms of Verbs of Completion

A. The infinitive of the verb of completion may be a prefixed form of the verb of incompletion-repetition, as in the case of *to read:*

> verb of incompletion-repetition   чита́ть
> verb of completion   **про**чита́ть

---

* These are conventionally called *imperfective* and *perfective* verbs.

B. The infinitive of the verb of completion may be a modified form of the verb of incompletion-repetition, as in the case of *to receive*.

    verb of incompletion-repetition   получа́ть
    verb of completion   получи́ть

C. The infinitive of the verb of completion may be completely different from the verb of incompletion-repetition, as in the case of *to take*.

    verb of incompletion-repetition   брать
    verb of completion   взять

Note: 1. In the vocabularies for this and succeeding lessons, verbs are given in their infinitive forms. The verb of incompletion-repetition is listed first, and its equivalent verb of completion, if there is one, follows. For example, **стро́ить/постро́ить.** Any irregularities in the formation of the past or other tenses are specially noted.

2. In previous lessons you were given seven verbs of incompletion-repetition. The infinitive form of each of these appears in the vocabulary for this lesson. If the verb has an equivalent verb of completion, this is also given.

Homework Exercises

A. New Vocabulary

Read the following sentences *aloud* until you can do this with ease. Next, practice writing them. Finally, translate them into English and then back into Russian.

1. Кто он? Он офице́р.
2. Он офице́р и́ли инжене́р? Он инжене́р.
3. Где офице́р и инжене́р? Они́ до́ма.
4. Когда́ он был до́ма? Вчера́ ве́чером.
5. Где она́ была́ сего́дня у́тром? Она́ была́ до́ма.
6. Они́ бы́ли там днём? Нет, они́ бы́ли тут.
7. Ско́лько бу́дет два плюс де́вять? Два плюс де́вять бу́дет оди́ннадцать.
8. Здра́вствуйте.
9. До свида́ния.

B. Past Tense

Read *aloud* the sentences in the left column until you can do this with ease. Then practice writing them. Finally, do a written translation check: convert the sentences into English and then back into Russian.

Aspects

The sentences on the left use verbs of incompletion-repetition: 1–18 illustrate how you express an action that was in the process of taking place; 19–29 show how repetition is expressed. **Часто** is used consistently in the latter in order to stress the idea of repetition. The sentences on the right use equivalent verbs of completion. Read the sentences in the right column *aloud* until you can do this with ease. Then cover up the sentences on the right and give them *orally* by referring to those on the left. When you can do this without making any errors, repeat the procedure, but this time covering up the sentences on the left. Finally, repeat this process in writing.

1. Мой студе́нт чита́л но́вую по́весть.
   Мой студе́нт прочита́л но́вую по́весть.
2. Я ел колбасу́.
   Я съел колбасу́.
3. Наш преподава́тель опи́сывал геро́я по́вести.
   Наш преподава́тель описа́л геро́я по́вести.
4. А́втор писа́л но́вый рома́н.
   А́втор написа́л но́вый рома́н.
5. Офице́р пил вино́.
   Офице́р вы́пил вино́.
6. Изве́стный инжене́р стро́ил общежи́тие.
   Изве́стный инжене́р постро́ил общежи́тие.
7. Адвока́т покупа́л журна́лы.
   Адвока́т купи́л журна́лы.
8. Что он де́лал сего́дня?
   Что он сде́лал сего́дня?
9. Моя́ жена́ чита́ла интере́сную пье́су.
   Моя́ жена́ прочита́ла интере́сную пье́су.
10. Она́ писа́ла докла́д.
    Она́ написа́ла докла́д.
11. Ни́на е́ла котле́ту.
    Ни́на съе́ла котле́ту.
12. Его́ жена́ пила́ молоко́.
    Его́ жена́ вы́пила молоко́.
13. Когда́ я был там, она́ покупа́ла ла́мпы.
    Когда́ я был там, она́ купи́ла ла́мпы.
14. Что Ни́на де́лала вчера́?
    Что Ни́на сде́лала вчера́?
15. Прави́тельство стро́ило но́вые зда́ния.
    Прави́тельство постро́ило но́вые зда́ния.
16. Мы е́ли ры́бу.
    Мы съе́ли ры́бу.
17. На́ши студе́нты чита́ли но́вый рома́н.
    На́ши студе́нты прочита́ли но́вый рома́н.
18. Что они́ де́лали сего́дня у́тром?
    Что они́ сде́лали сего́дня у́тром?
19. Влади́мир ча́сто получа́л газе́ты.
    Влади́мир получи́л газе́ты.
20. Инжене́р ча́сто брал на́ши журна́лы.
    Инжене́р взял на́ши журна́лы.

HOMEWORK EXERCISES

21. Адвока́т ча́сто покупа́л газе́ты тут.   Адвока́т купи́л газе́ты тут.
22. Ни́на ча́сто брала́ мои́ тетра́ди.   Ни́на взяла́ мои́ тетра́ди.
23. Она́ ча́сто покупа́ла молоко́ там.   Она́ купи́ла молоко́ там.
24. Моя́ жена́ ча́сто получа́ла журна́лы.   Моя́ жена́ получи́ла журна́лы.
25. Прави́тельство ча́сто покупа́ло маши́ны там.   Прави́тельство купи́ло маши́ны там.
26. Вы ча́сто е́ли борщ?   Вы съе́ли борщ?
27. Студе́нты ча́сто получа́ли газе́ты.   Студе́нты получи́ли газе́ты.
28. Они́ ча́сто пи́ли вино́.   Они́ вы́пили вино́.
29. Мы ча́сто покупа́ли ры́бу тут.   Мы купи́ли ры́бу тут.

C. Written Translation Check

1. Our teacher bought a magazine and a newspaper here this morning.
2. His wife was reading an interesting novel.
3. A famous engineer built the new buildings.
4. Did you receive the magazines this afternoon?
5. What was the government buying there?
6. At home we frequently drank wine.
7. The officer was home yesterday.
8. Two plus nine is eleven.
9. What was he describing?
10. Your student took the notebook.
11. Where are the cutlets? He ate them.
12. Nina and Vladimir were here this morning.
13. We frequently bought sausage there.
14. What were they doing at home?
15. Did she write an interesting report?

D. Review

Read the following sentences *aloud*. Next, translate them into English and then back into Russian.

1. Сего́дня ве́чером он рабо́тал до́ма. Он писа́л докла́д.
2. Где был ваш преподава́тель вчера́ ве́чером? Он был до́ма и чита́л но́вый интере́сный рома́н изве́стного а́втора.
3. Как фами́лия офице́ра? Его́ фами́лия Смит.
4. Вы ви́дели наш но́вый роя́ль? Мы его́ купи́ли вчера́ у́тром.
5. Где вы бы́ли сего́дня днём? Я был до́ма. Я рабо́тал.

6. Он покупа́л но́вое зе́ркало, когда́ я его́ ви́дел вчера́ днём.
7. На́ши жёны слы́шали но́вую о́перу.
8. Киноарти́ст опи́сывал геро́я пье́сы и пил вино́.
9. Где вы ви́дели но́вый фильм?
10. Сего́дня мы купи́ли журна́л.

Vocabulary

инжене́р	engineer
офице́р	officer
прави́тельство	government
котле́та	cutlet, chop, croquette
брать/взять	to take
брал, бра́ло, брала́, бра́ли;	
взял, взя́ло, взяла́, взя́ли	
быть	to be
был, бы́ло, была́, бы́ли	
ви́деть	to see
де́лать/сде́лать	to do
есть/съесть	to eat
(съ)ел, (съ)е́ло, (съ)е́ла, (съ)е́ли	
знать	to know
опи́сывать/описа́ть	to describe
писа́ть/написа́ть	to write
пить/вы́пить	to drink
пил, пи́ло, пила́, пи́ли	
вы́пил, вы́пило, вы́пила, вы́пили	
покупа́ть/купи́ть	to buy
получа́ть/получи́ть	to receive
рабо́тать	to work
слы́шать	to hear
стро́ить/постро́ить	to build
чита́ть/прочита́ть	to read
ча́сто	frequently
и	and
и́ли	or
де́вять	nine
оди́ннадцать	eleven
до свида́ния	good-by
здра́вствуйте	hello

  (The first в is not pronounced.)

СССР
1949–1953
МОСКОВСКИЙ ГОСУДАРСТВЕННЫЙ УНИВЕРСИТЕТ им. М. В. ЛОМОНОСОВА

LESSON 8

Locative Case*

8.1 Nouns in the Locative Case

A noun is in the locative case when it is the object of certain prepositions. Three such prepositions render *about* (in the sense of *concerning*), location *in/at*, and location *on*.

A. *About* (in the sense of *concerning*) is **о.** The object of **о** in this meaning is put into the locative case. **О** has a variant, **об,** which is normally used only before words beginning with **а, о, у, э,** or **и.**

B. *In* or *at* is normally **в.** When you wish to indicate that a person or thing is (located) *in* or *at* something, or that an action takes place *in* or *at* something, the object of **в** is put into the locative case.

C. *On* is **на.** When you wish to indicate that a person or thing is (located) *on* something, or that an action takes place *on* something, the object of **на** is put into the locative case.

Note: In spoken Russian these and other prepositions are normally run in with and pronounced as if they were part of the word that follows them.

Basic Pattern of Endings for Nouns in the Locative Case

Singular

	Hard Endings	*Soft Endings*
Masculine	журна́л-**е**	музе́-**е**
		преподава́тел-**е**
Neuter	сло́в-**е**	зда́ни-**и**
Feminine	ла́мп-**е**	аудито́ри-**и**
		крова́т-**и**

* Also called the prepositional case.

Opposite: Moscow State University ("Réalités")

	Plural	
Masculine	журна́л-**ах**	музе́-**ях**
		преподава́тел-**ях**
Neuter	слов-**а́х**	зда́ни-**ях**
Feminine	ла́мп-**ах**	аудито́ри-**ях**
		крова́т-**ях**

8.2 Basic Pattern of Endings for Adjectives in the Locative Case

	Singular	
	Hard Endings	*Soft Endings*
Masculine and Neuter	но́в-**ом**	си́н-**ем**
Feminine	но́в-**ой**	си́н-**ей**

	Plural	
All Genders	но́в-**ых**	си́н-**их**

8.3 Pronominal Adjectives in the Locative Case

	Singular	
Masculine and Neuter	мо-**ём**	на́ш-**ем**
	тво-**ём**	ва́ш-**ем**
Feminine	мо-**е́й**	на́ш-**ей**
	тво-**е́й**	ва́ш-**ей**

	Plural	
All Genders	мо-**и́х**	на́ш-**их**
	тво-**и́х**	ва́ш-**их**

8.4 Interrogative and Personal Pronouns in the Locative Case

The locative case of the pronouns is used under the same conditions as the locative of nouns.

что: чём   кто: ком

	Singular	Plural
1st Person	мне	нас
2nd Person	тебе́, вас	вас
3rd Person	нём (*m.* and *n.*)	них
	ней (*f.*)	

Note: **О** and **в** have the variants **обо** and **во,** used before **мне: обо мне́, во мне́.** (As you will see later on, **обо** and **во** are also used before a limited number of other words beginning with a double consonant.)

Homework Exercises

A. New Vocabulary

Read the following sentences *aloud* until you can do this with ease. Next, practice writing them. Finally, translate them into English and then back into Russian.

1. Где аспира́нты? Они́ до́ма.
2. Кто он? Он реда́ктор газе́ты.
3. Где но́вый рестора́н? Он там.
4. Вы ви́дели но́вый теа́тр? Нет, я его́ не ви́дел; я ви́дел университе́т.
5. Чьё э́то откры́тие? Ва́ше? Нет, э́то его́ откры́тие.
6. Вы прочита́ли моё стихотворе́ние? Да, я прочита́л его́.
7. Э́то но́вое учрежде́ние? Нет, э́то ста́рое учрежде́ние.
8. Что ва́ша жена́ купи́ла вчера́ у́тром? Она́ купи́ла но́вую карти́ну.
9. Э́то их кварти́ра? Нет, э́то на́ша кварти́ра.
10. Где делега́ция? Она́ там.
11. Студе́нты ви́дели лаборато́рию? Да, они́ её ви́дели.
12. Вы ви́дели дре́вние зда́ния? Да, мы ви́дели их.
13. Он ви́дел сосе́днюю кварти́ру? Нет, он её не ви́дел.
14. Где жил Влади́мир? Он жил до́ма.
15. Ско́лько бу́дет де́вять плюс три? Де́вять плюс три бу́дет двена́дцать.
16. Ско́лько бу́дет во́семь плюс пять? Во́семь плюс пять бу́дет трина́дцать.

B. Nouns and Adjectives in the Locative Singular and Plural

Read the following sentences *aloud* until you can do this with ease. Then cover up the sentences on the right and give them *orally* by referring to those on the left. When you can do this without making any errors, repeat the procedure, but this time covering up the sentences on the left. Finally, repeat this process in writing.

1. Тетра́ди на столе́.   Тетра́ди на стола́х.
2. Что он сказа́л о прави́тельстве?   Что он сказа́л о прави́тельствах?
3. Карти́ны на стене́.   Карти́ны на стена́х.
4. Влади́мир и Ни́на бы́ли в музе́е.   Влади́мир и Ни́на бы́ли в музе́ях.
5. Что вы слы́шали о преподава́теле?   Что вы слы́шали о преподава́телях?
6. Делега́ции жи́ли в общежи́тии.   Делега́ции жи́ли в общежи́тиях.

7. Они́ в аудито́рии. Они́ в аудито́риях.
8. Одея́ла на крова́ти. Одея́ла на крова́тях.
9. Вы е́ли в но́вом рестора́не? Вы е́ли в но́вых рестора́нах?
10. Что они́ написа́ли о дре́внем теа́тре? Что они́ написа́ли о дре́вних теа́трах?
11. Они́ рабо́тали в но́вом учрежде́нии. Они́ рабо́тали в но́вых учрежде́ниях.
12. Инжене́р говори́л о дре́внем зда́нии. Инжене́р говори́л о дре́вних зда́ниях.
13. Я не знал слов в но́вой фра́зе. Я не знал слов в но́вых фра́зах.
14. Они́ жи́ли в сосе́дней кварти́ре. Они́ жи́ли в сосе́дних кварти́рах.
15. Он прочита́л по́вести в моём журна́ле. Он прочита́л по́вести в мои́х журна́лах.
16. Ни́на не слы́шала о твоём докла́де. Ни́на не слы́шала о твои́х докла́дах.
17. Влади́мир чита́л о на́шем университе́те. Влади́мир чита́л о на́ших университе́тах.
18. Тетра́ди на ва́шем столе́. Тетра́ди на ва́ших стола́х.
19. Реда́ктор журна́ла говори́л о моём стихотворе́нии. Реда́ктор журна́ла говори́л о мои́х стихотворе́ниях.
20. Они́ слы́шали о твоём откры́тии. Они́ слы́шали о твои́х откры́тиях.
21. Но́вые студе́нты жи́ли в на́шем общежи́тии. Но́вые студе́нты жи́ли в на́ших общежи́тиях.
22. Инжене́ры бы́ли в ва́шем учрежде́нии. Инжене́ры бы́ли в ва́ших учрежде́ниях.
23. Аспира́нты рабо́тали в мое́й лаборато́рии. Аспира́нты рабо́тали в мои́х лаборато́риях.
24. А́втор говори́л о твое́й карти́не. А́втор говори́л о твои́х карти́нах.
25. Вы чита́ли о на́шей делега́ции? Вы чита́ли о на́ших делега́циях?
26. Что вы написа́ли в ва́шей тетра́ди? Что вы написа́ли в ва́ших тетра́дях?
27. Студе́нты писа́ли докла́ды о его́ пье́се. Студе́нты писа́ли докла́ды о его́ пье́сах.
28. Они́ говори́ли о её преподава́теле. Они́ говори́ли о её преподава́телях.
29. Мы жи́ли в их общежи́тии. Мы жи́ли в их общежи́тиях.

HOMEWORK EXERCISES

C. Pronouns in the Locative Singular and Plural

Read the following sentences *aloud* until you can do this with ease. Next, practice writing them. Finally, translate them into English and then back into Russian.
1. О чём вы написа́ли докла́д?
2. О ком говори́л реда́ктор вчера́ ве́чером?
3. Реда́ктор не слы́шал обо мне́?
4. Они́ не говори́ли о тебе́ вчера́.
5. Адвока́т говори́л об аспира́нте? Нет, он не говори́л о нём.
6. Вы бы́ли в музе́е? Что вы в нём ви́дели?
7. Вы зна́ли о его́ откры́тии? Нет, мы не зна́ли о нём.
8. Аспира́нты говори́ли о Ни́не? Да, они́ говори́ли о ней.
9. Вы чита́ли газе́ту сего́дня? В ней его́ но́вое стихотворе́ние.
10. Но́вый реда́ктор знал о нас.
11. Когда́ они́ бы́ли тут, мы говори́ли о вас.
12. Что вы сказа́ли о них?

D. Written Translation Check

1. Last night my wife was at home, but I was working in my laboratory at the university.
2. She lived in the next apartment. Did you hear about her? She wrote a famous novel.
3. Where are the pictures? They are on the table.
4. What did you talk about when the editors were here? We talked about novels, stories, and poems.
5. Did you see the interesting new pictures in the museums?
6. In our delegation (there) were teachers and graduate students.
7. He was writing a report about your institution.
8. We were in the famous restaurant.
9. The graduate student talked about ancient theaters.
10. My wife bought the pictures in a nearby store.
11. The editor lived in a new apartment.
12. What did he say about my poem?

E. Review

Read the following sentences *aloud*. Next, translate them into English and then back into Russian.
1. — Где вы ви́дели его́ вчера́? Тут?
   — Нет, я ви́дел его́ в но́вом магази́не. Он покупа́л ры́бу, капу́сту, колбасу́ и хлеб.
   — А что вы купи́ли в магази́не?
   — Я купи́л ма́сло, молоко́ и мы́ло.

— Что он сказа́л?
— Он сказа́л: «Здра́вствуйте!»
2. — Э́то ваш роя́ль?
— Нет, э́то роя́ль мое́й жены́.
— Когда́ вы купи́ли его́?
— Мы купи́ли его́ вчера́ у́тром.
3. — Что вы де́лали вчера́ ве́чером?
— Я чита́л газе́ту.
— Вы чита́ли объявле́ния в газе́те?
— Да, я чита́л их. А что вы де́лали?
— Я чита́ла интере́сную по́весть о Сиби́ри. Геро́й по́вести — пило́т.
— До свида́ния!
— До свида́ния!

Vocabulary

аспира́нт	graduate student
реда́ктор	editor
рестора́н	restaurant
теа́тр	theater
университе́т	university
откры́тие	discovery
стихотворе́ние	(short) poem
учрежде́ние	institution
карти́на	picture
кварти́ра	apartment
стена́	wall
First syllable accented in the *sing. acc., pl. nom.*, and *pl. acc.*	
делега́ция	delegation
лаборато́рия	laboratory
дре́вн-ий, -ее, -яя, -ие	ancient
сосе́дн-ий, -ее, -яя, -ие	next (adjacent); nearby; neighboring
в (во) (+ *loc.*)	(location) in, at
на (+ *loc.*)	(location) on
о (об, обо) (+ *loc.*)	about (in the sense of *concerning*)
говори́ть/сказа́ть	to say, to tell (**Говори́ть**, *but not* **сказа́ть**, *also renders to speak and to talk*.)
жить жил, жи́ло, жила́, жи́ли	to live
двена́дцать	twelve
трина́дцать	thirteen

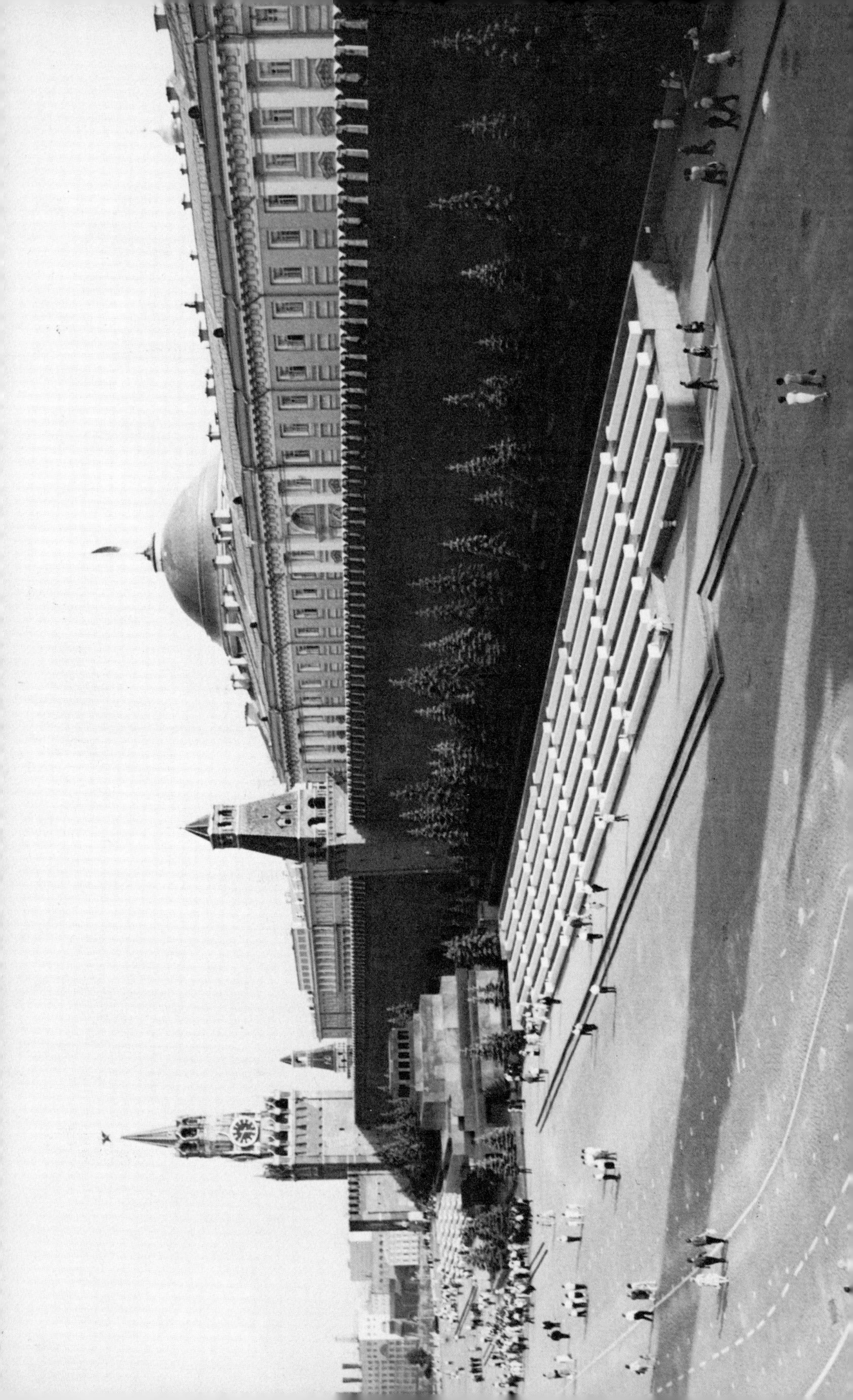

LESSON 9

Dative Case

9.1 Nouns in the Dative Case

A noun which is the indirect object of a verb is in the dative case. The preposition *to* is not used in rendering the indirect object, i.e., you always say "I gave *the student* a notebook," never "I gave a notebook *to the student.*"

Basic Pattern of Endings for Nouns in the Dative Case

	Singular	
	Hard Endings	*Soft Endings*
Masculine	журна́л-**у**	музе́-**ю**
		преподава́тел-**ю**
Neuter	сло́в-**у**	зда́ни-**ю**
Feminine	ла́мп-**е**	аудито́ри-**и**
		крова́т-**и**

	Plural	
Masculine	журна́л-**ам**	музе́-**ям**
		преподава́тел-**ям**
Neuter	слов-**а́м**	зда́ни-**ям**
Feminine	ла́мп-**ам**	аудито́ри-**ям**
		крова́т-**ям**

9.2 Basic Pattern of Endings for Adjectives in the Dative Case

	Singular	
	Hard Endings	*Soft Endings*
Masculine and Neuter	но́в-**ому**	си́н-**ему**
Feminine	но́в-**ой**	си́н-**ей**

	Plural	
All Genders	но́в-**ым**	си́н-**им**

Opposite: Red Square, Moscow (Roger-Viollet)

9.3 Pronominal Adjectives in the Dative Case

Singular

Masculine and Neuter	мо-**ему́**	наш-**ему**
	тво-**ему́**	ваш-**ему**
Feminine	мо-**е́й**	наш-**ей**
	тво-**е́й**	ваш-**ей**

Plural

All Genders	мо-**и́м**	наш-**им**
	тво-**и́м**	ваш-**им**

9.4 Interrogative and Personal Pronouns in the Dative Case

The dative case of the pronouns is used under the same condition as the dative of nouns.

что: чему́   кто: кому́

	Singular	Plural
1st Person	мне	нам
2nd Person	тебе́, вам	вам
3rd Person	ему́ (*m.* and *n.*)	им
	ей (*f.*)	

Homework Exercises

A. New Vocabulary

Read the following sentences *aloud* until you can do this with ease. Next, practice writing them. Finally, translate them into English and then back into Russian.

1. Кто она́? Она́ изве́стная актри́са.
2. Где биле́ты? Они́ на столе́.
3. Что он покупа́л, когда́ вы его́ ви́дели? Он покупа́л дива́н.
4. Кто он? Он но́вый мини́стр.
5. О чём говори́л аспира́нт вчера́ ве́чером? О дре́вних зда́ниях в Москве́.
6. Где ва́ши инжене́ры постро́или зда́ния? В сосе́дней о́бласти.
7. Мини́стр ви́дел пла́ны? Да, он их ви́дел.
8. Когда́ вы посла́ли поздравле́ние? Сего́дня у́тром.
9. Вы получи́ли его́ телегра́мму? Нет, я её не получи́л.
10. Кто про́дал карти́ну? Ни́на продала́ её.

HOMEWORK EXERCISES

11. Он говори́л по-ру́сски? Нет, он говори́л по-англи́йски.
12. Ско́лько бу́дет три плюс оди́ннадцать? Четы́рнадцать.
13. Ско́лько бу́дет три плюс трина́дцать? Шестна́дцать.

B. Nouns and Adjectives in the Dative Singular and Plural

Read the following sentences *aloud* until you can do this with ease. Then cover up the sentences on the right and give them *orally* by referring to those on the left. When you can do this without making any errors, repeat the procedure, but this time covering up the sentences on the left. Finally, repeat this process in writing.

1. Вчера́ Влади́мир прочита́л реда́ктору моё стихотворе́ние. | Вчера́ Влади́мир прочита́л реда́кторам моё стихотворе́ние.
2. Когда́ они́ посла́ли телегра́ммы прави́тельству? | Когда́ они́ посла́ли телегра́ммы прави́тельствам?
3. Кто посла́л геро́ю поздравле́ние? | Кто посла́л геро́ям поздравле́ние?
4. Его́ жена́ дала́ биле́ты преподава́телю. | Его́ жена́ дала́ биле́ты преподава́телям.
5. Инжене́р посла́л учрежде́нию пла́ны общежи́тия. | Инжене́р посла́л учрежде́ниям пла́ны общежи́тия.
6. Мы купи́ли ла́мпы жене́. | Мы купи́ли ла́мпы жёнам.
7. Что мини́стр посла́л делега́ции преподава́телей? | Что мини́стр посла́л делега́циям преподава́телей?
8. Что они́ купи́ли изве́стному а́втору? | Что они́ купи́ли изве́стным а́вторам?
9. Мини́стр обеща́л дать маши́ны но́вому учрежде́нию. | Мини́стр обеща́л дать маши́ны но́вым учрежде́ниям.
10. Они́ про́дали карти́ны сосе́днему музе́ю. | Они́ про́дали карти́ны сосе́дним музе́ям.
11. Вы посла́ли объявле́ния сосе́днему общежи́тию? | Вы посла́ли объявле́ния сосе́дним общежи́тиям?
12. Мы обеща́ли показа́ть наш теа́тр изве́стной актри́се. | Мы обеща́ли показа́ть наш теа́тр изве́стным актри́сам.
13. Когда́ он посла́л телегра́ммы сосе́дней о́бласти? | Когда́ он посла́л телегра́ммы сосе́дним областя́м?
14. Ни́на дала́ биле́ты моему́ преподава́телю. | Ни́на дала́ биле́ты мои́м преподава́телям.
15. Он показа́л дре́вние зда́ния Москвы́ твоему́ студе́нту. | Он показа́л дре́вние зда́ния Москвы́ твои́м студе́нтам.
16. Что сказа́л а́втор на́шему реда́ктору? | Что сказа́л а́втор на́шим реда́кторам?

17. Преподава́тель дал ста́рые   Преподава́тель дал ста́рые
    журна́лы на́шему аспира́нту.   журна́лы на́шим аспира́нтам.
18. Делега́ции посла́ли   Делега́ции посла́ли
    поздравле́ния ва́шему   поздравле́ния ва́шим
    прави́тельству.   прави́тельствам.
19. Что они́ обеща́ли дать   Что они́ обеща́ли дать
    ва́шему учрежде́нию?   ва́шим учрежде́ниям?
20. Инжене́р показа́л на́шей   Инжене́р показа́л на́шим
    делега́ции пла́ны общежи́тия.   делега́циям пла́ны общежи́тия.
21. Они́ посла́ли фи́льмы ва́шей   Они́ посла́ли фи́льмы ва́шим
    лаборато́рии?   лаборато́риям?
22. Когда́ вы да́ли биле́ты его́   Когда́ вы да́ли биле́ты его́
    аспира́нту?   аспира́нтам?
23. Что вы сказа́ли её студе́нту?   Что вы сказа́ли её студе́нтам?
24. Вы посла́ли телегра́ммы их   Вы посла́ли телегра́ммы их
    прави́тельству?   прави́тельствам?

C. Pronouns in the Dative Singular and Plural

Read the following sentences *aloud* until you can do this with ease. Next, practice writing them. Finally, translate them into English and then back into Russian.

1. Кому́ студе́нт дал тетра́ди?
2. Кто купи́л тебе́ гита́ру? Жена́ купи́ла мне гита́ру.
3. Что Ни́на показа́ла Влади́миру? Она́ показа́ла ему́ но́вые карти́ны.
4. Инжене́ры посла́ли прави́тельству пла́ны музе́я? Нет, они́ их ему́ не посла́ли.
5. Когда́ он написа́л жене́? Он написа́л ей вчера́ ве́чером.
6. Он дал нам журна́лы сего́дня у́тром.
7. Мы купи́ли вам ла́мпу.
8. Что вы им да́ли? Я дал им одея́ло.

D. Written Translation Check

1. The engineers showed us the plans of the dormitory.
2. She sold the new pictures to the nearby museum.
3. When did the delegation of teachers send the telegram to our government?
4. They promised to show our graduate students the ancient buildings.
5. Did he buy your wife a lamp?
6. We sold our old car to the new graduate student.
7. Did the minister speak in Russian?
8. I gave the tickets to your teacher.
9. He read your poem to the editors of the magazine.

VOCABULARY

10. What did you tell his graduate students?
11. Did he send congratulations to their wives?
12. We showed his new pictures to the famous actress when she was here.
13. What did you buy your wife? I bought her a grand piano.
14. He read the report to the new teachers.
15. Who promised to give our delegation tickets?

E. Review

Read the following sentences *aloud*. Next, translate them into English and then back into Russian.

— Здравствуйте, Нина!
— Здравствуйте, Владимир!
— Что вы делали вчера?
— Днём я работала в лаборатории, а вечером я была дома. Я читала роман известного автора. Фамилия автора — Стайнбек. А что вы делали вчера?
— Я был в магазине утром. Я купил новые часы и новую картину. Днём я ел в ресторане. Я ел борщ, котлеты, и пил чай. Вечером я был в театре. Наш редактор дал мне билет. Я видел интересную пьесу. Герой пьесы — пилот.
— До свидания, Владимир.
— До свидания, Нина.

Vocabulary

билет	ticket
диван	sofa
министр	minister (government official)
план	plan
поздравление	congratulations
актриса	actress
Москва	Moscow
телеграмма	telegram
область	(administrative) district
Plural endings accented except in the *nom.* and *acc.*	
давать/дать	to give
дал, дало, дала, дали	
обещать (both incompletion-repetition and completion)	to promise

The person to whom the promise
  is made is in the *dat*.

пока́зывать/показа́ть	to show
посыла́ть/посла́ть	to send
продава́ть/прода́ть	to sell
про́дал, про́дало, продала́, про́дали	
по-англи́йски	(in) English
по-ру́сски	(in) Russian
четы́рнадцать	fourteen
шестна́дцать	sixteen

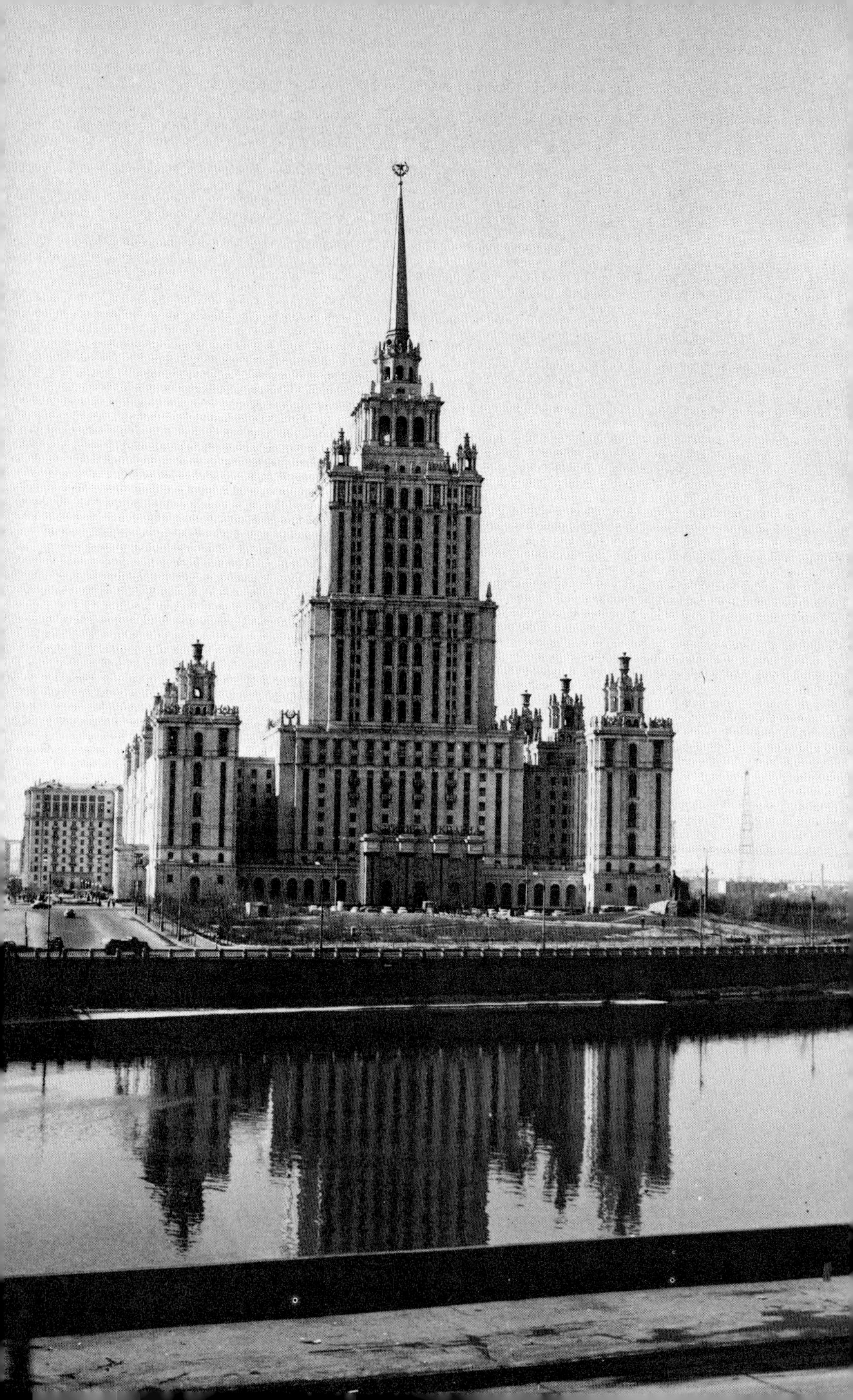

LESSON 10

Present Tense

10.1 General Remarks

The various forms of the English present tense—I write, I do write, I am writing—are all rendered by one present tense form in Russian.

The present tense is formed *only* from incompletion-repetition verbs.

In the present tense the incompletion-repetition verbs are classified as Conjugation I and II and take endings according to this classification. The conjugation to which a verb belongs is indicated in the vocabularies and must be learned. A useful rule of thumb, though, is that most verbs with infinitives ending in **-ать** are Conjugation I verbs; most with infinitives in **-ить** belong to Conjugation II.

10.2 Conjugation I

A. Present Tense Stem

1. The present tense stem of many Conjugation I verbs is identical with the past tense stem, i.e., it consists of the infinitive minus the **-ть**: посыла́-ть. Ten of the Conjugation I verbs you have learned so far have this type of present tense stem:

        де́ла-ть   покупа́-ть
        зна-ть   получа́-ть
        обеща́-ть   посыла́-ть
        опи́сыва-ть   рабо́та-ть
        пока́зыва-ть чита́-ть

2. The present tense stem of other Conjugation I verbs is formed in a number of different ways. You have had six verbs of this sort.

Infinitive	Present Tense Stem
дава́ть	да-
продава́ть	прода-

Opposite: Hotel Ukraine, Moscow (Roger-Viollet)

Infinitive	Present Tense Stem
пить	пь-
брать	бер-
жить	жив-
писа́ть	пиш-

The present tense stems of such verbs are supplied in the vocabularies. All other Conjugation I verbs can be assumed to form present tense stems like those under 1.

B. *Present Tense Endings*

1. Present tense stems that end in a *vowel*, **ь**, or **л** normally take endings as follows.

посыла́-ть

		Singular		Plural
1st Person	я	посыла́-**ю**	мы	посыла́-**ем**
2nd Person	ты	посыла́-**ешь**	вы	посыла́-**ете**
3rd Person	он, оно́, она́	посыла́-**ет**	они́	посыла́-**ют**

Some such stems take the endings **-ёшь, -ёт, -ём, -ёте.** You have learned three such verbs.

дава́ть: да-**ёшь,** да-**ёт,** да-**ём,** да-**ёте**
продава́ть: прода-**ёшь,** прода-**ёт,** etc.
пить: пь-**ёшь,** пь-**ёт,** etc.

Verbs that take the **ё** endings are specially noted in the vocabularies.

2. Present tense stems that end in *any consonant but* **л** take endings as above, except that **-у** is used in the first person singular and **-ут** in the third person plural.

брать: я бер-**у́,** ты берёшь, он (оно́, она́) берёт, мы берём, вы берёте, они́ бер-**у́т**
жить: я жив-**у́,** ты живёшь, он (оно́, она́) живёт, мы живём, вы живёте, они́ жив-**у́т**
писа́ть: я пиш-**у́,** ты пи́шешь, он (оно́, она́) пи́шет, мы пи́шем, вы пи́шете, они́ пиш-**ут**

10.3 Conjugation II

A. *Present Tense Stem*

1. The present tense stem is normally formed by simply dropping the last three letters from the infinitive. Three of the Conjugation II verbs that you have learned follow this pattern.

CONJUGATION II

говор-и́ть
стро́-ить
слы́ш-ать

2. If the above procedure results in a stem ending in **б, в, м, п,** or **ф,** an **л** is added to the stem in *the first person singular only*. You have had one such verb:

Infinitive	1st Person Singular Stem	Stem Elsewhere
люб-и́ть	любл-	люб-

3. Some verbs form all but the first person singular stem in the manner described under 1; the stem for the first person singular differs by ending in a **ж, ч, ш,** or **щ.** You have had one verb of this type:

Infinitive	1st Person Singular Stem	Stem Elsewhere
ви́д-еть	ви́ж-	ви́д-

The vocabularies make special note of verbs following the patterns under 2. and 3. and of any other irregularities. All other Conjugation II verbs can be assumed to form their present tense stems like those under 1.

B. *Present Tense Endings*

стро́-ить

	Singular	Plural
1st Person	я стро́-**ю**	мы стро́-**им**
2nd Person	ты стро́-**ишь**	вы стро́-**ите**
3rd Person	он, оно́, она́ стро́-**ит**	они́ стро́-**ят**

When the stem ends in **ж, ч, ш,** or **щ,** the first person singular ending is **-у** and the third person plural ending is **-ат.**

| слы́ш-ать | я слы́ш-у | они́ слы́ш-ат |
| ви́д-еть | я ви́ж-у | (but они́ ви́д-ят) |

10.4 Accent

Normally the accent is either on the same syllable in all persons or moves back one syllable after the first person singular: пиш-у́, but then пи́ш-ешь, пи́ш-ет, пи́ш-ем, пи́ш-ете, пи́ш-ут; любл-ю́, but then лю́б-ишь, лю́б-ит, лю́б-им, лю́б-ите, лю́б-ят.

Shifts in accent are noted in the vocabularies.

10.5 Irregular Verbs

There are a few verbs with an irregular present tense. You have had one of them, **есть**.

	Singular	Plural
1st Person	я ем	мы едим
2nd Person	ты ешь	вы едите
3rd Person	он ⎱ ест она ⎰	они едят

Homework Exercises

A. New Vocabulary

Read the following sentences *aloud* until you can do this with ease. Next, practice writing them. Finally, translate them into English and then back into Russian.

1. Что ты купил? Я купил костюм.
2. Когда он послал ответ правительству? Сегодня утром.
3. Он взял твой новый чемодан? Нет, он взял мой старый чемодан.
4. Чей он гость? Он наш гость.
5. Где вода? Вода в стакане.
6. О чём говорили женщины? Они говорили о шляпах.
7. Вы видели его бедную жену? Да, я её видел вчера.
8. Где твоя зелёная лампа? Она в моей комнате.
9. Иностранный студент говорил по-русски, когда он был тут? Нет, он говорил по-английски.
10. Где ваши красивые картины? Они в соседней комнате.
11. Когда он сделал доклад о современных романах? Вчера.
12. Вы купили зелёную машину? Нет, я купил чёрную.
13. Кого он любил? Он любил Нину.
14. Он быстро говорил по-русски? Да, он говорил быстро.
15. Вы ели в соседнем ресторане? Да, мы иногда ели там.
16. Что он обыкновенно делал вечером? Обыкновенно он работал.
17. Она любила читать? Да, она очень любила читать.
18. Где он теперь? Он дома.
19. Сколько будет тринадцать плюс четыре? Семнадцать.
20. Сколько будет девять плюс девять? Восемнадцать.

B. Present Tense

Read the following sentences *aloud* until you can do this with ease. Then cover up the sentences on the right and give them *orally* by referring to

HOMEWORK EXERCISES

those on the left. When you can do this without making any errors, repeat the procedure, but this time covering up the sentences on the left. Finally, repeat this process in writing.

1. Иногда́ я рабо́таю в магази́не ве́чером.
2. Я чита́ю о́чень интере́сный рома́н.
3. Что ты тепе́рь де́лаешь?
4. Что ты зна́ешь о но́вом преподава́теле?
5. Он обеща́ет дать мне отве́т у́тром.
6. Инжене́р опи́сывает дре́вние зда́ния.
7. Она́ пока́зывает гостя́м но́вые карти́ны.
8. Же́нщина покупа́ет шля́пы.
9. Ва́ше учрежде́ние получа́ет иностра́нные журна́лы?
10. Общежи́тие посыла́ет объявле́ния студе́нтам.
11. Я ча́сто даю́ ему́ журна́лы.
12. Ты даёшь ему́ молоко́ у́тром?
13. Он ча́сто даёт нам биле́ты.
14. Я продаю́ ста́рую маши́ну.
15. Ты продаёшь зелёный костю́м?
16. Он продаёт краси́вый дива́н.
17. Я пью во́ду.
18. Ты обыкнове́нно пьёшь чай?
19. Она́ иногда́ пьёт вино́.
20. Я не беру́ но́вого чемода́на.
21. Ты берёшь гита́ру?
22. Он берёт ста́рый чемода́н.
23. Я живу́ в но́вом зда́нии.
24. Где ты живёшь тепе́рь?
25. Она́ живёт в сосе́днем общежи́тии.
26. Я пишу́ докла́д о совреме́нных рома́нах.
27. Кому́ ты пи́шешь?
28. Она́ ча́сто пи́шет вам?

Иногда́ мы рабо́таем в магази́не ве́чером.
Мы чита́ем о́чень интере́сный рома́н.
Что вы тепе́рь де́лаете?
Что вы зна́ете о но́вом преподава́теле?
Они́ обеща́ют дать мне отве́т у́тром.
Инжене́ры опи́сывают дре́вние зда́ния.
Они́ пока́зывают гостя́м но́вые карти́ны.
Же́нщины покупа́ют шля́пы.
Ва́ши учрежде́ния получа́ют иностра́нные журна́лы?
Общежи́тия посыла́ют объявле́ния студе́нтам.
Мы ча́сто даём ему́ журна́лы.
Вы даёте ему́ молоко́ у́тром?
Они́ ча́сто даю́т нам биле́ты.
Мы продаём ста́рую маши́ну.
Вы продаёте зелёный костю́м?
Они́ продаю́т краси́вый дива́н.
Мы пьём во́ду.
Вы обыкнове́нно пьёте чай?
Они́ иногда́ пьют вино́.
Мы не берём но́вого чемода́на.
Вы берёте гита́ру?
Они́ беру́т ста́рый чемода́н.
Мы живём в но́вом зда́нии.
Где вы живёте тепе́рь?
Они́ живу́т в сосе́днем общежи́тии.
Мы пи́шем докла́д о совреме́нных рома́нах.
Кому́ вы пи́шете?
Они́ ча́сто пи́шут вам?

29. Я стро́ю но́вое зда́ние.
30. Ты бы́стро говори́шь по-ру́сски?
31. Он стро́ит но́вое зда́ние.
32. Она́ тепе́рь говори́т по-англи́йски.
33. Я ча́сто слы́шу о нём.
34. Ты слы́шишь преподава́теля?
35. Что он слы́шит о Влади́мире?
36. Я о́чень люблю́ Ни́ну.
37. Ты лю́бишь Влади́мира?
38. Актри́са лю́бит киноарти́ста.
39. Я иногда́ ви́жу на́шего адвока́та.
40. Ты ча́сто ви́дишь их?
41. Она́ иногда́ ви́дит его́ бе́дную жену́ там.
42. Я ча́сто ем борщ до́ма.
43. Что ты обыкнове́нно ешь ве́чером?
44. Что она́ ест—колбасу́ и́ли котле́ты?

Мы стро́им но́вое зда́ние.
Вы бы́стро говори́те по-ру́сски?
Они́ стро́ят но́вое зда́ние.
Они́ тепе́рь говоря́т по-англи́йски.
Мы ча́сто слы́шим о нём.
Вы слы́шите преподава́теля?
Что они́ слы́шат о Влади́мире?
Мы о́чень лю́бим Ни́ну.
Вы лю́бите Влади́мира?
Актри́сы лю́бят киноарти́ста.
Мы иногда́ ви́дим на́шего адвока́та.
Вы ча́сто ви́дите их?
Они́ иногда́ ви́дят его́ бе́дную жену́ там.
Мы ча́сто еди́м борщ до́ма.
Что вы обыкнове́нно еди́те ве́чером?
Что они́ едя́т—колбасу́ и́ли котле́ты?

C. Written Translation Check

1. I frequently talk about him.
2. He is showing the foreign guests the new theaters and museums.
3. This evening I am giving a report on [about] contemporary novels.
4. Usually he doesn't take the wife's new suitcase. He takes her old suitcase.
5. Nina loves Vladimir very much.
6. Who is building the new dormitory?
7. Do you hear about him?
8. She is buying a green hat and a black suit.
9. Do you see them often?
10. To whom does he write frequently? To you or your wife?
11. I am selling my beautiful sofa.
12. We sometimes eat in the restaurant.
13. In the evening I drink milk, but my wife drinks tea.
14. Do you live in the new building? No, I live in the old building.
15. Do you frequently receive foreign newspapers?

D. Review

Read the following paragraphs *aloud*. Next, translate them into English and then back into Russian.

Влади́мир — адвока́т. Он рабо́тает в но́вом учрежде́нии в Москве́. Обыкнове́нно он рабо́тает там у́тром. Жена́ Влади́мира, Ни́на, рабо́тает в университе́те. Она́ говори́т по-ру́сски и по-англи́йски.

Влади́мир и Ни́на получи́ли кварти́ру в но́вом зда́нии. В их кварти́ре роя́ль, зелёный дива́н, столы́ и крова́ть. На стола́х си́ние ла́мпы. На стена́х карти́ны и краси́вые зеркала́.

Влади́мир и Ни́на о́чень лю́бят чита́ть по-англи́йски, и они́ ча́сто получа́ют иностра́нные газе́ты и журна́лы. Вчера́ они́ бы́ли в сосе́днем теа́тре. Они́ ви́дели интере́сную пье́су совреме́нного а́втора—«Сиби́рь». Аспира́нт дал Ни́не биле́ты.

Vocabulary

костю́м	suit
отве́т	answer
чемода́н	suitcase
гость (*m.*)	guest
All *pl.* endings except *nom.* accented	
вода́	water
First syllable accented in the *sing. acc.* and *pl.*	
же́нщина	woman
шля́па	hat
бе́дн-ый, -ое, -ая, -ые	poor
зелён-ый, -ое, -ая, -ые	green
иностра́нн-ый, -ое, -ая, -ые	foreign
краси́в-ый, -ое, -ая, -ые	beautiful, handsome
совреме́нн-ый, -ое, -ая, -ые	contemporary, modern
чёрн-ый, -ое, -ая, -ые	black
люби́ть (II): любл-ю́, лю́б-ишь	to love, to like
бы́стро	quickly
иногда́	sometimes
обыкнове́нно	usually
о́чень	very; very much
тепе́рь	now
семна́дцать	seventeen
восемна́дцать	eighteen

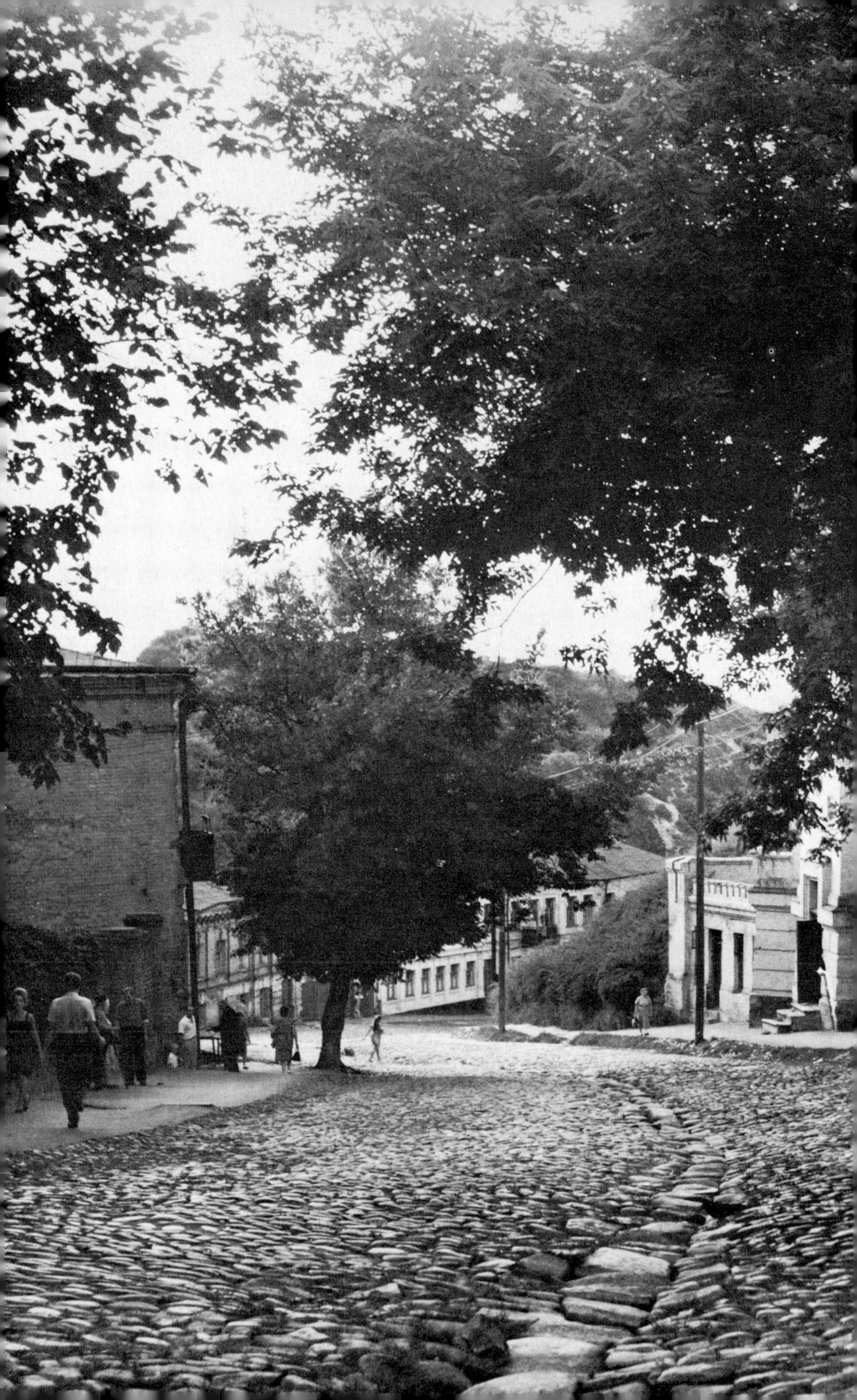

LESSON 11

Future Tense

11.1 Future Tense of быть

In the future tense, **быть** follows the pattern of Conjugation I verbs.

	Singular	Plural
1st Person	я бу́д-у	мы бу́д-ем
2nd Person	ты бу́д-ешь	вы бу́д-ете
3rd Person	он, оно́, она́ } бу́д-ет	они́ бу́д-ут

11.2 Aspects in the Future Tense

In speaking of most future actions, you have to make the same choice between the *verb of incompletion-repetition* and the *verb of completion* as you do when expressing most past actions.

A. The verb of incompletion-repetition is used when a speaker wishes merely to indicate that an action *will be in the process of taking place* or that an action *will be repeated*.

B. The verb of completion is used when a speaker wishes to indicate that an action *will be carried through to completion or termination*.

11.3 Verbs of Incompletion-Repetition in the Future Tense

The future tense form of a verb of incompletion-repetition consists of the future tense of **быть** + the *infinitive* of the verb.

	Singular	Plural
1st Person	я бу́ду посыла́ть	мы бу́дем посыла́ть
2nd Person	ты бу́дешь посыла́ть	вы бу́дете посыла́ть
3rd Person	он, оно́, она́ } бу́дет посыла́ть	они́ бу́дут посыла́ть

Opposite: The Old Quarter of Kiev (Roger-Viollet)

11.4 Verbs of Completion in the Future Tense

The future tense of verbs of completion is formed according to the rules given for the present tense in the preceding lesson. For purposes of the future tense, verbs of completion are classified as Conjugation I or II, they follow the present tense patterns of stem formation, and take the same endings as the present tense, and the present tense rule for accentuation applies to them.

A. Conjugation I

You have learned nine verbs of completion belonging to Conjugation I.
1. The future tense stems of two of these verbs are identical with their past tense stems.

> прочитáть: прочитá-ю, прочитá-ешь
> сдéлать: сдéла-ю, сдéла-ешь

2. The future tense stems of the other seven are formed in a number of different ways.

> вы́пить: вы́пь-ю, вы́пь-ешь
> послáть: пошл-ю́, пошл-ёшь
> взять: возьм-у́, возьм-ёшь
> написáть: напиш-у́, напи́ш-ешь
> описáть: опиш-у́, опи́ш-ешь
> показáть: покаж-у́, покáж-ешь
> сказáть: скаж-у́, скáж-ешь

B. Conjugation II

You have learned three verbs of completion belonging to Conjugation II.
1. The future tense stems of two are formed by simply dropping the last three letters from the infinitive.

> постро́ить: постро́-ю, постро́-ишь
> получи́ть: получ-у́, полу́ч-ишь

2. The future tense stem of one follows the **люби́ть** pattern described in the previous lesson, i.e., л is added to the stem in the *first person singular only*.

> купи́ть: купл-ю́, ку́п-ишь

C. Irregular Verbs

You have had three verbs of completion with an irregular future tense.
дать: дам, дашь, даст, дади́м, дади́те, даду́т
продáть: продáм, продáшь, продáст, продади́м, продади́те, продаду́т
съесть: съем, съешь, съест, съеди́м, съеди́те, съедя́т

Note: The vocabularies indicate the conjugation type to which each verb of completion belongs and also any irregularities in stem formation, endings, and accent.

Homework Exercises

A. New Vocabulary

Read the following sentences *aloud* until you can do this with ease. Next, practice writing them. Finally, translate them into English and then back into Russian.

1. Где зелёный мел? Он там на столе́.
2. Вы чита́ли о шпио́не в газе́те сего́дня? Нет, я не чита́л.
3. Что он дал тебе́? Он дал мне рубль.
4. О чём вы говори́те? Мы говори́м о совреме́нной литерату́ре.
5. Где они́ жи́ли зимо́й? Они́ жи́ли в А́нглии зимо́й.
6. Вы ви́дели фильм о Герма́нии в на́шем теа́тре? Нет, я его́ не ви́дела.
7. О чём говори́л ваш преподава́тель вчера́? Он говори́л об исто́рии Москвы́.
8. Он рабо́тал в А́нглии? Нет, он рабо́тал во Фра́нции.
9. Что вы ви́дели вчера́ в но́вом музе́е? Я ви́дел замеча́тельные совреме́нные карти́ны там.
10. Когда́ вы ви́дели но́вую пье́су? Я ви́дел её весно́й.
11. Вы всегда́ говори́те по-ру́сски до́ма? Нет, мы иногда́ говори́м по-англи́йски.
12. Что вы де́лаете ле́том? Я рабо́таю в магази́не.
13. Когда́ вы про́дали ва́шу маши́ну? Я про́дал её о́сенью.
14. Где вы бы́ли пото́м? Я был в университе́те.
15. Почему́ вы не написа́ли докла́да? Потому́ что я был в теа́тре вчера́ ве́чером.
16. Ско́лько бу́дет де́вять плюс де́сять? Де́вять плюс де́сять бу́дет девятна́дцать.
17. Ско́лько бу́дет де́сять плюс де́сять? Де́сять плюс де́сять бу́дет два́дцать.
18. Ско́лько бу́дет двена́дцать плюс двена́дцать? Двена́дцать плюс двена́дцать бу́дет два́дцать четы́ре.

B. Future Tense

Read the following sentences *aloud* until you can do this with ease. Then cover up the sentences on the right and give them *orally* by referring to those on the left. When you can do this without making any errors, repeat, the procedure, but this time covering up the sentences on the left. Finally repeat this process in writing.

1. Я бу́ду до́ма за́втра. Мы бу́дем до́ма за́втра.
2. Когда́ ты бу́дешь в лаборато́рии? Когда́ вы бу́дете в лаборато́рии?
3. Он бу́дет в аудито́рии сего́дня днём. Они́ бу́дут в аудито́рии сего́дня днём.
4. Я бу́ду рабо́тать в А́нглии о́сенью. Мы бу́дем рабо́тать в А́нглии о́сенью.
5. Что ты бу́дешь чита́ть ве́чером? Что вы бу́дете чита́ть ве́чером?
6. Она́ бу́дет пить вино́. Они́ бу́дут пить вино́.
7. За́втра я бу́ду говори́ть о его́ но́вой пье́се. За́втра мы бу́дем говори́ть о его́ но́вой пье́се.
8. Ты бу́дешь есть борщ ве́чером? Вы бу́дете есть борщ ве́чером?
9. Что он бу́дет де́лать весно́й? Что они́ бу́дут де́лать весно́й?
10. Я ча́сто бу́ду ви́деть его́ в университе́те зимо́й. Мы ча́сто бу́дем ви́деть его́ в университе́те зимо́й.
11. Ты ча́сто бу́дешь писа́ть ему́? Вы ча́сто бу́дете писа́ть ему́?
12. Актри́са бу́дет жить во Фра́нции ле́том. Актри́сы бу́дут жить во Фра́нции ле́том.
13. Я прочита́ю его́ стихотворе́ние за́втра. Мы прочита́ем его стихотворе́ние за́втра.
14. Когда́ ты прочита́ешь рома́н? Когда́ вы прочита́ете рома́н?
15. Она́ прочита́ет по́весть сего́дня? Они́ прочита́ют по́весть сего́дня?
16. Я сде́лаю докла́д весно́й. Мы сде́лаем докла́д весно́й.
17. Что ты сде́лаешь пото́м? Что вы сде́лаете пото́м?
18. Он ско́ро сде́лает докла́д о Герма́нии. Они́ ско́ро сде́лают докла́д о Герма́нии.
19. Я вы́пью чай пото́м. Мы вы́пьем чай пото́м.
20. Ты вы́пьешь стака́н молока́ и́ли воды́? Вы вы́пьете стака́н молока́ и́ли воды́?
21. Он вы́пьет вино́ пото́м. Они́ вы́пьют вино́ пото́м.
22. Я пошлю́ вам на́ши пла́ны ле́том. Мы пошлём вам на́ши пла́ны ле́том.
23. Почему́ ты не пошлёшь ей телегра́ммы? Почему́ вы не пошлёте ей телегра́ммы?
24. Он пошлёт вам часы́ за́втра. Они́ пошлю́т вам часы́ за́втра.
25. Я возьму́ её чемода́н. Мы возьмём её чемода́н.

HOMEWORK EXERCISES

26. Когда́ ты возьмёшь карти́ны? Когда́ вы возьмёте карти́ны?
27. Она́ возьмёт мою́ гита́ру за́втра ве́чером. Они́ возьму́т мою́ гита́ру за́втра ве́чером.
28. Я ско́ро напишу́ ему́. Мы ско́ро напи́шем ему́.
29. Ты напи́шешь докла́д за́втра? Вы напи́шете докла́д за́втра?
30. Преподава́тель напи́шет ей за́втра днём. Преподава́тели напи́шут ей за́втра днём.
31. В докла́де я опишу́ на́ше общежи́тие. В докла́де мы опи́шем на́ше общежи́тие.
32. Ты опи́шешь ему́ наш но́вый теа́тр? Вы опи́шете ему́ наш но́вый теа́тр?
33. Он опи́шет вам на́шу кварти́ру. Они́ опи́шут вам на́шу кварти́ру.
34. Я покажу́ тебе́ замеча́тельные карти́ны за́втра. Мы пока́жем тебе́ замеча́тельные карти́ны за́втра.
35. Что ты нам пока́жешь? Что вы нам пока́жете?
36. Он пока́жет нам пла́ны общежи́тия. Они́ пока́жут нам пла́ны общежи́тия.
37. Я скажу́ ему́ о Ни́не за́втра. Мы ска́жем ему́ о Ни́не за́втра.
38. Почему́ ты не ска́жешь им о Влади́мире? Почему́ вы не ска́жете им о Влади́мире?
39. Он ска́жет нам об экза́мене за́втра. Они́ ска́жут нам об экза́мене за́втра.
40. Я ско́ро постро́ю но́вое зда́ние. Мы ско́ро постро́им но́вое зда́ние.
41. Что ты постро́ишь там? Что вы постро́ите там?
42. Инжене́р постро́ит общежи́тие. Инжене́ры постро́ят общежи́тие.
43. Я получу́ газе́ту сего́дня ве́чером. Мы полу́чим газе́ту сего́дня ве́чером.
44. Ты ско́ро полу́чишь его́ докла́д о совреме́нной литерату́ре? Вы ско́ро полу́чите его́ докла́д о совреме́нной литерату́ре?
45. Мини́стр полу́чит телегра́мму ве́чером. Мини́стры полу́чат телегра́мму ве́чером.
46. Я куплю́ мел за́втра. Мы ку́пим мел за́втра.
47. Когда́ ты ку́пишь журна́л? Когда́ вы ку́пите журна́л?
48. Студе́нт ку́пит нам биле́ты послеза́втра. Студе́нты ку́пят нам биле́ты послеза́втра.
49. Я дам вам зелёные стака́ны за́втра. Мы дади́м вам зелёные стака́ны за́втра.
50. Что ты дашь его́ студе́нту? Что вы дади́те его́ студе́нту?
51. Он даст ей иностра́нные журна́лы послеза́втра. Они́ даду́т ей иностра́нные журна́лы послеза́втра.
52. Я прода́м ему́ маши́ну. Мы продади́м ему́ маши́ну.
53. Когда́ ты прода́шь нам дива́н? Когда́ вы продади́те нам дива́н?

54. Он продáст вам билéты.   Они́ продаду́т вам билéты.
55. Я съем котлéты.   Мы съеди́м котлéты.
56. Ты съешь колбасу́?   Вы съеди́те колбасу́?
57. Он съест борщ.   Они́ съедя́т борщ.

C. Written Translation Check

1. Will you see him frequently during the winter?
2. I'll drink a glass of milk now, and later I'll eat a cutlet.
3. We'll send them a telegram tomorrow.
4. Where will you live in Germany during the summer?
5. Tomorrow I'll show you the wonderful contemporary pictures at the university.
6. They will be in England in the fall.
7. I will buy the tickets tomorrow or the day after tomorrow.
8. Why are you selling your old car now? Because we will buy a new foreign car in the spring.
9. What are you talking about? We're talking about ancient literature.
10. I bought green chalk today. Where is it?
11. They always live in France during the winter.
12. Did you read about the famous spy?
13. Does she like ancient history?
14. Will he give you a ruble?
15. We'll tell him about the teacher.

D. Review

Read the following sentences *aloud*. Next, translate them into English and then back into Russian.

1. — Что вы обыкновéнно пьёте вéчером — молокó и́ли чай?
   — Мы пьём молокó.
   — А что вы еди́те?
   — Мы чáсто еди́м суп, чёрный хлеб, колбасу́ и́ли ры́бу, и капу́сту.
   — Вы всегдá еди́те дóма?
   — Нет, иногдá мы еди́м в сосéднем ресторáне.

2. — Комý вы послáли телегрáмму сегóдня у́тром?
   — Я послáла её нáшему мини́стру.
   — Он в Áнглии тепéрь?
   — Нет, он в Гермáнии.

3. — Где вы бы́ли сегóдня днём?
   — Я былá в нóвом магази́не.
   — А что вы купи́ли там?
   — Я купи́ла мáсло, мы́ло и сáхар.

VOCABULARY

4. — Это о́чень краси́вая же́нщина. Кто она́?
 — Вы не зна́ете её? Она́ жена́ Влади́мира.
 — Она́ актри́са?
 — Нет, она́ рабо́тает в на́шем учрежде́нии.

Vocabulary

мел	chalk
шпио́н	spy
рубль (*m.*)	ruble
Endings accented	
литерату́ра	literature
А́нглия	England
Герма́ния	Germany
исто́рия	history
Фра́нция	France
замеча́тельн-ый, -ое, -ая, -ые	remarkable, wonderful
весно́й	in (during) the spring
всегда́	always
за́втра	tomorrow
зимо́й	in (during) the winter
ле́том	in (during) the summer
о́сенью	in (during) the fall
послеза́втра	the day after tomorrow
пото́м	later, then, afterwards
почему́?	why?
ско́ро	soon
потому́ что	because
девятна́дцать	nineteen
два́дцать	twenty
два́дцать оди́н	twenty-one
два́дцать два, etc.	twenty-two, etc.

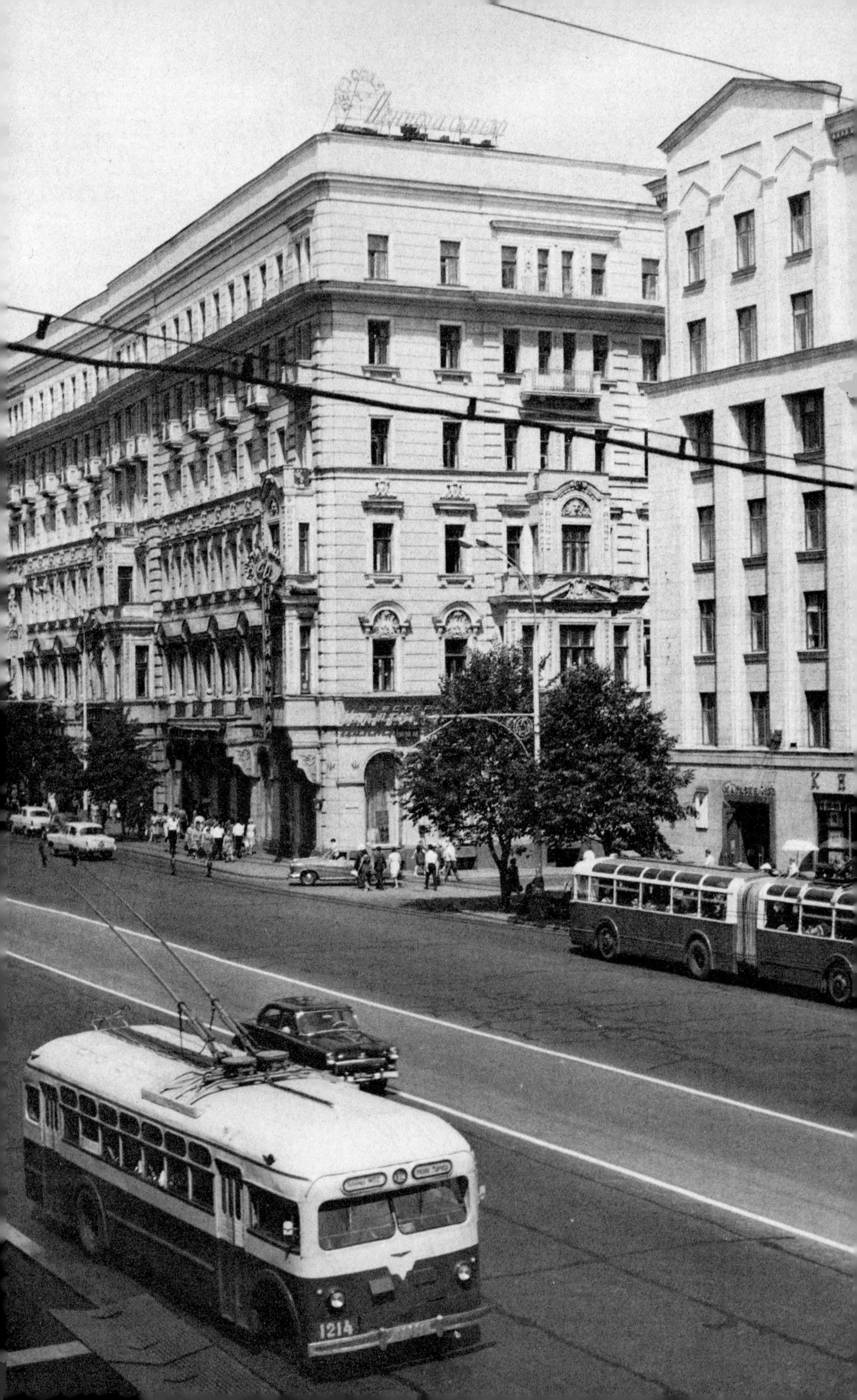
1214

LESSON 12

Instrumental Case

12.1 Nouns in the Instrumental Case

A noun is in the instrumental case when it is the object of certain prepositions. Three such prepositions render *(together) with, before/in front of,* and location *under/below.*

A. If you wish to say that a person or thing acts or is found *(together) with* another person or thing, use **с** to render *(together) with* and put the object of **с** into the instrumental case.

B. *Before/in front of* is **пéред,** and the object of **пéред** is put into the instrumental case.

C. *Under/below* is **под.** When you wish to indicate that a person or thing is (located) *under/below* another person or thing, the object of **под** is put into the instrumental case.

To have a noun express the *instrument* or *means* by which an action is performed, you normally put the noun into the instrumental case. The Russian equivalent of *with* (**с**) is *never* used in such constructions. For example, *the teacher wrote with chalk* is rendered by *the teacher wrote + chalk* in the instrumental case.

Basic Pattern of Endings for Nouns in the Instrumental Case

Singular

	Hard Endings	Soft Endings
Masculine	журнáл-**ом**	музé-**ем**
		преподавáтел-**ем**
Neuter	слóв-**ом**	здáни-**ем**
Feminine	лáмп-**ой**	аудитóри-**ей**
		кровáт-**ью**

Opposite: Gorky Street, Moscow (Roger-Viollet)

	Plural	
Masculine	журна́л-**ами**	музе́-**ями**
		преподава́тел-**ями**
Neuter	слов-**а́ми**	зда́ни-**ями**
Feminine	ла́мп-**ами**	аудито́ри-**ями**
		крова́т-**ями**

12.2 Basic Pattern of Endings for Adjectives in the Instrumental Case

	Singular	
	Hard Endings	*Soft Endings*
Masculine and Neuter	но́в-**ым**	си́н-**им**
Feminine	но́в-**ой**	си́н-**ей**

	Plural	
All Genders	но́в-**ыми**	си́н-**ими**

12.3 Pronominal Adjectives in the Instrumental Case

	Singular	
Masculine and Neuter	мо-**и́м**	наш-**им**
	тво-**и́м**	ваш-**им**
Feminine	мо-**е́й**	на́ш-**ей**
	тво-**е́й**	ва́ш-**ей**

	Plural	
All Genders	мо-**и́ми**	на́ш-**ими**
	тво-**и́ми**	ва́ш-**ими**

12.4 Interrogative and Personal Pronouns in the Instrumental Case

The instrumental case of the pronouns is used under the same conditions as the instrumental of nouns.

	что: чем		кто: кем	
	Singular			Plural
1st Person	мной			на́ми
2nd Person	тобо́й, ва́ми			ва́ми
3rd Person	им (*m.* and *n.*)			и́ми
	ей (*f.*)			

Note: 1. **Пе́ред, под,** and **с** have variants formed by the addition of an **-о** which are used before **мной: передо мно́й, подо мно́й, со мно́й.** (As you will see later on, these variants are also used before a limited number of other words beginning with a double consonant.)

2. All personal pronouns which begin with a vowel acquire an initial **н** when they follow a preposition: **с ним, перед ней, под ними.** (**Его́, её,** and **их** do not add the **н** when they serve as pronominal adjectives, i.e., when they render *his, its, her,* and *their*.)

Homework Exercises

A. New Vocabulary

Read the following sentences *aloud* until you can do this with ease. Next, practice writing them. Finally, translate them into English and then back into Russian.

1. Вы ви́дели авто́бусы? Нет, я их не ви́дел.
2. Когда́ он дал тебе́ до́ллар? Он дал мне его́ вчера́.
3. Что ты купи́ла? Я купи́ла сыр, капу́сту и лимо́ны.
4. Кто взял рубль? Я его́ взяла́.
5. Вы бы́ли в посо́льстве сего́дня? Нет, я там была́ вчера́.
6. Вы прочита́ли но́вые фра́зы и моё объясне́ние? Да, я прочита́л их.
7. Он получи́л ви́зу? Да, вчера́ у́тром.
8. Где она́ купи́ла посу́ду? Она́ купи́ла её в сосе́днем магази́не.
9. Что вы бу́дете пить? Я бу́ду пить холо́дное молоко́.
10. Когда́ вы заплати́те ва́шему адвока́ту? Я заплачу́ ему́ за́втра.
11. Вы бу́дете мыть посу́ду тепе́рь? Нет, пото́м.
12. Что вы преподаёте в университе́те? Я преподаю́ исто́рию.
13. О чём они́ спо́рили? Они́ спо́рили о биле́тах.
14. Где ва́ша но́вая ла́мпа? Она́ стои́т на столе́ в мое́й ко́мнате.
15. Ско́лько бу́дет оди́ннадцать плюс два́дцать? Оди́ннадцать плюс два́дцать бу́дет три́дцать оди́н.
16. Ско́лько бу́дет два́дцать плюс два́дцать пять? Два́дцать плюс два́дцать пять бу́дет со́рок пять.

B. Nouns and Adjectives in the Instrumental Singular and Plural

Read the following sentences *aloud* until you can do this with ease. Then cover up the sentences on the right and give them *orally* by referring to those on the left. When you can do this without making any errors, repeat the procedure, but this time covering up the sentences on the left. Finally, repeat this process in writing.

1. Влади́мир рабо́тает в лаборато́рии с аспира́нтом.
   Влади́мир рабо́тает в лаборато́рии с аспира́нтами.
2. Мы говори́ли с посо́льством о на́ших ви́зах.
   Мы говори́ли с посо́льствами о на́ших ви́зах.

3. Автобусы стоят перед музеем. | Автобусы стоят перед музеями.
4. О чём вы говорили с преподавателем? | О чём вы говорили с преподавателями?
5. Машины стоят перед зданием. | Машины стоят перед зданиями.
6. Они были в театре с актрисой. | Они были в театре с актрисами.
7. Министр спорил с делегацией. | Министр спорил с делегациями.
8. Газета под тетрадью. | Газета под тетрадями.
9. Теперь я живу с новым студентом. | Теперь я живу с новыми студентами.
10. Ваша тетрадь тут под синим журналом. | Ваша тетрадь тут под синими журналами.
11. Автобусы стоят перед новым общежитием. | Автобусы стоят перед новыми общежитиями.
12. Иностранные студенты стояли перед древним зданием. | Иностранные студенты стояли перед древними зданиями.
13. Нина говорила вчера с известной актрисой. | Нина говорила вчера с известными актрисами.
14. Наши билеты под синей тетрадью. | Наши билеты под синими тетрадями.
15. Когда вы работали с моим студентом? | Когда вы работали с моими студентами?
16. Я не говорил с твоим гостем. | Я не говорил с твоими гостями.
17. Он спорил с нашим инженером сегодня утром. | Он спорил с нашими инженерами сегодня утром.
18. Мы были в театре сегодня с вашим преподавателем. | Мы были в театре сегодня с вашими преподавателями.
19. Я послал инженеру планы с моим объяснением. | Я послал инженеру планы с моими объяснениями.
20. Где журнал с твоим стихотворением? | Где журнал с твоими стихотворениями?
21. Автобусы стоят перед нашим общежитием. | Автобусы стоят перед нашими общежитиями.
22. Машины стояли перед вашим зданием. | Машины стояли перед вашими зданиями.
23. Её журнал под моей тетрадью. | Её журнал под моими тетрадями.
24. Моя тетрадь под твоей газетой. | Моя тетрадь под твоими газетами.
25. Министр говорил с нашей делегацией. | Министр говорил с нашими делегациями.

HOMEWORK EXERCISES 101

26. Мы часто говорили с вашей
    женой.
27. Билеты были под его
    тетрадью.
28. Я иногда спорила с её
    студентом.
29. Мы построили новое здание
    перед их общежитием.

Мы часто говорили с вашими
жёнами.
Билеты были под его
тетрадями.
Я иногда спорила с её
студентами.
Мы построили новое здание
перед их общежитиями.

C. Nouns and Adjectives in the Instrumental
Read the following sentences *aloud* until you can do this with ease. Next, practice writing them. Finally, translate them into English and then back into Russian.

1. Я часто пью чай с лимоном.
2. Они ели борщ с чёрным хлебом.
3. Они едят хлеб с сыром.
4. Вы всегда пьёте чай с молоком и с сахаром?
5. Я ем хлеб с маслом.
6. Сегодня вечером Владимир ел рыбу с капустой.
7. Преподаватель пишет мелом.
8. Вы заплатили ему долларами или рублями?
9. Мы моем стены замечательным новым мылом.
10. Почему вы моете посуду холодной водой?

D. Pronouns in the Instrumental Singular and Plural
Read the following sentences *aloud* until you can do this with ease. Next, practice writing them. Finally, translate them into English and then back into Russian.

1. Чем она моет стены?
2. С чем ты пьёшь чай?
3. С кем вы работаете?
4. Когда ты будешь говорить со мной?
5. Они живут с тобой?
6. Мы говорили с ним вчера.
7. Почему ты всегда споришь с ней?
8. Он был с нами в ресторане сегодня днём.
9. Она будет с вами там?
10. Я была с ними в посольстве вчера.

E. Written Translation Check
1. Our car is standing in front of the new dormitory.
2. Why are you always arguing with your teachers?

3. Her notebook is there on the table, under the foreign magazines.
4. We were with them in a nearby restaurant yesterday evening.
5. How much is eleven plus twenty-five?
6. When did she talk with him?
7. Do you drink tea with sugar and lemon?
8. Is he teaching history at the university?
9. We're washing the car with soap and water.
10. Did you talk with Nina?
11. With whom were they arguing?
12. The foreign students paid them with rubles.
13. Vladimir was standing in front of the store and arguing with Nina.
14. This morning I ate bread with sausage.
15. He spoke with my wife yesterday.

F. Review

Read the following sentences *aloud*. Next, translate them into English and then back into Russian.

1. — Вы любите древнюю литературу?
   — Нет, я люблю современную литературу.
   — А что вы читаете теперь?
   — Я читаю замечательную повесть. Её написала женщина. Её фамилия Смит и она жена министра. Теперь она живёт в Германии и пишет новый роман. Герой романа иностранный шпион. Он работает в посольстве.
2. — Вы будете тут осенью?
   — Нет, я буду в Англии.
   — Вы будете работать там?
   — Я сделаю доклад там. В докладе я буду говорить об университетах в Германии.

Vocabulary

автобус	bus
доллар	dollar
лимон	lemon
посольство	embassy
объяснение	explanation
виза	visa
посуда	dishes (a singular noun rendering the English plural)
холодн-ый, -ое, -ая, -ые	cold

VOCABULARY

пе́ред (+ *inst.*)	before/in front of
под (+ *inst.*)	(location) under/below
с (+ *inst.*)	(together) with
мыть (I) / вы́мыть(I)	to wash
мо́-ю, мо́-ешь; вы́мо-ю, вы́мо-ешь	
плати́ть(II)/заплати́ть(II)	to pay
(за)плати́ть: (за)плач-у́,	
(за)пла́т-ишь	
преподава́ть(I)	to teach
препода-ю́, препода-ёшь	
спо́рить(II)/поспо́рить(II)	to argue
стоя́ть(II)	to stand
со́рок	forty
со́рок оди́н	forty-one
со́рок два, etc.	forty-two, etc.
три́дцать	thirty
три́дцать оди́н	thirty-one
три́дцать два, etc.	thirty-two, etc.

PHASE III

In Lessons 13–30 you continue to increase your vocabulary and to learn new grammatical principles, primarily by working with adapted short stories and conversation units. Each lesson is divided into three sections: Reading, Conversation, and Grammar; and the sections are covered in that order.

Before a class session dealing with a reading or conversation section, you perform reading and writing drills with the assigned material in the section according to the directions provided in the text. In reading the adapted short stories and conversation narratives, in preparing the answers to the questions about them, and in working with the conversation sections dealing with time, age, and date expressions, use the notes as aids. As a general rule, marginal notes supply the meanings of new words that require no additional explanation; footnotes translate and provide information about the rest of the new words. Whenever a new point of grammar appears, a capsule explanation in a footnote gives all the information you need in order to use this point within the scope of the lesson, and every time the point recurs (unless, of course, this happens after only a few lines), the capsule explanation is repeated in a footnote. *Do not memorize the footnotes as such; use them as a reference tool in doing your homework.* The class sessions devoted to the reading and conversation sections consist primarily of question-and-answer drill based on the assigned materials.

Before a class session dealing with a grammar section, go over the explanation and perform reading and writing drills with the exercise sentences according to the directions provided in the text. The grammar section explains a principle that has been anticipated in earlier reading and conversation sections but that needs more extensive treatment. (Simple principles are merely repeated or referred to in the footnotes to the succeeding materials until it can be reasonably assumed that you have learned them.) Since no new vocabulary is introduced in the grammar section, you are free to concentrate on the grammar itself. The class session devoted to grammar consists of a discussion of the grammatical principle, an analysis of the exercise sentences, and an aural-oral and possibly written drill.

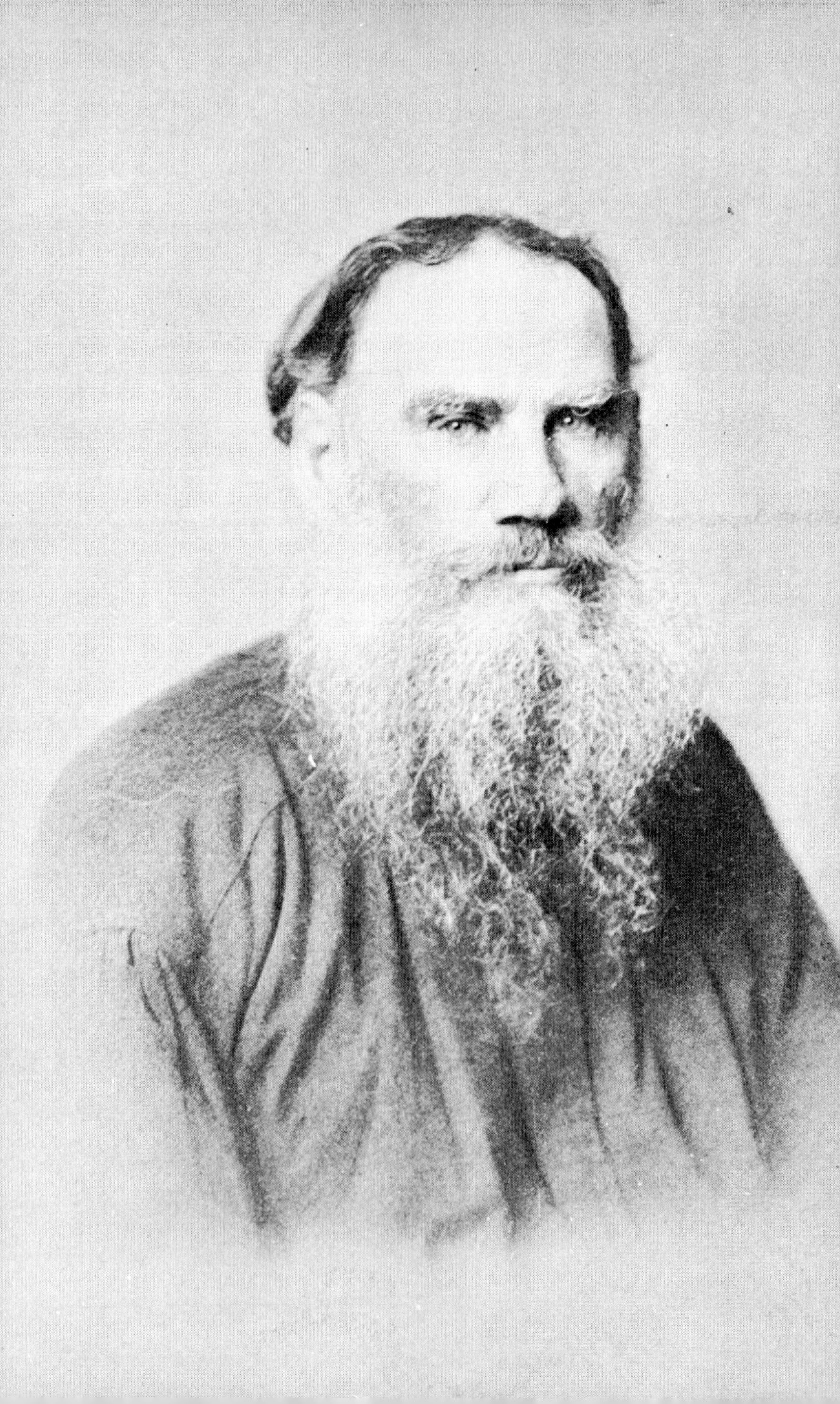

LESSON 13

Reading

The following text is the first part of an adaptation of a story by Leo Tolstoy. Read the assigned selection silently, referring to the notes for explanations of new vocabulary and grammar. Then read the selection over *orally* until you can do this with ease and can follow the meaning of the text without having to rely on the notes at all. Next, write out the answers to the assigned questions, making use of the text and notes wherever necessary. Read the questions and your answers over *aloud* until you know the answers well enough to give them *orally* without referring to the written answers; then repeat this process *in writing*.

Бог[1] правду видит, да не скоро скажет (I)

правда truth
да but (*colloquial*)

В го́роде[2] Влади́мире жил купе́ц[3] Аксёнов.[4] У него́ бы́ли[5] дом[6] и магази́ны. Аксёнов был бога́тый, краси́вый и весёлый. Он люби́л петь[7] и игра́ть на[8] гита́ре. Когда́ он был молодо́й,[9] он люби́л пить, но[10] тепе́рь он пил ре́дко.

Влади́мир a city northeast of Moscow
бога́тый rich
весёлый gay

ре́дко seldom, rarely

Раз ле́том Аксёнов реши́л[11] пое́хать[12] в[13] друго́й[14] го́род. Жена́ проси́ла[15] его́ не е́хать, потому́ что она́ ви́дела плохо́й[16] сон.[17] Но Аксёнов не слу́шал[18] её и уе́хал[19] ра́но у́тром.

раз once

ра́но early

Аксёнов е́хал до́лго. По[20] доро́ге[21] он встре́тил[22] знако́мого купца́. Купе́ц то́же ехал в го́род. Они́ реши́ли ночева́ть[23] в ма́ленькой[24] гости́нице.[25] Они́ пи́ли чай, говори́ли о дела́х[26] и пото́м пошли́[27] спать.[28] У них бы́ли сосе́дние ко́мнаты.

до́лго a long time
знако́мый with whom he (she, etc.) is or was acquainted
то́же also

Opposite: Lev Nikolaevich Tolstoy (Ullstein Bilderdienst)

Аксёнов не любил долго спать. Рано утром он заплатил за[29] комнату и уехал. По дороге он решил пообедать[30] в маленьком ресторане. После[31] обеда он начал[32] играть на гитаре.

обед dinner

---

1. **Бог** God · The **г** is pronounced **х** in the *sing. nom.* · Because of Spelling Rule 1 (after **г, к, х, ж, ч, ш,** and **щ,** an **и** appears in place of the expected **ы**), the *pl. nom.* is **бог-и.** · Plural endings accented, except for the *nom.*

2. **город** city, town · One of a limited number of *masc.* nouns that take the accented ending **-а́** in the *pl. nom.* (**город-а́**) and have accented endings throughout the plural.

3. **купец** merchant · One of a number of *masc.* nouns that lose the **е** or **о** of the final syllable whenever they add an ending: *sing. gen.* **купца́,** *sing. dat.* **купцу́,** etc. · All endings accented.

4. **Аксёнов** a last name · Last names in **-ов** take the same endings as **студент** in all cases of the *sing.* except the *inst.*, and also in the *pl. nom.*; in the *sing. inst.* and in all *pl.* forms except the *nom.*, they take the endings of **новый**.

	Singular	*Plural*
Nom.	Аксёнов	Аксёнов-ы
Gen.	Аксёнов-а	Аксёнов-ых
Dat.	Аксёнов-у	Аксёнов-ым
Acc.	Аксёнов-а	Аксёнов-ых
Inst.	Аксёнов-ым	Аксёнов-ыми
Loc.	Аксёнов-е	Аксёнов-ых

5. **У него́ бы́ли дом и магази́ны.** He had a house and stores. Literally, *By him were a house and stores.* · The object of **у** (by) is in the *gen.*, and, like all personal pronouns that begin with a vowel and follow a preposition, it acquires an initial **н: него́. Дом** and **магази́ны,** the subject, are in the *nom.* and determine the form of **быть.**

6. **дом** house · One of a limited number of masculine nouns that take the accented ending **-а́** in the *pl. nom.* (**дом-а́**) and have accented endings throughout the plural.

7. **петь(I)/спеть (I)** to sing · **(с)пою́, (с)поёшь**

8. **игра́ть (I)** to play · **игра́ть на** + instrument played in the *loc.*

READING

9. **молодо́й** young · One of a number of adjectives that have the accented ending **-о́й** in the *masc. sing. nom.* and endings that otherwise follow the **но́вый** pattern but with the accent on the endings: *masc. sing. gen.* **молод-о́го**, *masc. sing. dat.* **молод-о́му**, etc.

10. **но** but · Used when the statement it introduces is contrary to the speaker's expectation. Otherwise, **a** is used for *but*.

11. **реша́ть (I) / реши́ть (II)** to decide · **реши́ть: реш-у́, реш-и́шь**

12. **е́хать (I)—е́здить (II) / пое́хать (I)** to go (by some means of conveyance), to drive · In the case of a limited number of actions, incompletion and repetition are expressed by separate verbs. Here **е́хать** is the verb of incompletion, **е́здить** the verb of repetition. · **е́здить: е́зж-у, е́зд-ишь** · **(по)е́хать: (по)е́д-у, (по)е́д-ешь**

13. **в** to, into · The object of **в** is in the acc. when motion *to* or *into* a place is expressed.

14. **друго́й** another · Some adjectives have the accented ending **-о́й** in the *masc. sing. nom.*; otherwise, their endings follow the **но́вый** pattern but with the accent on the endings. · Because of Spelling Rule 1 (after **г, к, х, ж, ч, ш,** and **щ,** an **и** appears in place of the expected **ы**), the expected initial **ы** of the endings is replaced by **и**: *masc. sing. inst.* **друг-и́м**, *pl. nom.* **друг-и́е**, etc.

15. **проси́ть (II) / попроси́ть (II)** to ask (for) · **(по)прош-у́, (по)про́с-ишь**

16. **плохо́й** bad · Some adjectives have the accented ending **-о́й** in the *masc. sing. nom.*; otherwise, their endings follow the **но́вый** pattern but with the accent on the endings. · Because of Spelling Rule 1 (after **г, к, х, ж, ч, ш,** and **щ,** an **и** appears in place of the expected **ы**), the expected initial **ы** of the endings is replaced by **и**: *masc. sing. inst.* **плох-и́м**, *pl. nom.* **плох-и́е**, etc.

17. **сон** dream · Some *masc.* nouns lose the **е** or **о** of the final syllable whenever they add an ending: *sing. gen.* **сна**, *sing. dat.* **сну**, etc.

18. **слу́шать (I) / послу́шать (I)** to listen (to)

19. **уезжа́ть (I) / уе́хать (I)** to leave (by some means of conveyance) · **уе́хать: уе́д-у, уе́д-ешь**

20. **по** (+ *dat.*) on (in the sense of *along*)

21. **доро́га** road, way · Because of Spelling Rule 1 (after **г, к, х, ж, ч, ш,** and **щ,** an **и** appears in place of the expected **ы**), the *pl. nom.* is **доро́г-и**.

22. **встреча́ть (I) / встре́тить (II)** to meet · **встре́тить: встре́ч-у, встре́т-ишь**

23. **ночева́ть (I)** to spend the night · **ночу́-ю, ночу́-ешь**

24. **ма́ленький** small, little · Because of Spelling Rule 1 (after **г, к, х, ж, ч, ш,** and **щ,** an **и** appears in place of the expected **ы**), the expected initial **ы** of the endings is replaced by **и**: *masc. sing. nom.* **ма́леньк-ий**, *masc. sing. inst.* **ма́леньк-им**, etc.
25. **гости́ница** hotel · Because of Spelling Rule 2 (after **ж, ч, ш, щ,** and **ц, е** appears in place of the expected *unaccented* **о**) the *sing. inst.* is **гости́ниц-ей**.
26. **де́ло** (business) matter · Plural endings accented.
27. **идти́ (I)**—**ходи́ть (II) / пойти́ (I)** to go (on foot), to walk · In the case of a limited number of actions, incompletion and repetition are expressed by separate verbs. Here **идти́** is the verb of incompletion, **ходи́ть** the verb of repetition. · **идти́ : ид-у́, ид-ёшь; шёл, шло, шла, шли · ходи́ть : хож-у́, хо́д-ишь · пойти́ : пойд-у́, пойд-ёшь; пошёл, пошло́, пошла́, пошли́**
28. **спать (II)** · **спл-ю́, сп-и́шь; спала́**
29. **заплати́ть за** (+ *acc.*) to pay for
30. **обе́дать (I) / пообе́дать (I)** to eat dinner
31. **по́сле** (+ *gen.*) after
32. **начина́ть (I) / нача́ть (I)** to begin · **нача́ть: начн-у́, начн-ёшь; на́чал, на́чало, начала́, на́чали.**

---

1. Кто был Аксёнов?
2. Где жил Аксёнов?
3. Что бы́ло у Аксёнова?
4. Аксёнов был бе́дный?
5. Что Аксёнов люби́л де́лать?
6. Ча́сто пьёт тепе́рь Аксёнов?
7. Куда́ Аксёнов реши́л пое́хать?
8. Когда́ реши́л Аксёнов пое́хать в друго́й го́род?
9. Почему́ жена́ проси́ла Аксёнова не е́хать?
10. Когда́ уе́хал Аксёнов?
11. Кого́ встре́тил Аксёнов по доро́ге?
12. Куда́ е́хал купе́ц?
13. Что они́ реши́ли сде́лать — Аксёнов и купе́ц?
14. Что они́ пи́ли в гости́нице?
15. О чём говори́ли Аксёнов и купе́ц?
16. Где спа́ли Аксёнов и купе́ц?

Куда́? Where? (Asks the direction of a person or thing)

17. Что сде́лал Аксёнов у́тром?
18. Почему́ Аксёнов уе́хал ра́но?
19. Где реши́л Аксёнов пообе́дать?
20. Что на́чал де́лать Аксёнов по́сле обе́да?

Conversation

Read the assigned selection silently, referring to the notes for explanations of new vocabulary and grammar. Then read the selection over *orally* until you can do this with ease and can follow the meaning of the text without having to rely on the notes at all. Next, write out the answers to the assigned questions, making use of the text and notes wherever necessary. Read the questions and your answers over *aloud* until you know the answers well enough to give them *orally* without referring to the written answers; then repeat this process *in writing*.

Виктор и Владимир

Ви́ктор и Влади́мир — молоды́е сове́тские[33] аспира́нты. Тепе́рь они́ живу́т в Аме́рике.[34] Они́ бу́дут жить в Аме́рике до́лго. Они́ живу́т в но́вом краси́вом общежи́тии с други́ми иностра́нными аспира́нтами.

В их общежи́тии — аудито́рия. Иногда́ ве́чером иностра́нные аспира́нты де́лают докла́ды там. Ви́ктор сде́лал там докла́д вчера́. Он говори́л о совреме́нной сове́тской литерату́ре и о совреме́нном сове́тском теа́тре. Он сде́лал докла́д по-англи́йски, потому́ что он хорошо́ говори́т по-англи́йски. По́сле докла́да аспира́нты пошли́ в сосе́дний рестора́н с Ви́ктором и Влади́миром. Они́ пи́ли пи́во и вино́ там и до́лго говори́ли о сове́тской литерату́ре и о сове́тском теа́тре.

хорошо́ well, good

пи́во beer

Ви́ктор хорошо́ игра́ет на роя́ле. В аудито́рии — роя́ль, и Ви́ктор ча́сто игра́ет там ве́чером. Студе́нты о́чень лю́бят его́ слу́шать. Они́ то́же лю́бят слу́шать Влади́мира. Влади́мир — о́чень весёлый. Он лю́бит игра́ть на гита́ре и петь.

В но́вом общежи́тии есть[35] ма́ленький рестора́н. Ви́ктор и Влади́мир ча́сто обе́дают там. Они́ обыкнове́нно едя́т суп, чёрный хлеб с ма́слом, и котле́ты, колбасу́ и́ли ры́бу. Ви́ктор всегда́ пьёт чай с лимо́ном и са́харом, а Влади́мир обыкнове́нно пьёт молоко́. Влади́мир ре́дко пьёт чай.

Ви́ктор живёт в ко́мнате с Влади́миром. У них замеча́тельная ко́мната.[36] В ко́мнате стол, крова́ти, зелёный дива́н, зе́ркало, си́ние ла́мпы, и краси́вые карти́ны на стена́х.

Ви́ктор и Влади́мир не лю́бят до́лго спать. Они́ всегда́ е́здят в университе́т ра́но у́тром. В университе́те они́ рабо́тают в лаборато́рии с други́ми иностра́нными аспира́нтами. Сего́дня они́ бу́дут рабо́тать о́чень до́лго, потому́ что у них ско́ро бу́дут экза́мены,[37] и они́ всегда́ рабо́тают мно́го пе́ред экза́менами.

мно́го much, a lot

33. **сове́тский** Soviet · Because of Spelling Rule 1 (after **г, к, х, ж, ч, ш,** and **щ,** an **и** appears in place of the expected **ы**), the *sing. nom.* is **сове́тск-ий**, *sing. inst.* **сове́тск-им**, etc.
34. **Аме́рика** America · Because of Spelling Rule 1 the *sing. gen.* is **Аме́рики**.
35. **есть** (there) is · **Есть** is the *3rd pers. sing. pres.* of **быть** and also serves as the *3rd pers. pl. pres.* The *1st* and *2nd pers.* forms are not used.
36. **У них замеча́тельная ко́мната.** They have a wonderful room. (Literally, *By them is a wonderful room.*) · The object of **у** (*by*) is in the *gen.* case, and, like all personal pronouns that begin with a vowel and follow a preposition, it acquires an initial **н: них. Замеча́тельная ко́мната,** the subject, is in the *nom.* The present tense form of **быть**—**есть**—is normally omitted.
37. **У них... бу́дут экза́мены** they will ... have examinations (Literally, *by them will be examinations.*) · This is the same type of construction as is described in the preceding note. **Экза́мены** is the subject and determines the form of **быть**.

GRAMMAR

1. Виктор и Владимир советские аспиранты?
2. Где теперь живут Виктор и Владимир?
3. С кем живут Виктор и Владимир?
4. Где аудитория?
5. Кто сделал доклад там, и когда?
6. О чём говорил Виктор?
7. Виктор говорил по-русски?
8. Как (how) говорит Виктор по-английски?
9. Куда пошли аспиранты?
10. С кем пошли аспиранты в ресторан?
11. Что пили Виктор и Владимир в ресторане?
12. О чём говорили Виктор и Владимир с аспирантами?
13. Где есть рояль?
14. Кто играет на рояле?
15. Что любит делать Владимир?
16. Где часто обедают Виктор и Владимир?
17. Что обыкновенно едят Виктор и Владимир?
18. Что обыкновенно пьют Виктор и Владимир?
19. Что есть в комнате Виктора и Владимира?
20. Куда ездят рано утром Виктор и Владимир?
21. Что делают в университете Виктор и Владимир?
22. Почему Виктор и Владимир будут долго работать сегодня?

Grammar

Read over the following until you know the principles involved.

13.1 *To Have* Construction

The normal Russian equivalent of *A had (will have, has) B* is *by A was (will be, is) B*.

A. The subject of the verb *to have* in English—the person who had, will have, or has—is the object of the preposition **у** (by) in Russian and is in the genitive case.

B. To express the English verb *to have*, **быть** is used in the past and future, its form depending on the subject in Russian: the thing or person which was or will be had. In the present, the verb is normally omitted unless emphasis is desired, in which case **есть**—which serves as the 3rd person singular *and* plural of **быть**—is used.

C. The direct object of the English verb *to have* is the subject in Russian and so is in the nominative case. It determines the past and future forms of **быть**.

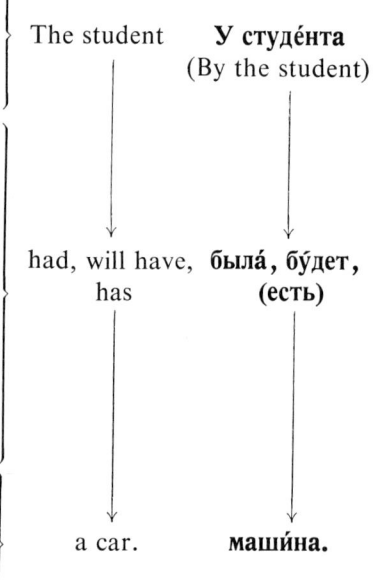

The student	**У студе́нта**
	(By the student)
↓	↓
had, will have, has	**была́, бу́дет,** (**есть**)
↓	↓
a car.	маши́на.

13.2 To Have Not Construction

The Russian equivalent of *A did not have (will not have, does not have) B* is normally rendered by the following pattern.

A. The subject of the negated verb *to have* in English is the object of the preposition **у** in Russian and is in the genitive case.

B. Instead of the negated English verb *to have*, **не́ было** is used in the past, **не бу́дет** in the future, and **нет** in the present. *These forms do not depend on any other element in the sentence.*

C. The direct object of the English negated verb *to have* is put into the genitive case.

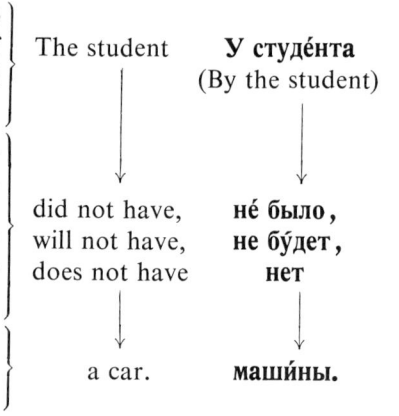

The student	**У студе́нта**
	(By the student)
↓	↓
did not have, will not have, does not have	**не́ было, не бу́дет, нет**
↓	↓
a car.	маши́ны.

Note: Personal pronouns that begin with a vowel acquire an initial **н** when they follow prepositions. Accordingly, *he (she, they) had a car* would be **у него́ (нее́, них) была́ маши́на**.

Homework Exercise

Read through the following sentences silently, paying particular attention to the use of the *to have* and the *to have not* constructions. Then practice reading the sentences *aloud*. Next, practice writing them. Finally, translate them into English and then back into Russian.

1. У Виктора красивый дом в городе.
2. У кого есть гитара?
3. У них был весёлый, молодой преподаватель.
4. У неё было синее одеяло.
5. У него была плохая жена.
6. У студентов были экзамены вчера.
7. У меня будет маленькая квартира.
8. У тебя будут дела в городе?
9. У них нет новой машины.
10. Почему у вас нет пива?
11. У его жены нет билетов.
12. У нашего гостя не было чемодана.
13. У нас не было советской визы.
14. У их преподавателей не было машин.
15. У Нины не будет другого экзамена.
16. Завтра у меня не будет дел в городе.

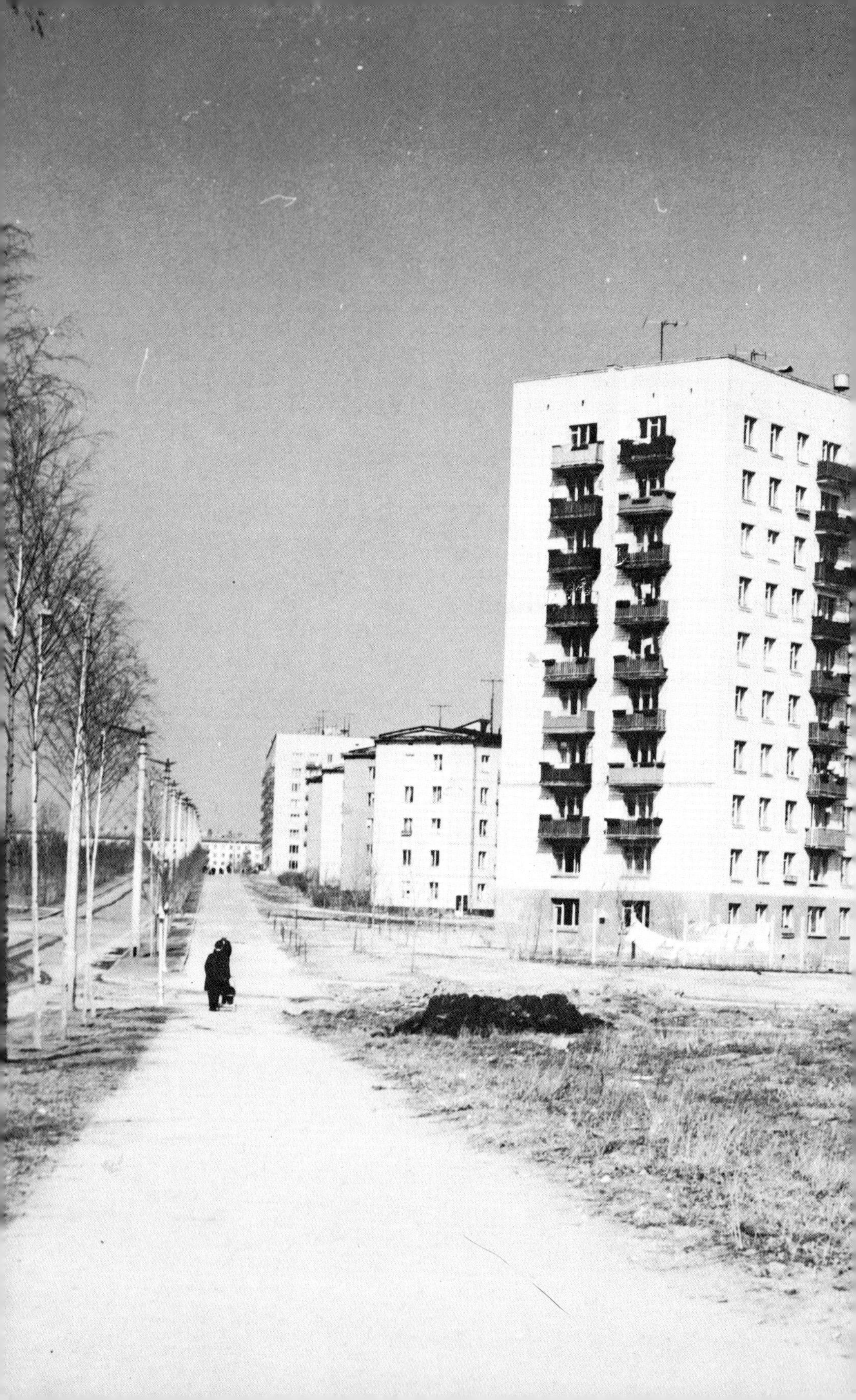

LESSON 14

Reading

Read the assigned selection silently, referring to the notes for explanations of new vocabulary and grammar. Then read the selection over *orally* until you can do this with ease and can follow the meaning of the text without having to rely on the notes at all. Next, write out the answers to the assigned questions, making use of the text and notes wherever necessary. Read the questions and your answers over *aloud* until you know the answers well enough to give them *orally* without referring to the written answers; then repeat this process *in writing*.

Бог правду видит, да не скоро скажет (II)

Вдруг Аксёнов видит: перед рестораном стоят офицер и солдаты.[1] Офицер начал Аксёнова спрашивать:[2]   **вдруг** suddenly

— Кто ты? Где ты был вчера? Куда едешь?

Аксёнов ответил[3] ему и потом сказал:

— Хотите[4] пить чай со мной?

Но офицер продолжал[5] спрашивать его:

— Где ты ночевал? Ты ночевал с купцом? Видел ты его утром? Почему рано уехал?

Аксёнов не знал, почему офицер спрашивает его о купце и хочет знать,[6] где Аксёнов был и что он делал. Аксёнов сказал:

Opposite: New Apartment Buildings in Moscow (Roger-Viollet)

— Почему́ вы меня́ спра́шиваете, что я де́лал вчера́? Я не вор[7] — я купе́ц. Е́ду в сосе́дний го́род. У меня́ дела́ в го́роде.

Офице́р сказа́л:

— Мы спра́шиваем тебя́, потому́ что кто́-то[8] уби́л[9] купца́ но́чью, а ты ночева́л с ним.

Солда́ты откры́ли[10] чемода́н Аксёнова, а в чемода́не нож[11] в крови́[12] и де́ньги.[13] Офице́р спроси́л:

— Это чей нож, чьи де́ньги?

Аксёнов ви́дит нож в крови́ и де́ньги в чемода́не.

Офице́р спроси́л его́:

— Почему́ нож в крови́?

Аксёнов хоте́л отве́тить, но не мог[14] говори́ть от[15] стра́ха: **страх** fear

— Я... я не зна́ю... я... нож... не мой.

Офице́р сказа́л:

— У́тром мы нашли́[16] купца́ в крова́ти. Кто́-то его́ уби́л. Ты ночева́л с ним. Мы нашли́ нож в крови́ и де́ньги в твоём чемода́не; ты дрожи́шь,[17] как винова́тый. Ты   **как** like (a)
уби́л купца́. Купе́ц был бога́тый. Ты взял   **винова́тый** guilty (person)
его́ де́ньги.

Аксёнов говори́л офице́ру, что[18] не он уби́л купца́, что нож в крови́ не его́. Он ви́дел купца́ ве́чером и пил чай с ним. Пото́м они́ пошли́ спать. Он не ви́дел купца́ у́тром. Аксёнов говори́л, что э́то его́ де́ньги в чемода́не, но он дрожа́л от стра́ха, как винова́тый.

Офице́р сказа́л солда́там связа́ть[19] Аксёнова. Солда́ты взя́ли де́ньги Аксёнова и его́ чемода́н, а Аксёнова посла́ли в сосе́дний го́род, в тюрьму́.[20]

---

1. **солда́т** soldier · One of a limited number of *masc.* nouns that have no ending in the *pl. gen.*, i.e., the *pl. gen.* is identical with the *sing. nom.*
2. **спра́шивать (I) / спроси́ть (II)** to ask (a question) · **спроси́ть: спрош-у́, спро́с-ишь**
3. **отвеча́ть (I) / отве́тить (II)** to answer · **отве́тить: отве́ч-у, отве́т-ишь** · The person answered is in the *dat.*
4. **хоте́ть** to want · **хоч-у́, хо́ч-ешь, хо́ч-ет, хот-и́м, хот-и́те, хот-я́т**
5. **продолжа́ть (I) / продо́лжить (II)** to continue · **продо́лжить: продо́лж-у, продо́лж-ишь**
6. A verb in an indirect statement, question, or thought is in the same tense it would be if the subject of the main clause were to express the same idea(s) in a direct statement.
7. **вор** thief · *Pl.* endings accented, except in the *nom.*
8. **кто́-то** someone · **Кто** is declined: *sing. gen.* **кого́-то**, etc.
9. **убива́ть (I) / уби́ть (I)** to kill · **уби́ть: убь-ю́, убь-ёшь**
10. **открыва́ть (I) / откры́ть (I)** to open · **откры́ть: откро́-ю, откро́-ешь**
11. **нож** knife · Because of Spelling Rule 1 (after **г, к, х, ж, ч, ш** and **щ**, an **и** appears in place of the expected **ы**), the *pl. nom.* is **нож-и́**. · *Masc.* nouns with a final **ж, ч, ш,** or **щ** in the *sing. nom.* take the ending **-ей** in the *pl. gen.*: **нож-е́й**. · All endings accented.
12. **кровь** blood · **в крови́** covered with blood
13. **де́ньги** money · Used only in the *pl.*: *gen.* **де́нег**, *dat.* **деньга́м**, *acc.* **де́ньги**, *inst.* **деньга́ми**, *loc.* **деньга́х**.
14. **мочь (I) / смочь (I)** to be (physically) able to · **(с)мог-у́, (с)мо́ж-ешь, (с)мо́ж-ет, (с)мо́ж-ем, (с)мо́ж-ете, (с)мо́г-ут** (note the different stem for the *1st pers. sing.* and *3rd pers. pl.*); **(с)мог, (с)могло́, (с)могла́, (с)могли́**
15. **от** (+ *gen.*) from
16. **находи́ть (II) / найти́ (I)** to find · **находи́ть: нахож-у́, нахо́д-ишь** · **найти́: найд-у́, найд-ёшь; нашёл, нашло́, нашла́, нашли́**
17. **дрожа́ть (II)** to tremble · **дрож-у́, дрож-и́шь**
18. **что** that · Here, used as a conjunction.
19. **свя́зывать (I) / связа́ть (I)** to tie · **связа́ть: свяж-у́, свя́ж-ешь**

20. **тюрьма́** jail, prison · The first syllable in the plural is accented. One of a number of *fem.* nouns that have the *sing. nom.* in **-а** preceded by a double consonant and acquire a **е** or **о** between these consonants in the *pl. gen.*: **тю́рем**.

---

1. Кого́ вдруг ви́дит Аксёнов?
2. Где стоя́ли офице́р и солда́ты?
3. Что хоте́л офице́р знать об Аксёнове?
4. Хоте́л Аксёнов пить чай с офице́ром?
5. Почему́ продолжа́л офице́р спра́шивать Аксёнова о купце́?
6. Что отве́тил Аксёнов, когда́ офице́р спроси́л его́, где он был и что он де́лал?
7. Что сказа́л офице́р Аксёнову о купце́?
8. Что сде́лали солда́ты с чемода́ном?
9. Что нашли́ солда́ты в чемода́не Аксёнова?
10. Что сказа́л офице́р, когда́ солда́ты нашли́ нож и де́ньги?
11. Знал Аксёнов, что в его́ чемода́не был нож в крови́?
12. Почему́ Аксёнов не мог говори́ть?
13. Почему́ ду́мал[21] офице́р, что Аксёнов уби́л купца́?
14. Что сказа́л Аксёнов офице́ру о купце́?
15. Что сказа́л Аксёнов о деньга́х в чемода́не?
16. Почему́ дрожа́л Аксёнов?
17. Кто связа́л Аксёнова?
18. Что взя́ли солда́ты?
19. Куда́ посла́ли Аксёнова?

21. **ду́мать (I) / поду́мать (I)** to think

Conversation

Read the assigned selection silently, referring to the notes for explanations of new vocabulary and grammar. Then read the selection over *orally* until you can do this with ease and can follow the meaning of the text without having to rely on the notes at all. Next, write out the answers to the assigned questions, making use of the text and notes wherever necessary. Read the questions and your answers over *aloud* until you know the answers well enough to give them *orally* without referring to the written answers; then repeat this process *in writing*.

CONVERSATION

Нина и Том

Янва́рь.²² Москва́. Краси́вая кварти́ра в но́вом зда́нии. Взволно́ванная Ни́на стои́т пе́ред зе́ркалом. На столе́ телегра́мма. Ни́на получи́ла её сего́дня ра́но у́тром. Телегра́мма от То́ма: он бу́дет в Москве́ послеза́втра. Он лети́т²³ из²⁴ Нью-Йо́рка.

Ни́на берёт телегра́мму и опя́ть чита́ет её. Она́ ду́мает: «Я год²⁵ ничего́²⁶ от него́ не получа́ла и вдруг — телегра́мма. Почему́?»

Ни́на ду́мает. Год тому́ наза́д она́ была́ в Аме́рике на съе́зде²⁷ журнали́стов и сде́лала докла́д там. По́сле докла́да с ней говори́л молодо́й журнали́ст, Том Смит, и сказа́л ей, что её докла́д был о́чень интере́сный. Они́ до́лго говори́ли. Том сказа́л Ни́не, что ле́том он бу́дет в А́нглии, а пото́м из А́нглии он полети́т в Сове́тский Сою́з.

Том и Ни́на пошли́ обе́дать в ма́ленький сосе́дний рестора́н. Кто́-то игра́л на гита́ре там, кто́-то пел, но Ни́на и Том ничего́ не ви́дели и не слы́шали. Ни́на смотре́ла на²⁸ То́ма и ду́мала: «Я люблю́ его́ и всегда́ бу́ду люби́ть». Том смотре́л на Ни́ну и ду́мал: «Я люблю́ её. Я не могу́ жить без²⁹ неё».

По́сле э́того³⁰ ве́чера³¹ Ни́на и Том о́чень ча́сто ви́дели друг дру́га.³² Они́ обе́дали в рестора́нах, ходи́ли в теа́тры, в музе́и.

Когда́ Ни́на уезжа́ла, Том говори́л, что он ча́сто бу́дет писа́ть ей, что он прилети́т³³ в Сове́тский Сою́з ле́том.

Он написа́л Ни́не то́лько раз. Он написа́л, что он лети́т в А́нглию и бу́дет рабо́тать там. Ни́на продолжа́ла писа́ть ему́, спра́шивала, когда́ он бу́дет в Москве́. Она́ хоте́ла его́

Том Tom

взволно́ванный excited, agitated, upset

Нью-Йо́рк New York

опя́ть again

тому́ наза́д ago
журнали́ст journalist

Смит Smith

сою́з union

то́лько only, just

ви́деть; она́ люби́ла его́... Но Том не отвеча́л.

А тепе́рь вдруг телегра́мма от То́ма: он прилета́ет в Москву́. Но Ни́на не хо́чет ви́деть То́ма тепе́рь. Тепе́рь она́ его́ не лю́бит. Тепе́рь она́ жена́ реда́ктора изве́стного журна́ла.

А Том? Том прилете́л в Москву́, но он прилете́л не оди́н.[34] С ним была́ его́ молода́я жена́ — актри́са.

22. **янва́рь** (*m.*) January · Endings accented except in the *sing. nom.* and *acc. Sing. inst.* **январём** · in January **в январе́** (*loc.*)
23. **лете́ть (II)—лета́ть (I) / полете́ть (II)** · Incompletion and repetition are expressed by separate verbs. **Лете́ть** is the verb of incompletion, **лета́ть** the verb of repetition. · **(по)лете́ть: (по)леч-у́, (по)лет-и́шь**
24. **из** (+ *gen.*) from · Used when *from* means *from within* a place, i.e., a city, country, house, etc.
25. **год** year · A limited number of *masc.* nouns have a second, *stressed* ending in the *sing. loc.*, **-у́**, used after **в** and **на**: **год-у́**. · All *pl.* forms except the *nom.* and *acc.* have accented endings.
26. **ничего́** nothing · The **г** is pronounced **в**. · **Не** *must* precede the verb when this word is used. The double negative does not result in a positive statement.
27. **съезд** convention, conference · **На** + *acc.* of **съезд** are used when motion *to* or *into* a convention is expressed; **на** + *loc.* of **съезд** are used when location *in* or *at* a convention is expressed. This use of **на** instead of the expected **в** is typical of a number of nouns, which will be referred to as **на**-nouns.
28. **смотре́ть (II) / посмотре́ть (II) на** (+ *acc.*) to look at · **(по)смотре́ть: (по)смотр-ю́, (по)смо́тр-ишь**
29. **без** (+ *gen.*) without
30. **э́тот** this

	Masculine	Singular Neuter	Feminine	Plural
Nom.	э́т-**от**	э́т-**о**	э́т-**а**	э́т-**и**
Gen.	э́т-**ого**		э́т-**ой**	э́т-**их**
Dat.	э́т-**ому**		э́т-**ой**	э́т-**им**

CONVERSATION

	Masculine	Singular Neuter	Feminine	Plural
Acc.	If noun is inanimate, like the *nom.*; if animate, like the *gen.*	э́т-о	э́т-у	If noun is inanimate, like the *nom.*; if animate, like the *gen.*
Inst.	э́т-им		э́т-ой	э́т-ими
Loc.	э́т-ом		э́т-ой	э́т-их

31. **ве́чер** evening · One of a limited number of *masc.* nouns that take the accented ending **-а́** in the *pl. nom.* (**вечер-а́**) and have accented endings throughout the plural.
32. **друг дру́га** each other · Only the second **друг** is declined—after the pattern of **студе́нт**—and only in the singular. If a preposition is used, it comes between the two words: **Они́ смотре́ли друг на дру́га.** (They looked at each other.)
33. **прилета́ть (I) / прилете́ть (II)** to arrive by plane · **прилете́ть: прилечу́, прилет-и́шь**
34. **оди́н** alone · The form of *alone* depends on the number and gender of the noun or pronoun it refers to; **оди́н** is used with the *sing. masc.*, **одно́** with the *sing. neut.*, **одна́** with the *sing. fem.*, and **одни́** with the *pl.*

---

1. Где живёт Ни́на?
2. Что де́лает Ни́на?
3. Что получи́ла Ни́на, и когда́?
4. Когда́ бу́дет Том в Москве́?
5. Ча́сто писа́л Том Ни́не?
6. Где была́ Ни́на год тому́ наза́д?
7. Почему́ е́здила Ни́на в Аме́рику?
8. Кто говори́л с Ни́ной по́сле докла́да?
9. Что сказа́л Том Ни́не о её докла́де?
10. Где бу́дет Том ле́том?
11. Куда́ пошли́ обе́дать Том и Ни́на?
12. Почему́ Том и Ни́на ничего́ не ви́дели и не слы́шали, когда́ они́ бы́ли в рестора́не?
13. Ви́дели Том и Ни́на друг дру́га по́сле э́того ве́чера?
14. Куда́ ходи́ли Том и Ни́на?
15. Что говори́л Том Ни́не, когда́ она́ уезжа́ла?
16. Что написа́л Том Ни́не?

17. Почему́ Ни́на продолжа́ла писа́ть То́му?
18. Почему́ тепе́рь Ни́на не хо́чет ви́деть То́ма?
19. Чья жена́ Ни́на тепе́рь?
20. С кем прилете́л Том?
21. Кто жена́ То́ма?

Grammar

Read over the following until you know the principles involved.

14.1 Separate Verbs for Incompletion and Repetition*

In the case of most actions, the same verb renders both incompletion and repetition. A limited number of actions, however, have *separate* verbs for incompletion and repetition. You have had three such actions.

	Incompletion	*Repetition*
to go (on foot)	идти́ (I)	ходи́ть (II)
	Pres: ид-у́, ид-ёшь	*Pres*: хож-у́, хо́д-ишь
	Past: шёл, шло, шла, шли	
to go (by some means of conveyance)	е́хать (I)	е́здить (II)
	Pres: е́д-у, е́д-ешь	*Pres*: е́зж-у, е́зд-ишь
to fly	лете́ть (II)	лета́ть (I)
	Pres: леч-у́, лет-и́шь	*Pres*: лета́-ю, лета́-ешь

A. The verb of repetition is used if you wish to indicate that the action was, is, or will be repeated by being performed *on more than one occasion* and/or *in more than one direction*.

  1. Actions performed on more than one occasion.
     Он **ча́сто** ходи́л в теа́тр. He *frequently* went to the theater.
     Я люблю́ лета́ть. I love to fly.
     (The flying is obviously done on various occasions.)

  2. Actions performed in more than one direction.
     Он до́лго ходи́л пе́ред посо́льством. He walked about in front of the embassy a long time.
     (He obviously had to change direction.)

* These are frequently called determinate and indeterminate verbs.

HOMEWORK EXERCISE

Мы е́здили в го́род сего́дня. We went to the city today (and returned.)
(A round trip involves two directions.)

B. The verb of incompletion is used if *both* of the above conditions are absent, i.e., if the action is performed on a single occasion *and* in a single direction.

Он шёл в теа́тр, когда́ я его́ встре́тил. ⎰ Single direction: to the theater; single occasion: when I met him

He was going to the theater when I met him.

Note: The speaker may express incompletion or repetition merely by his choice of verbs.

C. The verb of completion for an action which has separate verbs of incompletion and repetition is formed by prefixing **по** to the verb of incompletion.

Incompletion	*Repetition*	*Completion*
идти́	ходи́ть	пойти́ (I)
		Fut: пойд-у́, пойд-ёшь
		Past: пошёл, пошло́, пошла́, пошли́
е́хать	е́здить	пое́хать (I)
		Fut: пое́д-у, пое́д-ешь
лете́ть	лета́ть	полете́ть (II)
		Fut: полеч-у́, полет-и́шь

Homework Exercise

Read through the following sentences silently, paying particular attention to the use of the verbs that have been explained. Then practice reading the sentences *aloud*. Next, practice writing them. Finally, translate them into English and then back into Russian.

1. Куда́ вы идёте? Я иду́ в посо́льство.
2. Я ви́дел тебя́ ра́но у́тром. Куда́ ты шла? Я шла в лаборато́рию.
3. Весно́й он бу́дет ходи́ть в университе́т в Москве́.
4. Я не люблю́ ходи́ть, но у меня́ нет маши́ны.
5. Куда́ она́ пошла́? Она́ пошла́ в теа́тр.
6. Почему́ вы не хоти́те пойти́ в рестора́н со мной?
7. Он бы́стро е́хал по плохо́й доро́ге.
8. Я встре́тил его́, когда́ я е́хал в Нью-Йо́рк.

9. Вы е́здили на съезд в январе́?
10. Мы ча́сто бу́дем е́здить в теа́тр зимо́й.
11. Год тому́ наза́д он пое́хал в Нью-Йо́рк.
12. Он пое́дет на съезд.
13. Когда́ я лете́л в Нью-Йо́рк, я ду́мал о не́й.
14. Вы лети́те в А́нглию и́ли во Фра́нцию?
15. Мини́стр бу́дет ча́сто лета́ть в А́нглию зимо́й.
16. Вы не лю́бите лета́ть?
17. Из Москвы́ мы полети́м в Нью-Йо́рк.
18. Вы полети́те в Москву́ оди́н и́ли с Влади́миром?

Bolshoi Theater, Moscow (Roger-Viollet)

LESSON 15

Reading

Read the assigned selection silently, referring to the notes for explanations of new vocabulary and grammar. Then read the selection over *orally* until you can do this with ease and can follow the meaning of the text without having to rely on the notes at all. Next, write out the answers to the assigned questions, making use of the text and notes wherever necessary. Read the questions and your answers over *aloud* until you know the answers well enough to give them *orally* without referring to the written answers; then repeat this process *in writing*.

Бог правду видит, да не скоро скажет (III)

Жена услышала,[1] что Аксёнов в тюрьме.
Она начала плакать[2] и не знала, что думать.
Дети[3] её были маленькие. Она решила
поехать с детьми в город, где была тюрьма.

Когда она увидела[4] Аксёнова в тюрьме, она
заплакала[5] и долго не могла говорить с ним.
Потом она начала спрашивать его о купце.
Аксёнов сказал ей, что случилось.[6]

Она спросила:

— Что нам делать теперь?   **Что нам делать...?** What should we do...?

Он сказал:

— Мы напишем царю.[7]

Жена сказала, что она уже написала царю,   **уже** already
но ответа не получила. И потом она спросила
Аксёнова:

— Я хочу́ знать пра́вду: *ты* уби́л купца́?

Аксёнов сказа́л:

— И ты то́же ду́маешь, что я уби́л его́!

И он запла́кал.

Пришёл[8] солда́т. Жена́ и де́ти ушли́.[9]

Когда́ жена́ и де́ти ушли́, Аксёнов на́чал ду́мать, о чём они́ говори́ли: жена́ то́же поду́мала, что он уби́л купца́! «То́лько Бог зна́ет пра́вду и мо́жет помо́чь[10] мне», поду́мал он. И он на́чал ча́сто моли́ться[11] Бо́гу.

Аксёнова посла́ли[12] в тюрьму́ в Сиби́рь. В Сиби́ри Аксёнов жил мно́го лет.[13] Он говори́л ма́ло, ходи́л ти́хо, и ча́сто моли́лся. Никто́[14] не писа́л Аксёнову и он ничего́ не знал о жене́ и де́тях.

ма́ло little
ти́хо quietly

Раз в тюрьму́ пришли́ но́вые лю́ди.[15] Оди́н челове́к — Мака́р — был то́же из го́рода Влади́мира, как Аксёнов.

как like

Аксёнов спроси́л Мака́ра:

— А ты слы́шал, Мака́р, о купца́х Аксёновых в го́роде Влади́мире?

— Слы́шал, — сказа́л Мака́р. — Бога́тые купцы́. А оте́ц[16] их в Сиби́ри. А ты почему́ тут?

Аксёнов ничего́ не отве́тил — он не хоте́л говори́ть об э́том — но това́рищи[17] Аксёнова сказа́ли Мака́ру, что кто́-то уби́л купца́, а Аксёнова посла́ли в тюрьму́.

Когда́ Мака́р услы́шал э́то, он посмотре́л на Аксёнова и сказа́л:

READING

— Ну, и ста́рый ты тепе́рь.　　　　　　　　　ну well
　　　　　　　　　　　　　　　　　　　　　　и really

Когда́ Аксёнов услы́шал э́ти слова́, он по-　мо́жет быть perhaps
ду́мал, что мо́жет быть Мака́р зна́ет, кто
уби́л купца́. Он спроси́л Мака́ра:

— Слы́шал ты ра́ньше о моём де́ле, и́ли　ра́ньше earlier
ви́дел меня́ ра́ньше?

— Да, слы́шал. Но давно́ э́то бы́ло. Слы́шал,　давно́ long ago
да забы́л,[18] — сказа́л Мака́р.

— Мо́жет быть, ты зна́ешь, кто купца́
уби́л? — спроси́л Аксёнов.

Мака́р сказа́л:

— Ты его́ уби́л: в твоём чемода́не нож в
крови́ нашли́.

Когда́ Аксёнов услы́шал слова́ Мака́ра, он
поду́мал: «Мака́р уби́л купца́».

---

1. **услы́шать (II)** (*completion*) to hear (in the sense of *to hear the news, to catch the sound of,* and *to have the chance to hear*) · **услы́ш-у, услы́ш-ишь**
2. **пла́кать (I)** to cry · **пла́ч-у, пла́ч-ешь**
3. **де́ти** children · *Pl.: gen.* **дет-е́й,** *dat.* **де́т-ям,** *acc.* **дет-е́й,** *inst.* **деть-ми́,** *loc.* **де́т-ях** · The singular is **ребёнок,** one of the *masc.* nouns that lose the **e** or **o** of the final syllable whenever they add an ending.
4. **уви́деть (II)** (*completion*) to see (in the sense of *to catch sight of*)· **уви́ж-у, уви́д-ишь**
5. **запла́кать (I)** (*completion*) to start to cry · **запла́ч-у, запла́ч-ешь**
6. **случа́ться (I) / случи́ться (II)** to happen · With this verb the particle **-ся (-сь)** has no meaning. · **-Ся** is used unless the verb form ends in a vowel, in which case the variant **-сь** appears: **случи́ло-сь.** · When **-ся** appears after **-ть** or **-т,** the entire cluster is pronounced as if written **тца** : **случи́ться = случи́тца.** · Only the *3rd pers.* forms are used.
7. **царь** (*m.*) czar · Endings are accented. · *sing. inst.* **царём**

8. **приходи́ть (II) / прийти́ (I)** to come (on foot) · **приходи́ть: прихож-у́, прихо́д-ишь · прийти́: прид-у́, прид-ёшь; пришёл, пришло́, пришла́, пришли́**
9. **уходи́ть (II) / уйти́ (I)** to leave (on foot) · **уходи́ть: ухож-у́, ухо́д-ишь · уйти́: уйд-у́, уйд-ёшь; ушёл, ушло́, ушла́, ушли́**
10. **помога́ть (I) / помо́чь (I)** to help · The person helped is in the *dat.* · **помо́чь** (note the different stem for the *1st pers. sing.* and *3rd pers. pl.*): **помог-у́, помо́ж-ешь, помо́ж-ет, помо́ж-ем, помо́ж-ете, помо́г-ут; помо́г, помогло́, помогла́, помогли́**
11. **моли́ться (II)** to pray · With this verb the particle **-ся (-сь)** has no meaning. · **-Ся** is used unless the verb form ends in a vowel, in which case the variant **-сь** appears: **моли́ла-сь**. · When **-ся** appears after **ть** or **т**, the entire cluster is pronounced as if written **тца**. · **мол-ю́-сь, мо́л-ишь-ся** · God, or the saint to whom the prayer is addressed, is in the *dat.*
12. **Аксёнова посла́ли** Aksyonov was sent · Literally, (*They*) *sent Aksyonov*. The *3rd pers. pl.* of the verb, *without the pronoun* **они́**, expresses the English passive *Aksyonov was sent*.
13. **мно́го лет** many years · Nouns to which adverbs of quantity refer—**мно́го, ско́лько,** etc.—are in the gen. case. · After adverbs of quantity, **лет** is used as the *pl. gen.* form of **год** (year).
14. **никто́** no one · **Не** must precede the verb when this negative pronoun is used. The double negative does not result in a positive. · The **кто** is declined. If *no one* is the object of a preposition, the **ни** is detached and the preposition follows it: **ни о ком.**
15. **лю́ди** people · *pl.*: *gen.* **люд-е́й**, *dat.* **лю́д-ям**, *acc.* **люд-е́й** *inst.* **людь-ми́**, *loc.* **лю́д-ях** · The *sing.* is **челове́к** (person, man).
16. **оте́ц** father · The **е** in the last syllable is dropped whenever an ending is added. · Endings accented.
17. **това́рищ** comrade, friend · Because of Spelling Rule 1 (after **г, к, х, ж, ч, ш,** and **щ,** an **и** appears in place of the expected **ы**), the *pl. nom.* is **това́рищ-и**. · *Masc.* nouns with a final **ж, ч, ш,** or **щ** in the *sing. nom.* take the ending **-ей** in the *pl. gen.*: **товарищ-е́й.**
18. **забыва́ть (I) / забы́ть (I)** to forget · **забы́ть: забу́д-у, забу́д-ешь**

---

1. Почему́ жена́ начала́ пла́кать?
2. Куда́ жена́ пое́хала с детьми́?
3. Почему́ жена́ не могла́ до́лго говори́ть с Аксёновым?
4. Что хоте́ла жена́ знать?
5. Кому́ хоте́л Аксёнов написа́ть?

CONVERSATION

6. Что ответила жена Аксёнову, когда он сказал ей, что он хочет написать царю?
7. Почему заплакал Аксёнов?
8. Почему ушли жена и дети?
9. О чём начал думать Аксёнов, когда жена и дети ушли?
10. Почему Аксёнов начал часто молиться Богу?
11. Куда послали Аксёнова и сколько лет он там жил?
12. Что знал Аксёнов о жене и детях?
13. Кто пришёл в тюрьму раз?
14. О ком Аксёнов спросил Макара, и почему?
15. Что сказал Макар о купцах Аксёновых?
16. Что хотел знать Макар об Аксёнове?
17. Почему Аксёнов ничего не ответил, когда Макар спросил Аксёнова, почему он в тюрьме?
18. Что сказали Макару товарищи Аксёнова?
19. Почему Аксёнов спросил Макара: «Ты слышал раньше о моём деле или видел меня раньше?»
20. Почему Аксёнов подумал, что Макар убил купца?

Conversation

Read the assigned selection silently, referring to the notes for explanations of new vocabulary and grammar. Then read the selection over *orally* until you can do this with ease and can follow the meaning of the text without having to rely on the notes at all. Next, write out the answers to the assigned questions, making use of the text and notes wherever necessary. Read the questions and your answers over *aloud* until you know the answers well enough to give them *orally* without referring to the written answers; then repeat this process *in writing*.

Кен в Москве

Кен Ken

Дорогой[19] Джон![20]

Вчера, рано утром, мы прилетели в Москву. Гид Интуриста встретил нас и мы поехали в гостиницу. Наша гостиница большая[21] и новая.

гид guide
Интурист Intourist, the Soviet government tourist agency

Как ты знаешь, Москва — столица[22] Советского Союза. Москва очень древний и интересный город. Советское правительство находится[23] в Москве.

как as

Вчера́ у́тром мы пошли́ в Кремль.[24] Ра́ньше Кремль был кре́постью.[25] Его́ постро́или мно́го лет тому́ наза́д. В Кремле́ мно́го краси́вых дворцо́в[26] и дре́вних собо́ров. В Большо́м дворце́ ра́ньше жил царь, когда́ он приезжа́л[27] в Москву́; тепе́рь в э́том зда́нии рабо́тает Сове́тское прави́тельство. Ле́нин и Ста́лин[28] то́же жи́ли в Кремле́. В не́которых зда́ниях Кремля́ тепе́рь музе́и и мы ви́дели мно́го интере́сных веще́й[29] там.

собо́р cathedral

не́который some

Пото́м мы пошли́ в мавзоле́й Ле́нина. Мавзоле́й Ле́нина нахо́дится о́коло[30] Кремля́. Пе́ред мавзоле́ем всегда́ стоя́т солда́ты. О́коло мавзоле́я обыкнове́нно мно́го люде́й.

мавзоле́й mausoleum

Мы пообе́дали в рестора́не в на́шей гости́нице. Мы е́ли борщ, чёрный хлеб и котле́ты с капу́стой, и пи́ли пи́во.

Днём мы пое́хали в университе́т. Там нас встре́тили студе́нты. Они́ показа́ли нам аудито́рии, где они́ слу́шают ле́кции[31] и лаборато́рии, где они́ рабо́тают. Мы то́же ви́дели их общежи́тие. Не́которые студе́нты говори́ли с на́ми по-англи́йски; с други́ми студе́нтами мы говори́ли по-ру́сски. Они́ сказа́ли нам, что мы хорошо́ говори́м по-ру́сски. Пото́м мы пошли́ в рестора́н с ни́ми — мы е́ли, пи́ли чай и говори́ли о ра́зных веща́х.[32]

ра́зный various

В Москве́ мно́го хоро́ших[33] теа́тров. Вчера́ ве́чером мы пошли́ в Большо́й теа́тр слу́шать о́перу.

Сего́дня у́тром мы е́здили в парк,[34] днём мы ходи́ли в магази́н покупа́ть кни́ги,[35] а ве́чером мы бы́ли в посо́льстве.

Ско́ро напишу́ тебе́ опя́ть. Мы бу́дем тут ме́сяц.[36]

Твой Кен

CONVERSATION

19. **дорого́й** dear; expensive · Because of Spelling Rule 1 (after **г, к, х, ж, ч, ш,** and **щ,** an **и** appears in place of the expected **ы**), the expected initial **ы** of the endings is replaced by **и**: *masc. sing. inst.* **дорог-и́м**, *pl. nom.* **дорог-и́е**, etc.
20. **Джон** John (**Ива́н** is the normal equivalent of *John.*)
21. **большо́й** big, large · Because of Spelling Rule 1 (after **г, к, х, ж, ч, ш,** and **щ,** an **и** appears in place of the expected **ы**), the expected initial **ы** of the endings is replaced by **и**: *masc. sing. inst.* **больш-и́м**, *pl. nom.* **больш-и́е**, etc.
22. **столи́ца** capital · Because of Spelling Rule 2 (after **ж, ч, ш, щ,** and **ц,** a **е** appears in place of the expected *unaccented* **о**), the *sing. inst.* is **столи́ц-ей.**
23. **находи́ться (II)** to be located · Here the particle **-ся** serves a function as far as the meaning is concerned. Without the particle, the verb means *to find.* · **-Ся** is used unless the verb form ends in a vowel, in which case the variant **-сь** appears: **находи́ло-сь.** · When **-ся** appears after **ть** or **т**, the entire cluster is pronounced as if written **тца.** Used in the *3rd pers. sing.* and *pl.* only, when it means *to be located* · **нахо́д-ит-ся, нахо́д-ят-ся.**
24. **Кре́мль** (*m.*) Kremlin · Accent on the endings.
25. **кре́пость** fortress · A predicate noun used with the past, future, or infinitive forms of **быть** is normally in the instrumental case when it serves to define what something or someone was *temporarily.* · In the *pl.* the accent is on the endings, except for the *nom.* and *acc.*
26. **дворе́ц** palace · One of the *masc.* nouns that lose the **е** or **о** of the final syllable whenever they add an ending. · Accent on the endings.
27. **приезжа́ть (I) / прие́хать (I)** to come (by vehicle) · **прие́хать: прие́д-у, прие́д-ешь**
28. **Ле́нин, Ста́лин** Lenin, Stalin · Last names ending in **-ин** have the same pattern of endings as those ending in **-ов**, i.e., they take the endings of **студе́нт** in all cases of the *sing.* except the *inst.*, and also in the *pl. nom.;* in the *sing. inst.* and in all the *pl.* forms except the *nom.*, they take the endings of **но́вый.**
29. **вещь** thing · Endings stressed in the *pl.*, except for the *nom.* and *acc.* · Because of Spelling Rule 1 (after **г, к, х, ж, ч, ш,** and **щ,** an **и** appears in place of the expected **ы**), the *pl. nom.* is **ве́щ-и.** · Because of Spelling Rule 3 (after **г, к, х, ж, ч, ш, щ,** and **ц**, **а** appears in place of the expected **я**), the *pl. dat.* is **вещ-а́м**, the *pl. inst.* **вещ-а́ми**, and the *pl. loc.* **вещ-а́х.**
30. **о́коло** (+ *gen.*) near
31. **ле́кция** lecture · A **на-**noun, i.e., **на** (instead of **в**) is used to express motion *into/to* or location *in/at* with this noun.

32. See note 29.
33. **хоро́ший** good · Because of Spelling Rule 1 (after **г, к, х, ж, ч, ш** and **щ,** an **и** appears in place of the expected **ы**), the expected initial **ы** of its endings is replaced by **и:** *sing. masc. nom.* **хоро́ш-ий,** *sing. masc. inst.* **хоро́ш-им,** etc. · Because of Spelling Rule 2 (after **ж, ч, ш, щ,** and **ц, е** appears in place of an expected *unaccented* **o**), the *sing. masc. gen.* is **хоро́ш-его,** the *sing. masc. dat.* **хоро́ш-ему,** etc.
34. **парк** park · Because of Spelling Rule 1 (after **г, к, х, ж, ч, ш,** and **щ,** an **и** appears in place of an expected **ы**), the *pl. nom.* is **па́рк-и.**
35. **кни́га** book · Because of Spelling Rule 1, the *sing. gen.* and *pl. nom.* are **кни́г-и.**
36. **ме́сяц** month · Because of Spelling Rule 2 (after **ж, ч, ш, щ,** and **ц, е** appears in place of the expected *unaccented* **o**), the *sing. inst.* is **ме́сяц-ем,** the *pl. gen.* **ме́сяц-ев.**

---

1. Когда́ прилете́л Кен в Москву́?
2. Кто встре́тил Ке́на, когда́ он прилете́л в Москву́?
3. Что сказа́л Кен о гости́нице?
4. Что сказа́л Кен о Москве́?
5. Куда́ ходи́л Кен вчера́ у́тром?
6. Чем был Кремль ра́ньше?
7. Когда́ постро́или кре́пость?
8. Что сказа́л Кен о Кремле́?
9. Что сказа́л Кен о Большо́м дворце́?
10. Кто то́же жил в Кремле́?
11. Где нахо́дится мавзоле́й Ле́нина?
12. Где стоя́т солда́ты?
13. Где пообе́дал Кен?
14. Что ел Кен?
15. Что показа́ли Ке́ну студе́нты?
16. Как говори́л Кен со студе́нтами?
17. Где был Кен вчера́ ве́чером?
18. Куда́ е́здил Кен сего́дня у́тром?
19. Где был Кен сего́дня днём?
20. Где был Кен сего́дня ве́чером?

Grammar

Read over the following until you know the principles involved.

15.1 Spelling Rules

The **ы**, *unaccented* **о, ю**, and **я** are not written after certain consonants; **и, е, у**, and **а** take their place. This fact affects those noun, adjective, and verb endings which normally consist of or begin with **ы**, *unaccented* **о, ю**, or **я**. The following rules govern these substitutions.

Rule 1: After these consonants, **и** appears where you would expect to find **ы**.
  { г, к, х
  { ж, ч, ш, щ

Rule 2: After these consonants, **е** appears where you would expect to find an *unaccented* **о**.
  ц

Rule 3: After all of the above consonants, **у** appears where you would expect to find **ю**, and **а** where you would expect to find **я**.

A. *Rule 1* results in the following substitutions.

Nouns

Singular feminine genitive ending is **-и** instead of the expected **-ы**: кни́г-**и**.

Masculine and feminine endings in the plural nominative and plural inanimate accusative are **-и** instead of the expected **-ы**: па́рк-**и** and кни́г-**и**.

Adjectives

Singular masculine nominative and inanimate accusative endings are **-ий** instead of the expected **-ый**: сове́тск-**ий**.

Singular masculine and neuter instrumental endings are **-им** instead of the expected **-ым**: сове́тск-**им**.

All plural endings begin with **и** instead of the expected **ы**.

Nom.	сове́тск-ие
Gen.	сове́тск-их
Dat.	сове́тск-им
Acc.	сове́тск-ие (*inanimate*)
	сове́тск-их (*animate*)
Inst.	сове́тск-ими
Loc.	сове́тск-их

B. *Rule 2* results in the following substitutions.

Nouns

The singular masculine-neuter instrumental ending is **-ем** instead of the expected **-ом**: товарищ-ем.

The singular feminine instrumental ending is **-ей** instead of the expected **-ой**: гостиниц-ей.

After **ц** *only*, the plural masculine genitive ending is **-ев** instead of the expected **-ов**: месяц-ев. (After **ж, ч, ш,** and **щ**, the plural masculine genitive ending is **-ей** regardless of the stress: товарищ-ей, нож-ей.)

Adjectives

The endings of singular masculine and neuter adjectives in the genitive, dative, and locative, and the endings of singular masculine adjectives in the animate accusative have **е** as the first letter instead of the expected **о**.

Gen.	хорош-его	
Dat.	хорош-ему	
Acc.	хорош-его	(*animate*)
Loc.	хорош-ем	

The singular feminine genitive, dative, instrumental, and locative endings begin with **е** instead of the expected **о**. All these cases have the ending **-ей**: хорош-ей.

Note: 1. Only an *unstressed* **о** is replaced by a **е**. In the adjective **большой**, the **о** is stressed and so Rule 2 does not apply.

2. Remember that Rules 1 and 2 have four consonants in common: **ж, ч, ш,** and **щ**. As a result, both rules apply to some nouns and adjectives, such as **товарищ** and **хороший**.

C. *Rule 3* causes substitutions in verbal and noun endings. As was noted in Lesson 10, it is particularly important for the endings of some Conjugation II verbs.

Verbs

If the stem of the first person singular ends in a Rule 3 consonant, the ending is **-у** (instead of the expected **-ю**).

виж-у
слыш-у

If the stem of the third person plural ends in a Rule 3 consonant, the ending is **-ат** (instead of the expected **-ят**).

слыш-ат

HOMEWORK EXERCISE 139

Nouns

It affects the endings of a very limited number of nouns.

вещь: *pl. dat.* вещ-**а́**м, *inst.* вещ-**а́**ми, *loc.* вещ-**а́**х

Homework Exercise

Read through the following sentences silently, paying particular attention to the use of the spelling rules. Then practice reading the sentences *aloud*. Next, practice writing them. Finally, translate them into English and then back into Russian.

1. У меня́ нет э́той кни́ги.
2. Тут плохи́е доро́ги.
3. В э́том го́роде краси́вые па́рки.
4. Гид стоя́л пе́ред Больши́м дворцо́м и говори́л с сове́тским студе́нтом.
5. В э́той гости́нице больши́е хоро́шие ко́мнаты.
6. Он уби́л купца́ больши́м ножо́м.
7. Он пое́хал с това́рищем в ма́ленький рестора́н.
8. Маши́на стоя́ла пе́ред гости́ницей.
9. Мои́ това́рищи жи́ли там мно́го ме́сяцев.
10. Вы зна́ли э́того хоро́шего студе́нта?
11. Пе́ред большо́й хоро́шей гости́ницей стоя́ли маши́ны.
12. Вы показа́ли ва́шу лаборато́рию э́тому хоро́шему студе́нту?
13. Они́ за́втра полу́чат други́е ви́зы.
14. Аудито́рия больша́я, но я хорошо́ слы́шу преподава́теля.
15. Они́ не слы́шат вас.
16. Я ча́сто ви́жу моего́ адвока́та.

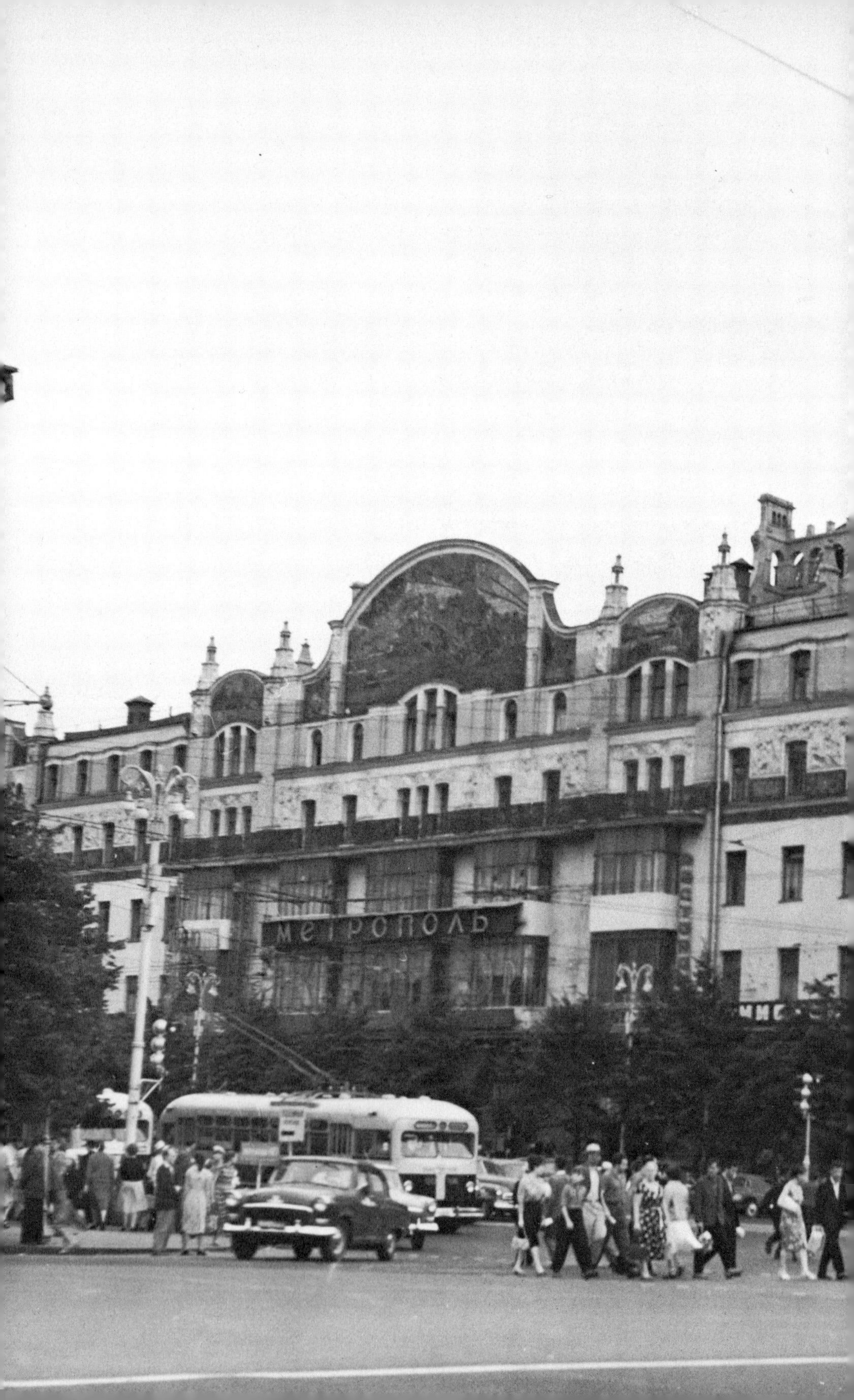
МЕТРОПОЛЬ

LESSON 16

Reading

Read the assigned selection silently, referring to the notes for explanations of new vocabulary and grammar. Then read the selection over *orally* until you can do this with ease and can follow the meaning of the text without having to rely on the notes at all. Next, write out the answers to the assigned questions, making use of the text and notes wherever necessary. Read the questions and your answers over *aloud* until you know the answers well enough to give them *orally* without referring to the written answers; then repeat this process *in writing*.

Бог правду видит, да не скоро скажет (IV)

Ночью Аксёнов не мог спать. Он думал о жене и детях. Сколько[1] лет он их не видел! Дети были маленькие, когда его послали в Сибирь. А он был молодой, весёлый, любил петь, играть на гитаре... А теперь?.. Он дрожал от гнева, когда он думал о Макаре.   гнев anger

Аксёнов начал молиться. Он молился долго, но не мог забыть Макара. Днём он не говорил с Макаром и не смотрел на него.

Раз ночью Аксёнов увидел, что кто-то копает[2] дыру[3] в стене. Это был Макар. Макар испугался,[4] когда он увидел, что Аксёнов смотрит на него и сказал:

— Если ты скажешь, что я дыру копаю, я   если if
тебя убью.

Аксёнов задрожал[5] от гнева и сказал:

Opposite: Hotel Metropol, Moscow (Roger-Viollet)

— Ты меня уже́ давно́ уби́л. А скажу́ я об э́том и́ли нет, э́то моё де́ло.

У́тром солда́ты уви́дели дыру́ в стене́. Пришёл офице́р и спроси́л:

— Кто копа́ет дыру́ в стене́?

Лю́ди молча́ли.[6]

Тогда́ офице́р спроси́л Аксёнова:

— Ты зна́ешь, кто копа́ет дыру́?

Аксёнов молча́л. Офице́р сказа́л:

— Я хочу́ знать пра́вду. Кто копа́ет дыру́?

Аксёнов посмотре́л на Мака́ра и сказа́л:

— Я не ви́дел и не зна́ю.

Офице́р ушёл.

Но́чью Аксёнов услы́шал, что кто́-то ти́хо стои́т о́коло его́ крова́ти. Он посмотре́л. Бы́ло темно́,[7] но он уви́дел, что э́то Мака́р. Аксёнов спроси́л:

— Что ты тут де́лаешь?

Мака́р до́лго молча́л, а пото́м ти́хо сказа́л Аксёнову:

— Прости́[8] меня́!

Аксёнов спроси́л:

— За что тебя́ проща́ть?

— Я купца́ уби́л, взял его́ де́ньги, а нож в твой чемода́н положи́л.[9] Я хоте́л тебя́ то́же уби́ть, но услы́шал шум и ушёл.

тогда́ then (in the sense of *at that (this) point*)

За что тебя́ проща́ть? What should I forgive you for?

шум noise

READING 143

Аксёнов молчал и не знал, что сказать.
Макар продолжал:

— Прости меня, прости! Я скажу офицеру, что я купца убил. Тебя простят.[10] Ты поедешь домой.[11]

Аксёнов сказал:

— Куда я пойду теперь? Жена умерла,[12] дети меня забыли.

Но Макар плакал и говорил:

— Прости меня, прости! Не могу я смотреть на тебя. Прости меня!

Когда Аксёнов услышал, что Макар плачет, он тоже заплакал и сказал:

— Бог тебя простит. Может быть я гораздо[13] хуже[14] тебя.[15]

И когда он сказал это, он вдруг успокоился.[16] Он перестал[17] думать о доме, не хотел уходить из тюрьмы, а только думал о смерти.

смерть death

Макар пошёл к[18] офицеру и сказал ему, что он убил купца. Но когда Аксёнову пришло разрешение ехать домой, он уже умер.

разрешение permission

---

1. **сколько** how much, how many · When an adverb of quantity refers to a noun, the noun is in the *gen.*
2. **копать (I) / выкопать (I)** to dig
3. **дыра** hole · Accent on the first syllable in the plural.
4. **пугаться (I) / испугаться (I)** to become frightened · Here the particle **-ся** serves a function as far as the meaning of the verb is concerned. Without **-ся**, the verb would mean *to frighten (someone)*. · **-Ся** is used unless the verb form ends in a vowel, in which case the variant **-сь**

appears. · When **-ся** appears after **ть** or **т**, the entire cluster is pronounced as if written **тца**.
5. задрожа́ть (II) (*completion*) to start to tremble · задрож-у́, задрож-и́шь
6. молча́ть (II) to be silent · молч-у́, молч-и́шь
7. бы́ло темно́ it was dark · *It is dark* is rendered by **темно́** alone, *it will be dark* by **бу́дет темно́**.
8. проща́ть (I) / прости́ть (II) to forgive · **Прости́** is the informal singular imperative (or command) form. The imperative is formed by adding an ending to the present tense stem (of incompletion-repetition verbs) or future tense stem (of completion verbs). (Where a verb has one stem for the 1st person singular and another for the other persons, use the latter stem.) If 1) the stem does *not* end in a vowel and 2) the accent is on the ending in the first person singular, an accented **и** is added to form the informal singular imperative. · прости́ть: прощ-у́, прост-и́шь
9. класть (I) / положи́ть (II) to put · класть: клад-у́, клад-ёшь; клал, кла́ло, кла́ла, кла́ли · положи́ть: полож-у́, полож-ишь
10. Тебя́ простя́т you will be forgiven · The *3rd pers. pl.* of the verb, *without a subject*, can be used to express the passive idea.
11. домо́й home · States the direction of a person. · **До́ма** states the location of a person.
12. умира́ть (I) / умере́ть (I) to die · умере́ть: умр-у́, умр-ёшь; у́мер, у́мерло, умерла́, у́мерли
13. гора́здо much · Must be used to render *much* before the comparative form of an adjective.
14. ху́же worse · The comparative form of плохо́й
15. Я гора́здо ху́же тебя́ · I am much worse than you. · *Than* is not used in Russian here (although a construction with *than* exists); instead, the second of the two persons compared is put into the *gen.*
16. успока́иваться (I) / успоко́иться (II) to become calm, to calm down. Here the particle **-ся** does serve a function as far as the meaning of the verb is concerned. Without **-ся** the verb would mean *to calm (someone) down*. · **-Ся** is used unless the verb form ends in a vowel, in which case the variant **-сь** appears: успоко́ила-сь. · When **-ся** appears after **ть** or **т**, the entire cluster is pronounced as if written **тца**.
17. перестава́ть (I) / переста́ть (I) to cease · перестава́ть: переста-ю́, переста-ёшь · переста́ть: переста́н-у, переста́н-ешь
18. к (+ *dat.*) to (when *motion toward* a person is involved)

CONVERSATION

1. Почему́ Аксёнов не мог спать?
2. Что люби́л де́лать Аксёнов, когда́ он был молодо́й?
3. Почему́ Аксёнов на́чал моли́ться?
4. Что раз но́чью уви́дел Аксёнов?
5. Кто копа́л дыру́ в стене́?
6. Что сказа́л Мака́р, когда́ он уви́дел, что Аксёнов смо́трит на него́?
7. Что уви́дели солда́ты у́тром?
8. Кто спра́шивал Аксёнова о дыре́ в стене́?
9. Что хоте́л знать офице́р?
10. Сказа́л Аксёнов офице́ру, кто копа́ет дыру́? Что сказа́л Аксёнов офице́ру?
11. Кто стоя́л но́чью о́коло крова́ти Аксёнова?
12. Что сказа́л Аксёнов, когда́ он уви́дел Мака́ра о́коло крова́ти?
13. Что сказа́л Мака́р Аксёнову о купце́, о деньга́х, и о ноже́?
14. Почему́ Мака́р то́же не уби́л Аксёнова, когда́ он уби́л купца́?
15. Что хоте́л Мака́р сказа́ть офице́ру?
16. Почему́ Аксёнов не хоте́л е́хать домо́й?
17. Почему́ Аксёнов вдруг успоко́ился?
18. Почему́ Мака́р пошёл к офице́ру?
19. Пое́хал Аксёнов домо́й, когда́ пришло́ разреше́ние?

Conversation

1) Read the expressions under A silently, referring to the notes for explanations of new vocabulary and grammar. Next, practice reading the expressions over *orally*. Then jot down Arabic numerals 1 through 12 and, using them as cues, practice giving the initial question and the answers *orally* until you can do this without making any errors; repeat this process *in writing*. 2) Use the same procedure with the time expressions under B. 3) Read the sentences under C silently, referring to the notes for explanations of new vocabulary and grammar. Then practice reading them *aloud*; next, practice writing them. Finally, translate them into English and then back into Russian.

Time Expressions (Full Hours)

A. Кото́рый час?[19]
  1. Час.[20]
  2. Два
    Три   } часа́.[21]
    Четы́ре

B. В кото́ром часу́[23] у вас ле́кция?
  1. В час.[24]
  2. В { два / три / четы́ре } часа́.

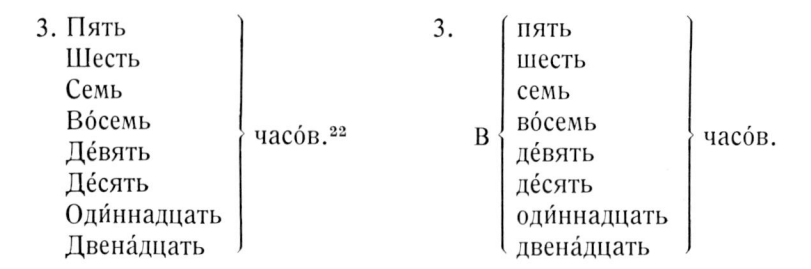

3. Пять Шесть Семь Восемь Девять Десять Одиннадцать Двенадцать	} часов.[22]	3. в {	пять шесть семь восемь девять десять одиннадцать двенадцать } часов.

C. В котором часу он пришёл домой? Он пришёл в семь часов утра.[25] Когда вы обыкновенно обедаете? Мы обыкновенно обедаем в два часа дня.[26]
В котором часу у вас лекция? В восемь часов вечера.[27]
Когда они прилетели в Москву? Они прилетели в час ночи.[28]

---

19. **Который час?** What time is it? · **Который** means *which, what*; it takes the same endings as **новый**. **Час** is *hour*. When *two, three,* or *four* refer to it, its *sing. gen.* has the accent on the ending: **час-а́**. **Час** has a special second *sing. loc.* ending in **-у́ (час-у́)** which is used in certain expressions only. The plural endings are accented.
20. **Час.** It's one o'clock.
21. **Два (три, четыре) часа́.** It's two (three, four) o'clock. · When the cardinal numbers *two, three,* and *four* are in the *nom.*, the noun they refer to is in the *sing. gen.*
22. **Пять (шесть... двенадцать) часов.** It's five (six ... twelve) o'clock. · When the cardinal numbers *five* through *twelve* are in the *nom.*, the noun they refer to is in the *pl. gen.*
23. **В котором часу...?** At what time ...? · **Час** has a special second *sing. loc.* with the ending **-у́,** used in certain expressions only.
24. **в час** at one o'clock · In time expressions the *acc.* is normally used after **в**. In the time expressions which follow **в час** in the text, the numbers are in the *acc*. When *two, three,* or *four* refer to an inanimate noun, they have the same form in the *acc.* as in the *nom.*, and the noun to which they refer is in the *sing. gen.* The *acc.* of *five* through *twelve* is identical with the *nom.*, and when these numbers are in the *acc.*, nouns to which they refer are in the *pl. gen.*
25. **утра́** in the morning · Used in place of **утром** when a definite hour is stated. · *Sing. gen.* of **утро**, *morning*. The accent is on the first syllable, except in limited instances, as in this usage.

26. **дня́** in the afternoon · Used in place of **днём** when a definite hour is stated. · *Sing. gen.* of **день** (*m.*), *day*. One of the *masc.* nouns that lose the **e** or **o** of the final syllable whenever they add an ending.
27. **ве́чера** in the evening · Used in place of **ве́чером** when a definite hour is stated. · *Sing. gen.* of **ве́чер** (evening), one of a limited number of masculine nouns that take the accented ending **-á** in the *pl. nom.* and have accented endings throughout the plural.
28. **но́чи** in the night, at night · Used in place of **но́чью** when a definite hour is stated. · *Sing. gen.* of **ночь**, *night*. · Spelling Rule 3 applies. · Accent on the endings in the *pl.*, except for the *nom.* and *acc.*

Grammar

Read over the following until you know the principles involved.

16.1 Genitive in Expressions of Quantity

A. A noun which would normally be in the nominative or accusative case because of its function in the sentence is put into the genitive case if an adverb of quantity refers to it.

Ско́лько студе́нт-**ов** в аудито́рии? How many students are in the lecture room?

В но́вом зда́нии **мно́го** хоро́ш-**их** кварти́р? Are there many good apartments in the new building?

Нет, в но́вом зда́нии **ма́ло** хоро́ш-**их** кварти́р. No, there are few good apartments in the new building.

If an adverb of quantity refers to the subject of the sentence, then the verb takes the third person singular neuter form.

Ско́лько студе́нт-**ов** рабо́тало (рабо́тает, бу́дет рабо́тать) в лаборато́рии? How many students worked (are working, will work) in the laboratory?

B. *Some*, in the sense of an indefinite amount of something, can be rendered by putting the noun referred to into the genitive, *if the noun is a direct object*.

Они́ вы́пили вин-**á**. They drank *some* wine.

Он дал мне молок-**á**. He gave me *some* milk.

16.2 Special Genitive in Expressions of Quantity

A limited number of masculine nouns have a special *genitive of quantity* ending in the singular: **-у** for hard-ending nouns, and **-ю** for soft-ending nouns. This special *genitive of quantity* is used in the following instances.

A. When an adverb of quantity refers to the noun.
   Мы еди́м ма́ло су́п-у. We eat little soup.
   Ско́лько са́хар-у вы купи́ли? How much sugar did you buy?
B. When a noun indicating quantity refers to the noun.
   Она́ вы́пила стака́н ча́-ю. She drank a glass of tea.
C. In the *some* construction:
   Он вы́пил ча́-ю. He drank some tea.

Nouns with these *genitive of quantity* endings are specially noted in the notes and the vocabularies.

Note: Such nouns also have normal genitive endings which are used under other circumstances.

Homework Exercise

Read through the following sentences silently, paying particular attention to the use of the genitive in expressions of quantity. Then practice reading the sentences *aloud*. Next, practice writing them. Finally, translate them into English and then back into Russian.

1. Ско́лько ламп в но́вой кварти́ре?
2. Он написа́л мно́го хоро́ших рома́нов и повесте́й.
3. На́ши инжене́ры постро́или мно́го зда́ний.
4. Ско́лько но́вых журна́лов вы получи́ли вчера́?
5. Ма́ло иностра́нных студе́нтов говори́ло по-англи́йски.
6. В на́шем университе́те бу́дет мно́го аспира́нтов.
7. У меня́ бу́дет ма́ло посу́ды.
8. У них бы́ло мно́го вина́.
9. Я куплю́ сы́ра и колбасы́.
10. Она́ вы́пила холо́дной воды́.
11. Мы да́ли ему́ хле́ба.
12. Вы вы́пили молока́?
13. Она́ купи́ла капу́сты и ма́сла.
14. Вы съе́ли су́пу?
15. Она́ дала́ мне са́хару.
16. Я вы́пью ча́ю.

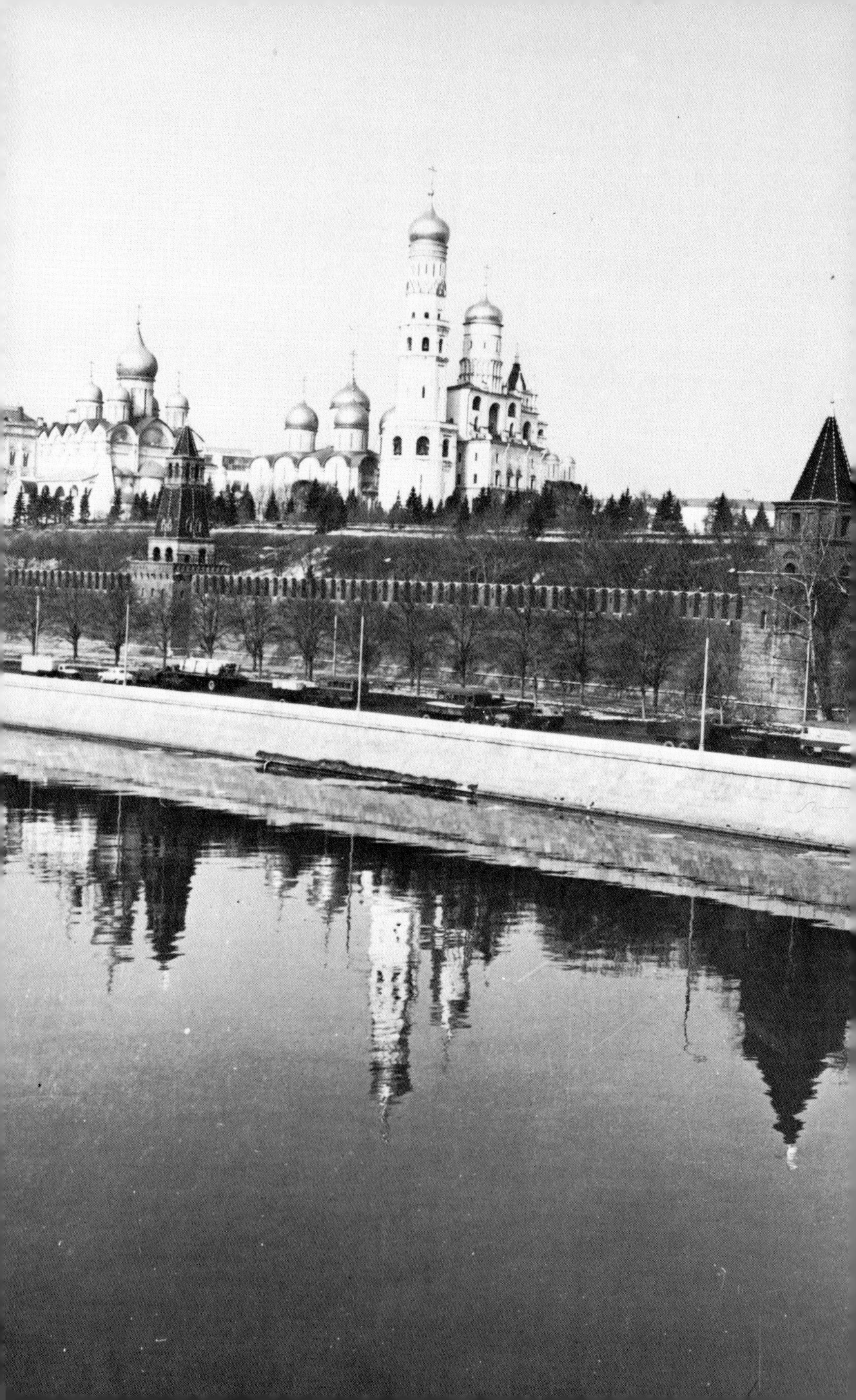

LESSON 17

Reading

The following is the first part of an adaptation of a story written by Anton Chekhov. Read the assigned selection silently, referring to the notes for explanations of new vocabulary and grammar. Then read the selection over *orally* until you can do this with ease and can follow the meaning of the text without having to rely on the notes at all. Next, write out the answers to the assigned questions, making use of the text and notes wherever necessary. Read the questions and your answers over *aloud* until you know the answers well enough to give them *orally* without referring to the written answers; then repeat this process *in writing*.

Произведение искусства (I)

Саша[1] вошёл[2] в кабинет доктора[3] с пакетом в руках.[4]

— А, милый Саша! — встретил его доктор.
— Как дела? Что скажешь?

Саша сказал взволнованным голосом:[5]

— Мама послала меня к вам — благодарить[6] вас... Я единственный сын[7]... Я был так болен[8] и вы вылечили[9] меня... Мама и я не знаем, как благодарить вас.

— Ну, что ты! — сказал доктор довольным голосом. — Я вылечил тебя, потому что я доктор.

— Я единственный сын... — продолжал Саша. — Мы люди бедные... Мы не можем заплатить вам; у нас нет денег. Мама и я

произведение work (of art, literature, etc.)
искусство art
кабинет office, study
пакет package

милый dear
Как дела? How are things going?
Что скажешь? What do you have to say? What's on your mind?

мама mom
единственный only
так so

Что ты (вы)! What are you saying!
довольный satisfied, pleased

Opposite: A View of the Kremlin, Moscow (Roger-Viollet)

ду́мали... Я еди́нственный сын... Мы хоти́м поблагодари́ть вас... Мы про́сим вас взять э́ту вещь. Вещь о́чень дорога́я, из бро́нзы — произведе́ние иску́сства.

До́ктор хоте́л что́-то[10] сказа́ть.

— Нет, нет, пожа́луйста возьми́те[11] э́ту вещь, — продолжа́л Са́ша. — Вещь о́чень дорога́я, хоро́шая, из бро́нзы — произведе́ние иску́сства. Это вещь моего́ отца́... Оте́ц у́мер... Он покупа́л и продава́л ста́рые ве́щи, из бро́нзы. Тепе́рь ма́ма и я де́лаем э́то.

Са́ша положи́л паке́т на стол. До́ктор откры́л его́ и уви́дел канделя́бр, из ста́рой бро́нзы. На нём он уви́дел две[12] фигу́ры же́нщин в костю́мах Е́вы, в о́чень неприли́чных по́зах. Фигу́ры улыба́лись.[13]

До́ктор до́лго смотре́л на канделя́бр и молча́л. Пото́м он ти́хо сказа́л:

— Да, вещь, пра́вда, краси́вая, дорога́я, но... не зна́ю, что сказа́ть... чёрт зна́ет что...[14]

— Да почему́ же вы так ду́маете?

— Фигу́ры неприли́чные. Не могу́ я оста́вить[15] э́ту неприли́чную вещь в мое́й кварти́ре.

— Как вы стра́нно, до́ктор, смо́трите на иску́сство, — сказа́л Са́ша. — Это же произведе́ние иску́сства. Вы посмотри́те[16] на э́ти краси́вые фигу́ры, на их по́зы.

— Я э́то хорошо́ понима́ю,[17] ми́лый мой, — сказа́л до́ктор, — но у меня́ жена́, де́ти; го́сти прихо́дят.

бро́нза bronze

пожа́луйста please (Pronounced as if written пожа́лста.)

канделя́бр candelabra
фигу́ра figure
Е́ва Eve
неприли́чный indecent
по́за pose

же (ж) This particle has no meaning here. It merely emphasizes the preceding word.

стра́нно strangely

READING

— Конéчно, éсли вы смóтрите на эту вещь с тóчки зрéния толпы́ — это другóе дéло, — сказáл Сáша, — конéчно, тогдá вы тóлько вúдите неприлúчные фигýры, а не произведéние искýсства. Но вы не толпá. Как же вы мóжете говорúть, что эти фигýры неприлúчны?[18] Мáма и я прóсим вас взять эту вещь. Я едúнственный сын... Я был так бóлен... Вы вы́лечили меня... Жаль тóлько, что у нас одúн канделябр, а не два...

— Спасúбо, мúлый, благодарю́ тебя и твою́ мáму. Хорошó, остáвь[19] эту вещь... Но что я с ней бýду дéлать? У меня женá, дéти; гóсти прихóдят. А ты не понимáешь...

— Что тут понимáть? — сказáл Сáша. — Тут на вáшем столé вáза стоúт, а óколо неё бýдет стоя́ть канделябр. Тóлько жаль, что одúн канделябр, а не два. Ну, до свидáния, дóктор.

конéчно of course (Pronounced **конéшно**.)
с тóчки зрéния from the point of view
толпá crowd
тогдá then (in the sense of *in that case*)

жаль it's too bad

спасúбо thank you

Что тут понимáть? What is there to understand here?
вáза vase

---

1. **Сáша** diminutive of **Александр** · A limited number of nouns that refer to males have *sing. nom.* endings like feminine nouns. Such nouns are declined like the animate *fem.* nouns they resemble; however, adjectives that describe them take *masc.* endings. Also, when such nouns serve as subjects, the *masc.* form of the verb is used. · Spelling Rules 1 and 2 apply.
2. **входúть (II) / войтú (I) (в** + *acc.*) to enter, to go into (**В** is used when the place entered is specified.) · **входúть: вхож-ý, вхóдишь** · **войтú: войд-ý, войд-ёшь; вошёл, вошлó, вошлá, вошлú**
3. **дóктор** doctor · Like some *masc.* nouns, it takes the accented ending **-á** in the *pl. nom.* and has accented endings throughout the *pl.*
4. **рукá** arm, hand · Spelling Rule 1 applies. · Singular endings accented, except in the *acc.;* plural endings accented, except in the *nom.* and *acc.*
5. **гóлос** voice · Like some *masc.* nouns, **гóлос** takes the accented ending **-á** in the *pl. nom.* and has accented endings throughout the *pl.*
6. **благодарúть (II) / поблагодарúть (II)** to thank
7. **сын** son · *Pl.: nom.* **сыновь-я́**, *gen.* **сынов-éй**, *dat.* **сыновь-я́м**, *acc.* **сынов-éй**, *inst.* **сыновь-я́ми**, *loc.* **сыновь-я́х**.

8. **больно́й** sick · Most adjectives have a short form which may be used as a predicate adjective. Normally the short *masc.* adjective is formed by dropping the whole ending of the regular adjective, and the *neut.*, *fem.*, and *pl.* by dropping the last letter of the ending. While the short masculine adjective may end in a double consonant, this is often avoided by the insertion of a **е** or **о**: *masc.* (больно́й) бо́лен; *neut.* (больно́е) больно́; *fem.* (больна́я) больна́; *pl.* (больны́е) больны́.
9. **выле́чивать (I) / вы́лечить (II)** to cure · **вы́лечить: вы́леч-у, вы́леч-ишь**
10. **что́-то** something · **Что** is declined: *sing. gen.* **чего́-то**, etc.
11. **возьми́те** take · This is the singular formal/plural imperative of **взять.** The imperative is formed by adding an ending to the present tense stem (of incompletion-repetition verbs) or future tense stem (of completion verbs). (When a verb has one stem for the *1st pers. sing.* and another for the other persons, use the latter stem.) If 1) the stem does *not* end in a vowel and 2) the accent is on the ending in the *1st pers. sing.*, **-и́те** is added to form the singular formal/plural imperative.
12. **две** two · **Две** is the nominative form of the cardinal number used when the noun the number refers to is *fem.* Here the noun is inanimate, so the *acc.* of **две** is identical with the *nom.* and the noun it refers to is in the *sing. gen.* **Два**, which you learned earlier, is the masculine and neuter form of *two*.
13. **улыба́ться (I) / улыбну́ться (I)** to smile · With this verb, the particle **-ся (-сь)** has no meaning. · **-Ся** is used unless the verb form ends in a vowel, in which case the variant **-сь** appears: **улыбну́ла-сь.** · When **-ся** appears after **ть** or **т**, the entire cluster is pronounced as if written **тца.** · **улыбну́ться: улыбн-у́-сь, улыбн-ёшь-ся**
14. **Чёрт зна́ет что!** What the devil! · The pl. forms of **чёрт** (*devil*) are: *nom.* **че́рти,** *gen.* **черт-е́й,** *dat.* **черт-я́м,** *acc.* **черт-е́й,** *inst.* **черт-я́ми,** *loc.* **черт-я́х**
15. **оставля́ть (I) / оста́вить (II)** to leave (something) · **оста́вить: оста́вл-ю, оста́в-ишь**
16. **посмотри́те** look · This is the plural and singular formal imperative of **посмотре́ть.** It is formed in the same manner as the imperative described in note 11 above.
17. **понима́ть (I) / поня́ть (I)** to understand · **поня́ть: пойм-у́, пойм-ёшь; по́нял, по́няло, поняла́, по́няли**
18. **неприли́чны** · The plural short form of **неприли́чный.** The *masc.* is **неприли́чен,** the *neut.* **неприли́чно,** the *fem.* **неприли́чна.**
19. **оста́вь** leave · The singular informal imperative of **оста́вить.** The imperative is formed by adding an ending to the present tense stem (of incompletion-repetition verbs) or future tense stem (of completion

verbs). (When a verb has one stem for the *1st pers. sing.* and another for the other persons, use the latter stem.) If 1) the stem does *not* end in a vowel and 2) the accent is *not* on the ending in the *1st pers. sing.*, ь is normally added to form the singular informal imperative.

1. Кто вошёл в кабинет доктора?
2. Что было у Саши в руках?
3. Что сказал доктор, когда Саша вошёл?
4. Почему мама послала Сашу к доктору?
5. У мамы много детей?
6. Что сделал доктор, когда Саша был болен?
7. Почему мама и Саша не могут заплатить доктору?
8. Что хотел Саша дать доктору?
9. Чья была эта вещь?
10. Что делал отец Саши?
11. Почему теперь мама и Саша покупают и продают старые вещи из бронзы?
12. Куда положил пакет Саша?
13. Что увидел доктор, когда он открыл пакет?
14. Что сказал доктор, когда он увидел канделябр?
15. Почему доктор не хотел взять канделябра?
16. С кем жил доктор?
17. Что вы видите, когда вы смотрите на канделябр с точки зрения толпы?
18. Что теперь стоит на столе в кабинете?

Conversation

Read the assigned selection silently, referring to the notes for explanations of new vocabulary and grammar. Then read the selection over *orally* until you can do this with ease and can follow the meaning of the text without having to rely on the notes at all. Next, write out the answers to the assigned questions, making use of the text and notes wherever necessary. Read the questions and your answers over *aloud* until you know the answers well enough to give them *orally* without referring to the written answers; then repeat this process *in writing*.

Из дневника[20] Джона

Восемь часов утра. Выпил чаю с лимоном и сахаром. Пошёл на лекцию по истории.[21] По дороге встретил Сашу. Он сказал мне, что

Ве́ра хо́чет говори́ть со мной об экза́мене: сего́дня в оди́ннадцать часо́в у нас ру́сский[22] экза́мен.

Ле́кция по исто́рии была́ интере́сная — преподава́тель говори́л о Фра́нции. Он жил там мно́го лет. По́сле ле́кции пошёл с това́рищами в рестора́н. Там, как всегда́, бы́ло мно́го студе́нтов. Вы́пил молока́, говори́л с Ве́рой. Она́, коне́чно, спра́шивала меня́ о ру́сском экза́мене. Она́ пло́хо говори́т по-ру́сски и ничего́ не зна́ет и не понима́ет. Я сказа́л ей, что на экза́мене у нас бу́дут слова́ с ГКХЖЧШЩЦ.

Ве́ра вы́пила стака́н молока́ и ушла́. Я на́чал ду́мать о ней: она́ краси́вая и у неё о́чень хоро́шая фигу́ра, но она́ глу́пая!

В оди́ннадцать часо́в был ру́сский экза́мен. Я знал отве́ты, но Ве́ра пла́кала по́сле экза́мена, потому́ что она́, как всегда́, ничего́ не зна́ла.

В двена́дцать часо́в обе́дал с това́рищами — ел суп, котле́ты, капу́сту. Терпе́ть[23] не могу́ капу́сты. Говори́л с Са́шей о рома́нах Толсто́го.[24] В час пошёл в общежи́тие. В два часа́ пошёл на ле́кцию по литерату́ре. Преподава́тель ста́рый, говори́л ти́хо, и я ничего́ не по́нял. По́сле ле́кции пошёл в лаборато́рию.

По доро́ге в лаборато́рию опя́ть встре́тил Ве́ру. И, коне́чно, она́ начала́ говори́ть об экза́менах и о ГКХЖЧШЩЦ. Терпе́ть не могу́, когда́ говоря́т об экза́менах и терпе́ть не могу́ ГКХЖЧШЩЦ. Жаль, что Ве́ра глу́пая — хоро́шая у неё фигу́ра. Сказа́л ей, что пойду́ в теа́тр с ней за́втра ве́чером. У неё есть биле́ты, а я люблю́ смотре́ть пье́сы.

Ве́ра Vera

пло́хо poorly

глу́пая stupid, foolish

CONVERSATION 157

Долго работал в лаборато́рии. Пришёл домо́й в шесть часо́в. Ел в общежи́тии: опя́ть капу́сту. Терпе́ть не могу́ капу́сты. За́втра у меня́ друго́й экза́мен. Хочу́ спать. Жаль, что Ве́ра глу́пая... Терпе́ть не могу́ ГКХЖЧШЩЦ...

20. дневни́к diary · Spelling Rule 1 applies. · Accent on the endings.
21. ле́кция по (+ *dat.*) исто́рии history lecture (literally, *a lecture on history*) · A на-noun, i.e., на (instead of в) is used to express motion *to* or location *at* with this noun.
22. ру́сский Russian · Spelling Rule 1 applies.
23. терпе́ть (II) to endure, to stand (something or someone) · терпл-ю́, те́рп-ишь
24. Толсто́й Tolstoy · A last name which has an adjectival ending is declined exactly like the adjective it resembles, i.e., Толсто́й follows the pattern of молодо́й describing an animate noun.

1. Что вы́пил Джон у́тром?
2. Куда́ шёл Джон, когда́ он встре́тил Са́шу?
3. Что сказа́л Са́ша Джо́ну?
4. Что сказа́л Джон о ле́кции по исто́рии?
5. О чём говори́л преподава́тель на ле́кции?
6. Где жил преподава́тель мно́го лет?
7. Куда́ пошёл Джон по́сле ле́кции?
8. Кто был в рестора́не?
9. Что вы́пил Джон в рестора́не?
10. О чём Ве́ра спра́шивала Джо́на?
11. Что бу́дет на экза́мене?
12. Что ду́мает Джон о Ве́ре?
13. В кото́ром часу́ был ру́сский экза́мен?
14. Что случи́лось на экза́мене?
15. Где обе́дал Джон, и что он ел?
16. В кото́ром часу́ пошёл Джон в общежи́тие?
17. В кото́ром часу́ пошёл Джон на ле́кцию по литерату́ре?
18. Что сказа́л Джон о ле́кции по литерату́ре?
19. О чём начала́ говори́ть Ве́ра, когда́ Джон встре́тил её по доро́ге в лаборато́рию?
20. Почему́ Джон сказа́л Ве́ре, что он пойдёт в теа́тр с ней?
21. Чего́ Джон терпе́ть не мо́жет?

Grammar

Read over the following until you know the principles involved.

17.1 Formation of the Imperative

A. The singular informal imperative, used in speaking to someone to whom you would refer as **ты,** is formed by adding an ending to the present tense stem (of verbs of incompletion-repetition) or to the future tense stem (of verbs of completion). When a verb has one stem for the first person singular and another for the other persons, the latter stem is used. For example, **заплати́ть** has **запла́ч-** in the first person singular and **запла́т-** in the other persons, and so the latter is used in the formation of the imperative.

1. If the present or future tense stem ends in a *vowel*, add **-й** to form the singular informal imperative.

    Прочита́-й э́ту кни́гу. Read this book.

2. If the present or future tense stem does *not* end in a vowel and the accent is on the *ending* in the 1st person singular form of the verb, add an accented **-и́.**

    | *Stem* | говор- |
    | *1st. pers. sing.* | говор-ю́ |
    | *Informal imperative* | Говор-и́ по-ру́сски! |
    | | Speak Russian! |

3. If the present or future tense stem does *not* end in a vowel and the accent is *not* on the ending in the 1st person singular form of the verb, add **-ь.**

    | *Stem* | переста́н- |
    | *1st pers. sing.* | переста́н-у |
    | *Informal imperative* | Переста́н-ь спо́рить с ним. |
    | | Stop arguing with him. |

4. Exceptions to the procedure outlined above are specially noted in the vocabulary at the end. The following are some important ones.

    будь (быть)
    дай (дать)
    пей, вы́пей (пить, вы́пить)

B. The plural and singular formal imperative form, used in speaking to more than one person or to one person to whom you would refer as **вы,** is formed by adding **-те** to the singular informal imperative.

```
читáй-те          бýдь-те
говорú-те         дáй-те
перестáнь-те      пéй-те (вы́пей-те)
```

17.2 Use of the Imperative

A. The pronouns **ты** and **вы** are not normally used with the imperative.
B. In telling someone *not* to do something, a Russian normally forms the imperative from the verb of incompletion-repetition.

    Не читáйте э́той кнúги. Don't read this book.

Homework Exercise

Read through the following sentences silently, paying particular attention to the use of the imperatives. Then practice reading the sentences *aloud*. Next, practice writing them. Finally, translate them into English and then back into Russian.

1. Сдéлай(те) э́то сегóдня, пожáлуйста.
2. Подýмай(те), скóро мы бýдем во Фрáнции.
3. Читáй(те), пожáлуйста, по-англúйски.
4. Пообéдай(те) с нáми.
5. Открóй(те) кнúгу.
6. Опишú(те) Кремль.
7. Положú(те), пожáлуйста, мел на стол.
8. Скажú(те) Сáше, что у негó экзáмен сегóдня.
9. Пойдú(те) в магазúн и купú(те) хлéба.
10. Остáвь(те) э́ти вéщи тут!
11. Перестáнь(те) улыбáться!
12. Бýдь(те) тут зáвтра вéчером.
13. Дáй(те) мне молокá.
14. Вы́пей(те) винá.
15. Не молчú(те)! Отвéть(те) мне!
16. Не кладú(те) чемодáна на дивáн!

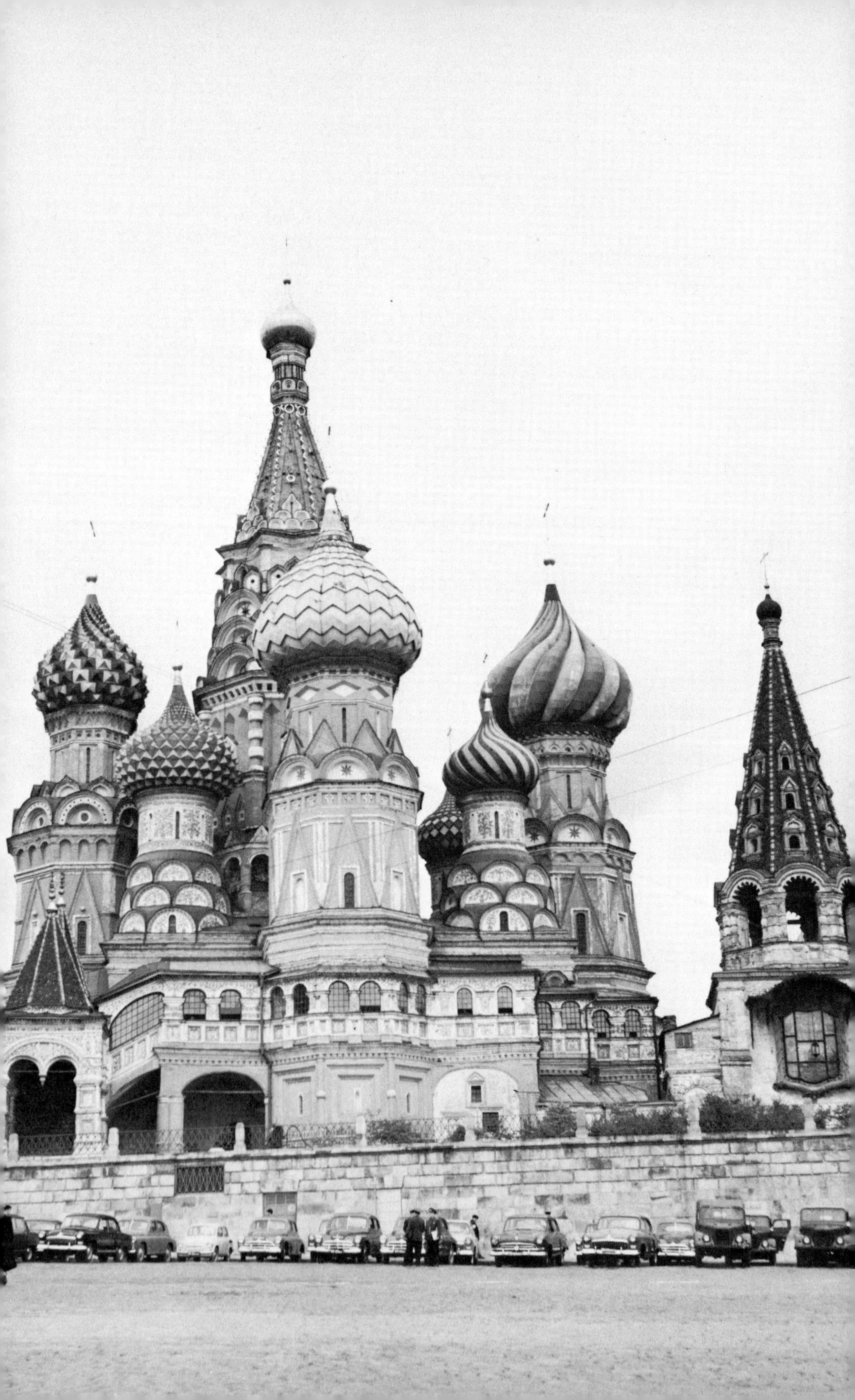

LESSON 18

Reading

Read the assigned selection silently, referring to the notes for explanations of new vocabulary and grammar. Then read the selection over *orally* until you can do this with ease and can follow the meaning of the text without having to rely on the notes at all. Next, write out the answers to the assigned questions, making use of the text and notes wherever necessary. Read the questions and your answers over *aloud* until you know the answers well enough to give them *orally* without referring to the written answers; then repeat this process *in writing*.

Произведение искусства (II)

Когда Саша ушёл, доктор долго смотрел на канделябр и думал: «Конечно, это вещь хорошая — произведение искусства. Но оставить её в моей квартире невозможно. Что мне с ней делать?[1] Кому её дать?»[2]

невозможно it is impossible

Доктор долго думал. У него был хороший друг,[3] адвокат, который[4] очень помог ему в делах. «Хорошо, — решил доктор. — Он мой друг, и не берёт денег. Будет очень хорошо, если я дам ему этот канделябр. Он молодой, весёлый, любит женщин». И доктор взял канделябр и поехал к адвокату.[5]

— Здравствуй,[6] — сказал доктор. — Я пришёл благодарить тебя... Ты очень помог мне, а денег брать не хочешь... Возьми эту вещь — это произведение искусства.

Когда адвокат открыл пакет и увидел канделябр, он пришёл в восторг.[7]

Opposite: St. Basil's, Moscow (Roger-Viollet)

— Это не канделябр, а чёрт знает что! — Он захохотал.[8] — Кто тебе его дал?

Адвокат долго хохотал,[9] но вдруг испугался, быстро посмотрел на дверь[10] и сказал:

— Только не могу я взять этой вещи.

— Почему? — спросил доктор.

— А потому что... ну... гости ко мне приходят... женщины...

— Нет, нет, нет, — сказал доктор. — И слушать тебя не хочу. Возьми эту вещь. Это — произведение искусства. Посмотри на эти фигуры, на их позы.

и even

И доктор быстро уехал. Он был очень рад,[11] что дал эту вещь адвокату.

Адвокат долго смотрел на канделябр и долго думал: «Что с ним делать? Вещь хорошая, но оставить её в квартире я не могу». Вдруг адвокат подумал о знакомом актёре Шашкине[12] и решил дать эту вещь ему. «Он любит такие[13] вещи...»

актёр actor

Вечером адвокат поехал в театр и дал канделябр актёру. Весь[14] вечер другие актёры приходили в комнату Шашкина, смотрели на канделябр, и хохотали.

Шашкин не знал, что делать с канделябром. «Ко мне приходят гости, актрисы, — подумал он, — а это не фотография, невозможно в стол положить».

фотография photograph

Кто-то сказал Шашкину, что недалеко от театра живёт старая женщина, которая покупает вещи из бронзы. Он решил поехать к этой женщине и продать канделябр.

недалеко not far

READING

Прошла[15] неде́ля.[16] До́ктор был до́ма и чита́л. Вдруг в кабине́т бы́стро вошёл Са́ша с паке́том в рука́х.

— До́ктор! — на́чал он. — Я так рад! Я нашёл па́ру для[17] ва́шего канделя́бра! Ма́ма так ра́да... Я еди́нственный сын... Вы вы́лечили меня́...   па́ра mate

До́ктор посмотре́л на Са́шу, пото́м на канделя́бр, хоте́л что́-то сказа́ть, и не мог...

---

1. **Что (мне) с ней де́лать?** What should I do with it? · When the English interrogative constructions *should I do* (*give, etc.*) and *can I do* (*give, etc.*) suggest despair, consternation, etc., they are rendered in Russian as follows: 1) the English subject is put into the dative and 2) the verb following the subject in English is put into the infinitive form. Sometimes the noun or pronoun which serves as the subject in English is simply not expressed.
2. **Кому́ (мне) её дать?** Whom can I give it to? · See note 1.
3. **друг** friend · *Pl.: nom.* друзь-я́, *gen.* друз-е́й, *dat.* друзь-я́м, *acc.* друз-е́й, *inst.* друзь-я́ми, *loc.* друзь-я́х
4. **кото́рый** who · When it refers to a noun, the relative pronoun *who* is rendered by a word which follows the pattern of the adjective **но́вый**: **кото́р-ый, кото́р-ое, кото́р-ая, кото́р-ые.** This "adjectival" relative pronoun is in the same number and gender as the noun to which it refers, but its case depends on its function in its own clause, i.e., whether it is the subject, direct object, etc. of its clause.
5. **к адвока́ту** to the lawyer's (house or office) · **К** renders *to* when *motion toward a person* is involved. It can, with its object, mean *to X, to X's,* or *to X's house* (*or office*). · The object is in the *dat.* · The variant **ко** is used before some words that begin with a double consonant.
6. **здра́вствуй** hello · Singular informal version of **здра́вствуйте.**
7. **прийти́ в восто́рг (от** + *gen.*) to be delighted (with) · Spelling Rule 1 applies to **восто́рг.** · **восто́рг** delight
8. **захохота́ть (I)** (*completion*) to burst out laughing · **захохоч-у́, захохо́ч-ешь**
9. **хохота́ть (I)** to laugh boisterously · **хохоч-у́, хохо́ч-ешь**
10. **дверь** door · *Pl.* endings accented, except for the *nom.* and *acc.*

11. **рад** glad · Exists only as a short adjective; accordingly, it is used only as a predicate adjective: *masc.* **рад,** *neut.* **ра́д-о,** *fem.* **ра́д-а,** *pl.* **ра́д-ы.**
12. **Ша́шкин** Shashkin, a last name · Last names ending in **-ин** take the endings of **студе́нт** in all cases of the *sing.* except the *inst.*, and also in the *pl. nom.;* in the *sing. inst.* and throughout the *pl.*, except for the *nom.*, they take the endings of **но́вый.**
13. **тако́й** such · Spelling Rule 1 applies.
14. **весь** all, the whole

	Masculine	Singular Neuter	Feminine	Plural
Nom.	весь	вс-ё	вс-я	вс-е
Gen.		вс-его́	вс-ей	вс-ех
Dat.		вс-ему́	вс-ей	вс-ем
Acc.	If noun is inanimate, like the *nom.;* if animate, like the *gen.*	вс-ё	вс-ю	If noun is inanimate, like the *nom.*, if animate, like the *gen.*
Inst.		вс-ем	вс-ей	вс-е́ми
Loc.		вс-ём	вс-ей	вс-ех

15. **проходи́ть (II) / пройти́ (I)** to pass · **проходи́ть: прохож-у́, прохо́дишь · пройти́: пройд-у́, пройд-ёшь; прошёл, прошло́, прошла́, прошли́**
16. **неде́ля** week · A *fem.* noun whose *sing. nom.* ends in **-я** without a preceding **и** has the ending **-е** in the *sing. dat.* and *loc.* (**неде́л-е**) and **-ь** in the *pl. gen.* (**неде́л-ь**).
17. **для** (+ *gen.*) for

---

1. На что до́лго смотре́л до́ктор, когда́ Са́ша ушёл?
2. О чём ду́мал до́ктор, когда́ он смотре́л на канделя́бр?
3. Кто был друг до́ктора?
4. Почему́ до́ктор реши́л дать канделя́бр адвока́ту?
5. Опиши́те адвока́та.
6. Что сказа́л до́ктор адвока́ту о канделя́бре?
7. Что случи́лось, когда́ адвока́т откры́л паке́т?
8. Что сказа́л адвока́т, когда́ он уви́дел канделя́бр?
9. Почему́ адвока́т не хоте́л взять э́той ве́щи?
10. О ком вдруг поду́мал адвока́т, когда́ до́ктор бы́стро уе́хал и оста́вил ему́ канделя́бр?

11. Кому́ реши́л адвока́т дать канделя́бр?
12. Куда́ пое́хал адвока́т ве́чером?
13. Что случи́лось, когда́ адвока́т дал канделя́бр актёру?
14. Почему́ актёр не знал, что де́лать с канделя́бром?
15. Что сде́лал актёр с канделя́бром?
16. Что случи́лось, когда́ до́ктор был до́ма и чита́л?
17. Что нашёл Са́ша?
18. Кто была́ э́та же́нщина, кото́рой актёр про́дал канделя́бр?
19. Что случи́лось, когда́ Са́ша дал канделя́бр до́ктору?

Conversation

1) Read the time expressions under A. 1 silently, referring to the notes for explanations of new vocabulary and grammar. Next, practice reading the expressions over *orally*. Then, using the numerals to the right of the expressions as cues, practice giving the initial question and the answers *orally* until you can do this without making any errors; repeat this process in writing. 2) Proceed in the same manner with the rest of the time expressions, preparing where necessary a new list of variants and cues after the pattern of A. 1.

Time Expressions (Through the Half-Hour)

A. Кото́рый час?

	пе́рвого.[18]	12:15
	второ́го.[19]	1:15
	тре́тьего.[20]	2:15
	четвёртого.[21]	3:15
	пя́того.[22]	4:15
1. Че́тверть	шесто́го.[23]	5:15
	седьмо́го.[24]	6:15
	восьмо́го.[25]	7:15
	девя́того.[26]	8:15
	деся́того.[27]	9:15
	оди́ннадцатого.[28]	10:15
	двена́дцатого.[29]	11:15

2. Полови́на пе́рвого (второ́го, etc.).[30]   12:30 (1:30, etc.)
3. Одна́ мину́та пе́рвого (второ́го, etc.).   12:01 (1:01, etc.)
   Два́дцать одна́ мину́та пе́рвого (второ́го, etc.).[31]   12:21 (1:21, etc.)

B. В кото́ром часу́ прилете́л самолёт?[32]
   1. В че́тверть пе́рвого (второ́го, etc.).[33]

2. В половине первого (второго, etc.).[34]
3. В одну минуту первого (второго, etc.).
   В двадцать одну минуту первого (второго, etc.).[35]

---

18. **Четверть первого.** 12:15 · **Четверть** is *a quarter*. Endings are accented in the *pl.*, except for the *nom.* and *acc.* · **Первый,** *first*, is an ordinal number. Ordinal numbers are actually number adjectives and are, with one exception, declined exactly like the adjective types they resemble. They never influence the case or number of the nouns they describe. · In telling time from the full hour through the half-hour in English, we state how much time has elapsed since the last full hour, whereas a Russian states what fraction of the *next* full hour has gone by. So, 12:15 in Russian is **четверть первого,** which literally means *a quarter of the first hour* (with *hour*, **час,** understood). This formula is used consistently throughout: a quarter of the second hour (1:15), of the third hour (2:15), etc.
19. **второй** second · An ordinal number, as are the rest through *twelfth*.
20. **третий** third · Declined like **синий,** but with a **ь** inserted before the ending, except for the following forms: *sing. masc. nom.* and *inanimate acc.* **трет-ий,** *sing. neuter nom.* and *acc.* **треть-е,** *sing. fem. nom.* **треть-я,** *sing. fem. acc.* **треть-ю,** *pl. nom.* and *inanimate acc.* **треть-и.**
21. **четвёртый** fourth
22. **пятый** fifth
23. **шестой** sixth
24. **седьмой** seventh
25. **восьмой** eighth
26. **девятый** ninth
27. **десятый** tenth
28. **одиннадцатый** eleventh
29. **двенадцатый** twelfth
30. **Половина первого (второго,** etc.). 12:30 (1:30, etc.) · **Половина** is *a half.* · The pattern used for 12:15, 1:15, etc. (see note 18) is used here also.
31. **Одна минута первого (второго,** etc.).   12:01 (1:01, etc.)
    Двадцать одна минута первого (второго, etc.).   12:21 (1:21, etc.)
    Одна, the *fem.* form of the cardinal number *one*, is used when the noun *one* refers to is *fem.*, in this case **минута,** *minute.* Similarly, **одна** is the last element of *twenty-one, thirty-one*, etc. when the noun referred to is *fem.* (**Один,** which you have learned, is the *masc.* form

of *one*.) · When *one*, *twenty-one*, *thirty-one*, etc. refer to a noun, the noun is 1) in the singular and 2) in the same case as the number. · The pattern used for 12:15, 1:15, etc. (see note 18) is used here also.
32. самолёт airplane
33. В че́тверть пе́рвого (второ́го, etc.). At 12:15 (1:15, etc.) · Че́тверть is in the *acc*. In time expressions the *acc*. is normally used after **в**.
34. В полови́не пе́рвого (второ́го, etc.). At 12:30 (1:30, etc.) · Note the exception: here **полови́на** is in the *loc*. and not the *acc*., the case normally used after **в** in time expressions.
35. В одну́ мину́ту пе́рвого (второ́го, etc.). At 12:01 (1:01, etc.)
В два́дцать одну́ мину́ту пе́рвого (второ́го, etc.) At 12:21 (1:21, etc.)
· In time expressions the *acc*. is normally used after **в**: **одн-у́** is the *acc*. of **одн-а́**. For the same reason, **два́дцать** is also in the *acc*. here. (All cardinals ending in **-ь** are declined like *fem*. nouns ending in **ь**.) · Note that with *one*, *twenty-one*, etc., the noun is in the *sing*. and in the same case as the number.

Grammar

Read over the following until you know the principles involved.

18.1 Short-Form Predicate Adjectives

Many adjectives have short versions of the regular nominative forms. Those ending in **-ский** (such as **ру́сский**) form an important group of exceptions.

A. *Form*

1. The *masculine* short form is obtained by dropping the *entire ending* of the *masculine* long form.

    краси́в-**ый**   краси́в

    In some instances a double consonant at the end of the masculine short form is avoided by inserting a **е** or **о**.

    изве́стн-ый   изве́стен

    Some adjectives with a double **н** preceding the ending drop the second **н**.

    взволно́ванн-ый   взволно́ван

2. The neuter, feminine, and plural short forms are obtained by dropping the *last letter* of the corresponding long forms.

    краси́в-**о**-е   краси́в-**о**
    краси́в-**а**-я   краси́в-**а**
    краси́в-**ы**-е   краси́в-**ы**

3. The accent in the short forms may differ from that in the long forms and may also vary from one short form to another.

молод-о́й	молод-о́е	молод-а́я	молод-ы́е
мо́лод	мо́лод-о	молод-а́	мо́лод-ы

4. A few adjectives have only short forms. One of these is *glad:* **рад, ра́д-о, ра́д-а, ра́д-ы.**

Note: All irregularities in the formation or accent of short adjectives are specially noted in the vocabulary at the end of the text.

B. *Use*

1. A short adjective can be used *only* as a predicate adjective, and it always agrees in number and gender with the noun or pronoun it describes.

До́ктор был винова́т.
Она́ была́ винова́та.
Студе́нты бы́ли винова́ты.

2. Use short adjectives *only*:

a. When you wish to give that shade of extra emphasis to an adjective which you give in English by saying *he is stupid* (**он глуп**) instead of *he is a stupid person* (**он глу́пый**), or *the book is interesting* (**кни́га интере́сна**) instead of *the book is an interesting one* (**кни́га интере́сная**).

b. When you wish to ascribe a quality to a person or thing on a particular occasion without indicating whether this quality is *generally* true of the person or thing. If you wish to imply that Vladimir was or is gay on a certain occasion, you would say: **Влади́мир (был) ве́сел.** If, on the other hand, you want to imply that Vladimir is always gay, you would say: **Влади́мир весёлый.**

c. When idiomatic usage requires it. Such instances are specially noted in the notes and the vocabulary at the end.

Homework Exercise

Read through the following sentences silently, paying particular attention to the use of the short-form adjectives. Then practice reading the sentences *aloud*. Next, practice writing them. Finally, translate them into English and then back into Russian.

1. Он был бога́т и краси́в.
   Жена́ была́ бога́та и краси́ва.
   Они́ бы́ли бога́ты и краси́вы.
2. Её сын мо́лод и глуп.
   Э́та актри́са молода́ и глупа́.
   Они́ мо́лоды и глу́пы.

HOMEWORK EXERCISE

3. Ты виноват?
   Ты виновата?
   Вы виноваты?
4. Как хорош этот фильм!
   Как хороша эта вещь!
   Как хорошо это стихотворение!
   Как хороши эти картины!
5. Преподаватель будет доволен мойм докладом.
   Она будет довольна мойм докладом.
   Преподаватели будут довольны мойм докладом.
6. Этот роман замечателен.
   Эта пьеса замечательна.
   Это зеркало замечательно.
   Эти машины замечательны.
7. Этот актёр очень известен.
   Эта актриса очень известна.
   Эти доктора очень известны.
8. Его роман интересен.
   Его книга интересна.
   Его открытие интересно.
   Его повести интересны.
9. Аспирант очень болен.
   Вера очень больна.
   Они очень больны.
10. Владимир был взволнован.
    Нина была взволнованна.
    Студенты были взволнованны.

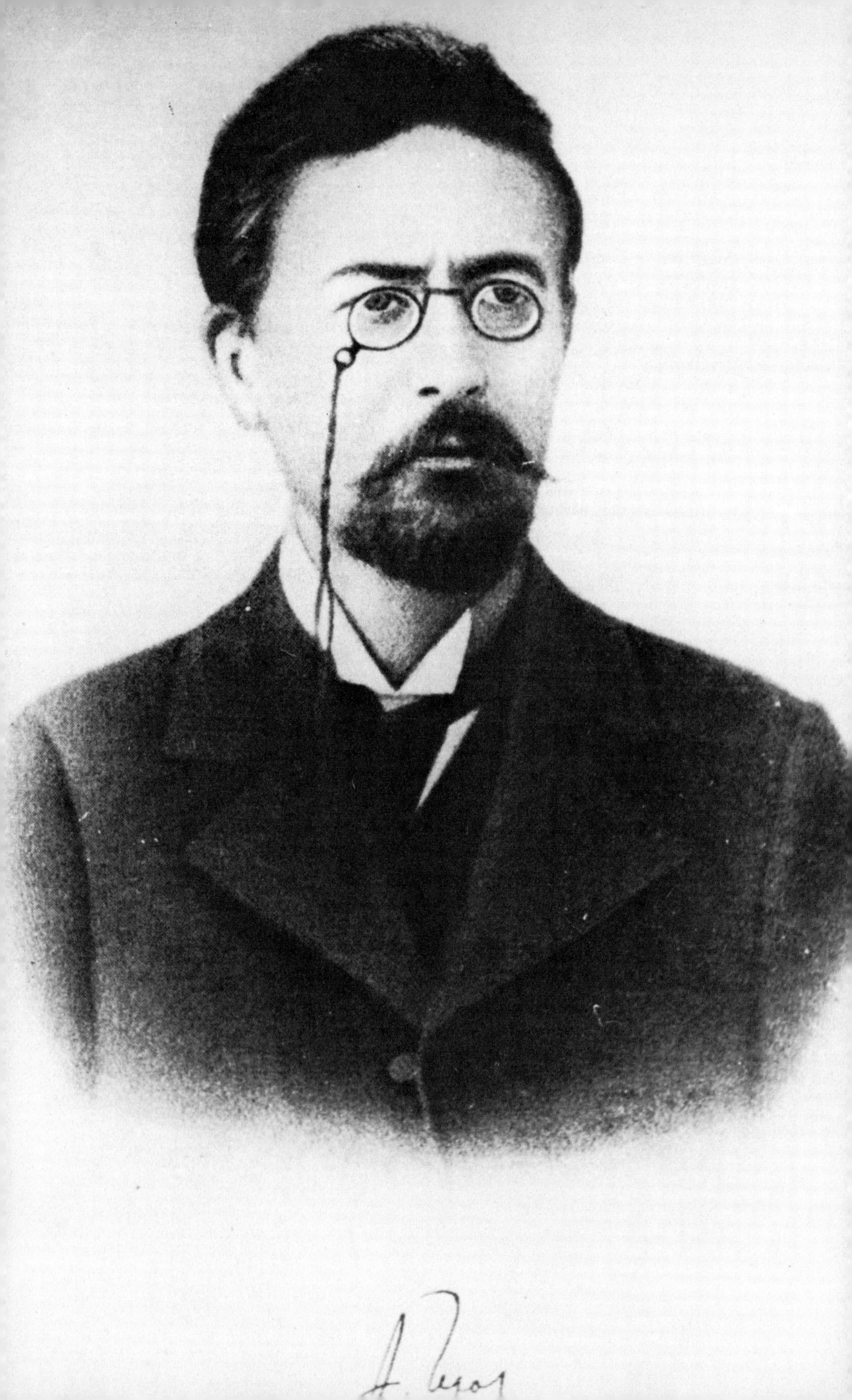

LESSON 19

Reading

The following is the first part of an adaptation of a story written by Anton Chekhov. Read the assigned selection silently, referring to the notes for explanations of new vocabulary and grammar. Then read the selection over *orally* until you can do this with ease and can follow the meaning of the text without having to rely on the notes at all. Next, write out the answers to the assigned questions, making use of the text and notes wherever necessary. Read the questions and your answers over *aloud* until you know the answers well enough to give them *orally* without referring to the written answers; then repeat this process *in writing*.

Переполох[1] (I)

Маша[2] была гувернанткой[3] в богатом доме в Москве. Она была очень молода, только что окончила[4] школу.

только что just (in the sense of *recently*)
школа school

Раз, когда она пришла домой из парка, все[5] в доме были очень взволнованны. Был ужасный переполох. «Может быть хозяйка[6] больна, — подумала Маша, — или она спорит с мужем[7] о чём-то».

ужасный awful, horrible

В столовой[8] она встретила горничную.[9] Горничная плакала. Из комнаты Маши быстро вышел[10] хозяин[11] — Николай Сергеевич[12] — маленький, не старый человек. Он был взволнован.

Николай Nicholas

— Как это ужасно,[13] как оскорбительно![14] — сказал он. Он не посмотрел на Машу.

Маша вошла в свою[15] комнату и в ужасе увидела, что в её комнате был обыск.

ужас horror
обыск search

Opposite: Anton Pavlovich Chekhov (Roger-Viollet)

Хозя́йка, гру́бая, то́лстая же́нщина, стоя́ла у стола́: в её рука́х была́ су́мка[16] Ма́ши, в кото́рой[17] она́ что́-то иска́ла.[18] Когда́ она́ уви́дела Ма́шу, она́ смути́лась[19] и сказа́ла: «Извини́те... я... то́лько хоте́ла...» Она́ не око́нчила фра́зы и бы́стро ушла́.

Ма́ша не зна́ла, что ду́мать. Она́ ничего́ не могла́ поня́ть. Кни́ги, стол, крова́ть — все её ве́щи бы́ли в беспоря́дке.[20] «Что случи́лось?» — поду́мала Ма́ша. Почему́ был о́быск в её ко́мнате? Что иска́ла хозя́йка в её су́мке? Почему́ Никола́й Серге́евич был взволно́ван, го́рничная пла́кала, и в до́ме был переполо́х? Ма́ша испуга́лась.

В ко́мнату вошла́ го́рничная.

— Вы зна́ете... почему́ де́лали... о́быск... в мое́й ко́мнате? — спроси́ла го́рничную Ма́ша.

— Кто́-то укра́л[21] дорогу́ю бро́шку[22] хозя́йки, — сказа́ла го́рничная.

— Но почему́ же де́лали о́быск в мое́й ко́мнате?

— У всех был о́быск — у меня́ то́же. А я не винова́та, — отве́тила го́рничная.

— Но... почему́ в мое́й ко́мнате сде́лали о́быск? — опя́ть спроси́ла Ма́ша.

— Бро́шку, говорю́, укра́ли... Тепе́рь хозя́йка и́щет её. В на́ших ко́мнатах то́же о́быск сде́лала. А Никола́й Серге́евич то́лько смо́трит — бои́тся[23] он её. А вы почему́ дрожи́те? У вас ничего́ не нашли́. Е́сли не вы бро́шку взя́ли, чего́ вы бои́тесь?

— Но... э́то же оскорби́тельно! — сказа́ла Ма́ша.

гру́бый coarse
то́лстый fat

извини́те excuse me

У всех был о́быск—у меня́ то́же. Everybody was searched—I also.

READING

— Не до́ма живёте. Для други́х люде́й рабо́таете.

Ма́ша упа́ла[24] на крова́ть и запла́кала. «Как э́то оскорби́тельно! Как могла́ хозя́йка ду́мать, что я укра́ла её бро́шку! Я!..» И она́ начала́ ду́мать о своём[25] до́ме, как все её люби́ли там... И что тепе́рь с ней бу́дет? Е́сли хозя́йка ду́мает, что она́ укра́ла её дорогу́ю бро́шку, её мо́гут посла́ть в тюрьму́. Кто ей тогда́ помо́жет? Роди́тели[26] живу́т далеко́, они́ не мо́гут прие́хать к ней — у них нет де́нег. Она́ одна́ тут, в большо́м го́роде. Хозя́йка мо́жет сде́лать с ней, что хо́чет. Ма́ша начала́ дрожа́ть от стра́ха.

И что тепе́рь с ней бу́дет? And what will happen to her now?

далеко́ far (away)

---

1. **переполо́х** commotion · Spelling Rule 1 applies.
2. **Ма́ша** diminutive of **Мари́я**, *Mary* · Spelling Rules 1 and 2 apply.
3. **гуверна́нтка** governess · A predicate noun used with the past, future, or infinitive forms of **быть** is normally in the *inst.* when it serves to define what something or someone was or will be *temporarily.* · Spelling Rule 1 applies. · Some *fem.* nouns with the *sing. nom.* in **-a** preceded by a double consonant acquire a **e** or **o** between these two consonants in the *pl. gen.*: **гуверна́нток**.
4. **оканчивать (I) / око́нчить (II)** to finish · **око́нчить: око́нч-у, око́нч-ишь**
5. **все** everyone, everybody · The *pl.* of **весь** renders the pronouns *everyone, everybody*; hence, the *pl.* form of the verb is used.
6. **хозя́йка** mistress · Spelling Rule 1 applies. · Some *fem.* nouns ending in **-йка** substitute **е** for **й** in the *pl. gen.*: **хозя́ек**
7. **муж** husband · Spelling Rule 2 applies. · *Pl.*: *nom.* **мужь-я́**, *gen.* **муж-е́й**, *dat.* **мужь-я́м**, *acc.* **муж-е́й**, *inst.* **мужь-я́ми**, *loc.* **мужь-я́х**
8. **столо́вая** dining room · In some instances adjectives serve as nouns. These "adjectival nouns" are declined like adjectives. Adjectives that describe such "adjectival nouns" normally agree with them in number, gender, and case.
9. **го́рничная** maid · See preceding note.
10. **выходи́ть (II) / вы́йти (I)** to go out (on foot) · **выходи́ть: выхож-у́, выхо́д-ишь** · **вы́йти: вы́йд-у, вы́йд-ешь; вы́шел, вы́шло, вы́шла, вы́шли**

11. **хозя́ин** master · *Pl.*: *nom.* **хозя́ев-а**, *gen.* **хозя́ев**, *dat.* **хозя́ев-ам**, *acc.* **хозя́ев**, *inst.* **хозя́ев-ами**, *loc.* **хозя́ев-ах**
12. **Серге́евич** Sergeevich, a patronymic—a middle name based on his father's first name, **Серге́й** · Spelling Rule 2 applies.
13. **Как э́то ужа́сно!** How awful this is! · A predicate adjective in a "this is ..." type of expression is always in its short neuter form.
14. **как (э́то) оскорби́тельно!** How insulting this is! · See preceding note. · **Оскорби́тельный** is the long form.
15. **свой** her (own). When *his*, *its*, *her*, or *their* ascribe possession to the subject of the sentence, in Russian a special pronominal adjective that has the force of *his own*, *its own*, *her own*, or *their own* must be used instead of **его́**, **её**, or **их**. This pronominal adjective has the following *nom.* forms: *masc.* **сво-й**, *neut.* **сво-ё**, *fem.* **сво-я́**, *pl.* **сво-и́**. The endings and stress patterns are identical in all cases with those of **мо-й**, **мо-ё**, **мо-я́**, **мо-и́**. This pronominal adjective agrees in number, gender, and case with the noun it describes, *not* with the noun or pronoun to which it ascribes possession.
16. **су́мка** handbag · Spelling Rule 1 applies. · Some *fem.* nouns with the *sing. nom.* in **-a** preceded by a double consonant acquire a **e** or **o** between these consonants in the *pl. gen.*: **су́мок**.
17. **кото́рый** which · When it refers to a noun, the relative pronoun *which* is rendered by a form of **кото́рый**, which follows the pattern of **но́вый**. · This "adjectival" relative pronoun is in the same number and gender as the noun to which it refers, but its case depends on its function in its own clause, i.e., whether it is the subject, direct object, etc., of its clause.
18. **иска́ть (I)** to search (for) · **ищ-у́, и́щ-ешь**
19. **смуща́ться (I) / смути́ться (II)** to be or become embarrassed · Here the particle **-ся** does serve a function as far as the meaning of the verb is concerned. Without **-ся** the verb would mean to *embarrass (someone)*. · **-Ся** is used unless the verb form ends in a vowel, in which case the variant **-сь** appears: **смути́ла-сь**. · When **-ся** appears after **ть** or **т**, the entire cluster is pronounced as if written **тца**. · **смути́ться: смущ-у́-сь, смут-и́шь-ся**
20. **беспоря́док** disorder · Some *masc.* nouns lose the **e** or **o** of the final syllable whenever they add an ending: *sing. gen.* **беспоря́дка**, *sing. dat.* **беспоря́дку**, etc. · Spelling Rule 1 applies.
21. **красть (I) / укра́сть (I)** to steal · **(у)крад-у́, (у)крад-ёшь; (у)кра́л, (у)кра́ло, (у)кра́ла, (у)кра́ли**
22. **бро́шка** brooch · Spelling Rule 1 applies. · Some *fem.* nouns with the *sing. nom.* in **-a** preceded by a double consonant acquire a **e** or **o** between these two consonants in the *pl. gen.*: **бро́шек**.

CONVERSATION 175

23. **боя́ться (II)** to be afraid (of) · The person or thing one is afraid of is in the *gen.* · With this verb the particle **-ся (-сь)** has no meaning. · **-Ся** is used unless the verb form ends in a vowel, in which case the variant **-сь** appears: **боя́ла-сь**. · When **-ся** appears after **ть** or **т**, the entire cluster is pronounced as if written **тца**. · **бо-ю́-сь, бо-и́шь-ся**
24. **па́дать (I) / упа́сть (I)** to fall · **упа́сть: упад-у́, упад-ёшь; упа́л, упа́ло, упа́ла, упа́ли**
25. See note 15.
26. **роди́тели** parents · Used only in the *pl.* in this sense. · Declined like *masc.* nouns ending in **-ь**.

---

1. Кто была́ Ма́ша?
2. Где жила́ Ма́ша?
3. Опиши́те Ма́шу.
4. Что поду́мала Ма́ша, когда́ она́ уви́дела, что все в до́ме бы́ли о́чень взволно́ванны?
5. Кого́ встре́тила Ма́ша в столо́вой, когда́ она́ вошла́ в дом?
6. Кто был Никола́й Серге́евич?
7. Опиши́те Никола́я Серге́евича.
8. Что сказа́л Никола́й Серге́евич, когда́ он вы́шел из ко́мнаты Ма́ши?
9. Что уви́дела Ма́ша, когда́ она́ вошла́ в свою́ ко́мнату?
10. Опиши́те хозя́йку.
11. Что де́лала хозя́йка в ко́мнате Ма́ши?
12. Почему́ хозя́йка смути́лась, когда́ она́ уви́дела Ма́шу?
13. Почему́ в ко́мнате Ма́ши был о́быск?
14. Опиши́те ко́мнату Ма́ши по́сле о́быска.
15. Что отве́тила го́рничная, когда́ Ма́ша спроси́ла её, почему́ в её ко́мнате был о́быск?
16. Что сказа́ла го́рничная о хозя́ине?
17. Почему́ Ма́ша упа́ла на крова́ть и запла́кала?
18. Что мо́жет хозя́йка сде́лать с Ма́шей?
19. Где живу́т роди́тели Ма́ши?
20. Почему́ роди́тели не мо́гут помо́чь Ма́ше?

Conversation

Read over the time expressions under A. 1, referring to the explanatory note. Jot down the number cues for the full twelve-hour sequence of the "two minutes after the hour" expression. Using the cues, practice giving the question and the answers *orally* until you can do this without making any errors; repeat this process *in writing*. Do the same with the "twenty-two minutes after the hour" expression. Then repeat this procedure with the rest of the time expressions.

Time Expressions (Through the Half-Hour)

A. Который час?

1. Две Двадцать две	минуты первого (второго, etc.).[27]	12:02 (1:02, etc.) 12:22 (1:22, etc.)
2. Три Двадцать три Четыре Двадцать четыре	минуты первого (второго, etc.).[28]	12:03 (1:03, etc.) 12:23 (1:23, etc.) 12:04 (1:04, etc.) 12:24 (1:24, etc.)
3. Пять Шесть Семь Восемь Девять Десять Одиннадцать Двенадцать Тринадцать Четырнадцать Пятнадцать Шестнадцать Семнадцать Восемнадцать Девятнадцать Двадцать Двадцать пять through Двадцать девять	минут первого (второго, etc.).[29]	12:05 (1:05, etc.) 12:06 (1:06, etc.) 12:07 (1:07, etc.) 12:08 (1:08, etc.) 12:09 (1:09, etc.) 12:10 (1:10, etc.) 12:11 (1:11, etc.) 12:12 (1:12, etc.) 12:13 (1:13, etc.) 12:14 (1:14, etc.) 12:15 (1:15, etc.) 12:16 (1:16, etc.) 12:17 (1:17, etc.) 12:18 (1:18, etc.) 12:19 (1:19, etc.) 12:20 (1:20, etc.) 12:25 (1:25, etc.) through 12:29 (1:29, etc.)

B. В котором часу прилетает тот[30] самолёт?

1. В две минуты первого (второго, etc.).
   В двадцать две минуты первого (второго, etc.).
   В три минуты первого (второго, etc.).
   В двадцать три минуты первого (второго, etc.).
   В четыре минуты первого (второго, etc.).
   В двадцать четыре минуты первого (второго, etc.).[31]

CONVERSATION 177

   2. В пять (→ двáдцать) минýт пéрвого.
      В пять (→ двáдцать) минýт вторóго, etc.
      В двáдцать пять (→ двáдцать дéвять) минýт пéрвого.
      В двáдцать пять (→ двáдцать дéвять) минýт вторóго, etc.[32]

27. **Две минýты пéрвого (вторóго, etc.).**   12:02 (1:02, etc.)
    Двáдцать две минýты пéрвого (вторóго, etc.).   12:22 (1:22, etc.)
    Две, the *fem.* form of the cardinal number *two*, is used when the noun that *two* refers to is *fem.*, in this case **минýта,** *minute*. Similarly, **две** is the second element of *twenty-two, thirty-two*, etc., when the noun referred to is *fem.* (**Два,** which you have learned, is the *masc.* and *neut.* for *two*.) · When the cardinal numbers *two, twenty-two, thirty-two*, etc., are in the *nom.*, the noun they refer to (here, *minute*) is in the *sing. gen.* · The "of the first (second, etc.) hour" pattern you learned in the last lesson, is used here and in all the other time expressions through the half-hour.

28. **Три минýты пéрвого (вторóго, etc.).**   12:03 (1:03, etc.)
    Двáдцать три минýты пéрвого (вторóго, etc.).   12:23 (1:23, etc.)
    Четы́ре минýты пéрвого (вторóго, etc.   12:04 (1:04, etc.)
    Двáдцать четы́ре минýты пéрвого (вторóго, etc.).   12:24 (1:24, etc.)
    · When the cardinal numbers *three, twenty-three, thirty-three*, etc. and *four, twenty-four, thirty-four*, etc., are in the *nom.*, the noun they refer to (here, *minute*) is in the *sing. gen.*

29. **Пять** through **Двáдцать минýт пéрвого (вторóго,** etc.). 12:05 through 12:20 (1:05 through 1:20, etc.)
    Двáдцать пять through **Двáдцать дéвять минýт пéрвого (вторóго,** etc.).   12:25 through 12:29 (1:25 through 1:29, etc.).
    · When the cardinal numbers *five* through *twenty, twenty-five* through *thirty, thirty-five* through *forty*, etc. are in the *nom.*, the noun they refer to (here, *minute*) is in the *pl. gen.*

30. **тот** that

	Singular			Plural
	Masculine	Neuter	Feminine	
Nominative	т-от	т-о	т-а	т-е
Genitive		т-огó	т-ой	т-ех
Dative		т-омý	т-ой	т-ем
Accusative	If noun is inanimate, like the *nom.*;	т-о	т-у	If noun is inanimate, like the *nom*;

	Singular			Plural
	Masculine	Neuter	Feminine	
Accusative	if animate, like the *gen.*			if animate, like the *gen.*
Instrumental	т-ем		т-ой	т-е́ми
Locative	т-ом		т-ой	т-ех

31. В две мину́ты пе́рвого (второ́го, etc.).   At 12:02 (1:02, etc.).
 В два́дцать две мину́ты пе́рвого
 (второ́го, etc.).   At 12:22 (1:22, etc.).
 В три мину́ты пе́рвого (второ́го, etc.).   At 12:03 (1:03, etc.).
 В два́дцать три мину́ты пе́рвого
 (второ́го, etc.).   At 12:23 (1:23, etc.).
 В четы́ре мину́ты пе́рвого (второ́го, etc.).   At 12:04 (1:04, etc.).
 В два́дцать четы́ре мину́ты пе́рвого
 (второ́го, etc.).   At 12:24 (1:24, etc.).

· In time expressions the *acc.* is normally used after **в**. · When *two*, *three*, and *four* refer to an *inanimate* noun, they have the same form in the *acc.* as in the *nom.;* when they are used with *twenty, thirty*, etc., their *acc.* is *always* identical with their *nom.* In such instances, the noun to which the number refers is always in the *sing. gen.* · **Два́дцать** is in the *acc.* in these expressions. (All cardinal numbers ending in **-ь** are declined like *fem.* nouns ending in **-ь**.)

32. В пять (→ два́дцать) мину́т пе́рвого.   At 12:05 (→ 12:20).
 В пять (→ два́дцать) мину́т второ́го, etc.   At   1:05 (→   1:20), etc.
 В два́дцать пять (→ два́дцать де́вять)
 мину́т пе́рвого.   At 12:25 (→ 12:29).
 В два́дцать пять (→ два́дцать де́вять)
 мину́т второ́го, etc.   At   1:25 (→   1:29), etc.

· In time expressions the *acc.* is normally used after **в**. · The *acc.* of *five* through *twenty*, *twenty-five* through *thirty*, *thirty-five* through *forty*, etc., is identical with the *nom.* When these numbers are in the *acc.*, the noun to which they refer is in the *pl. gen.*

Grammar

Read over the following until you know the principles involved.

19.1   The Relative Pronoun кото́рый

A. When they refer to nouns, the relative pronouns *who*, *which*, and *that* are all rendered by a form of **кото́рый**, which has the same pattern of endings as **но́вый**. This "adjectival" relative pronoun:

HOMEWORK EXERCISE

 1. has the *number* and *gender* of the noun for which it serves as a substitute.
 2. has its *case* determined by the function it performs in its own clause and by the special rules that govern cases of nouns. For example, it will be in the nominative if it is the subject of the clause, dative if it is the indirect object; it will follow the rules for animate and inanimate nouns in the accusative, etc.

Доктор, **который** написал эту книгу, поехал в Англию.   The doctor who wrote this book went to England.

The singular masculine form of *who* is used because *doctor*, the noun for which it serves as a substitute, is singular masculine. *Who* is in the nominative case because it is the subject in its own clause.

Актриса, **которую** он знает, поехала в Англию.   The actress, whom he knows, went to England.

The singular feminine form of *who* is used because *actress*, the noun for which it serves as a substitute, is singular feminine. *Who* is in the accusative case because it is a direct object in its own clause.

B. A clause with a relative pronoun is always preceded by a comma and, unless it ends a sentence, is also followed by a comma.

Homework Exercise

Read through the following sentences silently, paying particular attention to the use of the relative pronoun. Then practice reading the sentences *aloud*. Next, practice writing them. Finally, translate them into English and then back into Russian.

 1. Я знаю студента, который живёт в Москве.
 2. Студент, которому ты дала журнал, говорит по-русски.
 3. Вчера в ресторане она встретила доктора, которого она знала, когда она жила во Франции.
 4. Она поехала в театр с аспирантом, с которым она работает.
 5. Это наш новый преподаватель, о котором я тебе писал.
 6. Где зеркало, которое тут стояло?
 7. В этом здании, которое ты видишь, работает мой отец.
 8. Он показал мне общежитие, в котором живут его товарищи.
 9. Вы знаете эту женщину, которая говорила со мной?
10. Его жена, которой я показал мою новую пьесу, актриса.
11. Где картина, которую вы купили?
12. Кто написал книгу, о которой говорил наш преподаватель?
13. У аспирантов, которые живут в нашем общежитии, нет машин.
14. Студенты, которым вы дали билеты, были в театре?
15. Дайте мне журналы, которые вы получили вчера.
16. Где студенты, с которыми вы поедете в театр?

PETRO PRIMO
CATHARINA SECUNDA
MDCCLXXXII

LESSON 20

Reading

Read the assigned selection silently, referring to the notes for explanations of new vocabulary and grammar. Then read the selection over *orally* until you can do this with ease and can follow the meaning of the text without having to rely on the notes at all. Next, write out the answers to the assigned questions, making use of the text and notes wherever necessary. Read the questions and your answers over *aloud* until you know the answers well enough to give them *orally* without referring to the written answers; then repeat this process *in writing*.

Переполох (II)

Вошла́ го́рничная.

— Обе́д гото́в, — сказа́ла она́.   **гото́вый** ready

«Идти́ и́ли нет?»

Ма́ша вы́мыла лицо́[1] холо́дной водо́й и пошла́ в столо́вую. Там уже́ на́чали обе́дать. За столо́м[2] сиде́ли[3] хозя́йка с глу́пым лицо́м, Никола́й Серге́евич, го́сти, де́ти и до́ктор. Все зна́ли, что в до́ме переполо́х и молча́ли.

— Почему́ у нас сего́дня ры́ба? — вдруг спроси́ла хозя́йка недово́льным го́лосом.   **недово́льный** dissatisfied

— Я хоте́л ры́бы... я ду́мал, что ты... извини́[4] меня́... — сказа́л Никола́й Серге́евич.

Хозя́йка запла́кала.

— Переста́ньте пла́кать, — сказа́л до́ктор, и он ми́ло улыбну́лся. — Вы взволно́ванны,   **ми́ло** kindly

Opposite: Statue of Peter the Great, Leningrad (Ullstein Bilderdienst)

потому́ что у⁵ вас укра́ли бро́шку. Не ду́майте о бро́шке, пожа́луйста.

Хозя́йка продолжа́ла пла́кать.

— Мне не жаль дорого́й бро́шки,⁶ — сказа́ла она́. — Но знать, что в моём до́ме есть вор! Мне не жаль, мне ничего́ не жаль, но укра́сть у меня́ — э́то ужа́сно. Так они́ пла́тят мне за мою́ доброту́!

так thus
доброта́ kindness

Никто́ не смотре́л на Ма́шу, но она́ ду́мала, что по́сле слов хозя́йки, все смо́трят на неё. Она́ запла́кала. «Извини́те, — сказа́ла она́. — Я не могу́... я больна́...» И она́ бы́стро ушла́ в свою́⁷ ко́мнату.

— Почему́ ты де́лала о́быск в её ко́мнате?— спроси́л Никола́й Серге́евич. — Э́то оскорби́тельно.

— Я не говорю́, что она́ взяла́ бро́шку, — сказа́ла хозя́йка. — Но кто зна́ет... она́ бедна́...

Никола́й Серге́евич ничего́ не отве́тил.

Ма́ша вошла́ в свою́ ко́мнату и упа́ла на крова́ть. Она́ дрожа́ла от гне́ва, когда́ она́ ду́мала о гру́бой, то́лстой хозя́йке. Е́сли бы у неё бы́ли де́ньги, она́ купи́ла бы дорогу́ю бро́шку.⁸ Она́ бро́сила⁹ бы э́ту бро́шку в лицо́ хозя́йке, и ушла́ бы. У хозя́йки бы́ли де́ньги, дом. Она́ не зна́ла, как оскорби́тельно, как ужа́сно быть бе́дной, рабо́тать для други́х.

в лицо́ хозя́йке into the mistress's face

Ма́ша реши́ла уйти́ из э́того до́ма сейча́с же. Пра́вда, ужа́сно потеря́ть¹⁰ рабо́ту, опя́ть е́хать к роди́телям, у кото́рых ничего́ нет, но что же де́лать? Ма́ша хоте́ла скоре́е уйти́ из свое́й ма́ленькой ко́мнаты; никогда́¹¹ не

сейча́с же immediately
пра́вда it's true
рабо́та job
скоре́е quickly (in the sense of *very soon*)

READING 183

видеть хозяйки. Ей было тут душно,[12] страшно.[13] Она ненавидела[14] эту грубую женщину. Маша быстро взяла свой чемодан и начала класть в него свой вещи.

Маша услышала тихий[15] голос Николая Сергеевича: «Можно войти?»[16]

— Войдите, — сказала Маша.

Николай Сергеевич вошёл и остановился[17] около двери. Лицо его было красно[18] — после обеда он пил пиво.

---

1. **лицо** face · Accent on the first syllable in the *pl.*
2. **за столом** at the table · **За** renders *at* in the expression *at the table.* · To state that a person is *located at* or *performs an action at* the table, put *table* into the *inst.* following the preposition **за.**
3. **сидеть (II)** to sit · **сиж-у́, сид-и́шь**
4. **извини** excuse me, forgive me · *Sing. informal* version of **извините**.
5. **у** (+ *gen.*) from · **У** always renders *from* in the expression *to steal from.*
6. **Мне не жаль дорогой брошки.** I am not sorry about the expensive brooch. · *I am sorry* would be **мне жаль.** · To put the positive or negative statement into the past, add **было (мне было жаль, мне не было жаль).** To express the future, use **будет (мне будет жаль, мне не будет жаль).** · The person who is (or is not) sorry is in the *dat.* in this expression. A *person* about whom one is (or is not) concerned is normally in the *acc.;* an *object* is in the *gen.*
7. **свой** her (own) · When *his, its, her,* or *their* ascribe possession to the subject of the sentence, in Russian a special pronominal adjective that has the force of *his own, its own, her own,* or *their own* must be used instead of **его, её,** or **их.** This pronominal adjective has the following *nom.* forms: *masc.* **сво-й,** *neut.* **сво-ё,** *fem.* **сво-я,** *pl.* **сво-и.** The endings and stress patterns are identical in all cases with those of **мо-й, мо-ё, мо-я, мо-и.** This pronominal adjective agrees in number gender, and case with the noun it describes, *not* with the noun or pronoun to which it ascribes possession.
8. **Если бы... брошку.** If she had the money, she would buy an expensive brooch. · When you want to indicate 1) that A (a state or action) in an *if* clause is necessary for the existence of B (a state or action) in

another clause *and* 2) that A probably or definitely does not (did not or will not) occur, then you 1) put the verb in both clauses into the past tense *and* 2) insert the particle **бы** (or its contraction **б**) after **éсли** and also in the clause that specifies the dependent state or action (normally after the verb). As the next sentence illustrates, the **éсли** clause may be carried over by implication from a previous sentence.

9. **бросáть (I) / брóсить (II)** to throw · **брóсить: брóш-у, брóс-ишь**
10. **теря́ть (I) / потеря́ть (I)** to lose
11. **никогдá** never · **Не** must precede the verb when this word is used. The double negative does not result in a positive statement.
12. **Ей бы́ло тут ду́шно...** She felt stifled here ... · *It's stifling* is rendered by **ду́шно** alone, *it was stifling* by **бы́ло ду́шно,** and *it will be stifling* by **бу́дет ду́шно.** To ascribe this condition to a person, use the same constructions and put the person into the *dat.*
13. **Ей бы́ло тут... стра́шно** She felt terrified ... here. · The same pattern is used here as with **ду́шно** (see previous note). With the verb *to be* expressed or understood, **стра́шно** means *it was, will be, is terrifying.* To ascribe this condition to a person, use the same constructions and put the person into the *dat.*
14. **ненави́деть (II)** to hate · **ненави́ж-у, ненави́д-ишь**
15. **ти́хий** quiet · Spelling Rule 1 applies.
16. **Мóжно войти́?** May (can) I come in? · **Мóжно** renders *may (can) I (you, he, she, etc.).* To put it into the past tense (*could I have*), add **бы́ло;** for the future (*will I be able to*), add **бу́дет.** The action about which the inquiry is made is expressed by the infinitive. The equivalent of the English noun or pronoun is normally omitted, but if it is used, it must be in the *dat.*
17. **остана́вливаться (I) / останови́ться (II)** to stop · Here the particle **-ся** serves a function as far as the meaning is concerned. With the particle, the verb means that the subject stops; without it, that the subject stops the motion of something or someone. · **-Ся** is used unless the verb form ends in a vowel, in which case the variant **-сь** appears: **останови́ла-сь.** · When **-ся** appears after **ть** or **т,** the entire cluster is pronounced as if written **тца.** · **останови́ться: останов-л-ю́-сь, останóв-ишь-ся**
18. **крáсный** red · The other short forms are **крáсен, краснá,** and **крáсны.**

---

1. Что сказáла гóрничная, когдá онá вошлá в кóмнату Мáши?
2. Почемý Мáша вы́мыла лицó холóдной водóй?
3. Кто сидéл за столóм в столóвой?

4. Почему́ все молча́ли?
5. Что спроси́ла хозя́йка недово́льным го́лосом?
6. Что сказа́л до́ктор хозя́йке, когда́ она́ запла́кала?
7. Что отве́тила хозя́йка, когда́ до́ктор сказа́л ей: «Не ду́майте о бро́шке»?
8. Почему́ Ма́ша запла́кала?
9. Почему́ Ма́ша ушла́ в свою́ ко́мнату?
10. Что сказа́л Никола́й Серге́евич, когда́ Ма́ша ушла́ из столо́вой?
11. Что сказа́ла хозя́йка о Ма́ше?
12. Что сде́лала Ма́ша, когда́ она́ вошла́ в свою́ ко́мнату?
13. Что сде́лала бы Ма́ша, е́сли бы у неё бы́ли де́ньги?
14. Чего́ не зна́ла хозя́йка?
15. Почему́ бы́ло ужа́сно потеря́ть рабо́ту?
16. Почему́ Ма́ша хоте́ла скоре́е уйти́ из э́того до́ма?
17. Что сказа́ла Ма́ша, когда́ она́ услы́шала го́лос Никола́я Серге́евича?
18. Что де́лала Ма́ша, когда́ Никола́й Серге́евич вошёл в её ко́мнату?
19. Где останови́лся Никола́й Серге́евич, когда́ он вошёл в ко́мнату Ма́ши?
20. Почему́ лицо́ Никола́я Серге́евича бы́ло красно́?

Conversation

Read the assigned selection silently, referring to the notes for explanations of new vocabulary and grammar. Then read the selection over *orally* until you can do this with ease and can follow the meaning of the text without having to rely on the notes at all. Next, write out the answers to the assigned questions, making use of the text and notes wherever necessary. Read the questions and your answers over *aloud* until you know the answers well enough to give them *orally* without referring to the written answers; then repeat this process *in writing*.

Ве́ра на ле́кции

Пять мину́т девя́того. Преподава́тель вхо́дит в аудито́рию с кни́гой в руке́. Начина́ет чита́ть ле́кцию. Говори́т о царе́ Петре́ Пе́рвом.[19] Ве́ра сиди́т в аудито́рии. Она́ взволно́ванна. В её рука́х письмо́[20] от Ке́на, кото́рое она́ получи́ла де́сять мину́т тому́ наза́д. В аудито́рии жа́рко[21] и ду́шно. Ве́ра не слу́шает преподава́теля. Она́ открыва́ет письмо́ Ке́на и начина́ет чита́ть его́. Кен теперь в Ленинграде, в городе, который основал[22] Пётр Первый. Тогда это был Петербург. Кен в восторге от Ленинграда — от дворцов, музеев, соборов. В Ленинграде холодно,[23] а в Москве было тепло.[24] Кен пишет по-русски. Вера всё[25] понимает и очень довольна. Преподаватель смотрит на Веру; Вера смотрит на часы: четверть девятого.

Вера начинает думать о Джоне. Где он? Его нет на лекции.[26] Наверно опять сидит в своей[27] комнате и работает перед экзаменом. У него обыкновенно хорошие отметки,[28] но позавчера на русском экзамене он получил плохую отметку: не знал новых слов. Вера получила хорошую отметку. Она знала все новые слова и тоже ГКХЖЧШЩЦ.

Джон не очень умный,[29] но он работает очень много. Он думает что все девушки[30] влюблены в[31] него. Это неправда. Никто в него не влюблён! Преподаватель смотрит на Веру; Вера смотрит на часы: двадцать минут девятого.

Вчера она была в театре с Джоном. Попросила его поехать с ней, потому что Кена тут нет, да и у Джона хорошая новая машина — родители у него богатые. С Кеном ей всегда весело,[32] а с Джоном ей было скучно.[33] И пьеса была скучная. Ничего нельзя было[34] понять. Актёры были ужасные.

Джон думает, что он всё знает. Хотя он любит говорить о русской литературе, он ничего о ней не знает. Думал, что Толстой написал «Произведение искусства»! Преподаватель смотрит на Веру; Вера смотрит на часы: двадцать шесть минут девятого.

Кен написал, что он купил ей гитару в Москве. У Веры хороший голос, её приятно[35]

Ленинград Leningrad

Петербург St. Petersburg

наверно probably

позавчера the day before yesterday

неправда false(hood)

и also

скучный boring (The ч is pronounced ш.)

хотя although

CONVERSATION

слу́шать и она́ зна́ет э́то. Она́ лю́бит петь и лю́бит о́перу. Когда́ Кен прие́дет, они́ опя́ть бу́дут ча́сто ходи́ть слу́шать о́перу и пото́м бу́дут пить вино́ в ма́леньком рестора́не о́коло теа́тра. Кен прие́дет о́сенью. Ве́ра бу́дет так ра́да ви́деть его́. Она́ терпе́ть не мо́жет Джо́на — он ду́мает, что он умён!

Ве́ра смо́трит на часы́: полови́на девя́того. Слу́шает, что говори́т преподава́тель о Петре́ Пе́рвом. Ду́мает: «Как интере́сно его́ слу́шать! Напишу́ Ке́ну об э́том».

Как интере́сно... How interesting it is . . .

Де́вять часо́в. Звоно́к...[36] О́коло аудито́рии Ве́ра встреча́ет Джо́на. Он смо́трит на неё и ми́ло улыба́ется, хо́чет что́-то сказа́ть ей. В рука́х Ве́ры письмо́ от Ке́на — она́ не смо́трит на Джо́на... Три мину́ты деся́того.

---

19. **Пётр Пе́рвый** Peter the First (the Great) · *Sing.: gen.* **Петр-а́**, *dat.* **Петр-у́**, *acc.* **Петр-а́**, *inst.* **Петр-о́м**, *loc.* **Петр-е́**.
20. **письмо́** letter · *Pl. gen.:* **пи́сем** · Accent is on the first syllable in the *pl.*
21. **жа́рко** it's hot · *It was hot* is **бы́ло жа́рко**; *it will be hot* is **бу́дет жа́рко**.
22. **осно́вывать (I) / основа́ть (I)** to found · **основа́ть: осну́-ю, осну́-ёшь**
23. **хо́лодно** it's cold · *It was cold* is **бы́ло хо́лодно**; *it will be cold* is **бу́дет хо́лодно**.
24. **бы́ло тепло́** it was warm · *It's warm* is **тепло́**; *it will be warm* is **бу́дет тепло́**.
25. **всё** everything · The neuter form of **весь** renders *everything*.
26. **Его́ нет на ле́кции.** He is not at the lecture. · Normally, to state that a person or thing *is not* some place, put the person or thing into the *gen.* and use **нет**. In the past and future **не́ было** and **не бу́дет** replace **нет**. **Не́ было, нет,** and **не бу́дет** are used no matter what the number or gender of the noun or pronoun.
27. **свой** his (own) · When *his, its, her,* or *their* ascribe possession to the subject of the sentence, in Russian a special pronominal adjective that has the force of *his own, its own, her own,* or *their own* must be used instead of **его́, её,** or **их**. This pronominal adjective has the following *nom.* forms: *masc.* **сво-й**, *neut.* **сво-ё**, *fem.* **сво-я́**, *pl.* **сво-и́**. The endings and stress patterns are identical in all cases with those of

мо-й, мо-ё, мо-я́, мо-и́. This pronominal adjective agrees in number, gender, and case with the noun it describes, *not* with the noun or pronoun to which it ascribes possession.
28. отме́тка mark, grade · Spelling Rule 1 applies. · Some *fem.* nouns with the *sing. nom.* in -a preceded by a double consonant acquire a **e** or **o** between these two consonants in the *pl. gen.*: отме́ток.
29. у́мный intelligent, bright · The short forms are умён, у́мно, умна́, у́мны.
30. де́вушка girl · Spelling Rule 1 applies. · Some *fem.* nouns with the *sing. nom.* in -a preceded by a double consonant acquire a **e** or **o** between these two consonants in the *pl. gen.*: де́вушек.
31. влюблены́ в (+ *acc.*) in love with · The long form is влюблённый, *one who is in love*. The short forms (*all* of which drop the second н — влюблён, влюблено́, влюблена́, влюблены́) are normally used when a predicate adjective is required.
32. ей всегда́ ве́село she always has a gay (good) time · *It's gay* is ве́село, *it was gay* is бы́ло ве́село, and *it will be gay* is бу́дет ве́село. To ascribe this condition to a person, use the same constructions and put the person into the *dat.*
33. ей бы́ло ску́чно she was bored · The ч is pronounced ш. · *It's boring* is ску́чно, *it was boring* is бы́ло ску́чно, and *it will be boring* is бу́дет ску́чно. To ascribe this condition to a person, use the same constructions and put the person into the *dat.*
34. нельзя́ бы́ло it was impossible · *It's impossible* is нельзя́; *it will be impossible* is нельзя́ бу́дет.
35. прия́тно it's pleasant · *It was pleasant* is бы́ло прия́тно; it will be pleasant is бу́дет прия́тно.
36. звоно́к bell · Some *masc.* nouns lose the **e** or **o** of the final syllable whenever they add an ending: *sing. gen.* звонка́, *sing. dat.* звонку́, etc. · Spelling Rule 1 applies. · Accent on the endings.

---

1. В кото́ром часу́ преподава́тель вхо́дит в аудито́рию?
2. О ком говори́т преподава́тель?
3. Почему́ Ве́ра не слу́шает преподава́теля?
4. Где тепе́рь Кен?
5. Кто основа́л Петербу́рг?
6. Что ду́мает Кен о Ленингра́де?
7. Почему́ Ве́ра дово́льна?
8. Почему́ Джо́на нет на ле́кции?
9. Почему́ Джон получа́ет хоро́шие отме́тки?

GRAMMAR 189

10. Почему́ Джон получи́л плоху́ю отме́тку позавчера́?
11. Почему́ Ве́ра получи́ла хоро́шую отме́тку?
12. Что ду́мает Ве́ра о Джо́не?
13. Почему́ Ве́ра попроси́ла Джо́на пое́хать с ней в теа́тр?
14. Что ду́мает Ве́ра об актёрах и о пье́се?
15. Почему́ Ве́ра ду́мает, что Джон ничего́ не зна́ет о литерату́ре?
16. Почему́ преподава́тель ча́сто смо́трит на Ве́ру?
17. Что купи́л Кен Ве́ре в Москве́, и почему́?
18. Куда́ Ве́ра и Кен бу́дут ча́сто ходи́ть о́сенью?
19. Кого́ встреча́ет Ве́ра о́коло аудито́рии?

Grammar

Read over the following until you know the principles involved.

20.1 The Pronominal Adjective свой

A. Form

Russian has a pronominal adjective whose nominative forms are: masculine **сво-й**, neuter **сво-ё**, feminine **сво-я́**, plural **сво-и́**. This pronominal adjective's endings and stress pattern are identical in all cases with those of **мо-й, мо-ё, мо-я́, мо-и́**.

B. Use

1. A form of **свой** *may* be substituted for a comparable form of:
   мой which ascribes possession to **я** serving as the subject
   твой which ascribes possession to **ты** serving as the subject
   наш which ascribes possession to **мы** serving as the subject
   ваш which ascribes possession to **вы** serving as the subject

   Я купи́л { мое́й or свое́й } жене́ бро́шку.

   Вы посла́ли письмо́ { ва́шему or своему́ } отцу́?

2. A form of **свой** *must* be used to render *his, its, her,* and *their* if you want one of these pronominal adjectives to ascribe possession to the subject. Here **свой** has the force of *his own, its own, her own,* and *their own,* and so eliminates the possibility of confusion. For example, if a Russian speaker wants to say that *Nina talked with Vera about her report* and he wants *her* to ascribe possession to the subject, *Nina*, he renders *her* by a form of **свой**: Ни́на говори́ла с Ве́рой о **своём** докла́де; if he

wants to ascribe possession to *Vera*, he uses **её:** Нина говорила с Верой о **её** докладе.

Note: Remember that **свой** agrees in number, gender, and case with the noun it describes, *not* with the noun or pronoun to which it ascribes possession.

Homework Exercise

Read through the following sentences silently, paying particular attention to the use of **свой**. Then practice reading the sentences *aloud*. Finally, translate them into English and then back into Russian.

1. Он не показал мне своего журнала.
2. Ты показал письмо своему студенту?
3. Джон дал мне свой билет.
4. Она любит своего сына.
5. Я поехал в театр со своим другом.
6. Мы говорили о своём преподавателе.
7. Вера послала своё стихотворение редактору.
8. Аспирант говорил с вами о своём открытии?
9. Я не нашёл своей тетради.
10. Он обещал своей жене поехать с ней в театр.
11. Доктор продал свою машину.
12. Почему вы не показали им своих картин?
13. Он пошлёт объявление своим товарищам.
14. Студент получил свои журналы вчера.
15. Владимир жил со своими родителями.
16. Студенты говорили о своих отметках.

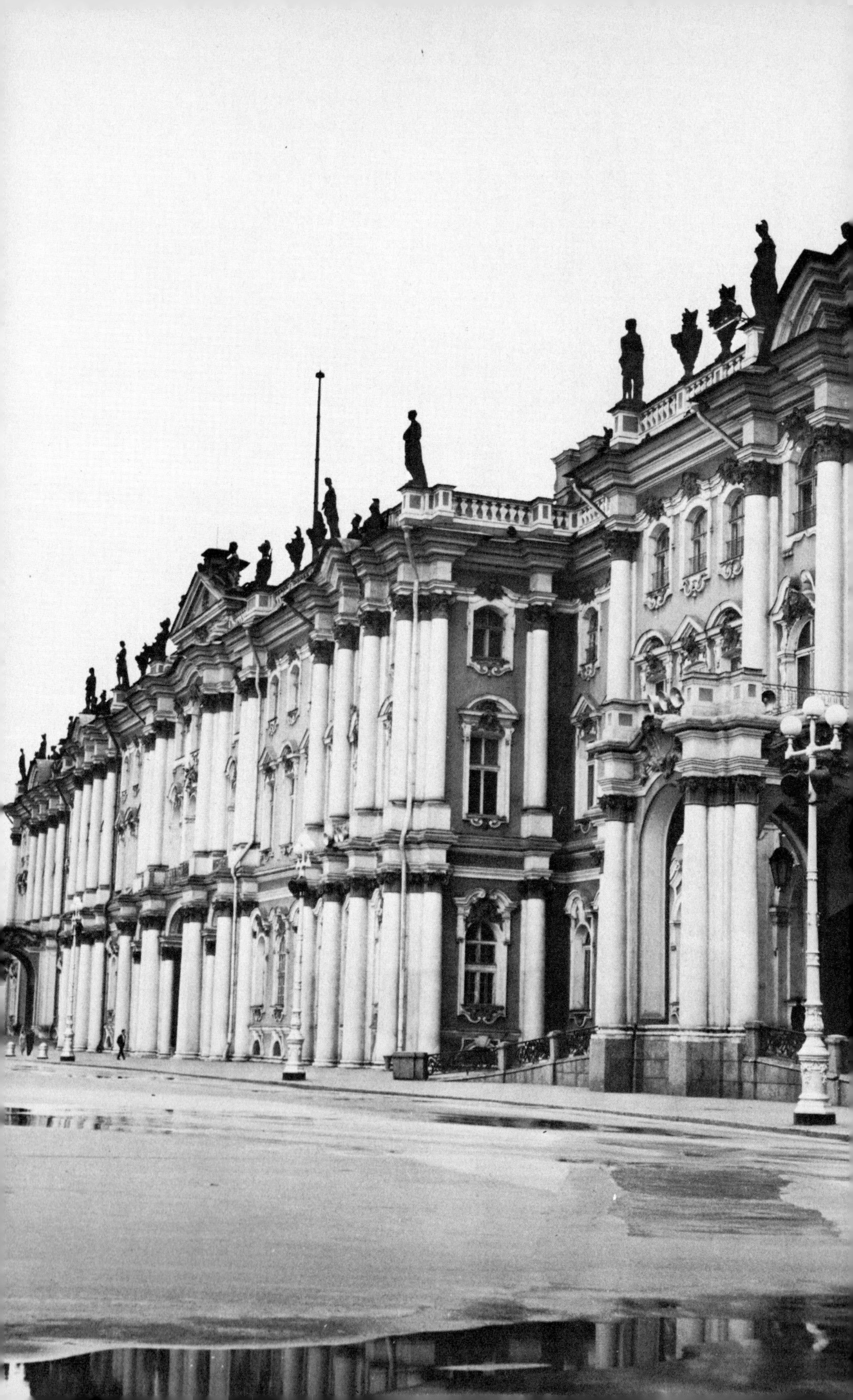

LESSON 21

Reading

Read the assigned selection silently for meaning, referring to the notes for explanations of new vocabulary and grammar. Then read the selection over *orally* until you can do this with ease and can follow the meaning of the text without having to rely on the notes at all. Next, write out the answers to the assigned questions, making use of the text and notes wherever necessary. Read the questions and your answers over *aloud* until you know the answers well enough to give them *orally* without referring to the written answers; then repeat this process *in writing*.

Переполох (III)

Николай Сергеевич посмотрел на чемодан.

— Что вы делаете? — спросил он.

— Ваша жена сделала обыск в моей комнате, — сказала Маша. — Это оскорбительно, ужасно! Я уезжаю.

— Я понимаю. Но вы знаете... моя жена нервная...   **нервный** nervous

Маша молчала.

— Я понимаю, что это оскорбительно для вас, — продолжал Николай Сергеевич, — но извините[1] её.

Маша ничего не ответила. Она продолжала класть вещи в свой чемодан.

— Гм... Вы молчите? Прошу вас, не уезжайте! Я виноват...   **гм** hm (Pronounced like its English equivalent.)

Opposite: The Winter Palace, Leningrad (Roger-Viollet)

— Вы не виноваты, — сказала Маша. — Почему вы это говорите?

— Конечно... Но вы всё-таки... не уезжайте... Прошу вас.

всё-таки nevertheless

Маша молчала. Ей было жаль Николая Сергеевича. Он остановился у окна² и о чём-то думал. Он долго молчал.

— Я взял у³ жены брошку, — вдруг быстро сказал Николай Сергеевич. — Довольны теперь? Довольны? Да, я... взял... Только, конечно, никому об этом не говорите.

Маша испугалась. «Уехать, скорее уехать из этого дома», — думала она.

Николай Сергеевич продолжал: «Обыкновенная история. Мне нужны деньги,⁴ а она... не даёт. Это был дом моего отца, это были его вещи. Всё это моё! Это была брошка моей матери⁵ и... всё моё! Она взяла всё! Что мне делать? Теперь вы понимаете? Извините меня! Прошу вас, не уезжайте!»

обыкновенный usual
история story

Что мне делать? What can I do?

«Нет, — сказала Маша, — нет!» Она дрожала. «Уйдите, прошу вас, уйдите!»

— Ну, как хотите, — тихо сказал Николай Сергеевич. Он продолжал: — Я уважаю⁶ вас — вы гордая. Я люблю гордых людей. Вы уезжаете? Ну, я понимаю... Вы правы.⁷ Да, конечно... Вам хорошо,⁸ а что мне делать?

гордый proud

— Николай Сергеевич, — услышали они голос хозяйки.

— Так вы всё-таки уезжаете? — спросил Николай Сергеевич. Он продолжал: — Вы

READING

единственный человек во всём доме, с которым я могу говорить. Не уезжайте! Я приходил бы к вам иногда вечером, мы говорили бы...⁹ А если вы уедете, что я буду делать?

весь the whole

Маша молчала.

Николай Сергеевич посмотрел на Машу, ничего не сказал, и вышел из комнаты.

Через¹⁰ час Маша уже ехала домой к родителям.

---

1. **извинять (I) / извинить (II)** to pardon, to excuse · **извинить: извин-ю, извин-ишь**
2. **окно** window · Some neuter nouns with the *sing. nom.* in -о preceded by a double consonant acquire a **е** or **о** between these two consonants in the *pl. gen.*: **окон.** · Accent on the first syllable in the *pl.*
3. **взял у** took from · **У** always renders *from* in the expression *to take from.* · The object of **у** is always in the *gen.*
4. **Мне нужны деньги** I need money · In rendering expressions of the type *X needs Y*, you literally say *Y is necessary to X*. *Y*, the subject, is in the *nom.;* the appropriate *short form* of the adjective **нужный** (necessary) is used **(нужен, нужно, нужна, нужны);** and *X* is put into the *dat.*
5. **мать** mother · **Мать** is one of the two nouns that are declined like **кровать** (*fem.* nouns ending in a soft sign) but it acquires the syllable **ер** before all endings except *sing. nom.* and *acc. Sing.: nom.* **мать,** *gen.* **мат-ер-и,** *dat.* **мат-ер-и,** *acc.* **мать,** *inst.* **мат-ер-ью,** *loc.* **мат-ер-и.** *Pl.: nom.* **мат-ер-и,** *gen.* **мат-ер-ей,** *dat.* **мат-ер-ям,** *acc.* **мат-ер-ей,** *inst.* **мат-ер-ями,** *loc.* **мат-ер-ях.**
6. **уважать (I)** to respect
7. **правы** right · *Right* in the sense of *correct* is rendered by the short forms of the adjective: **прав, право, права, правы.** The long form, **правый,** means *just,* and *right* in the directional sense.
8. **Вам хорошо** It's fine for you · *It's fine (nice, good)* is rendered by **хорошо** alone, *it was fine (nice, good)* by **было хорошо,** and *it will be fine (nice, good)* by **будет хорошо.** To ascribe this condition to a person, use the same constructions and put the person into the *dat.*

9. **Я приходи́л бы к вам иногда́ ве́чером, мы говори́ли бы...** Sometimes I would come to you in the evening, we would talk ... · When you want to indicate 1) that A (a state or action) in an *if* clause is necessary for the existence of B (a state or action) in another clause, and 2) that A probably or definitely does not (did not, or will not) occur, then you 1) put the verb in both clauses into the past tense, and 2) insert the particle **бы** (or its contraction **б**) after **е́сли** and also in the clause that specifies the dependent state or action (normally after the verb). The **е́сли** clause may be understood, and this is the case here. He is telling what he will do and the understood clause is *if you don't leave.*

10. **че́рез** (+ *acc.*) in, within (when used with time units such as day, week, etc.)

---

1. Почему́ Никола́й Серге́евич спроси́л Ма́шу, что она́ де́лает?
2. Что сказа́ла Ма́ша Никола́ю Серге́евичу: почему́ она́ уезжа́ет?
3. Что сказа́л Никола́й Серге́евич о свое́й жене́?
4. Когда́ Никола́й Серге́евич проси́л Ма́шу извини́ть жену́, что она́ ему́ отве́тила?
5. Что отве́тила Ма́ша, когда́ Никола́й Серге́евич сказа́л ей, что он винова́т?
6. Кого́ Ма́ше бы́ло жаль?
7. Где стоя́л Никола́й Серге́евич, когда́ он о чём-то ду́мал?
8. Что Никола́й Серге́евич вдруг сказа́л Ма́ше?
9. Дово́льна была́ Ма́ша услы́шать, что Никола́й Серге́евич взял бро́шку?
10. Что поду́мала Ма́ша, когда́ она́ услы́шала, что Никола́й Серге́евич взял бро́шку?
11. Почему́ Никола́й Серге́евич взял бро́шку?
12. Чей был дом?
13. Чья была́ бро́шка?
14. Почему́ Никола́й Серге́евич уважа́л Ма́шу?
15. Чей го́лос услы́шали Никола́й Серге́евич и Ма́ша?
16. Почему́ Никола́й Серге́евич проси́л Ма́шу не уезжа́ть?
17. Что де́лал бы Никола́й Серге́евич, е́сли бы Ма́ша не уе́хала?
18. Когда́ уе́хала Ма́ша?
19. Куда́ пое́хала Ма́ша?

Conversation

Read the time expressions under 1. silently, referring to the explanatory note. Next, practice reading the expressions over *orally*. Then, using the English equivalents to the right as cues, practice giving the initial questions and the answers *orally* until you can do this without making any errors; repeat this process *in writing*. Proceed in the same fashion with the rest of the time expressions, preparing new lists of variants and cues after the pattern of 1.

Time Expressions (After the Half-Hour)

Который час? В котором часу прилетел самолёт?

1. Без четверти { час. / два. / три. / четыре. / пять. / шесть. / семь. / восемь. / девять. / десять. / одиннадцать. / двенадцать.[11] } (At) a quarter to { 1. / 2. / 3. / 4. / 5. / 6. / 7. / 8. / 9. / 10. / 11. / 12. }

2. Без { одной / двадцати одной } { минуты час (два, etc.).[12] } (At) { 1 min. / 21 min. } to 1 (2, etc.).

3. Без { двух / двадцати двух } { минут час (два, etc.).[13] } (At) { 2 min. / 22 min. } to 1 (2, etc.).

4. Без { трёх / двадцати трёх } { минут час (два, etc.).[14] } (At) { 3 min. / 23 min. } to 1 (2, etc.).

5. Без { четырёх / двадцати четырёх } { минут час (два, etc.).[15] } (At) { 4 min. / 24 min. } to 1 (2, etc.).

6.

Без {	пяти шести семи восьми девяти десяти одиннадцати двенадцати тринадцати четырнадцати пятнадцати шестнадцати семнадцати восемнадцати девятнадцати двадцати двадцати пяти двадцати шести двадцати семи двадцати восьми двадцати девяти }	минут час (At) (два, etc.).¹⁶	5 min. 6 min. 7 min. 8 min. 9 min. 10 min. 11 min. 12 min. 13 min. 14 min. 15 min. 16 min. 17 min. 18 min. 19 min. 20 min. 25 min. 26 min. 27 min. 28 min. 29 min. } to 1 (2, etc.).

11. **Без четверти час (два,** etc.). (At) a quarter to one (two, etc.). · In telling time during the second half of the hour, Russian, like English, uses the next full hour as a point of reference and indicates how much time must elapse before the next full hour arrives; however, the pattern of expression differs from the English. If a Russian wants to say *a quarter to one*, he states that *it's one o'clock*—**час**—*minus a quarter*—**без четверти** (the object of **без** is always in the genitive)—but he reverses the order of the two parts of the expression: **без четверти час.** Except when one o'clock is the point of reference, in such expressions the full hour is normally rendered by the cardinal number alone, i.e., the expected **часа** or **часов** is understood: **без четверти два, без четверти пять.** · In telling time during the second half of the hour, Russian normally does not render *at*, i.e., both *a quarter to one (two, etc.)* and *at a quarter to one (two, etc.)* are rendered by **без четверти час (два,** etc.).

12. **Без одной минуты час (два,** etc.). (At) one minute to one (two, etc.). **Без двадцати одной минуты час (два,** etc.). (At) twenty-one minutes to one (two, etc.).

GRAMMAR

Одн-о́й is the *gen.* of the *fem.* form одна́. · Двадцат-и́ is the *gen.* of два́дцать. (All cardinal numbers ending in -ь are declined like крова́ть, i.e., like *fem.* nouns ending in -ь.) · When *one, twenty-one, thirty-one*, etc., refer to a noun, the noun is 1) in the singular and 2) in the same case as the number; for this reason *minute* is in the *sing. gen.* here. · The word *minute(s)* is often omitted in telling time during the second half of the hour.

13. Без двух мину́т час (два, etc.). (At) two minutes to one (two, etc.).
   Без двадцати́ двух мину́т час (два, etc.). (At) twenty-two minutes to one (two, etc.).
   Двух is the *gen.* of две and два. · When any cardinal number, with the exception of *one, twenty-one, thirty-one*, etc., is in any case except the *nom.* or *acc.*, the noun to which the number refers is 1) in the plural and 2) in the same case as the number. For this reason, the *pl. gen.* мину́т is used here and in all the succeeding examples.
14. Без трёх мину́т час (два, etc.). (At) three minutes to one (two, etc.).
   Без двадцати́ трёх мину́т час (два, etc.). (At) twenty-three minutes to one (two, etc.).
   Трёх is the *gen.* of три.
15. Без четырёх мину́т час (два, etc.). (At) four minutes to one (two, etc.).
   Без двадцати́ четырёх мину́т час (два, etc.). (At) twenty-four minutes to one (two, etc.).
16. Без пяти́ (→ двадцати́) мину́т час (два, etc.). (At) five (→ twenty) minutes to one (two, etc.).
   Без двадцати́ пяти́ (→ двадцати́ девяти́) мину́т час (два, etc.). (At) twenty-five (→ twenty-nine) minutes to one (two, etc.).
   All cardinal numbers ending in ь are declined like крова́ть, i.e., like *fem.* nouns ending in -ь. · In the numbers *five* through *ten* and in *twenty*, the stress moves to the ending. · In the *gen.* of во́семь the e is replaced by ь: вос-ь-ми́.

Grammar

Read over the following until you know the principles involved.

21.1 Constructions Without a Grammatical Subject*

A. Simple Description of a State

The type of description of a state which English renders by *it's* + *an adjective* is frequently expressed in

B. Description of a Personal State of Being

Frequently, states such as those under A can be related to a specified person's experience merely by

---

* These are also referred to as *impersonal constructions*.

Russian by one word (often an adverb).

Жа́рко. It's hot.	Мне жа́рко. I'm hot.
Ску́чно. It's boring.	Ни́не ску́чно. Nina is bored.
Тепло́. It's warm.	Нам тепло́. We're warm.
Хо́лодно. It's cold.	Кому́ хо́лодно? Who is cold?
Там ве́село. It's gay there.	Им там ве́село. They're having a gay (good) time there.
В ко́мнате ду́шно. It's stifling in the room.	Мне ду́шно в ко́мнате. I feel stifled in the room.
Там прия́тно. It's pleasant there.	Моему́ отцу́ там прия́тно. My father finds it pleasant there.
Тут стра́шно. It's terrifying here.	Ей стра́шно тут. She feels terrified here.

putting the person into the *dative case*.

To put any of the above constructions into the past tense, add **бы́ло**; into the future, add **бу́дет**.

Бы́ло (бу́дет) ску́чно. It was (will be) boring.	Ни́не бы́ло (бу́дет) ску́чно. Nina was (will be) bored.

The negative versions are obtained by using **не́ было** in the past, **не** in the present, and **не бу́дет** in the future.

Там { не́ было / не / не бу́дет } ве́село.   It { wasn't / isn't / won't be } gay there.

C. Statements of Permission and Impossibility

Statements concerning permission for an action and those concerning the impossibility of performing an action are rendered by constructions that parallel the *positive* constructions above. The action itself is expressed by a verb in the infinitive form.

Мо́жно игра́ть на э́том роя́ле? Is it all right to (may one) play on this grand piano?

Нельзя́ жить тут. It's impossible to (one can't) live here.

Мо́жно мне* игра́ть на э́том роя́ле? Is it all right for me to (may I) play on this grand piano?

Мне* нельзя́ жить тут. It's impossible for me to (I can't) live here.

Homework Exercise

Read through the following sentences silently, paying particular attention to the use of the constructions without a grammatical subject. Then practice reading the sentences *aloud*. Next, practice writing them. Finally, translate them into English and then back into Russian.

1. В э́той ко́мнате ду́шно и жа́рко — откро́йте окно́, пожа́луйста!
2. Зимо́й тут хо́лодно, а весно́й тепло́.
3. Ей всегда́ ску́чно с ним.
4. Тебе́ бы́ло ску́чно на ле́кции?
5. Нам прия́тно бы́ло говори́ть с ним по-ру́сски.
6. Вам бы́ло стра́шно в их до́ме но́чью?
7. Он сказа́л, что ему́ бы́ло ве́село с на́ми.
8. Нам бы́ло прия́тно слу́шать его́.
9. Мне не́ было ску́чно говори́ть с ним.
10. Нам всегда́ бы́ло хо́лодно в на́шей ста́рой кварти́ре.
11. Когда́ бу́дет тепло́, мы ча́сто бу́дем е́здить к вам.
12. Я зна́ю, что тебе́ бу́дет ве́село там.
13. Я не хочу́ е́хать с ва́ми к ва́шим друзья́м — мне бу́дет там ску́чно.
14. Мо́жно мне прийти́ к вам сего́дня ве́чером?
15. Им нельзя́ рабо́тать в лаборато́рии сего́дня.
16. Ей нельзя́ бу́дет пое́хать в Сове́тский Сою́з ле́том.

* The noun or pronoun may be omitted if it is obvious from the context of the statement.

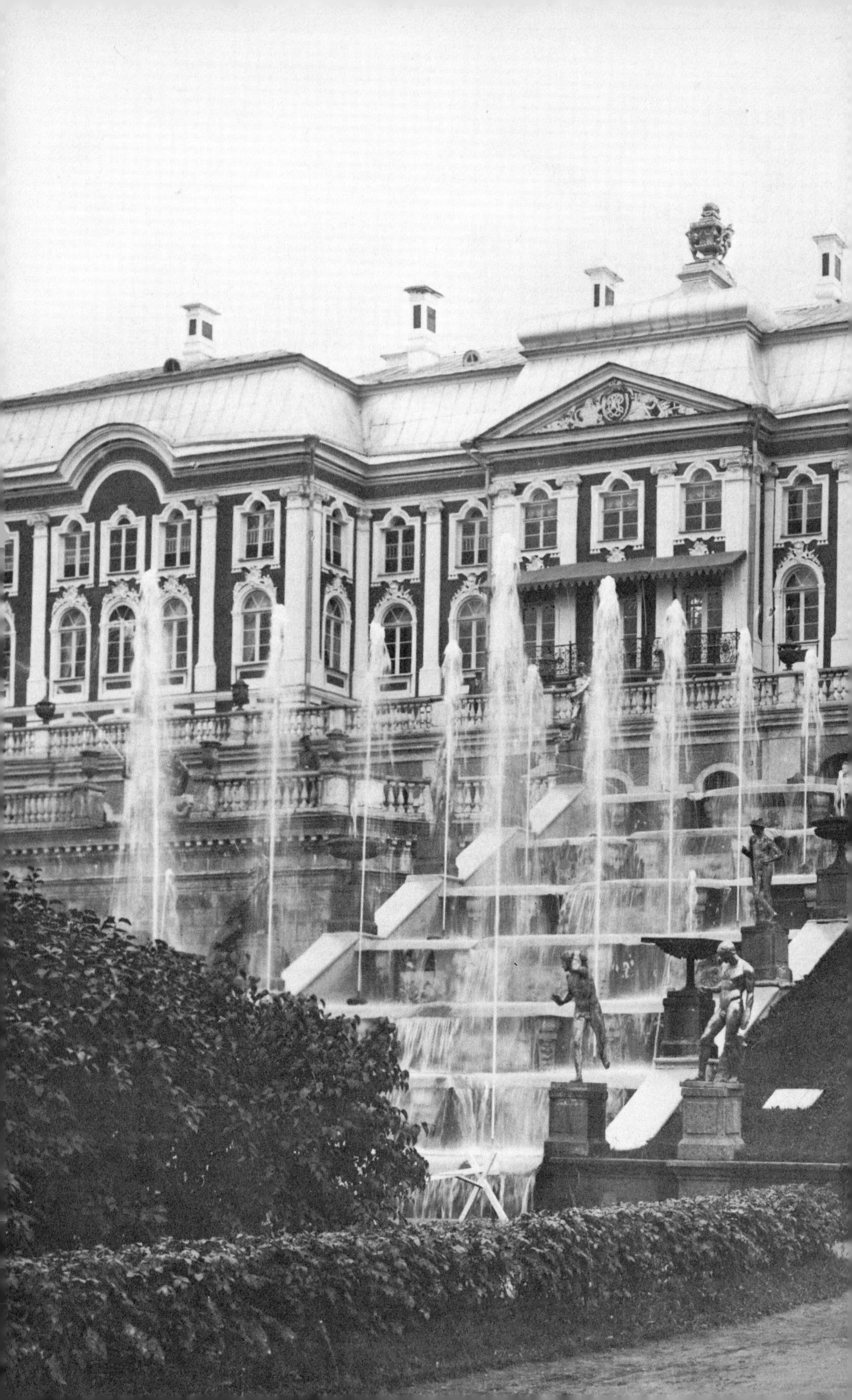

LESSON 22

Reading

The following is an adaptation of a story by Mikhail Zoshchenko. Read the assigned selection silently for meaning, referring to the notes for explanations of new vocabulary and grammar. Then read the selection over *orally* until you can do this with ease and can follow the meaning of the text without having to rely on the notes at all. Next, write out the answers to the assigned questions, making use of the text and notes wherever necessary. Read the questions and your answers over *aloud* until you know the answers well enough to give them *orally* without referring to the written answers; then repeat this process *in writing*.

Рогулька[1]

Утром над[2] нашим пароходом начали летать самолёты противника.[3] Шесть бомб упали в воду. Седьмая бомба упала на пароход.

пароход steam(ship)
бомба bomb

И тогда все пассажиры начали прыгать[4] в воду.

пассажир passenger

Не знаю, о чём я думал, когда я прыгнул в воду: я не умею[5] плавать.[6] Но я тоже прыгнул в воду. И сейчас же начал тонуть.[7] И потонул бы, если бы не увидел[8] в воде рогульки. Схватился я за[9] эту рогульку, держусь за[10] неё. Рад, что я жив[11] и что в море[12] есть такие рогульки.

Держусь я за эту рогульку и вдруг вижу — плывёт человек. Он одет хорошо — в пиджаке.[13]

одетый dressed

Он тоже схватился за рогульку.

Opposite: Petrodvorets (Society for Cultural Relations with the USSR)

Мы де́ржимся за э́ту рогу́льку. И молчи́м. Потому́ что мы не зна́ем, о чём говори́ть.

Пра́вда, я его́ спроси́л, где он рабо́тает, но он ничего́ не отве́тил. И тогда́ я по́нял, как беста́ктно спра́шивать челове́ка о его́ рабо́те, когда́ он в воде́.

беста́ктно tactless

Де́ржимся мы за э́ту рогу́льку и молчи́м. Час молчи́м. Три часа́ ничего́ не говори́м. Вдруг мой собесе́дник[14] говори́т:

час one hour
три часа́ three hours

— Парохо́д идёт...[15]

Мы на́чали крича́ть,[16] маха́ть[17] рука́ми, но лю́ди на парохо́де нас не ви́дят. Тогда́ я снял[18] пиджа́к и руба́шку[19] и на́чал маха́ть э́той руба́шкой.

На парохо́де нас не ви́дят. А я продолжа́ю маха́ть руба́шкой.

Вдруг кто́-то уви́дел нас и кричи́т нам:

— Эй вы, тра́мтарара́м, с ума́ вы сошли́?[20] За ми́ну де́ржитесь!

эй hey
тра́мтарара́м This is the author's substitute for the sailor's curses (like our *blankety-blank*).
ми́на mine

Когда́ мой собесе́дник услы́шал э́то, он сейча́с же вы́пустил[21] ми́ну из рук и поплы́л[22] к[23] парохо́ду...

Инстинкти́вно, я то́же вы́пустил из рук рогу́льку. Но когда́ я вы́пустил её, я сейча́с же на́чал тону́ть.

инстинкти́вно instinctively

Опя́ть схвати́лся за рогу́льку, держу́сь за неё.

Лю́ди на парохо́де крича́т мне:

—Эй ты, тра́мтарара́м, что ты де́лаешь, тра́мтарара́м, за ми́ну де́ржишься.

— Товарищи, — кричу, — без мины я как без рук. Потону сейчас же. Плывите сюда, будьте так милы.

сюда here (Indicates the direction of a person or thing.)

А люди на пароходе кричат:

— Не можем мы плыть к тебе. За мину ты, дурак,[24] держишься. Плыви, трамтарарам, сюда. Или мы уедем.

Думаю: «Как мне плыть, когда я не умею плавать?» И продолжаю держаться за рогульку.

Кричу: «Товарищи! Помогите мне, или я умру».

Тут кто-то бросает мне канат. И на пароходе люди кричат:

канат a thick rope

— Трамтарарам, выпускай из рук мину!

А я думаю: «Почему они мне сказали, что я за мину держусь? Теперь я нервный. Что делать? И мины боюсь, и без мины боюсь».

Схватился я за канат. И они меня на пароход вытянули.[25]

Вытянули меня, да и кричат:

— Дурак ты, трамтарарам! Держишься за мину. Плавать не умеешь...

А я молчу. Ничего не отвечаю.

Вдруг вижу: мой пиджак тут, а рубашки нет.[26] Потерял в море рубашку. Хотел попросить капитана найти мою рубашку. Но посмотрел на его лицо и испугался — ничего не сказал.

капитан captain

1. **рогу́лька** any object with horn-like protrusions (colloquial) · Spelling Rule 1 applies. · *Pl. gen.:* **рогу́лек**.
2. **над** (+ *instr.*) above, over · The variant **на́до** is used before some words that begin with double consonants.
3. **проти́вник** enemy · Spelling Rule 1 applies.
4. **пры́гать** (I) / **пры́гнуть** (I) to jump · **пры́гнуть: пры́гн-у, пры́гн-ешь**
5. **уме́ть** (I) to be able to (as a result of learning a skill)
6. **плыть** (I) — **пла́вать** (I) to swim; to sail, to go (on a vessel) · Incompletion and repetition are expressed by separate verbs. **Плыть** is the verb of incompletion, **пла́вать** the verb of repetition. There is no exactly equivalent verb of completion. · **плыть: плыв-у́, плыв-ёшь; плыл, плы́ло, плыла́, плы́ли**
7. **тону́ть** (I) / **потону́ть** (I) to sink; to drown · **(по)тон-у́, (по)то́н-ешь**
8. **И потону́л бы, е́сли бы не уви́дел...** And I would have drowned, if I hadn't seen ... · When you want to indicate 1) that A (a state or action) in an *if* clause is necessary for the existence of B (a state or action) in another clause, and 2) that A probably or definitely does not (did not, or will not) occur, then you 1) put the verb in both clauses into the past tense, and 2) insert the particle **бы** (or its contraction **б**) after **е́сли** and also in the clause that specifies the dependent state or action (normally after the verb).
9. **хвата́ться** (I) / **схвати́ться** (II) **за** (+ *acc.*) to seize (in the sense of *to clutch for* or *onto*), to grab hold of · Here the particle **-ся** serves a function as far as the meaning of the verb is concerned. Without **-ся** the verb means *to seize* in the sense of *to take.* · **-Ся** is used unless the verb ends in a vowel, in which case the variant **-сь** appears: **схвати́лась**. · When **-ся** appears after **ть** or **т**, the entire cluster is pronounced as if written **тца**. · **схвати́ться: схвач-у́-сь, схва́т-ишь-ся** · **За** must be used if the thing seized is expressed.
10. **держа́ться** (II) **за** (+ *acc.*) to hold on(to) · Here the particle **-ся** serves a function as far as the meaning of the verb is concerned. Without **-ся** the verb means *to hold.* · See the preceding note on the forms and pronunciation of **-ся**. · **держ-у́-сь, де́рж-ишь-ся**
11. **живо́й** living, alive · Only the short form is used as a predicate adjective: **жив, жи́во, жива́, жи́вы**.
12. **мо́ре** sea · A neuter noun whose *sing. nom.* ends in a **-e** without a preceding **и** has the *loc.* ending **-е (мо́р-е)** in the *sing.* The *pl. gen.* ending depends on the letter preceding the ending: if it is any consonant but **ж, ч, ш, щ**, or **ц**, the ending is **-ей (мор-е́й)**. · Endings accented in the *pl.*
13. **пиджа́к** coat, jacket · Spelling Rule 1 applies. · Endings accented.
14. **собесе́дник** person with whom one converses · Spelling Rule 1 applies.

15. **идёт** is coming · **Идти—ходить/пойти** can express the *coming, going,* or *leaving* of ships themselves.
16. **кричать (II) / крикнуть (I)** to shout · **кричать: крич-у́, крич-и́шь · крикнуть: кри́кн-у, кри́кн-ешь**
17. **махать (I) / махнуть (I)** (+ *inst.*) to wave · **махать: маш-у́, ма́ш-ешь · махнуть: махн-у́, махн-ёшь**
18. **снимать (I) / снять (I)** to take off · **снять: сним-у́, сни́м-ешь; снял, сня́ло, сняла́, сня́ли**
19. **рубашка** shirt · Spelling Rule 1 applies. · Some *fem.* nouns with the *sing. nom.* in **-a** preceded by a double consonant acquire a **e** or **o** between these two consonants in the *pl. gen.*: **руба́шек.**
20. **сходить (II) / сойти (I) с ума́** to go mad or crazy · **Сходи́ть/сойти́** mean *to go* or *get down*. · **сходи́ть: схож-у́, схо́д-ишь · сойти́: сойд-у́, сойд-ёшь; сошёл, сошло́, сошла́, сошли́ · С** means *from*, and when it has this meaning its object is in the *gen.* · **Ум** is *mind*. The endings are accented.
21. **выпуска́ть (I) / вы́пустить (II) из рук** to let go of · The verbs alone mean *to release*. · **вы́пустить: вы́пущ-у, вы́пуст-ишь**
22. **поплы́ть (I)** (*completion*) to start to swim · **поплыв-у́, поплыв-ёшь**
23. **к (ко)** (+ *dat.*) toward; *to*, in the sense of *toward* (never in the sense of *in* or *into*)
24. **дура́к** fool · Spelling Rule 1 applies. · Accent on the endings.
25. **вытя́гивать (I) / вы́тянуть (I)** to pull out · **вы́тянуть: вы́тян-у, вы́тян-ешь**
26. **руба́шки нет** (my) shirt isn't here · Normally, to state that a person or thing *is not* someplace, put the person or thing into the *gen.* and use **нет.** In the past and future **не́ было** and **не бу́дет** replace **нет.**

---

1. Где лета́ли самолёты проти́вника?
2. Куда́ упа́ли шесть бомб?
3. Куда́ упа́ла седьма́я бо́мба, и что тогда́ на́чали де́лать пассажи́ры?
4. Почему́ а́втор на́чал тону́ть?
5. За что схвати́лся а́втор?
6. Как был оде́т друго́й челове́к, кото́рый то́же схвати́лся за рогу́льку?
7. Почему́ они́ молча́ли?
8. О чём спроси́л а́втор челове́ка в пиджаке́?
9. Что поду́мал а́втор, когда́ челове́к в пиджаке́ не отве́тил ему́?
10. А́втор и «собесе́дник» молча́ли три часа́. Что вдруг сказа́л «собесе́дник»?

11. Чем они махали людям на пароходе?
12. Что крикнул человек с парохода?
13. Что сделал «собеседник», когда он услышал, что они держатся за мину?
14. Что случилось, когда автор выпустил из рук рогульку?
15. Почему люди на пароходе не хотят плыть к автору?
16. Что бросили автору с парохода?
17. Почему автор сказал: «Теперь я нервный»?
18. Что кричали люди автору?
19. Что случилось с рубашкой автора?
20. Почему автор не попросил капитана найти рубашку?

Conversation

Read the assigned selection silently, referring to the notes for explanations of new vocabulary and grammar. Then read the selection over *orally* until you can do this with ease and can follow the meaning of the text without having to rely on the notes at all. Next, write out the answers to the assigned questions, making use of the text and notes wherever necessary. Read the questions and your answers over *aloud* until you know the answers well enough to give them *orally* without referring to the written answers; then repeat this process *in writing*.

Кен в Ленинграде

Дорогая Вера!

Был очень рад получить твоё письмо. Ты пишешь, что ты слушала лекцию по истории, и твой преподаватель говорил о Петре Первом. Я много читал о нём. Как замечателен был этот человек и как много он сделал для России!

Россия Russia

Как я уже тебе писал, я в восторге от Ленинграда — от музеев, дворцов, древних соборов. Пётр Первый основал этот город — тогда это был Петербург — и сделал его столицей[27] России. Он никогда не любил Москвы и ему нужна была[28] столица на берегу[29] моря — «окно в Европу».

Европа Europe

Позавчера́ мы е́здили в го́род Петродворе́ц,[30] недалеко́ от Ленингра́да, где нахо́дится дворе́ц Петра́ Пе́рвого. Ско́лько там произведе́ний иску́сства и други́х краси́вых веще́й — дороги́х канделя́бров, ва́з, зерка́л, карти́н! День был замеча́тельный — бы́ло тепло́, но не жа́рко.

Сего́дня ве́чером я пойду́ в теа́тр смотре́ть пье́су Че́хова.[31] Я прочита́л все пье́сы Че́хова по-ру́сски и то́же не́которые из[32] его́ повесте́й.

смотре́ть/посмотре́ть пье́су to see a play

Недалеко́ от на́шей гости́ницы нахо́дится ма́ленький магази́н. Вчера́ у́тром я купи́л там четы́ре кни́ги и два журна́ла. Я то́же купи́л о́чень краси́вую посу́ду для ма́мы. Она́ лю́бит таки́е ве́щи. Я заплати́л за э́ту посу́ду два́дцать пять рубле́й. Отцу́ я купи́л ру́сскую руба́шку, за кото́рую я заплати́л три́дцать три рубля́.

Я посла́л тебе́ гита́ру четы́ре неде́ли тому́ наза́д. Наве́рно, ты ско́ро её полу́чишь.

Мне о́чень жаль, что тебя́ тут нет[33] со мной. Я показа́л бы тебе́ все дворцы́, музе́и, и дре́вние собо́ры; мы е́здили бы в теа́тр, слу́шали бы о́перу.[34]

Я бу́ду до́ма о́сенью. Пиши́.

Твой Кен

---

27. **сде́лал его́ столи́цей** made it the capital · **Де́лать/сде́лать** can render the verb in the expression *to make X (into) Y*. In this type of expression *Y* is put into the *inst.*
28. **Ему́ нужна́ была́...** He needed ... · In rendering expressions of the type *X needs Y*, you literally say *Y is necessary to X*. *Y*, the subject, is in the *nom.;* the appropriate short form of the adjective **ну́жный**

(necessary) is used (**ну́жен, ну́жно, нужна́, ну́жны**), and *X* is put into the *dat.*
29. **бе́рег** shore · A limited number of *masc.* nouns have a second, stressed *sing. loc.* ending, **-ý,** used after **в** and **на.** · Like some *masc.* nouns, **бе́рег** takes the accented ending **-á** in the *pl. nom.* (**берег-á**) and has accented endings throughout the *pl.*
30. **Петродворе́ц** Petrodvorets · Some *masc.* nouns lose the **e** or **o** of the final syllable whenever they add an ending: *sing. gen.* **Петродворца́,** *sing. dat.* **Петродворцу́.**
31. **Че́хов** Chekhov · Last names in **-ов** take the same endings as **студе́нт** in all cases of the *sing.* except the *inst.*, and also in the *pl. nom.;* in the *sing. inst.* and in all the *pl.* forms except the *nom.*, they take the endings of **но́вый.**
32. **из** (+ *gen.*) of
33. **что тебя́ тут нет** that you are not here · Normally, to state that a person or thing *is not* someplace, put the person or thing into the *gen.* and use **нет**. In the past and future, **не́ было** and **не бу́дет** replace **нет.**
34. **Я показа́л бы... мы е́здили бы... слу́шали бы...** I would show you ... we would go ... we would listen to ... · When you want to indicate 1) that A (a state or action) in an *if* clause is necessary for the existence of B (a state or action) in another clause *and* 2) that A probably or definitely does not (did not, or will not) occur, then you 1) put the verb in both clauses into the past tense *and* 2) insert the particle **бы** (or its contraction **б**) after **е́сли** and also in the *clause* that specifies the dependent state or action (normally after the verb). The **е́сли** clause may be understood, as it is here. The speaker is describing what they would do, and the understood clause is *if you were here.*

---

1. О чём Ве́ра написа́ла Ке́ну?
2. Что ду́мает Кен о Петре́ Пе́рвом?
3. Что сказа́л Кен о Ленингра́де?
4. Почему́ Пётр Пе́рвый сде́лал Петербу́рг столи́цей Росси́и?
5. Где нахо́дится дворе́ц Петра́ Пе́рвого?
6. Что ви́дел Кен в Петродворце́?
7. Куда́ пойдёт Кен сего́дня ве́чером?
8. Чита́ет Кен Че́хова по-англи́йски?
9. Где нахо́дится ма́ленький магази́н?
10. Ско́лько книг и журна́лов Кен купи́л там?
11. Что купи́л Кен ма́ме?

GRAMMAR

12. Почему́ Кен купи́л посу́ду ма́ме?
13. Ско́лько рубле́й заплати́л Кен за посу́ду?
14. Что купи́л Кен отцу́?
15. Ско́лько рубле́й заплати́л Кен за руба́шку?
16. Когда́ посла́л Кен гита́ру Ве́ре?
17. Когда́ полу́чит Ве́ра гита́ру?
18. Что показа́л бы Кен Ве́ре, и куда́ они́ е́здили бы?
19. Когда́ Кен прие́дет домо́й?

Grammar

Read over the following until you know the principles involved.

22.1 Simple *If* Conditional Statements

When you merely wish to say that one state or action was, is, or will be a necessary condition for the existence of another state or action, use a simple conditional statement.

Е́сли он мно́го рабо́тал, он получа́л хоро́шие отме́тки. If he worked a lot, he received good marks.

Е́сли он мно́го рабо́тает, он получа́ет хоро́шие отме́тки. If he works a lot, he receives good marks.

Е́сли он **бу́дет** мно́го **рабо́тать,** он бу́дет получа́ть хоро́шие отме́тки. If he *works* a lot, he will receive good marks.

Note the last example: While English frequently uses the present tense in the *if* clause when the *whole statement* refers to the future, Russian uses the future tense in *both* clauses.

22.2 *If* Conditional Statements with Unfulfilled Conditions*

When you wish to express simultaneously 1) the same dependence as that contained in a simple conditional statement and 2) the probable or definite unfulfillment of the necessary condition (and, hence, also of the state or action depending on it) then:

1. put the verb in both clauses into the past tense, *and*
2. use the particle **бы** (or its contraction **б**) in both clauses, after **е́сли** in the clause with the necessary condition, and usually after the verb in the clause with the dependent state or action.

Since the verbs in both clauses are always past tense forms, the *actual tense* of the statement is either understood from context or indicated by an adverb **(вчера́, за́втра,** etc.).

Е́сли бы он мно́го рабо́тал, он получи́л бы хоро́шие отме́тки.

---

* These are frequently called *conditions contrary to fact* or *unreal conditions.*

If he { had worked / were working / were to work } much, he { would have received / would be receiving / would receive } good marks.

The **если** clause is sometimes omitted and merely carried over by implication from a previous sentence.

Homework Exercise

Read through the following sentences silently, paying particular attention to the use of the conditional. Then practice reading the sentences *aloud*. Next, practice writing them. Finally, translate them into English and then back into Russian.

1. Если вы написали ему, он приедет.
2. Студент будет рад, если вы дадите ему билеты.
3. Если он живёт в этом общежитии, он, конечно, знает Владимира.
4. Если вы будете дома сегодня, я приеду к вам.
5. Нина не была бы в восторге от Ленинграда, если бы там было холодно теперь.
6. Я пообедал бы с вами завтра, если бы у меня не было лекции.
7. Если бы Владимира там не было, ей было бы скучно.
8. Отец забыл бы взять чемодан, если бы я не сказал ему об этом.
9. Я был бы очень рад, если бы мой сын всегда получал хорошие отметки.
10. Они пришли бы раньше, если бы мы им сказали, что вы тут.
11. Если бы я знала все новые слова, я получила бы хорошую отметку.
12. Он заплатил бы вам, если бы у него были деньги.
13. Аспирант окончил бы свою работу раньше, если бы вы помогли ему.
14. Я понимал бы вас, если бы вы не говорили так быстро.
15. Она всё-таки сказала бы вам, если бы она была виновата.
16. Мать читала бы по-русски, если бы у неё была русская книга.

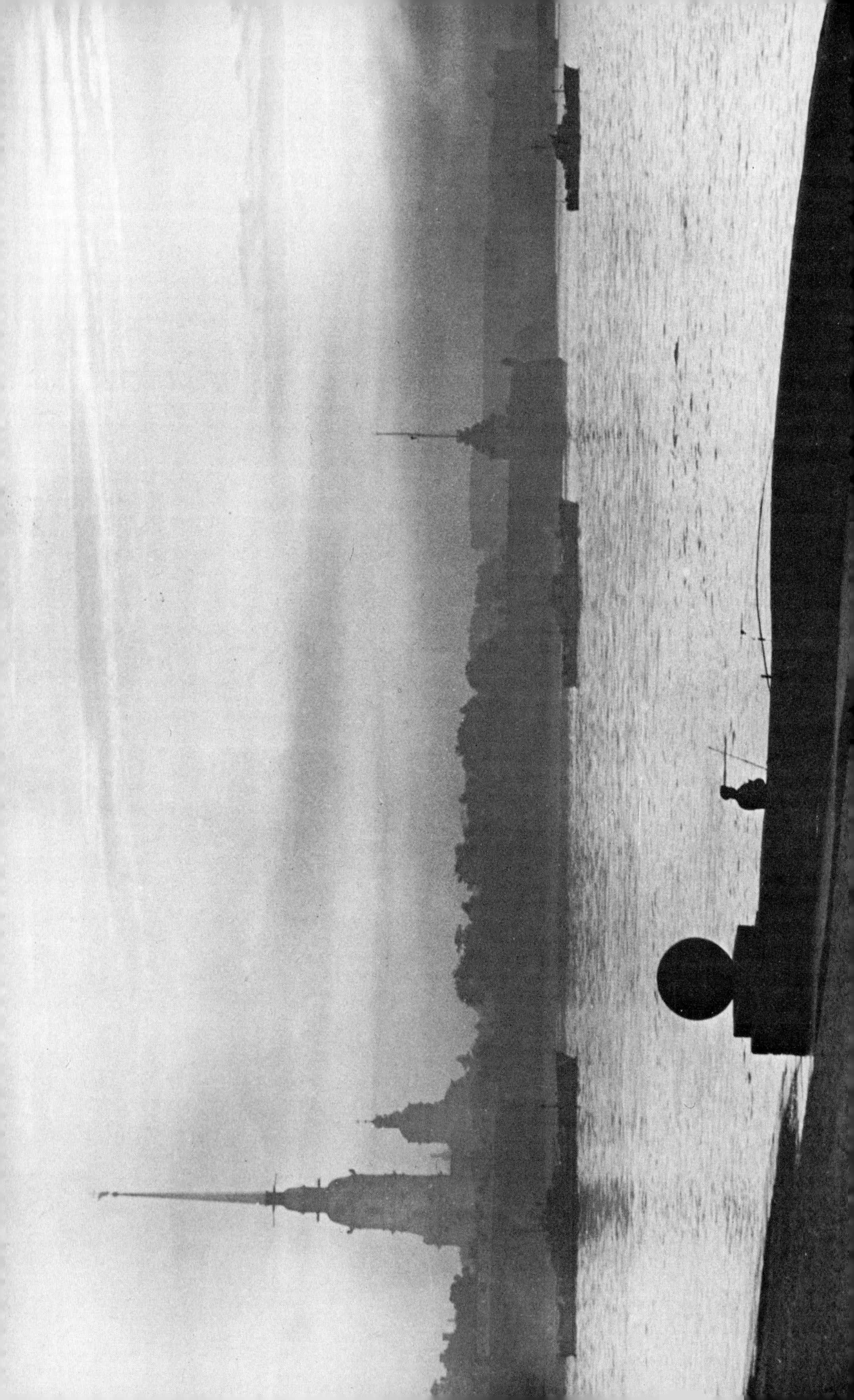

LESSON 23

Reading

The following is the first part of an adaptation of a story by Alexander Pushkin. Read the assigned selection silently, referring to the notes for explanations of new vocabulary and grammar. Then read the selection over *orally* until you can do this with ease and can follow the meaning of the text without having to rely on the notes at all. Next, write out the answers to the assigned questions, making use of the text and notes wherever necessary. Read the questions and your answers over *aloud* until you know the answers well enough to give them *orally* without referring to the written answers; then repeat this process *in writing*.

Пиковая дама (I)

Раз офицеры играли в карты[1] у[2] Нарумова.[3] Ночь прошла быстро и в пять часов утра они сели[4] ужинать.[5] Офицеры, которые выиграли,[6] ели много; другие же ничего не ели.

Один из гостей посмотрел на молодого инженера Германна и спросил:

— Почему вы никогда не играете в карты, а только сидите и смотрите на игру?

— Игра очень интересует[7] меня, — сказал Германн, — но я не хочу рисковать[8] своими деньгами.

— Германн немец:[9] он расчётлив. Это я понимаю, — сказал Томский.[10] — Но я не могу понять мою бабушку[11] графиню.[12]

— Почему? — спросили гости.

пиковая дама queen of spades (**Пиковая** means *of spades*, **дама** means *lady*.)

инженер Here: a member of the Army Engineers
Германн Equivalent of German *Hermann*, English *Herman*. (**Г** is usually substituted for the *h* of foreign names.)
игра game

расчётливый prudent (with money)

Opposite: "The White Nights" in Leningrad (Society for Cultural Relations with the USSR)

— Не понимаю, — продолжал Томский, — почему моя бабушка никогда не играет на деньги.[13]

— Да почему же вы удивляетесь,[14] — сказал Нарумов, — что ваша старая бабушка не играет на деньги?

— Так вы ничего о ней не знаете?

— Нет, ничего!

— Ну, тогда послушайте:

Много лет тому назад бабушка жила во Франции. Она любила играть в карты и раз проиграла[15] очень много. Приехав[16] домой, она рассказала[17] об этом дедушке[18] и сказала ему заплатить.

Мой дедушка боялся своей жены, но, услышав,[19] что бабушка так много проиграла, он очень рассердился[20] и сказал, что он не заплатит, потому что у него нет денег. Бабушка не знала, что делать.

У бабушки был друг, очень замечательный человек. Вы слышали о Сен-Жермене, о котором рассказывают так много интересных вещей. Сен-Жермен был богат и бабушка написала ему письмо и просила сейчас же к ней приехать. Сен-Жермен приехал. Бабушка рассказала ему всё и просила его помочь ей.

Сен-Жермен St. Germain (a last name)

Сен-Жермен сказал: «Я могу дать вам эти деньги, если вы хотите, но, вы знаете, вы можете отыграться».[21]

«Но я же говорю вам, что у нас нет денег», — ответила бабушка.

READING

«Де́ньги тут не ну́жны, — сказа́л Сен-Жерме́н. — Послу́шайте!» И он откры́л ей та́йну.

открыва́ть/откры́ть to reveal
та́йна secret

Ве́чером ба́бушка пое́хала игра́ть в ка́рты. Она́ вы́брала[22] три ка́рты,[23] поста́вила на[24] них, и отыгра́лась.

— Как! — сказа́л Нару́мов, — у вас ба́бушка, кото́рая уга́дывает[25] три ка́рты подря́д, и вы ещё не узна́ли[26] её та́йны!

подря́д in succession
ещё не not as yet

— К сожале́нию нет, — отве́тил То́мский. — У неё бы́ли четы́ре сы́на, оди́н из них был мой оте́ц: все четы́ре бы́ли игрока́ми,[27] но да́же им она́ не откры́ла свое́й та́йны. Но вот, что я слы́шал. Раз оди́н молодо́й челове́к проигра́л о́чень мно́го. Ба́бушке бы́ло жаль его́ и она́ откры́ла ему́ свою́ та́йну — назвала́[28] три ка́рты. Молодо́й челове́к поста́вил на них и отыгра́лся. Ба́бушка взяла́ с него́ сло́во никогда́ бо́льше не игра́ть. Ну, пора́[29] спать: уже́ без че́тверти шесть.

к сожале́нию unfortunately

да́же even
вот here is

взяла́ с него́ сло́во made him promise
никогда́ бо́льше never again

И офице́ры пое́хали домо́й.

---

1. **игра́ть в ка́рты** to play cards · **Ка́рта** is *card.* · In this expression **ка́рты** is in the *pl. acc.*
2. **У** (+ *gen.*) at X's (house, apartment, office) · To state that a person, thing, or action is located *at X's* (house, apartment, office), use **у** to render *at* and make X the object of the preposition.
3. **Нару́мов** Narumov (a last name) · Last names in **-ов** take the same endings as **студе́нт** in all cases of the *sing.* except the *inst.*, and also in the *pl. nom.*; in the *sing. inst.* and in all the *pl.* forms except the *nom.*, they take the endings of **но́вый.**
4. **сади́ться (II) / сесть (I)** to sit down · With **сади́ться,** the **-ся** serves a function as far as the meaning is concerned. Without the **-ся,** the verb means (colloquially) *to plant.* · **Ся-** is used unless the verb form ends in a vowel, in which case the variant **-сь** appears: **сади́ла-сь.** · When **-ся** appears after **ть** or **т,** the entire cluster is pronounced

as if written **тца**. · **садйться: саж-у́-сь, сад-и́шь-ся** · **сесть: ся́д-у, ся́д-ешь; сел, се́ло, се́ла, се́ли**

5. **у́жинать** (I) / **поу́жинать** (I) to eat supper
6. **выи́грывать** (I) / **вы́играть** (I) to win
7. **интересова́ть** (I) to interest · **интересу́-ю, интересу́-ешь**
8. **рискова́ть** (I) (+ *inst*.) to risk · **риску́-ю, риску́-ешь**
9. **не́мец** (*n*.) German · In the *sing.* it refers to a male, in the *pl.* to men and women together. · Some *masc*. nouns lose the **e** or **o** of the final syllable whenever they add an ending: *sing. gen.* **не́мца,** *sing. dat.* **не́мцу,** etc. · Spelling Rule 2 applies.
10. **То́мский** Tomsky (a last name) · A last name which has an adjectival ending is declined exactly like the adjective it resembles, i.e., **То́мский** follows the pattern of **сове́тский** describing an animate noun.
11. **ба́бушка** grandmother · Spelling Rule 1 applies. · Some *fem.* nouns with the *sing. nom.* in **-a** preceded by a double consonant acquire a **e** or **o** between these two consonants in the *pl. gen.*: **ба́бушек**.
12. **графи́ня** countess · A *fem*. noun whose *sing. nom*. ends in **-я** *without* a preceding **и** has the ending **-е** in the *sing. dat.* and *loc.* (**графи́н-е**) and **-ь** in the *pl. gen.* (**графи́н-ь**).
13. **игра́ть на** (+ *acc*.) **де́ньги** to play for money
14. **удивля́ться** (I) / **удиви́ться** (II) to be astonished or surprised · Here the particle **-ся** serves a function as far as the meaning is concerned. Without the particle, the verb means *to astonish, to surprise*. · **-Ся** is used unless the verb form ends in a vowel, in which case the variant **-сь** appears: **удиви́ла-сь.** · When **-ся** appears after **ть** or **т,** the entire cluster is pronounced as if written **тца**. · **удиви́ться: удив-л-ю́-сь, удив-и́шь-ся**
15. **прои́грывать** (I) / **проигра́ть** (I) to lose
16. **прие́хав** when she came (after she came, having come) · This is a verbal adverb of completed action, formed by adding **-в** to the past tense stem of the verb of completion. Like its equivalent English constructions, it describes an action 1) completed before the action in the main clause and 2) performed by the subject of the main clause. In its function as an adverb, it tells when the action in the main clause took place; in its function as a verb it describes an action. **Когда́ она́ прие́хала** could have been used in place of the verbal adverb.
17. **расска́зывать** (I) / **рассказа́ть** (I) to tell (at some length), to narrate · **рассказа́ть: расскаж-у́, расска́ж-ешь**
18. **де́душка** grandfather · A limited number of nouns that refer to males have *sing. nom.* endings like *fem.* nouns. Such nouns are declined like the animate *fem.* nouns they resemble. But adjectives that describe these nouns take *masc*. endings. Also, when such nouns serve as sub-

jects, the *masc.* form of the verb is used. · Spelling Rule 1 applies. · Like some *fem.* nouns with the *sing. nom.* in **-a** preceded by a double consonant, де́душка acquires a **e** between these two consonants in the *pl. gen.*: де́душек.

19. услы́шав when he heard (after he heard, on hearing) · A verbal adverb of completed action: see note 16. Когда́ он услы́шал could have been used in place of the verbal adverb.
20. серди́ться (II) / рассерди́ться (II) to become angry · Here the particle **-ся** serves a function as far as the meaning is concerned. Without the particle, the verb means *to make (someone) angry.* · **-Ся** is used unless the verb form ends in a vowel, in which case the variant **-сь** appears: рассерди́ла-сь. · When **-ся** appears after **ть** or **т,** the entire cluster is pronounced as if written **тца.** · **(рас)серди́ться: (рас)серж-у́-сь, (рас)се́рд-ишь-ся**
21. оты́грываться (I) / отыгра́ться (I) to win back money one has lost · Here the particle **-ся** serves a function as far as the meaning is concerned. Without the particle, the verb means simply *to win back.* · **-Ся** is used unless the verb form ends in a vowel, in which case the variant **-сь** appears: отыгра́ла-сь. · When **-ся** appears after **ть** or **т,** the entire cluster is pronounced as if written **тца.**
22. выбира́ть (I) / вы́брать (I) to choose · **вы́брать: вы́бер-у, вы́бер-ешь**
23. три ка́рты · When **три** refers to an *inanimate* noun, it has the same form in the *acc.* as in the *nom.* In such cases, the noun is always in the *sing. gen.* · The card game was **фарао́н** (faro).
24. ста́вить (II) / поста́вить (II) на (+ *acc.*) to place a bet on · **(по)ста́вить: (по)ста́в-л-ю, (по)ста́в-ишь**
25. уга́дывать (I) / угада́ть (I) to guess
26. узнава́ть (I) / узна́ть (I) to learn, in the sense of *to find out* · **узнава́ть: узна-ю́, узна-ёшь**
27. игро́к gambler · A predicate noun used with the past, future, or infinitive forms of **быть** is normally in the *inst.* when it serves to define what something or someone was *temporarily.* · Spelling Rule 1 applies. · Endings accented.
28. называ́ть (I) / назва́ть (I) to name · **назва́ть: назов-у́, назов-ёшь; назвала́**
29. пора́ it's time · A construction without a grammatical subject.

---

1. Что де́лали офице́ры у Нару́мова?
2. В кото́ром часу́ офице́ры се́ли у́жинать?
3. Кто ел мно́го?

4. Кто был Ге́рманн?
5. Что сказа́л оди́н из госте́й Ге́рманну?
6. Почему́ Ге́рманн не игра́ет в ка́рты?
7. Где жила́ ба́бушка мно́го лет тому́ наза́д?
8. Что люби́ла ба́бушка де́лать мно́го лет тому́ наза́д?
9. Что случи́лось оди́н раз, когда́ ба́бушка игра́ла в ка́рты?
10. Почему́ де́душка рассерди́лся?
11. Кто был дру́гом ба́бушки?
12. Опиши́те Сен-Жерме́на.
13. Что написа́ла ба́бушка Сен-Жерме́ну?
14. Что сказа́л Сен-Жерме́н ба́бушке, когда́ она́ рассказа́ла ему́, что́ случи́лось?
15. Почему́ ба́бушке не ну́жны бы́ли де́ньги, когда́ она́ пое́хала игра́ть в ка́рты ве́чером?
16. Ба́бушка откры́ла та́йну То́мскому?
17. Ско́лько сынове́й бы́ло у ба́бушки, и что они́ люби́ли де́лать?
18. Кому́ откры́ла ба́бушка свою́ та́йну и почему́?
19. Почему́ молодо́й челове́к никогда́ бо́льше не мог игра́ть?
20. В кото́ром часу́ офице́ры пое́хали домо́й?

Conversation

Read the age expressions under A silently, referring to the notes for explanations of new vocabulary and grammar. Next, practice reading the expressions over *orally*. Then jot down numerical cues for the expressions. With these cues, practice giving the initial question and the answers *orally* until you can do this without making any errors; repeat this process *in writing*. Proceed in the same manner with the rest of the age expressions, preparing where necessary a list of variants after the pattern under A.

Age Expressions

А. Ско́лько Влади́миру лет?[30]

1. Влади́миру оди́н год.[31]

2. Влади́миру { два́дцать / три́дцать / со́рок / пятьдеся́т[33] / шестьдеся́т[34] / се́мьдесят[35] / во́семьдесят[36] / девяно́сто[37] / сто[38] } оди́н год.[32]

B. Ско́лько ему́ лет?
  1. Ему́ { два / три / четы́ре } го́да.³⁹
  2. Ему́ два́дцать (три́дцать, etc.) два (три, четы́ре) го́да.⁴⁰

C. Ско́лько Ни́не лет?
  1. Ни́не { пять / шесть / семь / во́семь / де́вять } лет.⁴¹
  2. Ни́не два́дцать (три́дцать, etc.) пять (шесть, семь, во́семь, де́вять) лет.

D. Ско́лько ей лет?

Ей { де́сять / оди́ннадцать / двена́дцать / трина́дцать / четы́рнадцать / пятна́дцать / шестна́дцать / семна́дцать / восемна́дцать / девятна́дцать / два́дцать / три́дцать / со́рок / пятьдеся́т / шестьдеся́т / се́мьдесят / во́семьдесят / девяно́сто / сто } лет.

E. 1. Ско́лько лет ему́ бы́ло?⁴²
    Ему́ был оди́н (два́дцать оди́н, три́дцать оди́н, etc.) год.
    Ему́ бы́ло два го́да (пять лет).⁴³
  2. Ско́лько лет ей бу́дет?
    Ей бу́дет оди́н год (пять лет).⁴⁴

30. **Ско́лько Влади́миру лет?** How old is Vladimir? The Russian literally asks: *How many years to Vladimir?* · The person or thing about whose age the inquiry is made is in the *dat.* · When an adverb of quantity refers to *years*, the noun is rendered by **лет** instead of by **годо́в** (the *pl. gen.* of **год,** *year*).
31. **Влади́миру оди́н год.** Vladimir is one year old. · The Russian literally says: *To Vladimir one year.* Age is expressed by 1) putting the person or thing whose age is stated into the *dat.* and 2) using the *nom. form.* of the cardinal number with the Russian equivalent of *year(s).* · The *masc.* form of *one*, **оди́н,** is used here because the number refers to a *masc.* noun, **год.** · When *one* refers to a noun, the noun is 1) in the *sing.* and 2) in the same case as *one*.
32. **Влади́миру два́дцать (три́дцать,** etc.**) оди́н год.** Vladimir is twenty-(thirty-, etc.) one years old. · The *masc.* form **оди́н** is used as the last element of the number because the number refers to a *masc.* noun. · When *twenty-one, thirty-one*, etc. refer to a noun, the noun is 1) in the *sing.* and 2) in the same case as the number.
33. **пятьдеся́т** fifty · A cardinal number, as are the rest through *one hundred*.
34. **шестьдеся́т** sixty
35. **се́мьдесят** seventy
36. **во́семьдесят** eighty
37. **девяно́сто** ninety
38. **сто** one hundred
39. **Ему́ два (три, четы́ре) го́да.** He is two (three, four) years old. · The *masc.* form of *two*, **два,** is used here because the number refers to a *masc.* noun. · When *two, three,* or *four* are in the *nom.*, the noun they refer to is in the *sing. gen.*
40. **Ему́ два́дцать (три́дцать,** etc.**) два (три, четы́ре) го́да.** He is twenty-(thirty-, etc.) two (three, four) years old. · The *masc.* form **два** is used as the last element of the number because the number refers to a *masc.* noun. · When *twenty-two, thirty-two,* etc. are in the *nom.*, the noun they refer to is in the *sing. gen.*
41. **Ни́не пять (шесть, семь, во́семь, де́вять) лет.** Nina is five (six, seven, eight, nine) years old. · When *five* through *nine* are in the *nom.*, the noun they refer to is in the *pl. gen.* The same is true of cardinal numbers whose last element is in the *five*-through-*nine* series, of *ten* through *twenty*, and of *thirty, forty, fifty,* etc. · With cardinal numbers, as with adverbs of quantity, the *pl. gen.* of years is rendered by **лет** (instead of by **годо́в**).
42. **Ско́лько лет ему́ бы́ло?** How old was he? · An inquiry about age in the past tense is identical with one in the present, except that **бы́ло** is added.

GRAMMAR

43. **Ему́ был оди́н (два́дцать оди́н, три́дцать оди́н, etc.) год.** He was one year (twenty-one, thirty-one years, etc.) old.
    Ему́ бы́ло два го́да (пять лет). He was two (five) years old.
    · The pattern for expressing age in the past tense is identical with that in the present, except that 1) **был** is added if the cardinal number is *one* or if the last element of the cardinal number is *one* and 2) **бы́ло** is added in all other instances.

44. **Ско́лько лет ей бу́дет?** How old will she be?
    Ей бу́дет оди́н год (пять лет). She will be one year (five years) old. Age expressions in the future are identical with those in the present, except that **бу́дет** is added.

Grammar

Read over the following until you know the principles involved.

23.1 Verbs With the Particle -ся (-сь)

A. Form

Under the conditions described in *B*, **-ся** or its variant **-сь** is added to all the forms of some verbs. Normally **-ся** is used unless the verb form ends in a vowel, in which case **-сь** appears.

боя́ть-ся* (to be afraid)

Present	я бою́-сь	мы бои́м-ся
	ты бои́шь-ся	вы бои́те-сь
	он бои́т-ся*	они́ боя́т-ся*
Past	он боя́л-ся	они́ боя́ли-сь
	она́ боя́ла-сь	
Imperative	не бо́й-ся	не бо́йте-сь

B. Use

1. The particle **-ся (-сь)** is added to indicate that the action is directed at the subject.

    a. It is added to some verbs to make them reflexive, i.e., to have them indicate that the subject directs the action at itself. Here the particle has the force of the English *—self* pronoun, which is often used to help express a reflexive action.

---

* When **-ся** appears after **ть** or **т** the combination is pronounced as if it were written **тца**.

мы́ться/вы́мыться to wash oneself
Она́ мо́ется.   She is washing herself.

b. It is added to some verbs to make them reciprocal, i.e., to have them indicate that two or more individuals are directing the same action at each other. In such a case, **-ся** has the force of the English *each other*, which is frequently used to help express a reciprocal action.

встреча́ться/встре́титься   to meet each other
Мы ча́сто встреча́лись.   We frequently met each other.

c. The particle is attached to verbs of incompletion-repetition to make them passive, i.e., to have them indicate that the subject does not perform the action but is merely the recipient of it.

опи́сываться   to be described
  В э́той кни́ге опи́сываются собо́ры Кремля́. The cathedrals of the Kremlin are described in this book.

покупа́ться   to be bought
  Кни́ги покупа́ются в А́нглии. The books are bought in England.

стро́иться   to be built
  Э́ти зда́ния стро́ятся на́шими инжене́рами. These buildings are being built by our engineers.

чита́ться   to be read
  Сове́тские журна́лы чита́ются на́шими студе́нтами. The Soviet magazines are read by our students.

Note: 1. The agent or means in such constructions, the object of *by* in the English equivalents, is in the instrumental case.

2. When an agent or means is known, as in the last two examples, the idea of such constructions can also be expressed by the subject-verb-direct object pattern with which you are familiar:
  На́ши инжене́ры стро́ят э́ти зда́ния. Our engineers are building these buildings.

2. The particle **-ся (-сь)** is *always* used with some verbs.
  боя́ться   to be afraid (of)
  улыба́ться/улыбну́ться   to smile

3. The particle **-ся (-сь)** is *always* used with some verbs to render a certain meaning. Without the particle, such verbs have a different meaning.*

---

* There is often a reflexive principle involved in such verbs when they are used with **-ся (-сь)** but it is not useful as a memory aid, and it is best to simply learn the meanings of the verbs both with and without the particle.

HOMEWORK EXERCISE

находи́ться to be located   *but* находи́ть to find
остана́вливаться/останови́ться *but* остана́вливать/останови́ть
to stop (The *subject* stops: Он to stop (The subject stops
останови́лся. He stopped.) the motion of *someone* or
something else: Он останови́л
маши́ну. He stopped the car.)

серди́ться/рассерди́ться   *but* серди́ть/рассерди́ть
to become angry to make (someone) angry

Note: Verbs with **-ся (-сь)** are always intransitive, i.e., they never have a direct object.

Homework Exercise

Read through the following sentences silently, paying particular attention to the use of the particle **-ся (-сь)**. Then practice reading the sentences *aloud*. Next, practice writing them. Finally, translate them into English and then back into Russian.

1. Я люблю́ мы́ться холо́дной водо́й у́тром.
2. Мы обыкнове́нно встреча́лись в рестора́не по́сле ле́кции.
3. В э́той кни́ге опи́сывается ста́рый Петербу́рг.
4. Маши́ны покупа́лись в Москве́.
5. Э́то общежи́тие стро́илось сове́тским инжене́ром.
6. Все э́ти иностра́нные газе́ты и журна́лы чита́ются на́шими преподава́телями.
7. Ты бои́шься его́? Нет, не бою́сь.
8. Они́ улыба́лись, когда́ мы расска́зывали им о на́ших де́тях.
9. Она́ посмотре́ла на него́ и улыбну́лась.
10. Но́вые дома́ находи́лись на берегу́ мо́ря.
11. Я всегда́ нахожу́ рома́ны совреме́нных а́второв в э́том магази́не.
12. Они́ шли ти́хо и ча́сто остана́вливались.
13. Маши́на останови́лась о́коло Большо́го теа́тра.
14. Молодо́й челове́к останови́л меня́ и спроси́л, где нахо́дится посо́льство.
15. Почему́ вы се́рдитесь, когда́ я говорю́ о Влади́мире?
16. Он о́чень рассерди́лся и не хоте́л говори́ть со мной.

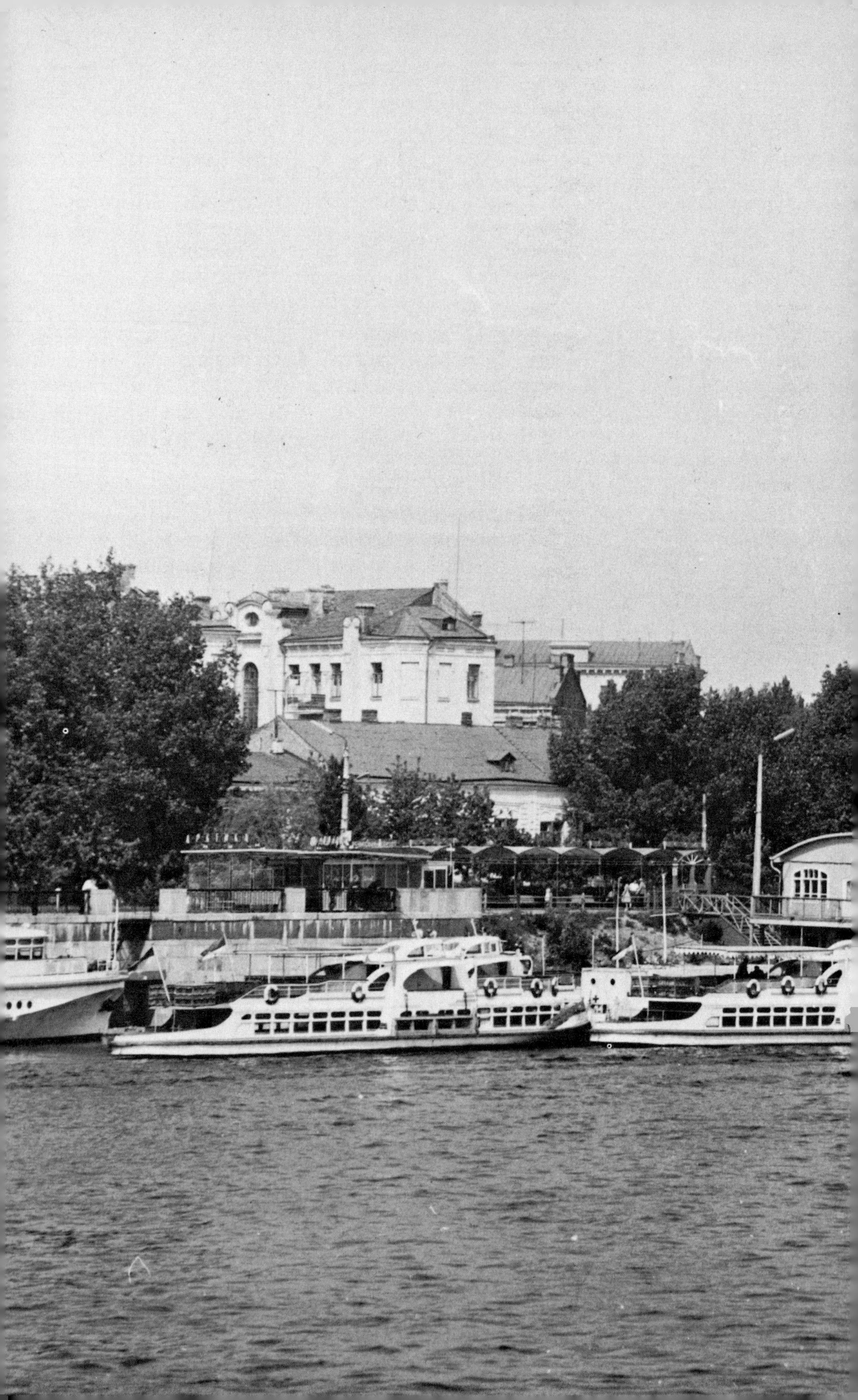

LESSON 24

Reading

Read the assigned selection silently, referring to the notes for explanations of new vocabulary and grammar. Then read the selection over *orally* until you can do this with ease and can follow the meaning of the text without having to rely on the notes at all. Next, write out the answers to the assigned questions, making use of the text and notes wherever necessary. Read the questions and your answers over *aloud* until you know the answers well enough to give them *orally* without referring to the written answers; then repeat this process *in writing*.

Пиковая дама (II)

Графиня сидела в своей комнате перед зеркалом. В молодости она была очень красива и, хотя теперь ей было восемьдесят семь лет, она одевалась[1] так же долго, так же старательно, как шестьдесят лет тому назад. Три девушки помогали графине одеваться. У окна сидела её воспитанница,[2] Лизавета Ивановна, и шила.[3]

Молодой офицер вошёл в комнату. «Здравствуйте, бабушка», — сказал он. Это был Томский. «Здравствуйте, Лизавета Ивановна. Бабушка, я хотел бы представить[4] вам моего хорошего друга. Можно приехать к вам с ним?»

— Приезжай с ним на бал[5] в пятницу,[6] и там мне его представишь.

Графиня и Томский поговорили[7] несколько минут и потом графиня пошла с девушками в соседнюю комнату.

молодость youth
хотя although

так же... как... just as ... as ...
старательно diligently

Лизавета Elizabeth
Ивановна Ivanovna, a patronymic — a middle name based on her father's first name, **Иван**

несколько several

Opposite: Riverside, Kiev (Roger-Viollet)

— Кого́ вы хоти́те предста́вить графи́не? — ти́хо спроси́ла Лизаве́та Ива́новна, когда́ графи́ня вы́шла.

— Нару́мова, — сказа́л То́мский. — Вы его́ зна́ете?

— Нет. Он вое́нный?[8]

— Вое́нный.

— Инжене́р?

— Нет! А почему́ вы ду́мали, что он инжене́р?

Лизаве́та Ива́новна улыбну́лась, но ничего́ не отве́тила.

— Paul, — сказа́ла графи́ня из сосе́дней ко́мнаты, — пошли́ мне но́вый рома́н, то́лько, пожа́луйста, не совреме́нный.

— Почему́ не совреме́нный?

— Терпе́ть не могу́ совреме́нных рома́нов. В них геро́и всегда́ убива́ют свои́х роди́телей.

— Хоти́те ру́сский рома́н?

— А есть ру́сские рома́ны? Ну, пошли́, пожа́луйста, пошли́!

— До свида́ния, ба́бушка: мне пора́ е́хать... До свида́ния, Лизаве́та Ива́новна! Почему́ же вы ду́мали, что Нару́мов инжене́р?

И сказа́в[9] э́то, То́мский ушёл.

Когда́ То́мский ушёл, Лизаве́та Ива́новна се́ла у окна́ и начала́ шить. Че́рез не́сколько мину́т она́ посмотре́ла в окно́[10] и уви́дела

READING

молодо́го офице́ра, стоя́вшего[11] на у́лице[12] о́коло их до́ма. Лизаве́та Ива́новна смути́лась, взяла́ свою́ рабо́ту и начала́ шить.

Вошла́ графи́ня.

— Ли́за, скажи́[13] каре́ту пригото́вить[14] — пое́дем поката́ться,[15] — сказа́ла графи́ня.

Ли́за diminutive of **Лизаве́та**
каре́та carriage

Лизаве́та Ива́новна ничего́ не отве́тила. Она́ начала́ убира́ть[16] свою́ рабо́ту.

— Что с тобо́й, — кри́кнула на[17] неё графи́ня. — Не слы́шишь ты меня́? Иди́ и скажи́ скоре́е пригото́вить каре́ту.

Что с тобо́й? What's the matter with you?

Лизаве́та Ива́новна вы́шла в сосе́днюю ко́мнату. Го́рничная вошла́ и дала́ графи́не кни́ги. Они́ бы́ли от То́мского.

— Хорошо́! — сказа́ла графи́ня го́рничной. — Ли́за, Ли́за, где же ты?

— Я иду́ в свою́ ко́мнату одева́ться, — сказа́ла Ли́за из сосе́дней ко́мнаты.

— Оде́нешься пото́м. Сиди́ тут! Откро́й э́ту кни́гу. Чита́й вслух.

вслух aloud

Лизаве́та Ива́новна взяла́ кни́гу и прочита́ла не́сколько фраз.

— Гро́мче! — сказа́ла графи́ня. — Что с тобо́й? Чита́й гро́мче!

гро́мче louder

Лизаве́та Ива́новна прочита́ла две страни́цы.[18] Вдруг графи́ня сказа́ла:

— Не хочу́ бо́льше слу́шать. Глу́пая кни́га!.. Ну, гото́ва каре́та?

Не хочу́ бо́льше слу́шать. I don't want to listen anymore (literally, *more*).

— Гото́ва, — сказа́ла Лизаве́та Ива́новна, посмотре́в[19] на у́лицу.

— Почему́ ты не оде́та? — спроси́ла графи́ня. — Всегда́ ну́жно тебя́ жда́ть.[20] Это ужа́сно!

ну́жно it's necessary

Ли́за пошла́ одева́ться. Че́рез две мину́ты графи́ня сказа́ла го́рничной: «Иди́ и скажи́ Лизаве́те Ива́новне, что я её жду».

— Наконе́ц, — сказа́ла графи́ня, уви́дев[21] воше́дшую[22] в ко́мнату Лизаве́ту Ива́новну. — Почему́ ты наде́ла[23] свою́ но́вую шля́пу? Для кого́?.. А кака́я[24] пого́да сего́дня? Ве́трено?[25]

наконе́ц finally

пого́да weather

— Нет, о́чень ти́хо, — отве́тила го́рничная.

— Ты всегда́ говори́шь не ду́мая.[26] Откро́й окно́! Коне́чно ве́трено. Ли́за, мы не пое́дем. И для кого́ ты наде́ла но́вую шля́пу?

— И вот моя́ жизнь, — поду́мала Лизаве́та Ива́новна.

вот... this is what (something) is like
жизнь life

---

1. **одева́ться (I) / оде́ться (I)** to dress (oneself) · Without the particle, the verb means simply *to dress (someone)* · **оде́ть(ся): оде́н-у-сь, оде́н-ешь-ся**
2. **воспи́танница** ward · Spelling Rule 2 applies.
3. **шить (I)** to sew (here, in the sense of *to do fancy needlework*) · **шь-ю, шь-ёшь**
4. **представля́ть (I) / предста́вить (II)** to introduce · The person to whom someone is introduced is in the *dat.* · **предста́вить: предста́вл-ю, предста́в-ишь**
5. **бал** ball · A **на**-noun, i.e., **на** (instead of **в**) is used to express motion *into/to* or location *in/at* with this noun. · One of a limited number of masculine nouns that have a second and stressed *sing. loc.* ending, **-ý**, after **на: на балу́.** · The stress is on the endings in the *pl.*
6. **пя́тница** Friday · Spelling Rule 2 applies. · **в пя́тницу** on Friday: in time expressions the *acc.* is normally used after **в.**
7. **поговори́ть (II)** (*completion*) to chat

READING

8. **военный** military man · In some instances adjectives serve as nouns. These "adjectival nouns" are declined like adjectives. Adjectives that describe such "adjectival nouns" normally agree with them in number, gender, and case.
9. **сказа́в** having said · This is a verbal adverb of completed action, formed by adding **-в** to the past tense stem of the verb of completion. Like its equivalent English construction, it describes an action 1) completed before the action in the main clause and 2) performed by the subject of the main clause. In its function as an adverb, it tells *when* the action in the main clause took place; in its function as a verb, it describes an action and can take objects, etc.
10. **(по)смотре́ть в** (+ *acc.*) **окно́** to look out the window
11. **стоя́вший** who was standing · This is a past active verbal adjective, formed by adding **-вший, -вшее, -вшая, -вшие** to the past tense stem of **стоя́ть**. · Spelling Rules 1 and 2 apply in the declension of such an adjective. It is in the same number, gender, and case as the noun it describes (here, **офице́р**). The construction with the verbal adjective is not common in conversational Russian; instead, the construction with the relative pronoun is used: **она́... увида́ла молодо́го офице́ра, кото́рый стоя́л на у́лице.**
12. **у́лица** street · Spelling Rule 2 applies. · This is a **на-**noun, i.e., **на** (instead of **в**) is used to express motion *into/to* or location *in/at* with this noun.
13. **скажи́** tell them · The indirect object of the imperative is understood here.
14. **приготовля́ть (I) / пригото́вить (II)** to get (something) ready, to prepare · **пригото́вить: пригото́в-л-ю, пригото́в-ишь**
15. **поката́ться (I)** (*completion*) to go for a drive · Without the particle, the verb means *to take* (*someone*) *for a drive*.
16. **убира́ть (I) / убра́ть (I)** to put away · **убра́ть: убер-у́, убер-ёшь; убра́л, убра́ло, убрала́, убра́ли**
17. **крича́ть (II) / кри́кнуть (I) на** (+ *acc.*) to shout (at) · **крича́ть: крич-у́, крич-и́шь · кри́кнуть: кри́кн-у, кри́кн-ешь**
18. **страни́ца** page · Spelling Rule 2 applies.
19. **посмотре́в** having looked (after she looked) · A verbal adverb of completed action. See note 9.
20. **ждать (I)** to wait (for) · Its animate direct object is in the *acc.*, inanimate in the *gen.* · **жд-у́, жд-ёшь; ждал, жда́ло, ждала́, жда́ли**
21. **уви́дев** when she saw (on seeing) · A verbal adverb of completed action. See note 9.
22. **воше́дший** who had entered · A past active verbal adjective formed from **войти́**. Spelling Rules 1 and 2 apply in the declension of such

an adjective. It is in the same number, gender, and case as the noun it describes (here **Лизаве́та Ива́новна**). The construction with the relative pronoun can be substituted: **...графи́ня, уви́дев Лизаве́ту Ива́новну, кото́рая вошла́ в ко́мнату**.
23. **надева́ть (I) / наде́ть (I)** to put on (an item of clothing) · **наде́ть: наде́н-у, наде́н-ешь**
24. **како́й** what kind of · This interrogative is in the same number, gender, and case as the noun to which it refers. · The *sing. masc.* nom. has the same ending as **молодо́й**; elsewhere, its endings are the same as those of **ру́сский**, with Spelling Rule 1 applying.
25. **Ве́трено?** Is it windy? · A construction without a grammatical subject.
26. **не ду́мая** without thinking (literally, *not thinking*) · **Ду́мая** is a verbal adverb of simultaneous action, formed by adding **-я** to the present tense stem of the verb of incompletion-repetition. Like its equivalent English construction, it describes an action which 1) takes place at the same time as the action in the main clause and 2) is performed by the subject of the main clause. In its function as an adverb, this form tells *how* the action in the main clause takes place; in its function as a verb, it describes an action.

---

1. Где сиде́ла графи́ня?
2. Ско́лько бы́ло лет графи́не?
3. Как одева́лась графи́ня?
4. Что де́лали де́вушки?
5. Кто была́ Лизаве́та Ива́новна?
6. Где сиде́ла Лизаве́та Ива́новна, и что она́ де́лала?
7. Кто вошёл в ко́мнату?
8. Кого́ хоте́л То́мский предста́вить ба́бушке?
9. Где То́мский предста́вит ба́бушке своего́ дру́га?
10. Что спроси́ла Лизаве́та Ива́новна, когда́ ба́бушка вы́шла?
11. О чём попроси́ла графи́ня То́мского?
12. Почему́ графи́ня терпе́ть не могла́ совреме́нных рома́нов?
13. Что начала́ де́лать Лизаве́та Ива́новна, когда́ То́мский ушёл?
14. Кого́ уви́дела Лизаве́та Ива́новна на у́лице? Что он де́лал?
15. Почему́ графи́ня кри́кнула на Лизаве́ту Ива́новну?
16. Что случи́лось, когда́ Лизаве́та Ива́новна вы́шла в сосе́днюю ко́мнату?
17. Ли́за до́лго чита́ла вслух графи́не?
18. Кто сказа́л Ли́зе, что каре́та гото́ва?
19. Что сказа́ла графи́ня, когда́ го́рничная откры́ла окно́?

Conversation

Read the assigned selection silently, referring to the notes for explanations of new vocabulary and grammar. Then read the selection over *orally* until you can do this with ease and can follow the meaning of the text without having to rely on the notes at all. Next, write out the answers to the assigned questions, making use of the text and notes wherever necessary. Read the questions and your answers over *aloud* until you know the answers well enough to give them *orally* without referring to the written answers; then repeat this process *in writing*.

Кен в лагере[27] на Днепре[28]

Милый Джон!

Прости, что я так долго тебе не писал. Теперь мы в Киеве. Это замечательный город! Напишу тебе больше о нём потом, но теперь я хотел рассказать тебе, как мы ездили в лагерь вчера. В этом лагере летом живут советские студенты и преподаватели. Лагерь находится недалеко от Киева, на берегу Днепра.

Киев Kiev (the capital of the Ukrainian S.S.R.)

Приехали мы туда[29] утром — в половине десятого. Советские студенты ждали нас и рады были нас видеть. Перед обедом они показали нам лагерь, а потом мы пошли на пляж.[30]

Пляж недалеко от лагеря. Мы все пришли в восторг от пляжа. Погода была замечательная — было жарко, но вода была холодная. Приятно плавать в Днепре. Мы долго плавали, а потом сидели на пляже и говорили со студентами. Нам было жаль уходить, но было уже двенадцать часов и нужно было идти в лагерь обедать.

Русские очень любят гостей — обед был замечательный. Мы пили вино, ели борщ, котлеты и рыбу, и нам было очень весело.

В лагере есть маленький театр и после обеда мы смотрели пьесу Чехова — актёры и актрисы были студенты. Потом студенты играли на гитаре и пели русские песни.³¹ Один студент прочитал по-английски несколько страниц из романа «Гекльберри Финн»³² и был очень доволен, когда мы сказали ему, что у него хорошее произношение. Мы спели несколько американских³³ песен.

произношение pronunciation

Нам было жаль уезжать из этого лагеря, но было уже девять часов и наш автобус ждал нас. Мы поблагодарили наших милых молодых друзей за такой замечательный день и уехали.

Пиши!

Кен

---

27. **лагерь** (*m.*) camp · *Pl.* endings accented.
28. **Днепр** the Dnieper (a river in the Ukraine) · Endings accented.
29. **туда** there · **Туда** indicates the direction of a person or thing. **Там** indicates the *location* of a person, thing, or action.
30. **пляж** beach · Spelling Rules 1 and 2 apply. · *Masc.* nouns with a final **ж, ч, ш,** or **щ** in the *sing. nom.* take the ending **-ей** in the *pl. gen.*: **пляж-ей**. · This is a **на-**noun, i.e., **на** (instead of **в**) is used to express motion *into/to* or location *in/at* with this noun.
31. **песня** song · Like other feminine nouns whose *sing. nom.* ends in **-я** *without* a preceding **и**, it has the ending **-е** in the *sing. dat.* and *loc.* (**песн-е**); unlike most such nouns, its *pl. gen.* does not end in **-ь**: **песен.**
32. **«Гекльберри Финн»** *Huckleberry Finn* · The title of a book, newspaper, etc., which is in apposition to a noun is normally in the *nom.*
33. **американский** (*adj.*) American · Spelling Rule 1 applies.

1. Где теперь Кен?
2. Что сказал Кен о Киеве?
3. О чём Кен хочет рассказать Джону в этом письме?
4. Кто живёт в лагере?
5. Где находится лагерь?
6. В котором часу Кен приехал в лагерь?
7. Кто ждал Кена и его товарищей в лагере?
8. Куда они пошли перед обедом?
9. Где находится пляж?
10. Что сказал Кен о пляже?
11. Какая была погода в тот день?
12. Почему было приятно плавать в Днепре?
13. В котором часу они пошли обедать?
14. Что сказал Кен об обеде?
15. Что они ели и пили?
16. Что они делали после обеда?
17. Что прочитал студент по-английски?
18. Кто был очень доволен, и почему?
19. Почему Кену и его товарищам нужно было уезжать?
20. Что они сказали своим новым друзьям?

Grammar

Read over the following until you know the principles involved.

24.1 Verbal Adverbs of Completed Action*

English verbal forms such as *having read, having written*, etc. are rendered in Russian by *verbal adverbs of completed action*.

A. Form

1. Verbal adverbs of completed action are formed from verbs of completion.
2. Normally the verbal adverb of completed action is formed by adding an ending to the *past tense stem*.
   a. If the past tense stem ends in a vowel, either **-в** (more commonly) or **-вши** is added.

   прочитать:
       прочита́-л   прочита́-в(ши)

   But if a verb with such a vowel-ending stem uses the particle **-ся (-сь)**, then **-вши** is added, followed, as expected, by **-сь**.

---
* Frequently referred to as *past gerunds*.

остановиться:
остановѝ-л-ся остановѝ-вши-сь

b. If the past tense stem ends in a consonant (i.e., if the past tense masculine form does not have the **-л** ending), **-ши** is added:

помо́чь:
помо́г помо́г-ши

c. The accent is normally on the same syllable as in the infinitive.

3. In a limited number of cases, the verbal adverb of completed action can also be formed by adding **-я** to the *future tense stem*. (When a verb has one stem for the first person singular and another for the other persons, the latter stem is used; for example, **увидеть** has **увиж-** in the first person singular and **увид-** in the other persons, so the latter stem is used.)

увидеть:
увид-ишь увид-я
увиде-л увиде-в(ши)

Verbal adverbs with an ending in **-я** normally have the stress on the same syllable as in the first person singular. This is the preferred form of the verbal adverb for some verbs.

Note: The vocabulary at the end makes special note of exceptions to the above rules, of preferred forms in **-я,** and of forms that are not common.

B. *Use*

1. The English *having* — verbal form is rendered in Russian by the verbal adverb of completed action.

Having finished the work,
Око́нчив(ши) рабо́ту,

> she read the newspaper.
> она́ чита́ла газе́ту.
>
> she is reading the newspaper.
> она́ чита́ет газе́ту.
>
> she will read the newspaper.
> она́ бу́дет чита́ть газе́ту.

Not *having received* a letter from him,
Не **получи́в(ши)** письма́ от него́,

> I knew that he was sick.
> я знал, что он бо́лен.
>
> I know that he is sick.
> я зна́ю, что он бо́лен.
>
> I will know that he is sick.
> я бу́ду знать, что он бо́лен.

GRAMMAR

2. Like the English *having* — form, the verbal adverb in the subordinate (dependent) clause of a sentence:

   a. has an understood common subject with the verb in the main clause: *she* finished the work; *I* did not receive the letter.

   b. expresses an action and indicates that this action was completed *before* the action in the main clause began, begins, or will begin.

   c. performs, with the rest of its clause (its objects, any adverbs that modify it, etc.), an adverbial function. It tells the circumstances under which the action in the main clause occurs, for example, *when* or *why* the action occurs.

   When did she read the newspaper? When she had finished the work.
   Why did I know that he was sick? Because I did not receive the letter.

24.2 Substitutes for Constructions with a Verbal Adverb of Completed Action

Like its English equivalent with the *having* — construction, a clause with a verbal adverb can often be replaced by a simpler construction that conveys the same basic meaning. Note, in the following examples of substitutions, that the aspect of the verbal adverb is retained.

A. When a clause with a verbal adverb answers the question *when?*:

   1. It can be replaced by an independent clause and **и потóм** or **и тепéрь**. For example, the first three sentences under B. 1 above can be restated as follows.

   Онá окóнчила рабóту и потóм читáла газéту. *She finished the work and then read the newspaper.*
   Онá окóнчила рабóту и тепéрь читáет газéту. *She finished the work and is now reading the newspaper.*
   Онá окóнчит рабóту и потóм бýдет читáть газéту. *She will finish the work and will then read the newspaper.*

   2. It can be replaced by a subordinate clause beginning with **когдá** if the verb in the main clause is not in the present tense. The first and third sentences under B. 1 above can be restated as follows.

   Когдá онá окóнчила рабóту, онá читáла газéту. *When she had finished the work, she read the newspaper.*
   Когдá онá окóнчит рабóту, онá бýдет читáть газéту. *When she finishes the work, she will read the newspaper.*

B. When a clause with a verbal adverb answers the question *why?* it can be replaced by a subordinate clause beginning with **потому́ что**. The last three sentences under B. 1 above can be restated as follows.

Я знал, что он бо́лен, **потому́ что я не получи́л письма́ от него́.** I knew that he was sick *because I had not received a letter from him.*

Я зна́ю, что он бо́лен, **потому́ что я не получи́л письма́ от него́.** I know that he is sick, *because I did not receive a letter from him.*

Я бу́ду знать, что он бо́лен, **потому́ что я не получу́ письма́ от него́.** I will know that he is sick, *because* (*in that case*) *I won't receive a letter from him.*

Like its English counterpart, a Russian subordinate clause with a verbal adverb of completed action is sometimes so vague that it is impossible to determine just what type of circumstance is being defined. For example, one and the same clause may be interpreted as an answer to *when?* or *why?*

Homework Exercise

Read through the following sentences silently, paying particular attention to the use of verbal adverbs of completed action. Then practice reading the sentences *aloud*. Next, practice writing them. Finally, translate them into English and then back into Russian.

1. Пообе́дав(ши), я пошёл на ле́кцию.
2. Заплати́в(ши) за ко́мнату в гости́нице, инжене́р уе́хал.
3. Посмотре́в(ши) в окно́, она́ уви́дела молодо́го офице́ра.
4. Останови́вшись пе́ред карти́ной, он на́чал говори́ть о совреме́нном иску́сстве.
5. Помо́гши ей написа́ть докла́д, я пошёл домо́й.
6. Уви́дев(ши) ⎫
   Уви́дя   ⎬ меня́, он останови́лся.
7. Прочита́в(ши) э́тот рома́н, Влади́мир пи́шет докла́д.
8. Сев(ши) за стол, жена́ чита́ет журна́л.
9. Око́нчив(ши) университе́т, я бу́ду рабо́тать в посо́льстве.
10. Написа́в(ши) письмо́, он пойдёт к дру́гу.
11. Получи́в(ши) ви́зу, Ни́на пошлёт телегра́мму отцу́.
12. Спев(ши) не́сколько пе́сен, они́ пойду́т на пляж.
13. Рассерди́вшись, де́вушка ничего́ не отве́тила мне.
14. Не сказа́в(ши) ему́ о свои́х пла́нах, актри́са не хоте́ла ви́деть его́.
15. Получи́в(ши) мно́го де́нег от отца́, сын пое́хал во Фра́нцию.
16. Забы́в(ши) в кото́ром часу́ мы приезжа́ем, она́ не встре́тила нас.

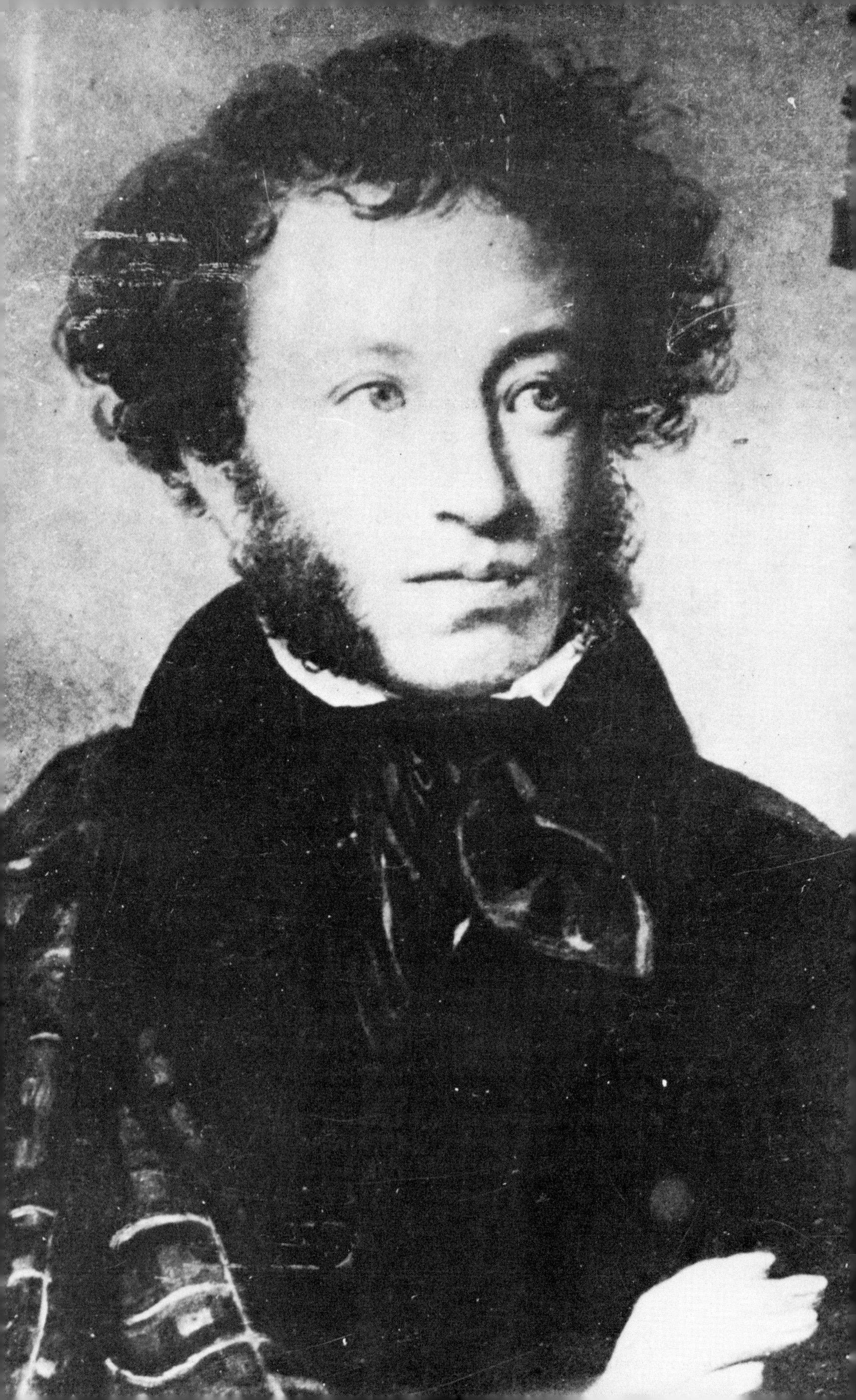

LESSON 25

Reading

Read the assigned selection silently, referring to the notes for explanations of new vocabulary and grammar. Then read the selection over *orally* until you can do this with ease and can follow the meaning of the text without having to rely on the notes at all. Next, write out the answers to the assigned questions, making use of the text and notes wherever necessary. Read the questions and your answers over *aloud* until you know the answers well enough to give them *orally* without referring to the written answers; then repeat this process *in writing*.

Пиковая дама (III)

Правда, Лизавета Ивановна была очень несчастна.[1] Графиня ругала её за[2] всё и платила ей мало денег. У неё не было друзей. Сколько раз она плакала в своей комнате. Она очень хотела выйти замуж[3] и уехать из этого дома.

Раз — это случилось после вечера у Нарумова, и до[4] разговора Лизы с Томским — раз Лизавета Ивановна сидела у окна и шила. Случайно она посмотрела на улицу и увидела молодого инженера, стоявшего[5] около их дома и смотревшего в её окно. Она смутилась и опять начала шить. Через пять минут посмотрела: молодой человек стоял на том же[6] месте.[7] Лиза решила больше не смотреть на улицу и продолжала шить. Она шила до обеда. Убирая[8] работу перед обедом, и случайно посмотрев на улицу, она опять увидела инженера.

разговор conversation

случайно accidentally

Opposite: Alexander Sergeivich Pushkin (Collection Viollet)

«Как это странно»,⁹ — подумала она. Она была очень взволнованна и после обеда опять посмотрела на улицу, но офицера уже не было¹⁰ — и она забыла о нём.

Через два дня, выходя¹¹ с графиней к карете, она опять увидела офицера. Он стоял недалеко от кареты и смотрел на неё. Лизавета Ивановна испугалась, сама¹² не зная¹³ почему. Она была очень взволнованна весь этот день.

С этого дня¹⁴ всегда в определённый час молодой человек приходил и стоял перед их домом. Каждый день она смотрела на него дольше и дольше. Молодой человек смущался каждый раз,¹⁵ когда их глаза¹⁶ встречались. Через неделю она ему улыбнулась.¹⁷

определённый definite
каждый every
дольше longer

Лизавета Ивановна была взволнованна, услышав, что Томский хочет представить графине своего друга. Она думала, что друг Томского был молодой инженер, стоявший¹⁸ перед их домом каждый день. Но узнав, что он не инженер, она боялась, что спросив Томского об этом, она открыла ему свою тайну.

Германн был честолюбив¹⁹ и расчётлив. У него были сильные страсти²⁰ и пламенное воображение, но он не давал им воли.²¹ Так, например, он любил играть в карты, но никогда не играл, потому что не хотел рисковать своими деньгами.

сильный strong, powerful
пламенный fiery
воображение imagination
например for example

Германн был очень взволнован рассказом Томского о тайне графини и не мог забыть о нём.

рассказ story, account

На следующий²² день вечером, бродя по²³ Петербургу, он думал: «Что, если старая

READING

графи́ня откро́ет мне свою́ та́йну и назовёт мне э́ти три ка́рты. Ста́ну[24] её дру́гом, мо́жет быть любо́вником,[25] — но для э́того ну́жно вре́мя,[26] — а ей во́семьдесят семь лет, — она́ мо́жет умере́ть че́рез неде́лю, — че́рез два дня!..»

Вдруг Ге́рманн уви́дел, что он стои́т пе́ред больши́м до́мом, в кото́рый вхо́дят хорошо́ оде́тые лю́ди. На у́лице стоя́ло мно́го дороги́х каре́т.

— Чей э́то дом? — спроси́л он челове́ка, стоя́вшего[27] о́коло каре́ты.

— Графи́ни***, — отве́тил челове́к.

Ге́рманн задрожа́л. Он до́лго ходи́л о́коло до́ма, ду́мая[28] о графи́не, о её та́йне...

Всю ночь Ге́рманн не мог спать. На сле́дующий день у́тром он опя́ть пошёл броди́ть по у́лицам Петербу́рга. Вдруг он задрожа́л — опя́ть перед ним был дом графи́ни! Он останови́лся и на́чал смотре́ть на о́кна. Он уви́дел де́вушку, сиде́вшую[29] у окна́, кото́рая что́-то ши́ла. Де́вушка посмотре́ла на него́ и Ге́рманн уви́дел ми́лое лицо́ и чёрные глаза́. Э́та мину́та реши́ла его́ судьбу́.[30]

1. несча́стна unhappy · The long form is несча́стный. · The т is not pronounced.
2. руга́ть (I) / вы́ругать (I) (за + *acc.*) to scold (someone for something)
3. выходи́ть/вы́йти за́муж to get married · Used only with a *fem.* subject.
4. до (+ *gen.*) before, in the sense of *sometime before*; until
5. стоя́вший standing, who was standing · смотре́вший looking, who was looking · These are past active verbal adjectives, formed by adding -вший, -вшее, -вшая, -вшие to the past tense stem. Spelling Rules 1 and 2 apply in the declension of such an adjective. The adjective is in the same number, gender, and case as the noun it describes. The construction with the verbal adjective is not common in conversational Russian; instead, the construction with the relative

pronoun is used: **она́... уви́дела молодо́го инжене́ра, кото́рый стоя́л о́коло их до́ма и смотре́л в её окно́.**
6. **тот же** the same · **Тот** is in the same number, gender, and case as the noun which the whole expression describes.
7. **ме́сто** place, spot · *Pl.* endings accented.
8. **убира́я** putting away, when she was putting away · This is a verbal adverb of simultaneous action, formed by adding **-я** to the present tense stem of the verb of incompletion-repetition. Like its equivalent English construction, it describes an action which 1) takes place at the same time as the action in the main clause and 2) is performed by the subject of the main clause. In its function as an adverb, this form tells *when* the action in the main clause takes place; in its function as a verb, it describes an action, and can take objects, etc.
9. **Как э́то стра́нно.** How strange (this is). · **Стра́нный** is the long form. · A predicate adjective in a "this is ..." type of expression is always in its short neuter form.
10. **офице́ра уже́ не́ было** the officer was no longer there · Normally, to state that a person or thing *was not* someplace, put the person or thing into the gen. and use **не́ было**. · When **уже́** appears immediately before **не,** the phrase normally means *no longer*. **Уже́** plus **не́ было** is rendered by *was no longer there* (or *here*).
11. **выходя́** going out, when she was going out · A verbal adverb of simultaneous action. See note 8.
12. **сама́** herself · In Russian, one emphatic pronoun with variable endings renders the English equivalents *myself, yourself, himself*, etc. It agrees in number, gender, and case with the noun or pronoun to which it refers and which it emphasizes. Its forms are as follows.

	Singular			Plural
	Masculine	Neuter	Feminine	
Nom.	сам	сам-о́	сам-а́	са́м-и
Gen.	сам-ого́		сам-о́й	сам-и́х
Dat.	сам-ому́		сам-о́й	сам-и́м
Acc.	If noun or pronoun it refers to is inanimate, like the *nom.;* if animate, like the *gen.*	сам-о́	сам-оё	If noun or pronoun it refers to is inanimate, like the *nom.;* if animate, like the *gen.*
Inst.	сам-и́м		сам-о́й	сам-и́ми
Loc.	сам-о́м		сам-о́й	сам-и́х

READING

13. **зна́я** knowing · A verbal adverb of simultaneous action. See note 8.
14. **с** (+ *gen.*) **э́того дня** from this day on
15. **раз** time, in the sense of *occasion* · This noun is one of a limited number that have no ending in the *pl. gen.*, i.e., the *pl. gen.* is identical with the *sing. nom.* · *Pl.* endings accented.
16. **глаз** eye · One of a limited number of *masc.* nouns that have a second and stressed *sing. loc.* ending, **-ý**, used only after **в** and **на: в глаз-ý.** · Like some masc. nouns, **глаз** takes the accented ending **-á** in the *pl. nom.* (**глазá**) and its *pl.* endings are accented. · The noun is one of a limited number that have no ending in the *pl. gen.*, i.e., the *pl. gen.* is identical with the *sing. nom.*
17. **ему́ улыбну́лась** smiled at him · The person smiled at is in the *dat.*
18. **стоя́вший** who stood · A past active verbal adjective. See note 5.
19. **честолюби́в** ambitious · The long form is **честолюби́вый.**
20. **страсть** passion · All *pl.* forms except the *nom.* and *acc.* are accented.
21. **дава́ть/дать во́лю** to give rein · The thing given rein is in the *dat.* **Во́ля** literally means *liberty*.
22. **сле́дующий** next, following · Spelling Rules 1 and 2 apply. · The adjective and the noun are in the *acc.*, the case used for time expressions with **на**.
23. **броди́ть (II) (по** + *dat.*) to wander (about) · **брож-у́, бро́д-ишь**
24. **станови́ться (II) / стать (I)** to become · The thing one becomes is in the *inst.* · **станови́ться: станов-л-ю́-сь, стано́в-ишь-ся** · **стать: ста́н-у, ста́н-ешь**
25. **любо́вник** lover (male) · Spelling Rule 1 applies.
26. **вре́мя** time

    A few neuter nouns that end in **-м-я** in the *sing. nom.* are declined as follows:

	Singular	Plural
Nom.	врéм-я	врем-енá
Gen.	врéм-ени	врем-ён
Dat.	врéм-ени	врем-енáм
Acc.	врéм-я	врем-енá
Inst.	врéм-енем	врем-енáми
Loc.	врéм-ени	врем-енáх

27. **стоя́вший** who stood · A past active verbal adjective. See note 5.
28. **ду́мая** thinking · A verbal adverb of simultaneous action. See note 8.
29. **сиде́вшая** sitting, who was sitting · A past active verbal adjective. See note 5.

30. **судьба́** fate · Some *fem.* nouns with the *sing. nom.* in **-a** preceded by a consonant + **ь** + a consonant replace the **ь** with **e** in the *pl. gen.*: **су́деб.** · The stress is on the first syllable in the *pl.*

---

1. Почему́ Лизаве́та Ива́новна была́ несча́стна?
2. Чего́ хоте́ла Лизаве́та Ива́новна?
3. Что случи́лось, когда́ Ли́за сиде́ла у окна́ и ши́ла?
4. Что уви́дела Ли́за, когда́ она́ посмотре́ла в окно́ че́рез пять мину́т?
5. Что случи́лось че́рез два дня?
6. Где молодо́й челове́к стоя́л всегда́ в определённый час?
7. Почему́ Ли́за была́ взволно́ванна, услы́шав, что То́мский хо́чет предста́вить графи́не своего́ дру́га?
8. Чего́ боя́лась Ли́за?
9. Опиши́те Ге́рманна.
10. Чем был взволно́ван Ге́рманн?
11. О чём ду́мал Ге́рманн, бродя́ по Петербу́ргу?
12. Что хоте́л Ге́рманн сде́лать?
13. Чего́ боя́лся Ге́рманн?
14. Чей дом вдруг уви́дел Ге́рманн, когда́ он броди́л по Петербу́ргу?
15. Кто сказа́л Ге́рманну, чей э́то дом?
16. Почему́ Ге́рманн не мог спать в э́ту ночь?
17. Куда́ пошёл Ге́рманн на сле́дующий день у́тром?
18. Кого́ уви́дел Ге́рманн, когда́ он останови́лся и на́чал смотре́ть на о́кна?
19. Опиши́те де́вушку.

Conversation

1) Read over the date expressions under A silently, referring to the notes for explanations of new vocabulary and grammar. Next, practice reading the expressions over *orally*. Then jot down numerical cues for the expressions. With these cues, practice giving the initial question and the answers *orally* until you can do this without making any errors; repeat this process *in writing*. (Don't forget to do an equal amount of practice with the words for *January* and *February*.) 2) Read over the expressions under B.1, referring to the note for the explanation of grammar. Using the numerical cues you prepared for A, practice giving the initial question and all the possible answers *orally* until you can do this without making any errors; repeat this process *in writing*. Follow the same procedure with B. 2.

CONVERSATION 247

Date Expressions (Days, Months)

A. Какое сегодня число?[31]

Сегодня {
первое
второе
третье
четвёртое
пятое
шестое
седьмое
восьмое
девятое
десятое
одиннадцатое
двенадцатое
тринадцатое[34]
четырнадцатое[35]
пятнадцатое[36]
шестнадцатое[37]
семнадцатое[38]
восемнадцатое[39]
девятнадцатое[40]
двадцатое[41]
двадцать первое (второе, etc.)[42]
тридцатое[43]
тридцать первое
} {
января.[32]
февраля.[33]
}

B. 1. Какое число было вчера?
    Вчера было первое (второе, etc.) января.[44]
2. Какое число будет завтра?
    Завтра будет первое (второе, etc.) февраля.

---

31. **Какое сегодня число?** What is the date today? · **Число** means *date*. The sentence literally means *What kind of date is today?* · **Число** is one of the neuter nouns with the sing. nom. ending in **-о** preceded by a double consonant that acquire a **е** or **о** between these two consonants in the *pl. gen.:* **чисел**. · In its *pl.* forms **число** is stressed on the first syllable.
32. **Сегодня первое (число) января.** Today is the first (day) of January. · **Январь,** January, is a *masc.* noun. Endings accented. *Sing. inst.* **январём.** · Like English, Russian uses ordinal numbers (number ad-

jectives) to express the date. These ordinals are in the *sing. neut. nom.*, since they describe **число,** which, like its English counterpart, *day*, is usually understood and not expressed. · In these expressions the month is always in the *gen.*, also paralleling English usage.
33. **февра́ль** (*m.*) February · Endings accented. *Sing. inst.* **февралём.**
34. **трина́дцатый** thirteenth · An ordinal number, as are the rest that follow.
35. **четы́рнадцатый** fourteenth
36. **пятна́дцатый** fifteenth
37. **шестна́дцатый** sixteenth
38. **семна́дцатый** seventeenth
39. **восемна́дцатый** eighteenth
40. **девятна́дцатый** nineteenth
41. **двадца́тый** twentieth
42. **Сего́дня два́дцать пе́рвое (второ́е,** etc.) ... Today is the twenty-first (second, etc.) ... · As in English, in *compound* ordinals only the last number is actually an ordinal—the others are cardinals and are always in the *nom*.
43. **тридца́тый** thirtieth
44. **Како́е число́ бы́ло вчера́?** What was the date yesterday?
    Вчера́ бы́ло пе́рвое января́. Yesterday was the first of January.
    Како́е число́ бу́дет за́втра? What will be the date tomorrow?
    За́втра бу́дет пе́рвое февраля́. Tomorrow will be the first of February.
    · Date expressions in the past or future tense are like those in the present, but **бы́ло** or **бу́дет** is added.

Grammar

Read over the following until you know the principles involved.

25.1 Verbal Adverbs of Simultaneous Action*

Under certain circumstances English verbal forms ending in -*ing* (*living, understanding*, etc.) are rendered by the Russian verbal adverb of simultaneous action.

A. Form

1. Verbal adverbs of simultaneous action are formed from verbs *of incompletion-repetition;* however, this verbal form does not exist in the case of some such verbs.
2. A verbal adverb of simultaneous action is normally formed by adding an ending to the *present tense stem*. When a verb has one stem for the first person singular and another for the other persons, use the latter stem.

---
* Frequently referred to as *present gerunds*.

GRAMMAR

a. The ending is **-я** unless the stem ends in a Spelling Rule 3 consonant, in which case **-a** is substituted.

    понима́ть:
        понима́-ю   понима́-**я**
    дрожа́ть:
        дрож-у́   дрож-**а́**

b. The stress is normally on the same syllable as in the first person singular.

The vocabulary at the end makes special note of exceptions to the above rules and of forms that either do not exist or are not common.

B. Use

The Russian verbal adverb of simultaneous action renders the English verbal form ending in *-ing* when the English form is used to indicate that the action in the subordinate clause occurred, is occurring, or will be occurring simultaneously with the action in the main clause but *not* when the *-ing* form serves as a substitute for a relative pronoun and the verb of which the relative pronoun is the subject.

1. *Living* in Leningrad,
   Живя́ в Ленингра́де,

   I frequently saw Vladimir.
   я ча́сто ви́дел Влади́мира.

   I frequently see Vladimir.
   я ча́сто ви́жу Влади́мира.

   I will frequently see Vladimir.
   я ча́сто бу́ду ви́деть Влади́мира.

Note: In English we frequently add *while* or *when* to such forms ending in *-ing*: *While* living ... *When* living ... This is never done in Russian.

2. Not *understanding* Russian,
   Не **понима́я** по-ру́сски,

   he didn't go to the lecture.
   он не пошёл на ле́кцию.

   he is not going to the lecture.
   он не идёт на ле́кцию.

   he won't go to the lecture.
   он не пойдёт на ле́кцию.

3. She read your letter,
   Она́ чита́ла ва́ше письмо́

   She is reading your letter,
   Она́ чита́ет ва́ше письмо́

   She will read your letter,
   Она́ бу́дет чита́ть ва́ше письмо́

   smiling.
   улыба́ясь.

4. But *sitting* in the following sentence should be rendered not by a verbal adverb but with the aid of the relative pronoun:

> The student (*who is*) *sitting* at the table is writing a report.
> Студе́нт, **кото́рый сиди́т за столо́м,** пи́шет докла́д.

Here the *-ing* form is a shortcut substitute for the relative pronoun and the verb of which the relative pronoun is the subject. (If you *were* to use the verbal adverb here, the resultant Russian sentence would have the emphasis of the English sentence: Sitting at the table, the student is writing a report.)

Like its English counterpart ending in *-ing*, the verbal adverb in the subordinate clause:

> has an understood common subject with the verb in the main clause: *I* lived in Leningrad. *He* did not understand Russian. *She* smiled.

> expresses an action and indicates that this action occurred, is occurring, or will be occurring *simultaneously* with the action in the main clause.

> performs, with the rest of its clause (its objects, any adverbs that modify it, etc.) an adverbial function: it tells the circumstances under which the action in the main clause occurs; for example, *when*, *why*, or *how* the action occurs.

> > *When* did I see Vladimir?
> > > When living in Leningrad.
> > *Why* didn't he go to the lecture?
> > > Because he didn't understand Russian.
> > *How* did she read your letter?
> > > Smilingly.

The construction with the Russian verbal adverb of simultaneous action is used much more commonly than its English counterpart.

25.2 Substitutes for Constructions with a Verbal Adverb of Simultaneous Action

Like its English equivalent with the *-ing* construction, a clause with a verbal adverb can often be replaced by a simpler construction that conveys the same basic meaning. Note in the following examples of substitutions that the aspect of the verbal adverb is retained.

A. When a clause with a verbal adverb answers the question *when?*:
  1. It can be replaced by an independent clause and **и**. For example, the sentences under B. 1 above can be restated as follows.

> **Я жил в Ленингра́де и** ча́сто ви́дел Влади́мира. *I lived in Leningrad and frequently saw Vladimir.*

GRAMMAR

Я живу́ в Ленингра́де и ча́сто ви́жу Влади́мира. *I live in Leningrad and* frequently see Vladimir.

Я бу́ду жить в Ленингра́де и ча́сто бу́ду ви́деть Влади́мира. *I will live in Leningrad and* will frequently see Vladimir.

or

2. It can be replaced by a subordinate clause beginning with **когда́** if the verb in the main clause is in the past or future tense. When the the main clause verb is in the present tense, the **когда́** construction can only be used if the clause with the verbal adverb indicates a repeated action. (A clause with a verbal adverb, just like its English counterpart, will not always be clear on the matter of repetition. This may have to be decided on the basis of context.) The sentences under B. 1 can be restated as follows.

Когда́ я жил в Ленингра́де, я ча́сто ви́дел Влади́мира.
When I lived in Leningrad, l frequently saw Vladimir.

Only if repetition is involved, i.e., if I live there on repeated occasions:

Когда́ я живу́ в Ленингра́де, я ча́сто ви́жу Влади́мира.
When I live in Leningrad, I frequently see Vladimir.

Когда́ я бу́ду жить в Ленингра́де, я ча́сто бу́ду ви́деть Влади́мира. *When I live in Leningrad,* I will frequently see Vladimir.

B. When a clause with a verbal adverb answers the question *why?* it can be replaced with a subordinate clause beginning with **потому́ что**. The sentences under B. 2 above can be restated as follows:

Он не пошёл на ле́кцию,
He didn't go to the lecture,

Он не идёт на ле́кцию,
He is not going to the lecture,

Он не пойдёт на ле́кцию,
He won't go to the lecture,

потому́ что он не понима́ет по-ру́сски.
because he doesn't understand Russian.

C. When a clause with a verbal adverb answers the question *how?*, it can be replaced by a partially expressed independent clause and **и,** but *not* if the verb in the main clause is a verb of completion. The sentences under B. 3 in 25.1 can be restated as follows.

Она́ чита́ла ва́ше письмо́ **и (она́) улыба́лась.** She was reading your letter *and (she was) smiling.*

Она́ чита́ет ва́ше письмо́ **и (она́) улыба́ется.** She is reading your letter *and (she is) smiling.*

Она́ бу́дет чита́ть ва́ше письмо́ **и (она́ бу́дет) улыба́ться.** She will be reading your letter *and (she will be) smiling.*

Like its English counterpart, a Russian subordinate clause with a verbal adverb of simultaneous action can sometimes be so vague that it is impossible to determine just what type of circumstance it defines. For example, at times one and the same clause may logically be interpreted as an answer to *when*? or *why*? or *how*?

Homework Exercise

Read through the following sentences silently, paying particular attention to the use of the verbal adverbs of simultaneous action. Then practice reading the sentences *aloud*. Next, practice writing them. Finally, translate them into English and then back into Russian.

1. Сто́я пе́ред общежи́тием, студе́нт вдруг уви́дел Ни́ну.
2. Пла́вая в Днепре́, офице́р утону́л.
3. Кладя́ журна́л на её стол, инжене́р уви́дел письмо́.
4. Слы́ша э́ти пе́сни, она́ всегда́ приходи́ла в восто́рг.
5. Обе́дая в э́том рестора́не, мой оте́ц ча́сто ви́дит на́шего адвока́та там.
6. Слу́шая ле́кции их преподава́теля, я никогда́ ничего́ не понима́ю.
7. Идя́ домо́й, мы иногда́ говори́м о де́тях.
8. Покупа́я ве́щи в сосе́днем магази́не, она́ расска́зывает мне о свое́й но́вой кварти́ре.
9. Рабо́тая в посо́льстве, мы встре́тим мно́го интере́сных люде́й.
10. Платя́ за биле́ты, я спрошу́ его́ о пье́се.
11. Говоря́ о Москве́, а́втор то́же ска́жет не́сколько слов о Кремле́.
12. Де́лая докла́д о Сове́тском Сою́зе, я бу́ду пока́зывать фотогра́фии Кремля́.
13. Не чита́я по-ру́сски, он не купи́л э́тих книг.
14. Ненави́дя э́того актёра, мой оте́ц не пое́дет в теа́тр сего́дня ве́чером.
15. Она́ вошла́ в ко́мнату улыба́ясь.
16. Он слу́шал её мо́лча.

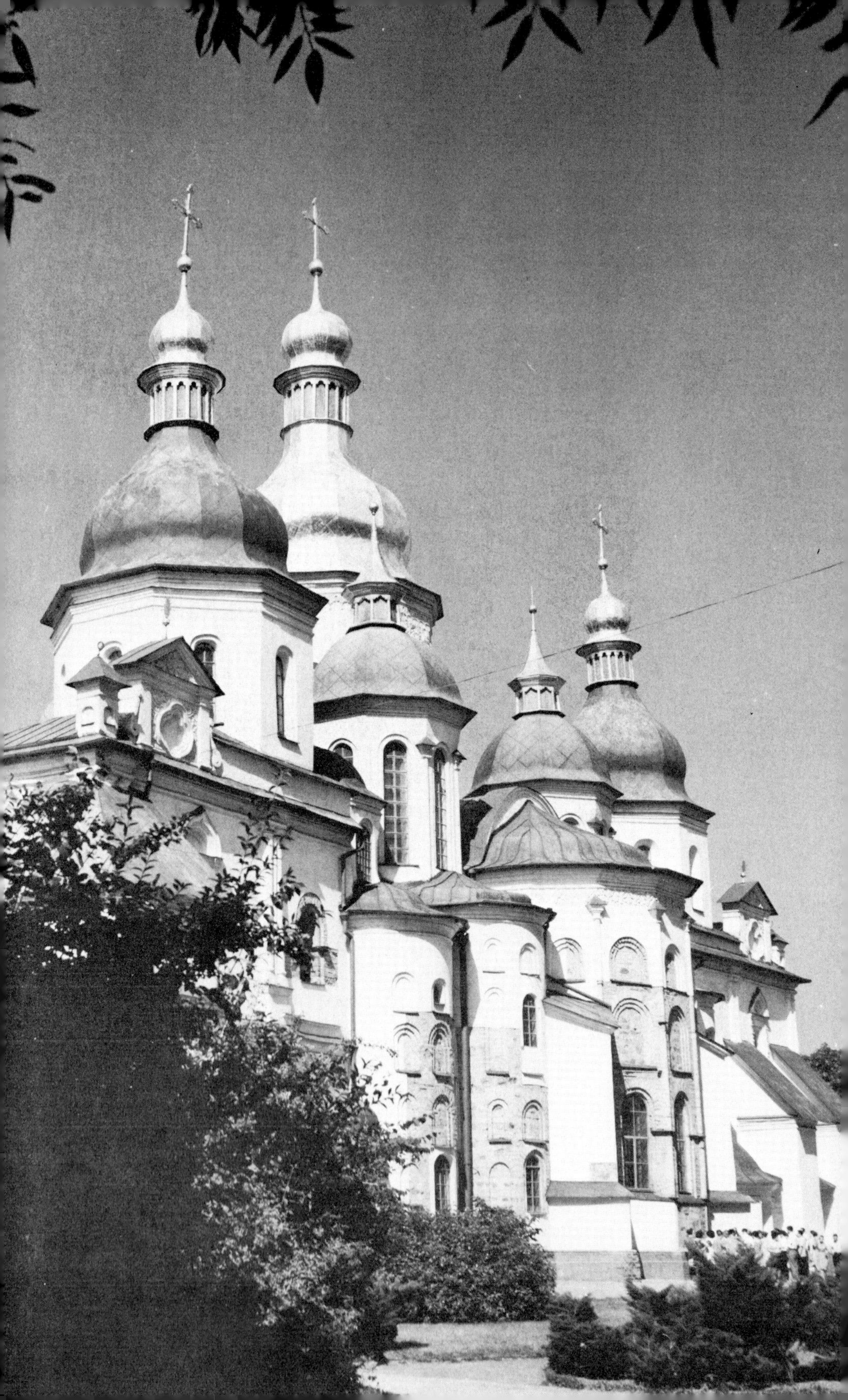

LESSON 26

Reading

Read the assigned selection silently, referring to the notes for explanations of new vocabulary and grammar. Then read the selection over *orally* until you can do this with ease and can follow the meaning of the text without having to rely on the notes at all. Next, write out the answers to the assigned questions, making use of the text and notes wherever necessary. Read the questions and your answers over *aloud* until you know the answers well enough to give them *orally* without referring to the written answers; then repeat this process *in writing*.

Пиковая дама (IV)[1]

Как только Лиза сняла шляпу, графиня опять сказала приготовить карету. Когда графиня садилась в карету,[2] Лизавета Ивановна вдруг увидела своего инженера, который быстро подошёл к[3] ней, дал ей письмо и ушёл. Лиза положила письмо в перчатку[4] и села в карету. Она была очень взволнованна. В карете она не отвечала на вопросы[5] графини и графиня очень рассердилась.

Приехав домой, Лизавета Ивановна прочитала письмо. Офицер писал что он любит её. Письмо было нежно[6] и слово в слово взято[7] из немецкого[8] романа. Но Лизавета Ивановна не знала этого и была очень довольна письмом.

Прочитав письмо, она не знала, что делать, но наконец решила ответить на него. Несколько раз начинала она писать своё письмо. Наконец она написала несколько

как только as soon as

слово в слово word for word

наконец finally

Opposite: Cathedral of St. Sophia, Kiev (Roger-Viollet)

слов, которыми она была довольна. «Возвращаю[9] вам письмо ваше, — писала она. — Я знаю, что вы честный человек, но прошу вас больше не писать мне».

На следующий день, увидя Германна на улице, Лизавета Ивановна бросила ему письмо. Германн поднял[10] его, открыл, и увидел своё письмо и ответ Лизаветы Ивановны. Прочитав её письмо, он не удивился — он ждал такого ответа — и был очень доволен своей интригой.

Через три дня девушка принесла[11] Лизе письмо. Лиза открыла его: Германн хотел свидания с ней. Испугавшись, Лизавета Ивановна сказала девушке не приносить ей больше писем.

Но с этого дня Лиза начала получать страстные письма от Германна. Он уже не брал их из немецких романов, а писал их сам. В них он дал волю теперь своим сильным страстям и пламенному воображению. Лиза уже не возвращала ему писем. Она была в восторге от них, начала отвечать на них. Её письма стали длиннее[12] и нежнее.[13] Наконец она написала ему, что он сможет увидеть её вечером. Графиня и она поедут на бал, и когда они уедут, слуги[14] пойдут спать. Он должен войти[15] в дом в половине двенадцатого, пройти в её комнату, и там её ждать. В письме она описала ему, как пройти в её комнату через спальню[16] графини.

В десять часов вечера Германн уже стоял перед домом графини. Он был очень взволнован. Погода была ужасная — было ветрено и очень холодно, но Германн этого не замечал.[17] Наконец, он увидел, как графиня и Лизавета Ивановна уехали. Через несколько минут в доме стало темно.[18] Гер-

честный honorable, honest (pronounced as if written **чесный**)

интрига intrigue

свидание rendezvous, meeting

страстный passionate (pronounced as if written **страсный**)

READING

манн на́чал ходи́ть о́коло до́ма. На у́лице люде́й не́ бы́ло.¹⁹ Он посмотре́л на часы́ — бы́ло два́дцать мину́т двена́дцатого. Он смотре́л на часы́ и ждал. Ро́вно в полови́не двена́дцатого он вошёл в дом графи́ни.

ро́вно exactly

---

1. The last part of the story (III) was a flashback. In this fourth part the main action starts from the point at which it had stopped, i.e., at the end of the second part.
2. сади́ться/сесть в каре́ту to get into the carriage · The object of **в** is in the *acc.* in this expression.
3. подходи́ть (II) / подойти́ (I) (к + *dat.*) to go up (to) · подходи́ть: подхож-у́, подхо́д-ишь · подойти́: подойд-у́, подойд-ёшь; подошёл, подошло́, подошла́, подошли́
4. перча́тка glove · Spelling Rule 1 applies. · Some *fem.* nouns with the *sing. nom.* in **-а** preceded by a double consonant acquire a **е** or **о** between these two consonants in the *pl. gen.*: перча́ток.
5. отвеча́ть на вопро́сы to answer the questions · Вопро́с means *question*. · The *person* to whom the answer is directed is in the *dat.*, but the *question, letter*, etc. to which the answer is directed is the *acc.* object of **на**.
6. не́жно tender · The long form is не́жный.
7. (бы́ло) взя́то (was) taken · Взя́то is the short form of the neuter past passive verbal adjective formed by adding **-т-ое** to the past tense stem of взя-ть: взя́-т-ое. It agrees in number and gender with the noun which it describes (here, письмо́). The other forms are взя-т-ый, взя-т; взя-т-ая, взя-т-а́; взя-т-ые, взя-т-ы. · Used with the verb *to be*, expressed or understood, the short form of the past passive verbal adjective has the force of the English past passive: it indicates that the subject did not perform the action but was merely the recipient of it. A simpler construction could have been used here: **...и он взял его́ сло́во в сло́во из неме́цкого рома́на.**
8. неме́цкий (*adj.*) German · Spelling Rule 1 applies.
9. возвраща́ть (I) / возврати́ть (II) to return, in the sense of *to give back* · возврати́ть: возвращ-у́, возврат-и́шь
10. поднима́ть (I) / подня́ть (I) to pick up · подня́ть: подним-у́, подни́м-ешь; по́днял, по́дняло, подняла́, по́дняли
11. приноси́ть (II) / принести́ (I) to bring · приноси́ть: принош-у́, прино́с-ишь · принести́: принес-у́, принес-ёшь; принёс, принесло́, принесла́, принесли́

12. **длинне́е** longer · The comparative of **дли́нный**, formed by substituting **-ее** for the regular adjectival ending.
13. **нежне́е** more tender · Comparative of **не́жный**, formed by substituting **-ее** for the regular adjectival ending.
14. **слуга́** servant · A limited number of masculine nouns have *sing. nom.* endings like *fem.* nouns. Such nouns are declined like the animate *fem.* nouns they resemble. But adjectives that describe these nouns take *masc.* endings. Also, when such nouns serve as subjects, the *masc.* form of the verb is used. · Spelling Rule 1 applies. · In the *pl.*, the accent is on the first syllable.
15. **Он до́лжен войти́...** He should enter ... · The short adjective forms **до́лжен, должно́, должна́,** and **должны́** render *should*, in the sense of *ought to*. The Russian verb expressing the action that *should* be performed is in its infinitive form. *Should have* is obtained by adding the appropriate past tense form of **быть** *immediately after* the short adjective: **Он до́лжен был войти́...**
16. **че́рез** (+ *acc.*) **спа́льню** through the bedroom · Like other *fem.* nouns whose *sing. nom.* ends in **-я** *without* a preceding **и**, **спа́льня** has the ending **-е** in the *sing. dat.* and *loc.* (**спа́льн-е**); unlike most such nouns, it does not end in **-ь** in the *pl. gen.* · Some *fem.* nouns with the *sing. nom.* in **-а** or **-я** preceded by a consonant + **ь** + a consonant replace the **ь** with **е** in the *pl. gen.*: **спа́лен**.
17. **замеча́ть (I) / заме́тить (II)** to notice · **заме́тить: заме́ч-у, заме́т-ишь**
18. **ста́ло темно́** it became dark · In the Russian equivalent of the expression *it became* (*is becoming, will become*) ..., the pronoun *it* is never rendered.
19. **люде́й не́ было** there weren't any people. · Normally, to state that a person or thing *was not* someplace, put the person or thing into the *gen.* and use **не́ было**. In the present and future, **нет** and **не бу́дет** replace **не́ было**.

---

1. Что случи́лось, как то́лько Ли́за сняла́ шля́пу?
2. Что сде́лал инжене́р, когда́ графи́ня сади́лась в каре́ту?
3. Что сде́лала Ли́за с письмо́м?
4. Почему́ графи́ня рассерди́лась на Ли́зу?
5. Когда́ Ли́за прочита́ла письмо́?
6. Како́е письмо́ написа́л Ге́рманн?
7. Что реши́ла Ли́за сде́лать, прочита́в письмо́?

8. Почему́ Лизаве́та Ива́новна не́сколько раз начина́ла писа́ть письмо́?
9. Что написа́ла Ли́за Ге́рманну?
10. Что сде́лала Ли́за со свои́м письмо́м?
11. Что поду́мал Ге́рманн, прочита́в её письмо́?
12. Кто принёс Ли́зе второ́е письмо́ от Ге́рманна, и когда́?
13. Почему́ Лизаве́та Ива́новна сказа́ла де́вушке не приноси́ть ей бо́льше пи́сем?
14. Каки́е пи́сьма получа́ла Ли́за, начина́я с э́того дня?
15. Почему́ Лизаве́та Ива́новна уже́ не возвраща́ла Ге́рманну его́ пи́сем?
16. Каки́е пи́сьма Ли́за тепе́рь писа́ла Ге́рманну?
17. Что наконе́ц написа́ла Ли́за Ге́рманну?
18. Где был Ге́рманн в де́сять часо́в ве́чера?
19. Кака́я была́ пого́да в э́тот ве́чер?
20. Почему́ в до́ме ста́ло темно́?
21. Ско́лько люде́й бы́ло на у́лице?
22. В кото́ром часу́ Ге́рманн вошёл в дом?

Conversation

Read the assigned selection silently, referring to the notes for explanations of new vocabulary and grammar. Then read the selection over *orally* until you can do this with ease and can follow the meaning of the text without having to rely on the notes at all. Next, write out the answers to the assigned questions, making use of the text and notes wherever necessary. Read the questions and your answers over *aloud* until you know the answers well enough to give them *orally* without referring to the written answers; then repeat this process *in writing*.

Кен в Ки́еве

Ми́лый Джон!

Получи́л твоё письмо́ вчера́. Спаси́бо за него́.

Мы в Ки́еве уже́ две неде́ли. Пого́да замеча́тельная. Два дня тому́ наза́д бы́ло хо́лодно, но вчера́ бы́ло гора́здо тепле́е, а сего́дня вдруг ста́ло жа́рко. И, коне́чно, у́тром мы е́здили на пляж и до́лго пла́вали.

бы́ло гора́здо тепле́е it was much warmer

Како́й краси́вый го́род Ки́ев! Ки́ев бо́лее дре́вний го́род, чем[20] Москва́. В Ки́еве мно́го дре́вних собо́ров, но са́мый изве́стный[21] —

это Софийский[22] собор, построенный[23] в одиннадцатом веке.[24]

Самое красивое[25] место в Киеве — это Владимирская горка.[26] С Владимирской горки замечательный вид на[27] Днепр. Там большой парк, в котором стоит памятник[28] Святому Владимиру. В десятом веке, при[29] князе[30] Владимире, русские[31] приняли[32] христианство.

Святой Saint

христианство Christianity

Вчера вечером мы слушали концерт[33] в парке — вечер был хороший и тихий. Было очень приятно сидеть там и слушать музыку[34] из оперы «Пиковая дама».[35]

Как ты знаешь, в Советском Союзе пятнадцать республик.[36] Киев — столица Украинской[37] республики. На улицах в Киеве можно слышать и украинский язык,[38] и русский. Мне трудно понимать людей, говорящих[39] по-украински, но некоторые слова я понимаю.

и... и... both ... and ...

мне трудно it's difficult for me

по-украински (in) Ukrainian

Завтра мы поедем в Ялту. Ты наверно помнишь,[40] что в Ялте была конференция,[41] на которой были Рузвельт, Черчилль и Сталин. Ялта на берегу Чёрного моря. Там наверно будет очень жарко и, конечно, мы будем плавать в Чёрном море.

Ялта Yalta (a city in the Crimea)

Десять дней тому назад я послал тебе книгу и несколько интересных журналов. Ты их наверно скоро получишь. В книге замечательные фотографии Киева, Москвы, Ленинграда и Ялты. Пожалуйста, покажи их всем нашим друзьям.

Напиши о себе,[42] пожалуйста. Что ты будешь делать осенью?

Кен

CONVERSATION

20. **бо́лее дре́вний... чем** more ancient ... than · **Бо́лее** (which is never declined) plus an adjective renders the comparative. The noun after **чем** is in the nominative. · The comparative in **-(е)е** which you have had up to now is used as a predicate adjective. The comparative formed with **бо́лее** can be used as an attributive or predicate adjective.
21. **са́мый изве́стный** most famous · **Са́мый** plus an adjective renders the superlative. It takes the same number, gender, and case as the adjective. · The endings of **са́мый** follow the pattern of **но́вый**.
22. **Софи́йский** an adjective meaning *St. Sophia's* · Spelling Rule 1 applies.
23. **постро́енный** which was built · This is the *masc.* past passive verbal adjective, formed by adding **-енн-ый** to the *1st pers. sing.* stem (which is used for most verbs whose infinitive ends in **-ить**). Like the *masc.*, the *neut.*, *fem.* and *pl.* forms follow the **но́вый** pattern of endings. · This verbal adjective is in the same number, gender, and case as the noun it describes (here, **собо́р**). · The *3rd pers. pl.* of the verb could be used to express the passive here: **...кото́рый постро́или...** (literally, ... which [they] built ...).
24. **век** century · Like some other masculine nouns, **век** takes the accented ending **-а́** in the *pl. nom.* and *acc.* (**век-а́**) and has accented endings throughout the *pl.*
25. **са́мое краси́вое** most beautiful · See note 21.
26. **Влади́мирская го́рка** (St.) Vladimir's Hill · Spelling Rule 1 applies to both the adjective and the noun. · *Pl. gen.* of **го́рка**: **го́рок**
27. **вид на** (+ *acc.*) view of
28. **па́мятник** monument · Spelling Rule 1 applies.
29. **при** (+ *loc.*) in the reign of, in the time of
30. **князь** prince · *Pl.*: *nom.* **князь-я́**, *gen.* **княз-е́й**, *dat.* **князь-я́м**, *acc.* **княз-е́й**, *inst.* **князь-я́ми**, *loc.* **князь-я́х**.
31. **ру́сский** a Russian (man) · In some instances adjectives serve as nouns. These "adjectival nouns" are declined like the adjectives they resemble. Adjectives that describe such "adjectival nouns" normally agree with them in number, gender, and case. · Spelling Rule 1 applies.
32. **принима́ть (I) / приня́ть (I)** to accept · **приня́ть: прим-у́, при́м-ешь; при́нял, при́няло, приняла́, при́няли**
33. **конце́рт** concert · A **на**-noun, i.e., **на** (instead of **в**) is used to express motion *into/to* or location *in/at* with this noun.
34. **му́зыка** music · Spelling Rule 1 applies.
35. **Пи́ковая да́ма** · The title of an opera, book, etc. which is in apposition to a noun is normally in the *nom.* case.
36. **респу́блика** republic · Spelling Rule 1 applies.
37. **украи́нский** Ukrainian · Spelling Rule 1 applies.
38. **язы́к** language · Spelling Rule 1 applies. · Accent on the endings.

39. **говоря́щие** who speak · This is the plural form of the present active verbal adjective, formed by adding **-ящ-ие** to the present tense stem. The *masc.* is **-ящ-ий**, *neut.* **-ящ-ее**, *fem.* **-ящ-ая**. · Spelling Rules 1 and 2 apply. · This verbal adjective takes the same number, gender, and case as the noun it describes. · A simpler construction could be used: **...когда́ лю́ди говоря́т...**
40. **по́мнить (II)** to remember
41. **конфере́нция** conference · A **на**-noun, i.e., **на** (instead of **в**) is used to express motion *into/to* or location *in/at* with this noun.
42. **себе́** yourself · Russian has a reflexive pronoun which renders *myself*, *yourself*, *himself*, etc. when these refer to the performer of an action and are 1) direct or indirect objects of a verb or 2) objects of a preposition. It should not be confused with the emphatic pronoun, **сам**, **само́, сама́, са́ми**, which merely emphasizes a noun or pronoun. · This pronoun has no *nom.* form. The *gen./acc.* is **себя́**, *dat./loc.* **себе́**, *inst.* **собо́й**.

---

1. Ско́лько неде́ль Кен в Ки́еве?
2. Что сказа́л Кен о пого́де?
3. Что де́лал Кен у́тром?
4. Опиши́те Ки́ев.
5. Что вы зна́ете о Софи́йском собо́ре?
6. Како́е са́мое краси́вое ме́сто в Ки́еве, и почему́?
7. Что вы зна́ете о кня́зе Влади́мире?
8. Где был Кен вчера́ ве́чером?
9. Каку́ю му́зыку слу́шал Кен?
10. Ско́лько респу́блик в Сове́тском Сою́зе?
11. Како́й го́род столи́ца Украи́нской респу́блики?
12. Кен хорошо́ говори́т по-украи́нски?
13. Куда́ пое́дет Кен за́втра?
14. Кто был на конфере́нции в Я́лте?
15. Где нахо́дится Я́лта?
16. Бу́дет хо́лодно в Я́лте?
17. Что Кен бу́дет де́лать в Я́лте?
18. Что посла́л Кен Джо́ну?
19. Когда́ посла́л Кен кни́гу и журна́лы Джо́ну?
20. О каки́х замеча́тельных фотогра́фиях говори́т Кен в своём письме́?

GRAMMAR

Grammar

Read over the following until you know the principles involved.

26.1 The Comparative of Adjectives

A. Form

An adjective normally has two comparative forms, the simple and the compound.

1. *The Simple Comparative*

    a. The simple comparative is usually formed by the substitution of the *unchangeable* ending **-ее** for the regular ending of the adjective.

красив-**ый**	красив-**ее**
beautiful	more beautiful

    The accent normally remains on the same syllable unless the stem has only one syllable, in which case the accent will shift to the first **е** of the comparative ending.

но́в-ый	нов-е́е
new	newer

    b. Some adjectives have an irregularly constructed simple comparative with the *unchangeable* ending **-e.** Such comparatives normally have their stress on the syllable before the **-e:**

дорог-**о́й**	доро́ж-**е**
expensive	dearer, more expensive

молод-**о́й**	моло́ж-**е**
young	younger

Note: Some adjectives do not have a simple comparative.

2. *The Compound Comparative*

    The compound comparative consists of the word **бо́лее** (*more*) and the adjective. **Бо́лее** is *unchangeable*, but the adjective is in the same number, gender, and case as the noun it describes.

    бо́лее краси́вый (-ое, -ая, -ые) more beautiful

    When the compound comparative is used as a predicate adjective, the second, *inflected* part may take short adjective endings.

B. Use

1. If an adjective in the comparative is to serve as a predicate adjective, the simple comparative form is *preferred:*

    Москва́ **краси́вее**... Moscow is more beautiful ...

the compound form *may* be used:
> Москва́ **бо́лее краси́ва** ...   Moscow is more beautiful ...

2. Otherwise, the compound form *should* be used:
> Москва́ **бо́лее краси́вый го́род**... Moscow is a more beautiful city ...
>
> Я хочу́ говори́ть о **бо́лее интере́сных веща́х.** I want to talk about more interesting things.

C. *Comparative of the Adjectives* **большо́й, ма́ленький, плохо́й, хоро́ший**

Each of these adjectives has a simple comparative in **-е** and a special declinable comparative. If the adjective is to serve as a predicate adjective, use either comparative form; otherwise, use the declinable form.

	Simple Comparative	Special Declinable Comparative
больш-**о́й** big, large	бо́льш-**е** bigger, larger	бо́льш-**ий** bigger, larger
ма́леньк-**ий** small, little	ме́ньш-**е** smaller, littler	ме́ньш-**ий** smaller, littler
плох-**о́й** bad	ху́ж-**е** worse	ху́дш-**ий** worse
хоро́ш-**ий** good	лу́чш-**е** better	лу́чш-**ий** better

D. *Expressing* Than *with Adjectives*

1. With the simple comparative forms, *than* can be rendered in either of two ways:
   a. By the word **чем** (always preceded by a comma). The noun or pronoun which is the second element of the comparison is in the nominative case.
   > Москва́ краси́вее, **чем Ленингра́д.** Moscow is more beautiful than Leningrad.

   b. By putting the second element into the genitive case
   > Москва́ краси́вее **Ленингра́да.** Moscow is more beautiful than Leningrad.

GRAMMAR

Note: Than must always be rendered by **чем** when the second element of the comparison is the pronominal adjective **его́, её,** or **их** with an understood (not expressed) noun.

Мой сын моло́же, **чем его́.** My son is younger than his (son).

The purpose of this rule is to avoid confusion with the genitive case of **он, оно́, она́,** or **они́.**

2. With the compound comparative forms and with **бо́льший, ме́ньший, ху́дший,** and **лу́чший,** *than* must be expressed by **чем.** As was indicated above, the noun or pronoun which is the second element of the comparison will be in the nominative case.

Москва́ **бо́лее краси́ва, чем** Ленингра́д. Moscow is more beautiful than Leningrad.

Москва́ **бо́лее краси́вый го́род, чем** Ленингра́д. Moscow is a more beautiful city than Leningrad.

26.2 The Comparative of Adverbs

A. Form

Adverbs ending in **-o** normally have simple and compound comparative forms. These are constructed in the same manner as the adjectival comparative forms.

1. The Simple Comparative

a. The simple comparative is usually formed by the substitution of the ending **-ee** for the **-o:**

быстр-**о**	быстр-**е́е**
quickly	quicker

b. Some adverbs have an irregularly constructed simple comparative in **-e:**

гро́мк-**о**	гро́мч-**е**
loudly	louder
до́лг-**о**	до́льш-**е**
long	longer
ра́н-**о**	ра́ньш-**е**
early	earlier
ре́дк-**о**	ре́ж-**е**
rarely	"more rarely"

мáл-**о** little	мéньш-**е** less
мнóг-**о** much	бóльш-**е** more
плóх-**о** badly	хýж-**е** worse
хорош-**ó** well	лýчш-**е** better

c. The rules for stress are identical with those for adjectival comparatives.

2. *The Compound Comparative*

This form consists of **бóлее** plus the adverb.

бóлее интерéсно   more interesting

B. *Use*

The simple comparative is preferred.

C. *Expressing* Than *with Adverbs*

1. With the simple comparative forms of adverbs, **чем** *or* the genitive construction can be used to render *than* when the actions of *different* people or things are compared.

Он рабóтает мéньше, чем я. ⎱
Он рабóтает мéньше меня.   ⎰ He works less than I.

Note: **Чем** must be used when the second element of the comparison consists of the pronominal adjective **егó, её,** or **их** with an understood (not expressed) noun.

Мой сын рабóтает бóльше, чем егó (сын). My son works more than his (son).

2. With the simple comparative forms of adverbs, **чем** *must* be used when the actions of the *same* person or thing are compared.

Вчерá я рабóтал мéньше, чем сегóдня. Yesterday I worked less than today.

3. With the compound comparative forms of adverbs, *than* must be expressed by **чем.**

The vocabulary at the end of the text notes irregularities in the formation and stress of comparatives.

Homework Exercise

Read through the following sentences silently, paying particular attention to the use of the comparatives. Then practice reading the sentences *aloud*. Next, practice writing them. Finally, translate them into English and then back into Russian.

1. Их общежитие новее, чем наше.
2. Её студенты были гораздо умнее ваших.
3. Твоё письмо интереснее, чем её.
4. Эта картина замечательна, но она гораздо дороже, чем я думал.
5. Она была моложе его.
6. Моя комната больше вашей.
7. Их новая машина меньше, чем ваша.
8. Во всём городе не было более красивого здания, чем наш новый театр.
9. Я хотел бы получить более определённый ответ от вас.
10. Студенты хотят читать романы более современных авторов.
11. Читайте быстрее.
12. Она приехала раньше, чем обыкновенно.
13. Зимой они приезжают к нам реже, чем летом.
14. Говорите громче, пожалуйста. Я вас не слышу.
15. Следующий раз мы будем жить в Москве дольше.
16. Он говорит по-английски хуже, чем я, но читает он лучше.

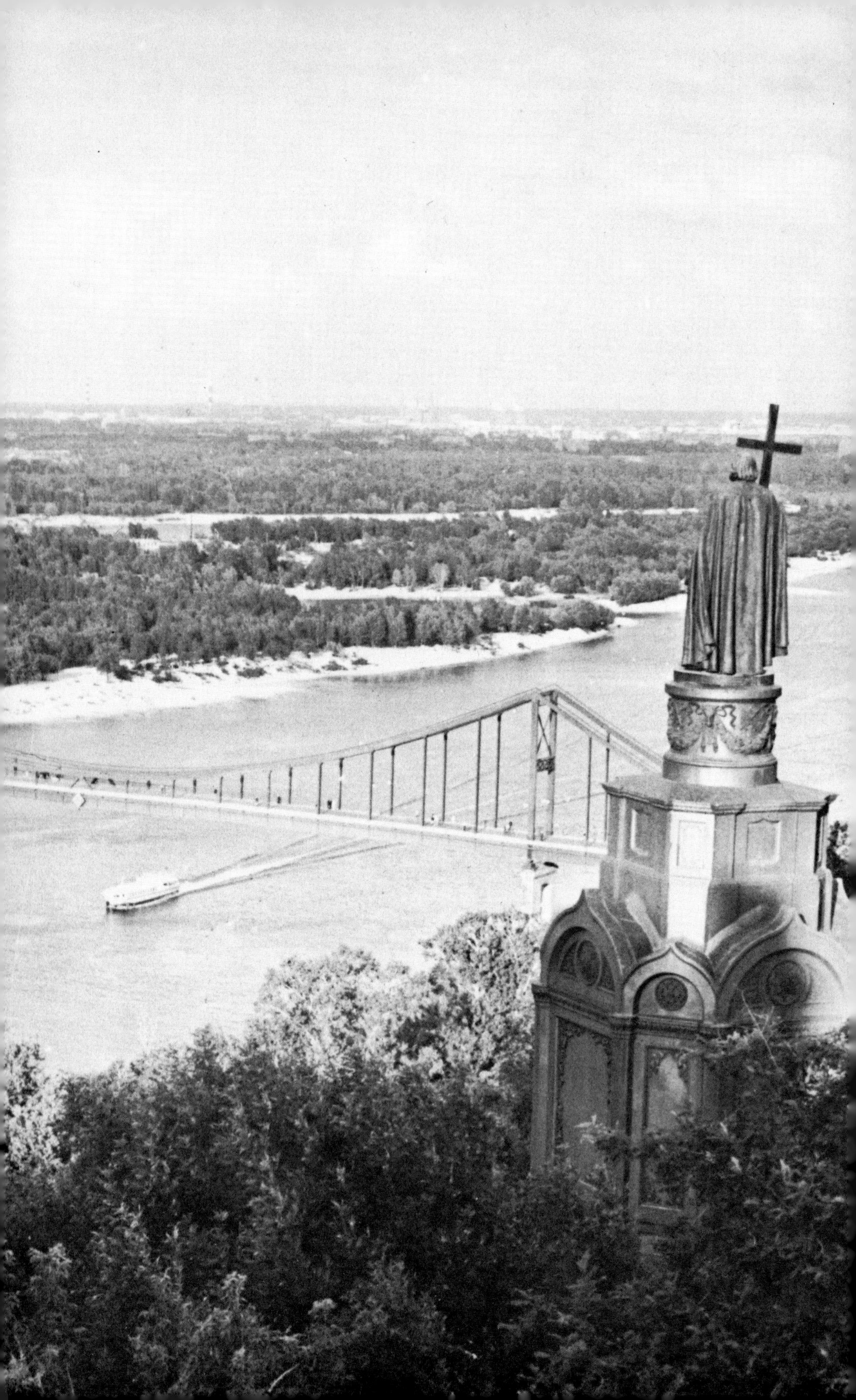

LESSON 27

Reading

Read the assigned selection silently, referring to the notes for explanations of new vocabulary and grammar. Then read the selection over *orally* until you can do this with ease and can follow the meaning of the text without having to rely on the notes at all. Next, write out the answers to the assigned questions, making use of the text and notes wherever necessary. Read the questions and your answers over *aloud* until you know the answers well enough to give them *orally* without referring to the written answers; then repeat this process *in writing*.

Пиковая дама (V)

Никто́ в до́ме не ви́дел, как Ге́рманн вошёл: слу́ги спа́ли. Он нашёл спа́льню графи́ни, но не прошёл в ко́мнату Лизаве́ты Ива́новны, а вошёл в тёмный кабине́т о́коло спа́льни графи́ни. Вре́мя шло ме́дленно. Всё бы́ло ти́хо. Часы́ проби́ли[1] двена́дцать... час... два... Наконе́ц он услы́шал каре́ту, пото́м шум и голоса́ в до́ме. Он был о́чень взволно́ван. В спа́льню наконе́ц вошла́ графи́ня, а за[2] ней Лизаве́та Ива́новна и го́рничные. Лизаве́та Ива́новна бы́стро прошла́ че́рез[3] спа́льню графи́ни в свою́ ко́мнату.

тёмный dark
ме́дленно slowly

Го́рничные помогли́ графи́не разде́ться.[4] Она́ не хоте́ла спать и се́ла у окна́. Го́рничные вы́шли; графи́ня сиде́ла, кача́ясь[5] напра́во и нале́во. Лицо́ её каза́лось[6] мёртвым.

напра́во to the right
нале́во to the left
мёртвый lifeless, dead

Вдруг лицо́ графи́ни оживи́лось:[7] пе́ред ней стоя́л незнако́мый офице́р.

незнако́мый unfamiliar

Opposite: Dnieper as seen from Vladimir Hills, Kiev (SOVFOTO)

— Не бойтесь, не бойтесь! — тихо сказал он. — Я только пришёл просить вас помочь мне.

Графиня молчала. Она смотрела на него и Германну казалось, что она его не слышит. Он повторил[8] то же самое. Но графиня молчала.

то же самое the same thing

— Вы можете, — продолжал Германн, — помочь мне: я знаю, что вы можете угадать три карты подряд...

Германн остановился. Ему казалось, что наконец графиня поняла, чего он хотел;[9] казалось, что она искала слов для своего ответа.

— Это была шутка,[10] — сказала она наконец, — это была шутка!

— Нет, — сказал Германн, — я знаю, что раз вы помогли молодому человеку отыграться. Откройте мне вашу тайну!

Графиня молчала; Германн продолжал:

— Для кого вы сохраняете[11] вашу тайну? Для внуков?[12] Они богаты. Им деньги не нужны. Я не богат. Ваши три карты помогут мне. Назовите мне их.

Он остановился и ждал её ответа. Но графиня молчала.

Германн продолжал:

— Умоляю[13] вас, откройте мне вашу тайну. Что вам в ней? Подумайте, вы стары; скоро умрёте. Откройте мне ваши три карты. Подумайте, моё счастье находится в ваших руках. Не только я, но дети мои и внуки

Что вам в ней? (Of) what use is it to you?

счастье happiness

READING

бу́дут благодари́ть вас, е́сли вы откро́ете мне ва́шу та́йну.

Но стару́ха[14] молча́ла.

— Ста́рая ве́дьма, — сказа́л Ге́рманн, — отвеча́й!

ве́дьма hag (literally, *witch*)

И Ге́рманн показа́л ей пистоле́т.

пистоле́т pistol

Когда́ графи́ня уви́дела пистоле́т, она́ ужа́сно испуга́лась. Пото́м упа́ла на́ пол[15]... и лежа́ла[16] неподви́жно.

ужа́сно terribly

неподви́жно motionless

— Не дура́чьтесь,[17] — сказа́л Ге́рманн, взяв её за́[18] руку. — Спра́шиваю в после́дний раз: хоти́те вы назва́ть мне ва́ши три ка́рты? Да и́ли нет?

после́дний last

Графи́ня не отвеча́ла. Ге́рманн уви́дел, что она́ умерла́.

---

1. бить (I) / проби́ть (I) to strike (the hour) · (про)би́ть: (про)бь-ю́, (про)бь-ёшь
2. за behind; after, in the sense of *following* (*someone*) · When the preposition has this meaning, its object is in the *inst*.
3. че́рез (+ *acc*.) through
4. раздева́ться (I) / разде́ться (I) to undress · The verb is used with the particle when the subject undresses himself, without the particle when the subject undresses someone else. · разде́ться: разде́н-у-сь, разде́н-ешь-ся
5. кача́ться (I) to rock (from side to side) · The verb is used with the particle when the subject performs the motion with his own body, without the particle when the subject rocks someone or something else.
6. каза́ться (I) / показа́ться (I) to seem, to appear · (по)каза́ться: (по)каж-у́-сь, (по)ка́ж-ешь-ся · The adjective describing the subject is in the same number and gender as the subject *but takes the inst*. · *It seemed to X* is rendered by the *3rd pers. sing.* neuter, *without a subject*, and with the person involved (if mentioned) in the *dat*.

7. **оживля́ться (I) / оживи́ться (II)** to come to life · Without the particle, the verb means *to revive, to enliven.* · **оживи́ться: ожив-л-ю́-сь, ожив-и́шь-ся**
8. **повторя́ть (I) / повтори́ть (II)** to repeat
9. **чего́ он хоте́л** what he wanted · When the verb **хоте́ть** is used alone (without an expressed or understood infinitive) its direct object is normally in the *gen.*
10. **шу́тка** joke · Spelling Rule 1 applies. · Some feminine nouns with the *sing. nom.* in **-a** preceded by a double consonant acquire a **e** or **o** between these two consonants in the *pl. gen.*: **шу́ток.**
11. **сохраня́ть (I) / сохрани́ть (II)** to keep (in the sense of *to preserve*)
12. **внук** grandson · The *pl.* can mean *grandsons* or *grandchildren.* · Spelling Rule 1 applies.
13. **умоля́ть (I) / умоли́ть (II)** to implore · **умоли́ть: умол-ю́, умо́л-ишь**
14. **стару́ха** old woman · Spelling Rule 1 applies.
15. **пол** floor · When this noun is in the *acc.* after **на**, the accent shifts to the preposition. · A limited number of *masc.* nouns have a second, stressed *sing. loc.* ending, **-у́**, used only after **в** and **на**: **на полу́.** · *Pl.* endings accented.
16. **лежа́ть (II)** to lie · **леж-у́, леж-и́шь**
17. **дура́читься (II)** to fool around · **дура́ч-у-сь, дура́ч-ишь-ся**
18. **за** by · When the preposition has this meaning, its object is in the *acc.*

---

1. Почему́ никто́ в до́ме не ви́дел, как Ге́рманн вошёл?
2. Что сказа́л Ге́рманн, войдя́ в дом?
3. Когда́, и что услы́шал наконе́ц Ге́рманн?
4. Кто вошёл в спа́льню?
5. Куда́ пошла́ Лизаве́та Ива́новна?
6. Что де́лали го́рничные?
7. Почему́ графи́ня се́ла у окна́?
8. Как сиде́ла графи́ня?
9. Како́е лицо́ бы́ло у графи́ни?
10. Почему́ лицо́ графи́ни оживи́лось?
11. Что сказа́л графи́не Ге́рманн, когда́ он вошёл?
12. Почему́ Ге́рманн повтори́л: «Не бо́йтесь?»
13. Как мо́жет графи́ня помо́чь Ге́рманну?
14. Почему́ Ге́рманну каза́лось, что графи́ня наконе́ц поняла́ его́?
15. Как Ге́рманн знал, что та́йна о ка́ртах не шу́тка?
16. Почему́ вну́кам графи́ни не нужна́ та́йна?

17. Кто бу́дет благодари́ть графи́ню, е́сли она́ откро́ет Ге́рманну свою́ та́йну?
18. Почему́ Ге́рманн рассерди́лся, и что он сказа́л графи́не?
19. Что случи́лось, когда́ Ге́рманн показа́л графи́не пистоле́т?
20. Что сказа́л Ге́рманн графи́не, когда́ она́ упа́ла на́ пол?

Conversation

1) Read over the date expressions under A silently, referring to the notes for explanations of new vocabulary and grammar. Next, practice reading the expressions over *orally*. Then jot down the names of the months in English and, using them as cues, practice giving the initial question and the answers *orally*. Vary the date of the month in the course of this practice. When you can give the answers orally without making any errors, repeat this process *in writing*. 2) Read over the expressions under B, referring to the notes for explanations of new vocabulary and grammar. Jot down numerical cues for all possible variations. Using these cues, practice giving the initial question and the answers *orally* until you can do this without making any errors; repeat this process in writing. Follow the same procedure with C.

Date Expressions (Months, Years)

A. Како́е сего́дня число́?

Сего́дня пе́рвое (второ́е, etc.) { января́.
феврал́я.
ма́рта.[19]
апре́ля.[20]
ма́я.[21]
ию́ня.[22]
ию́ля.[23]
а́вгуста.[24]
сентября́.[25]
октября́.
ноября́.
декабря́.

B. В како́м году́[26] вы роди́лись?[27]

В ты́сяча девятьсо́т { пе́рвом
второ́м
тре́тьем
четвёртом
пя́том
шесто́м
седьмо́м
восьмо́м
девя́том
деся́том
оди́ннадцатом
двена́дцатом
трина́дцатом
четы́рнадцатом
пятна́дцатом
шестна́дцатом
семна́дцатом
восемна́дцатом
девятна́дцатом
двадца́том
два́дцать пе́рвом (второ́м, etc.)
тридца́том
три́дцать пе́рвом (второ́м, etc.)
сороково́м[29]
со́рок пе́рвом (второ́м, etc.) } году́.[28]

C. В како́м году́ он роди́лся?

В ты́сяча восемьсо́т[30] { пятидеся́том[31]
пятьдеся́т пе́рвом (второ́м, etc.)
шестидеся́том
шестьдеся́т пе́рвом (второ́м, etc.)
семидеся́том
се́мьдесят пе́рвом (второ́м, etc.)
восьмидеся́том
во́семьдесят пе́рвом (второ́м, etc.)
девяно́стом
девяно́сто пе́рвом (второ́м, etc.) } году́.

19. **март** March · The names of all months are masculine.
20. **апре́ль** April
21. **май** May
22. **ию́нь** June
23. **ию́ль** July
24. **а́вгуст** August
25. **сентя́брь** September · The accent is on the endings. The *sing. inst.* ending is **-ём.** This is also true of the next three nouns: **октя́брь** (October), **ноя́брь** (November), and **дека́брь** (December).
26. **год** year · A limited number of *masc.* nouns have a second, stressed *sing. loc.* ending, **-ý,** used only after **в** and **на.** · All *pl.* forms except the *nom.* and *acc.* have accented endings.
27. **роди́ться (II)** to be born · Expresses both incompletion-repetition and completion. · Without the particle, the verb means *to give birth.* · **рожу́-сь, род-и́шь-ся** · Past tense stress when it serves as a verb of incompletion-repetition is the same as in the infinitive; as a verb of completion: **роди́лся, родило́сь, родила́сь, родили́сь.**
28. **В ты́сяча девятьсо́т пе́рвом году́,** etc. In 1901, etc. · Russian uses an ordinal number to express the year: 1901, 1902, 1903 are literally *the 1901st year*, the *1902nd year*, the *1903rd year*. As in English, in compound ordinals only the last number is actually an ordinal—the rest are cardinals. The parts of a compound ordinal that are cardinals are always in the *nom.*, never inflected; only the last number, the actual ordinal, is inflected. Therefore, **ты́сяча,** (*a*) *thousand,* and **девятьсо́т,** *nine hundred,* are really cardinals numbers in the *nom.*, and **пе́рвом** is an inflected form of the ordinal **пе́рвый.** · In this time expression the *loc.* is used after **в.**
29. **сороково́й** fortieth · An ordinal number.
30. **восемьсо́т** eight hundred · A cardinal number.
31. **пятидеся́тый** fiftieth · An ordinal number, as are **шестидеся́тый** (sixtieth), **семидеся́тый** (seventieth), **восьмидеся́тый** (eightieth), and **девяно́стый** (ninetieth).

Grammar

Read over the following until you know the principles involved.

27.1 The Superlative of Adjectives

A. The superlative is normally obtained by using **са́м-ый (-ое, -ая, -ые)** with the adjective. **Са́мый** is declined like **но́вый** and is in the same number, gender, and case as the noun described.

са́м-**ый** интере́сный рома́н		novel
са́м-**ое** интере́сное письмо́	the most interesting	letter
са́м-**ая** интере́сная пье́са		play
са́м-**ые** интере́сные рома́ны		novels

B. *Worst* and *best* can *also* be rendered by the special adjectives **ху́дший** and **лу́чший** used alone.

$$\text{са́мый плохо́й} = \text{ху́дший}$$
$$\text{са́мый хоро́ший} = \text{лу́чший}$$

Са́мый may be used with **ху́дший** and **лу́чший** to avoid ambiguity or to give added force to the superlative idea (like *the very worst* (*best*) in English.)

27.2 The Superlative of Adverbs

The superlative is normally expressed by the use of the comparative form of the adverb plus **всего́** (the genitive of **всё**) or **всех** (the genitive of **все**).

A. **Всего́** is used when the action is being compared with *other actions performed by the same subject.*

Он говори́т по-ру́сски **лу́чше всего́.** He speaks Russian *best* (of all the languages that he speaks, i.e., better than any other language he speaks).

B. **Всех** is used when the action of the subject is being compared with actions performed by *other people or things.*

Влади́мир прие́хал **ра́ньше всех.** Vladimir came *the earliest* (i.e., earlier than everybody else came).

Homework Exercise

Read through the following sentences silently, paying particular attention to the use of the superlatives. Then practice reading the sentences *aloud*. Next, practice writing them. Finally, translate them into English and then back into Russian.

1. Он са́мый молодо́й до́ктор тут.
2. Мы не ви́дели са́мого но́вого самолёта.
3. Она́ купи́ла са́мую дорогу́ю су́мку.
4. На э́той у́лице са́мые краси́вые зда́ния в го́роде.
5. Да́йте мне ваш са́мый большо́й чемода́н.
6. У них са́мая ма́ленькая кварти́ра в зда́нии.
7. Он са́мый плохо́й (ху́дший, са́мый ху́дший) студе́нт.
8. Э́то его́ са́мый хоро́ший (лу́чший, са́мый лу́чший) рома́н.

9. Студе́нт чита́л по-ру́сски быстре́е всего́.
10. Мы жи́ли во Фра́нции до́льше всего́.
11. Бо́льше всего́ он люби́л произведе́ния Толсто́го.
12. Ме́ньше всего́ я зна́ю о неме́цкой литерату́ре.
13. Он спо́рит всегда́ гро́мче всех.
14. Ли́за ре́же всех приходи́ла на ле́кции.
15. Я бо́льше всех рабо́тала пе́ред экза́менами.
16. Его́ жена́ всегда́ была́ оде́та ху́же всех.

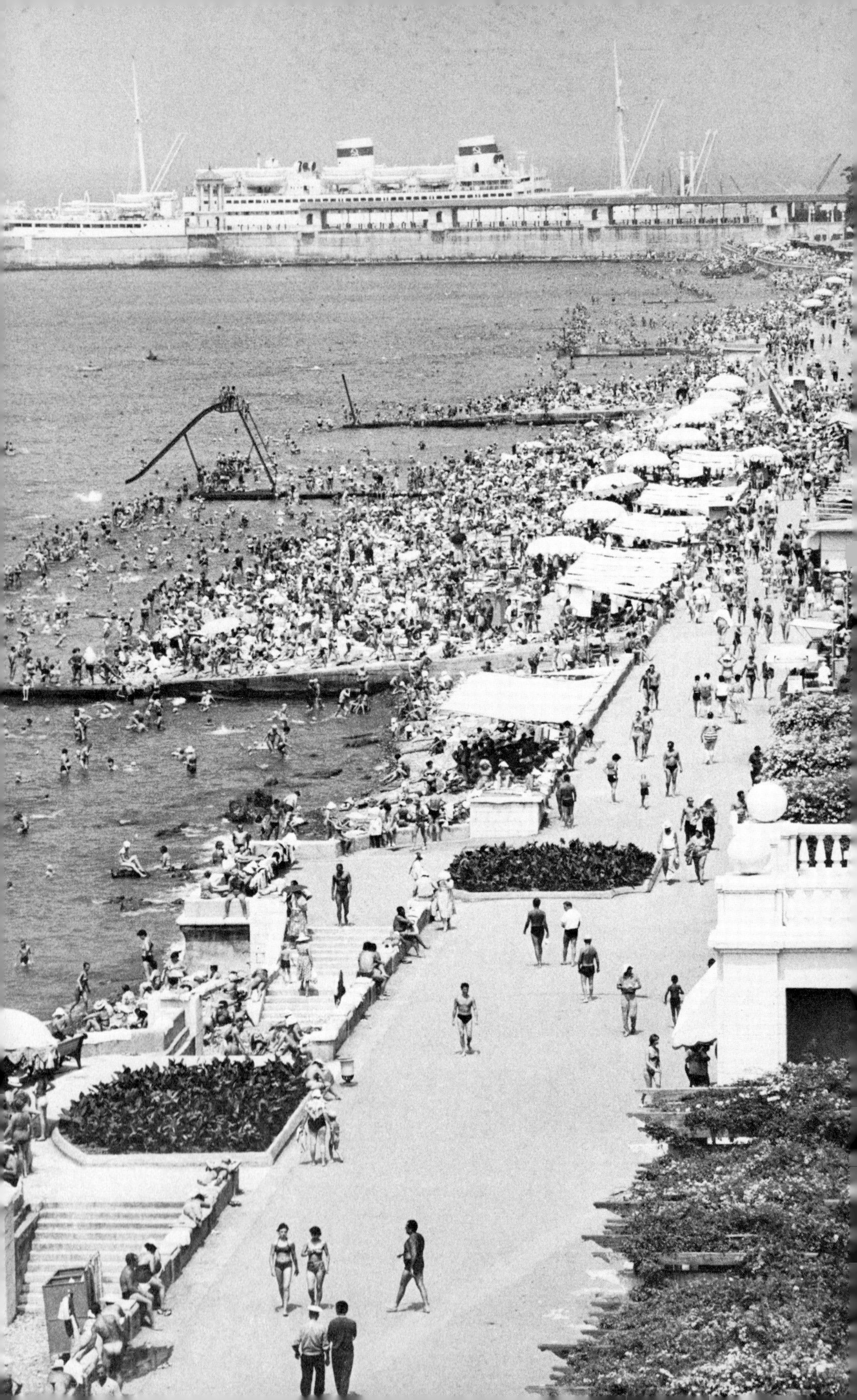

LESSON 28

Reading

Read the assigned selection silently, referring to the notes for explanations of new vocabulary and grammar. Then read the selection over *orally* until you can do this with ease and can follow the meaning of the text without having to rely on the notes at all. Next, write out the answers to the assigned questions, making use of the text and notes wherever necessary. Read the questions and your answers over *aloud* until you know the answers well enough to give them *orally* without referring to the written answers; then repeat this process *in writing*.

Пиковая дама (VI)

Приехав домой, Лизавета Ивановна быстро прошла в свою комнату. Она была взволнованна — она не знала, хотела ли она[1] свидания с Германном или нет. Войдя в свою комнату и увидев, что его нет,[2] она поблагодарила судьбу. И теперь она сидела в своей комнате, думая о Германне и о том, что ей сказал Томский на балу.[3]

Она танцевала[4] с Томским — он дразнил[5] её, говоря, что он слышал, что она влюблена в какого-то[6] инженера. Лизавета Ивановна была очень взволнованна, думая, что он говорит о Германне, и спросила его, от кого он это слышал. Томский ответил, что друг её инженера — очень замечательный человек — сказал ему это.

— Кто же этот замечательный человек? — спросила Лизавета Ивановна.

Opposite: Sochi, on the Black Sea ("Réalités")

— Его зовут Германном,[7] — ответил Томский. — И кажется, что этот Германн тоже влюблён в вас.

Лизавета Ивановна была ужасно взволнованна, но она ничего не ответила Томскому.

— Этот Германн, — продолжал Томский, — человек очень романтический:[8] у него лицо Наполеона, а душа[9] Мефистофеля. Я думаю, что на его совести, по крайней мере, три преступления. Что с вами? Почему вы так бледны?[10]

— Да где же он меня видел?

— Не знаю, может быть на улице!.. Может быть в вашей комнате, когда вы спали...

Томский ничего не знал о Лизавете Ивановне и о Германне — он только дразнил её — но Лизавета Ивановна не могла забыть слов Томского о Германне.

И теперь Лизавета Ивановна сидела в своей комнате и думала обо всём этом.

Вдруг дверь открылась, и Германн вошёл.

— Где же вы были? — испуганным голосом спросила Лизавета Ивановна.

— В спальне графини, — ответил Германн, — я только что от неё. Графиня умерла.

— Боже мой!.. Что вы говорите?..

— И, кажется, — продолжал Германн, — я причина её смерти.

Смотря на него Лизавета Ивановна опять подумала о словах Томского: «На его со-

Наполеон Napoleon
Мефистофель (*m.*) Mephistopheles
совесть conscience
по крайней мере at least
преступление crime

испуганный frightened

Боже мой! My God!

причина cause

READING

вести, по крайней мере, три преступления!»
Германн сел у окна и рассказал ей всё, что случилось.

Лизавета Ивановна слушала его с ужасом. Она думала: «Он не любит меня и никогда не любил! Он только хотел узнать тайну графини. И я помогла ему убить графиню». Лизавета Ивановна заплакала.

Германн молча смотрел на неё. Ни слёзы[11] бедной девушки, ни смерть старой графини не ужасали[12] его. Его ужасало только одно: теперь он никогда не узнает тайны графини.

    ни... ни... neither ... nor ...
    одно one thing

— Вы чудовище![13] — сказала наконец Лизавета Ивановна.

— Я не хотел её смерти, — ответил Германн, — пистолет мой не заряжён.[14]

Лизавета Ивановна ничего не ответила и они сидели молча.

Уже было утро. Германн сидел у окна, сложа руки и грозно нахмурясь,[15] как Наполеон. Даже Лизавета Ивановна заметила это.

    сложа руки with folded arms
    грозно menacingly

Через несколько минут Германн вышел из дома старой графини.

---

1. **хотела ли она** whether (if) she wanted · The Russian equivalent of an English subordinate clause beginning with *whether* is rendered with the help of the particle **ли**. Such a Russian clause normally begins with the verb, and **ли** normally follows the verb: I don't know *whether* she told the teacher about this. = **Я не знаю, сказала ли она преподавателю об этом.** In English we sometimes put special emphasis on a noun, pronoun, adjective, or adverb in a clause that begins with *whether*. In Russian such emphasis is expressed by putting the em-

phasized word first in the clause and following it with **ли:** I don't know whether *she* told the teacher about this. = **Я не зна́ю, она́ ли сказа́ла преподава́телю об э́том.**

2. **его́ нет** he wasn't there · Normally, to state that a person or thing *is not* some place, put the person or thing into the gen. and use **нет.** In the past and future **не́ бы́ло** and **не бу́дет** replace **нет.** *Here* and *there* are frequently understood and not expressed with such constructions. · The present tense version of the construction is used here because an indirect statement, question, or thought is in the same tense as it would be if the subject of the main clause were to express the same idea in a direct statement.

3. **о том, что ей сказа́л То́мский на балу́** about what Tomski had told her at the ball · When a clause beginning with **что** 1) follows a noun and 2) serves the same function in the sentence as that noun (i.e., is the object of a preposition, direct object, etc.), then **что** must be preceded by a singular form of **то.** The case of **то** is that which it would have if it described an inanimate noun performing the function of the clause.

4. **танцева́ть (I)** to dance · **танцу́-ю, танцу́-ешь**

5. **дразни́ть (II)** to tease · **дразн-ю́, дра́зн-ишь**

6. **како́й-то** some kind of, some (officer) or other · **Како́й** is in the same number, gender, and case as the noun described; **то** does not change.

7. **Его́ зову́т Ге́рманном.** His name is Herman. · **Звать (I)** means *to call.* · **зов-у́, зов-ёшь; зва́л, зва́ло, звала́, зва́ли** · *X's name is Y* can be rendered by a construction which literally means *X is called Y. X* is in the *acc.;* the *3rd pers. pl.* of **звать** (without a subject) expresses *is called;* and the name itself is in the *inst.*

8. **романти́ческий** romantic · Spelling Rule 1 applies.

9. **душа́** soul · Spelling Rule 1 applies. · The stress is on the first syllable in the *sing. acc.* and *pl.*

10. **бле́дны** pale · The *pl.* short form of **бле́дный.** The other forms are: *masc.* **бле́ден,** *neut.* **бле́дно,** *fem.* **бледна́.**

11. **слеза́** tear · *Pl.: nom.* **слёз-ы,** *gen.* **слёз,** *dat.* **слез-а́м,** *acc.* **слёз-ы,** *inst.* **слез-а́ми,** *loc.* **слез-а́х.**

12. **ужаса́ть (I) / ужасну́ть (I)** to horrify · **ужасну́ть: ужасн-у́, ужасн-ёшь**

13. **чудо́вище** monster · A neuter noun whose *sing. nom.* ending **-е** is not preceded by an **и** has the *sing. loc.* ending **-е (чудо́вищ-е).** If the consonant preceding the *sing. nom.* ending is **ж, ч, ш, щ,** or **ц,** the noun has no ending in the *pl. gen.* **(чудо́вищ).** · Spelling Rule 3 applies.

14. **заряжён** loaded · This is the masculine short form of the past passive verbal adjective **заряжённый.** The other short forms are: *neut.* **заряжено́,** *fem.* **заряжена́,** *pl.* **заряжены́.** · The long form of the adjective

is formed by adding **-ённ-ый (-ённ-ое, -ённ-ая, -ённ-ые)** to the first person singular stem (which is used for most verbs whose infinitives end in **-ить**). · **зарядѝть (II): заряж-ў, заряд-ѝшь**
15. **(на)хмўриться (II)** to frown

---

1. Куда́ пошла́ Лизаве́та Ива́новна, прие́хав домо́й?
2. Почему́ Лизаве́та Ива́новна была́ взволно́ванна?
3. Почему́ Лизаве́та Ива́новна поблагодари́ла судьбу́?
4. О чём ду́мала Лизаве́та Ива́новна, си́дя в свое́й ко́мнате?
5. О чём говори́л То́мский, танцу́я с Ли́зой?
6. Почему́ Ли́за была́ взволно́ванна на балу́, и о чём она́ спроси́ла То́мского?
7. Что отве́тил То́мский Ли́зе?
8. Что хоте́ла знать Лизаве́та Ива́новна о «замеча́тельном челове́ке»?
9. Что сказа́л То́мский о Ге́рманне?
10. Что отве́тил То́мский Ли́зе, когда́ она́ спроси́ла его́, где Ге́рманн её ви́дел?
11. Что знал То́мский о Ли́зе и о Ге́рманне?
12. Что вдруг случи́лось, когда́ Лизаве́та Ива́новна сиде́ла в свое́й ко́мнате?
13. Что отве́тил Ге́рманн Лизаве́те Ива́новне, когда́ она́ спроси́ла его́: «Где же вы бы́ли?»
14. О чём поду́мала Лизаве́та Ива́новна, смотря́ на Ге́рманна?
15. Что сде́лал Ге́рманн, когда́ он сел у окна́?
16. Почему́ Лизаве́та Ива́новна запла́кала?
17. Что сказа́л Ге́рманн Лизаве́те Ива́новне, когда́ она́ запла́кала?
18. Что ужаса́ло Ге́рманна?
19. Что отве́тил Ге́рманн Ли́зе, когда́ она́ сказа́ла ему́: «Вы чудо́вище!»?

Conversation

Read the assigned selection silently, referring to the notes for explanations of new vocabulary and grammar. Then read the selection over *orally* until you can do this with ease and can follow the meaning of the text without having to rely on the notes at all. Next, write out the answers to the assigned questions, making use of the text and notes wherever necessary. Read the questions and your answers over *aloud* until you know the answers well enough to give them *orally* without referring to the written answers; then repeat this process *in writing*.

Из дневника Веры

Вторник[16]

Джон сделал мне предложение сегодня. Мы занимались[17] русским языком. Я спросила его, почему «хороший» не пишется «хорошый». Он ничего не ответил мне. Я подумала, что он меня не слышит[18] и повторила[19] то же самое. А он, вместо того, чтобы ответить,[20] вдруг сделал мне предложение. Теперь, когда я его знаю лучше, он мне нравится.[21] Но Кен мне тоже нравится. Только почему он так холоден в своих письмах ко мне?

сделать предложение to propose (предложение is proposal)

Не знаю — выходить мне замуж за Джона,[22] или не выходить. Нужно опять спросить его, почему «хороший» не пишется «хорошый».

Среда[23]

Сегодня мы занимались в библиотеке.[24] И вдруг Джон начал страстно умолять меня выйти за него замуж. Библиотекарша[25] подошла и попросила его не говорить так громко — мы мешаем[26] другим заниматься. Мы пошли в маленький ресторан. Кто-то пел там, кто-то играл на гитаре.

страстно passionately

Может быть я скажу Джону завтра, что я выйду за него замуж. Я думала, что я влюблена в Кена, но теперь мне кажется, что я влюблена в Джона.

Воскресенье[27]

Перечитала[28] старое письмо от Кена, смотрю на гитару, которую он послал мне из Москвы. Нет, не хочу я выходить замуж за Джона. Я всё-таки люблю Кена. Джон

CONVERSATION

стра́нный — сего́дня опя́ть спроси́ла его́, почему́ «хоро́ший» не пи́шется «хоро́шый». А он не отвеча́ет — сиди́т сложа́ ру́ки и нахму́рясь, как Наполео́н.

Понеде́льник[29]

Джон получи́л письмо́ от Ке́на сего́дня. А я давно́ ничего́ от него́ не получа́ла. Джон, пра́вда, о́чень ми́лый. Сего́дня опя́ть проси́л меня́ вы́йти за него́ за́муж. И наконе́ц он объясни́л[30] мне, почему́ «хоро́ший» не пи́шется «хоро́шый».

давно́ for a long time

Вто́рник

Получи́ла откры́тку[31] от Ке́на. Он пи́шет, что он хо́чет сказа́ть мне что́-то о́чень ва́жное, о чём он мно́го ду́мал. Напи́шет мне письмо́ ско́ро. Мо́жет быть у меня́ пла́менное воображе́ние, но мне ка́жется, что я зна́ю, что у него́ на уме́. Нет, не хочу́ выходи́ть за́муж за Джо́на.

ва́жный important

Четве́рг[32]

Сего́дня я пошла́ с Джо́ном в кино́.[33] Он опя́ть проси́л меня́ вы́йти за него́ за́муж...

Суббо́та[34]

Получи́ла письмо́ от Ке́на. Он чудо́вище! Выхожу́ за́муж за Джо́на.

---

16. **вто́рник** Tuesday · Spelling Rule 1 applies. · **во вто́рник** on Tuesday
17. **занима́ться (I)** (+ *inst.*) to study · Without the particle, the verb means *to occupy or take up* (*a place of some kind*).
18. A verb in an indirect statement, question, or thought is in the same tense it would be if the subject of the main clause were to express the same idea(s) in a direct statement.

19. **повторя́ть (I) / повтори́ть (II)** to repeat
20. **вме́сто того́, что́бы отве́тить** instead of answering · *Instead of* is rendered by **вме́сто того́, что́бы;** the English verb form ending in *-ing* is expressed by the infinitive.
21. **(по)нра́виться (II)** to like · The person who likes another person or thing is in the *dat*. The person or thing which is liked is the subject of the verb and hence is in the *nom*. · **(по)нра́в-л-ю-сь, (по)нра́в-ишь-ся**
22. **выходи́ть мне за́муж за Джо́на (?)** should I marry John (?) · When an English interrogative construction of the type *should I marry* (*read, etc.*) expresses a concern about the advisability of performing an action, it is rendered in Russian as follows: 1) the verb expressing the action is in the infinitive form and 2) the person who would perform the action is in the *dat*. · When the man whom a woman marries is mentioned, **за** is added to **выходи́ть (вы́йти) за́муж**. The man, the object of **за,** is in the *acc*.
23. **среда́** Wednesday · The accent is on the first syllable in the *sing. acc.* and *pl. nom.* and *acc*. · **в сре́ду** on Wednesday
24. **библиоте́ка** library · Spelling Rule 1 applies.
25. **библиоте́карша** a female librarian · Spelling Rules 1 and 2 apply.
26. **(по)меша́ть (I)** to prevent (someone) from (performing an action) · The person prevented is in the *dat.;* the action he is prevented from performing is expressed by the infinitive.
27. **воскресе́нье** Sunday · A neuter noun whose *sing. nom.* ending **-е** is not preceded by **и** takes the *sing. loc.* ending **-е: воскресе́нь-е.** · If **ь** precedes the *sing. nom.* ending **-е,** then in the *pl. gen.* the **ь** is normally replaced by **и** and the ending is **-й: воскресе́ни-й.** · **в воскресе́нье** on Sunday
28. **перечи́тывать (I) / перечита́ть (I)** to reread
29. **понеде́льник** Monday · Spelling Rule 1 applies. · **в понеде́льник** on Monday
30. **объясня́ть (I) / объясни́ть (II)** ro explain · The thing explained is in the *acc.;* the person to whom the explanation is made is in the *dat*.
31. **откры́тка** postcard · Spelling Rule 1 applies. · Some *fem.* nouns with the *sing. nom.* in **-а** preceded by a double consonant acquire a **е** or **о** between these two consonants in the *pl. gen.:* **откры́ток.**
32. **четве́рг** Thursday · Spelling Rule 1 applies. · Endings accented. · **в четве́рг** on Thursday
33. **кино́** movie theater · Not declined.
34. **суббо́та** Saturday · **в суббо́ту** on Saturday

1. Чем занима́лись Ве́ра и Джон во вто́рник?
2. Что хоте́ла знать Ве́ра о сло́ве «хоро́ший»?
3. Что сде́лал Джон вме́сто того́, что́бы отве́тить на её вопро́с?
4. Что ду́мает тепе́рь Ве́ра о Джо́не?
5. То́лько Джон нра́вится Ве́ре?
6. Каки́е пи́сьма пи́шет Кен Ве́ре?
7. Где занима́лись Ве́ра и Джон в сре́ду?
8. Кто подошёл к ним в библиоте́ке?
9. Что сказа́ла библиоте́карша Джо́ну?
10. В кого́ влюблена́ Ве́ра?
11. Что де́лала Ве́ра в воскресе́нье?
12. Почему́ Ве́ра ду́мает, что Джон стра́нный?
13. Кто получи́л письмо́ от Ке́на в понеде́льник?
14. Когда́ Джон объясни́л Ве́ре, почему́ «хоро́ший» не пи́шется «хоро́шый»?
15. Когда́ Ве́ра получи́ла откры́тку от Ке́на?
16. Что написа́л Кен Ве́ре в откры́тке?
17. Куда́ пошли́ Джон и Ве́ра в четве́рг?
18. О чём проси́л Джон Ве́ру, когда́ они́ бы́ли в кино́ в четве́рг?
19. Когда́ получи́ла Ве́ра письмо́ от Ке́на?

Grammar

Read over the following until you know the principles involved. *Do not attempt to form active verbal adjectives on the basis of the explanation under B*. Its purpose is to show you how to recognize and determine the meanings of the forms you are most apt to encounter; it is too limited to serve as a guide for constructing the forms.

28.1 Active Verbal Adjectives*

A. Use

The English verbal form ending in *-ing* is often used as a shortcut substitute for a construction consisting of 1) a relative pronoun serving as a subject and 2) the present tense verb.

Do you know the student { who is writing / writing } the report?

Russian also has a shortcut substitute for a relative pronoun subject and its present tense verb: **кото́рый пи́шет** can be replaced by an *active present verbal adjective*. In addition, Russian also has a substitute form for a relative pronoun subject and its *past tense* verb: **кото́рый (на)писа́л** can be replaced by an *active past verbal adjective*.

* Conventionally called *active participles*.

This construction with an active verbal adjective is not common in the conversational style and you should avoid it yourself; instead, continue to use the construction with the relative pronoun. You will find, however, that this construction with the verbal adjective occurs frequently in the more formal styles typical of newspapers, fiction, and scientific articles. Since dictionaries do not normally list verbal adjectives, it is essential that you know enough about these forms to be able to recognize them and determine their meanings.

A limited number of active verbal adjectives also perform the purely descriptive function of regular adjectives. These are listed in dictionaries and should be learned as you do regular adjectives.

B. Characteristics

1. An active verbal adjective consists of three parts.

Present Verbal Adjective

a. The present tense stem of a verb:
(читáть) читá-
(писáть) пи́ш-
(говори́ть) говор-
(лежáть) леж-

b. An insert:
-ющ- (-ущ-) after stems of Conjugation I verbs **(-ущ-** when the stem ends in a Spelling Rule 3 consonant)
читá-**ющ-**
пи́ш-**ущ-**

-ящ- (-ащ-) after stems of Conjugation II verbs **(-ащ-** when the stem ends in a Spelling Rule 3 consonant)
говор-**я́щ-**
леж-**áщ-**

Past Verbal Adjective

a. The past tense stem of a verb:
(читáть) читá-
(умерéть) умéр-

b. An insert:
-вш- if the stem ends in a vowel
читá-**вш-**

-ш- if the stem ends in a consonant (i.e., if the past tense masculine form does not have the **-л** ending)
умéр-**ш-**

c. An adjectival ending which is subject to Spelling Rules 1 and 2 (i.e., following the pattern of **хорóший**):

читá-ющ- ⎧ **ий**
пи́ш-ущ- ⎪ **ее**
говор-я́щ- ⎨ **ая**
леж-áщ- ⎩ **ие**

читá-вш- ⎧ **ий**
умéр-ш- ⎨ **ее**
         ⎪ **ая**
         ⎩ **ие**

GRAMMAR 289

Note: 1. The past verbal adjective of **идти** is **шёд-ш-ий** and prefixed forms of this verb have prefixed versions of its adjective.
2. A limited number of verbs have *past* verbal adjectives with *present* or *future* tense stems.

2. Only **-ся** (*never* the variant **-сь**) is used with an active verbal adjective.
заниматься:
занимающий**-ся**   занимавший**-ся**
занимающая**-ся**   занимавшая**-ся**

3. An active verbal adjective is in the same number, gender, and case as the noun it describes.

Вы знаете студент**-а**, { пишущ**-его** / писавш**-его** / написавш**-его** } доклад?

Do you know the student { (who is) writing / who was writing / who wrote } the report?

4. The verbal adjective and its clause, if any, can appear *before* or *after* the noun it describes.

Он знает всех студентов, **живущих в общежитии**.
Он знает всех **живущих в общежитии** студентов.
He knows all the students *who live in the dormitory*.

28.2 Substitutes for Constructions with Active Verbal Adjectives

A construction with an active verbal adjective can be replaced by a simpler one using a relative pronoun. In such a substitution, the nominative form of **который** is used (the number and gender of **который** agreeing with the number and gender of the noun the verbal adjective describes), and the verb of which the relative pronoun is the subject is in the same aspect and, normally, in the same tense as the verbal adjective.

Вдруг он подошёл к женщине, { платившей / которая / платила } за билет.

Suddenly he went up to the woman who was paying for the ticket.

Sometimes, however, the *present* verbal adjective is used as an alternative to the *past* verbal adjective when the verb in the main clause is in the past tense. In such cases use the past tense in the relative pronoun construction.

Вдруг он подошёл к женщине, { платящей / которая / платила } за билет.

Homework Exercise

Read over the sentences on the left silently, paying particular attention to the use of the active verbal adjectives. Then, using the sentences on the right as a check, practice *orally* substituting the relative pronoun construction for the one with the verbal adjective until you can do this without making any errors; repeat this procedure in writing.

1. Она́ расска́зывает им о своём сы́не, ока́нчивающем университе́т весно́й.
2. Я хоте́ла бы узна́ть фами́лию э́той молодо́й де́вушки, так хорошо́ игра́ющей на гита́ре.
3. Мы предста́вим вам своего́ дру́га, рабо́тающего в посо́льстве.
4. Он смо́трит на де́вушку, пи́шущую что́-то по-ру́сски в свое́й тетра́ди.
5. Я пишу́ друзья́м, зна́ющим мою́ ба́бушку.
6. Кто э́та же́нщина, говоря́щая с ва́шим отцо́м по-ру́сски?
7. Аспира́нт, сидя́щий у окна́ и чита́ющий газе́ту, за́втра уезжа́ет в А́нглию.
8. Моя́ сестра́, занима́ющаяся ру́сским языко́м, всегда́ получа́ет хоро́шие отме́тки.
9. По́сле конце́рта ко мне подошёл челове́к, хорошо́ зна́вший моего́ отца́.
10. Лю́ди, встре́тившие на́шу делега́цию, не говори́ли по-англи́йски.
11. Все мои́ друзья́, бы́вшие в Ки́еве, в восто́рге от него́.

1. Она́ расска́зывает им о своём сы́не, кото́рый ока́нчивает университе́т весно́й.
2. Я хоте́ла бы узна́ть фами́лию э́той молодо́й де́вушки, кото́рая так хорошо́ игра́ет на гита́ре.
3. Мы предста́вим вам своего́ дру́га, кото́рый рабо́тает в посо́льстве.
4. Он смо́трит на де́вушку, кото́рая пи́шет что́-то по-ру́сски в свое́й тетра́ди.
5. Я пишу́ друзья́м, кото́рые зна́ют мою́ ба́бушку.
6. Кто э́та же́нщина, кото́рая говори́т с ва́шим отцо́м по-ру́сски?
7. Аспира́нт, кото́рый сиди́т у окна́ и чита́ет газе́ту, за́втра уезжа́ет в А́нглию.
8. Моя́ сестра́, кото́рая занима́ется ру́сским языко́м, всегда́ получа́ет хоро́шие отме́тки.
9. По́сле конце́рта ко мне подошёл челове́к, кото́рый хорошо́ знал моего́ отца́.
10. Лю́ди, кото́рые встре́тили на́шу делега́цию, не говори́ли по-англи́йски.
11. Все мои́ друзья́, кото́рые бы́ли в Ки́еве, в восто́рге от него́.

12. Ты говорила со студентом, получившим письмо из Москвы?
13. Мы очень любили свою бабушку, жившую недалеко от нас.
14. Вы знали аспиранта, умершего вчера?
15. Кто был этот молодой человек, подошедший к вам и поблагодаривший вас за билет?
16. Приехавшие к нам гости рассказали нам, что Нина вышла замуж.

12. Ты говорила со студентом, который получил письмо из Москвы?
13. Мы очень любили свою бабушку, которая жила недалеко от нас.
14. Вы знали аспиранта, который умер вчера?
15. Кто был этот молодой человек, который подошёл к вам и поблагодарил вас за билет?
16. Гости, которые приехали к нам, рассказали нам, что Нина вышла замуж.

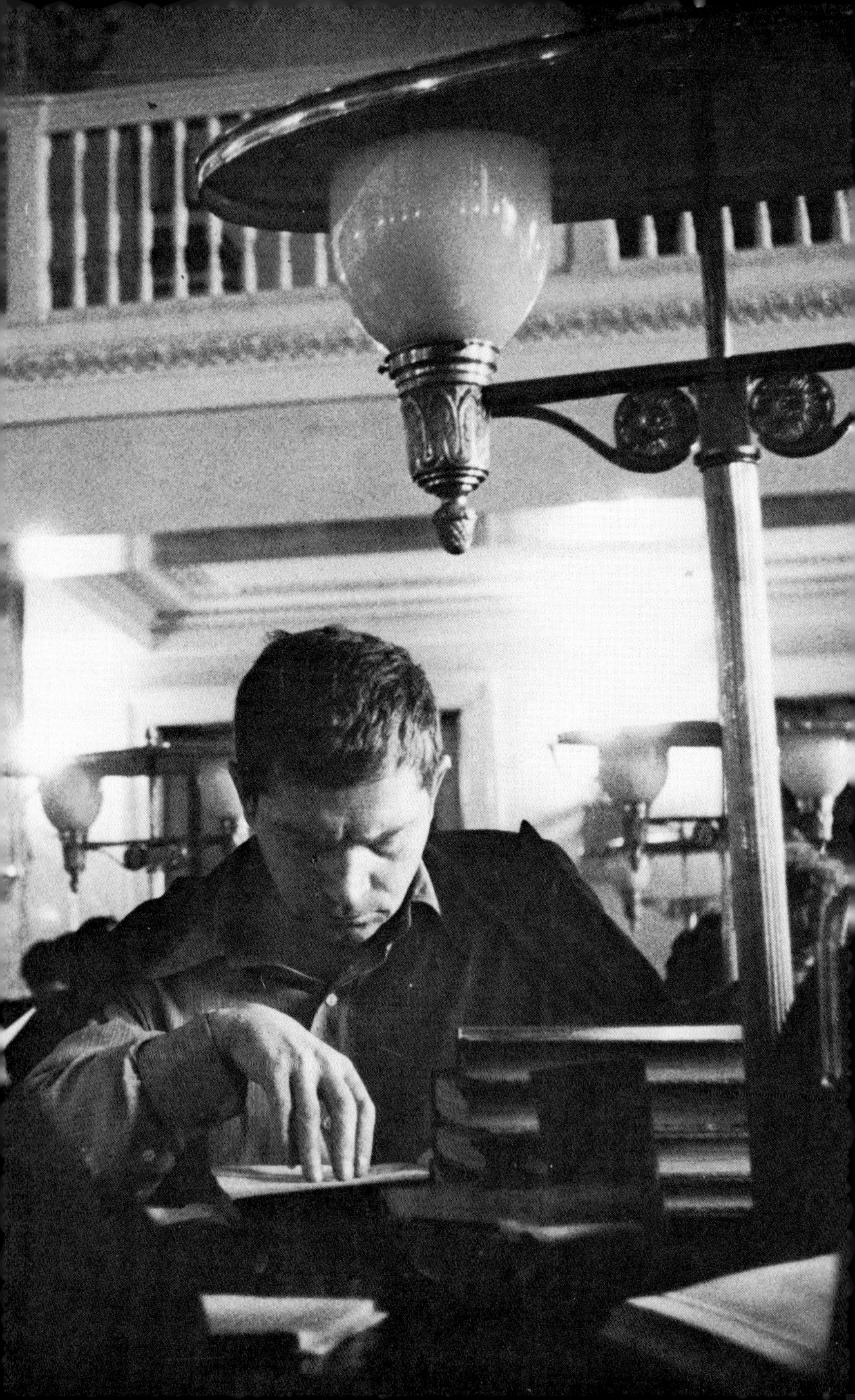

LESSON 29

Reading

Read the assigned selection silently, referring to the notes for explanations of new vocabulary and grammar. Then read the selection over *orally* until you can do this with ease and can follow the meaning of the text without having to rely on the notes at all. Next, write out the answers to the assigned questions, making use of the text and notes wherever necessary. Read the questions and your answers over *aloud* until you know the answers well enough to give them *orally* without referring to the written answers; then repeat this process *in writing*.

Пиковая дама (VII)

Через три дня после смерти графини Германн поехал на её похороны.[1] Он поехал не потому что ему было жаль графини, но потому что он был суеверен[2] и боялся, что она может повредить[3] ему. И поэтому он решил попросить у неё прощения.

поэтому therefore
прощение forgiveness

В церкви[4] было много людей. У гроба[5] графини, одетой в белом платье[6] стояли слуги, родственники[7] и друзья. Никто не плакал — графиня была так стара, что никто не удивился её смерти.

белый white

Когда все пошли прощаться с[8] графиней, Германн тоже решил подойти к гробу. Он был бледен, когда он наклонился[9] над гробом. И вдруг ему показалось, что графиня насмешливо посмотрела на него и прищурила[10] один глаз. Германн испугался, хотел быстро уйти, но он был так взволнован, что оступился[11] и упал. Его подняли. Люди, стоявшие в церкви, удивились и

насмешливо mockingly

Opposite: At work in the Lenin State Library, Moscow ("Réalités")

начали тихо говорить об этом, а родственник графини сказал англичанину,[12] стоявшему около него, что Германн незаконный сын графини. На это англичанин холодно ответил: Oh?

незаконный illegitimate
холодно coldly

Весь день Германн был очень взволнован. Он пообедал один в ресторане и очень много выпил — обыкновенно он этого не делал, — но вино не помогло ему забыть сцены в церкви. Возвратясь домой, он упал на кровать и сейчас же заснул.[13] Германн проснулся[14] ночью и посмотрел на часы: было без четверти три. Он не мог спать и, сидя на кровати, думал о похоронах старой графини.

сцена scene
возвращаться/возвратиться to return (in the sense of *to come back*)

Вдруг кто-то с улицы посмотрел в его окно и сейчас же отошёл.[15] Через минуту он услышал, что кто-то открывает дверь в передней.[16] Сначала он подумал, что слуга его, как обыкновенно пьяный, возвращался домой, но он услышал незнакомые шаги.[17] Вдруг дверь в его комнату открылась и вошла женщина в белом платье. Она быстро подошла к нему и — Германн узнал графиню.

сначала at first
пьяный drunk

узнавать/узнать to recognize

— Мне приказали[18] прийти к тебе, — сказала она, — и открыть тебе тайну. Тройка,[19] семёрка[20] и туз[21] выиграют тебе подряд. Только помни: не ставь больше, чем на одну карту в сутки,[22] и потом никогда в жизни больше не играй. Прощу тебе мою смерть, если ты женишься на[23] Лизавете Ивановне. Сказав это, она вышла из комнаты. Германн услышал, как закрылась дверь[24] в передней. И опять кто-то посмотрел в его окно с улицы.

выиграют тебе will win for you

Германн вышел в переднюю. Слуга его был пьян и Германн ничего не мог узнать от него. Дверь из передней была заперта.[25] Германн возвратился в свою комнату.

READING

1. **по́хороны** funeral · Always used in the *pl.: gen.* **похоро́н**, *dat.* **похорон-а́м**, *acc.* **по́хорон-ы**, *inst.* **похорон-а́ми**, *loc.* **похорон-а́х**. · A на-noun, i.e., **на** (instead of **в**) is used to express motion *to* or location *at* with this noun.
2. **суеве́рен** superstitious · The *sing. masc.* short form of **суеве́рный**. The other short forms are: *neut.* **суеве́рно**, *fem.* **суеве́рна**, *pl.* **суеве́рны**.
3. **(по)вреди́ть (II)** to harm (+ *dat.*) · **(по)вреж-у́, (по)вред-и́шь**
4. **це́рковь** church · An irregular *fem.* noun which 1) loses the **о** whenever **ь** is replaced by another ending, and 2) has hard endings in the *pl. dat., inst.,* and *loc.* · *Pl.* endings accented, except for the *nom.* and *acc.*
5. **гроб** coffin · One of a limited number of *masc.* nouns that have a second, stressed *sing. loc.* ending, **-у́**, used only after **в** and **на: в гробу́**. · *Pl.* endings accented.
6. **пла́тье** dress · A neuter noun whose *sing. nom.* ending **-е** is not preceded by **и** takes the *sing. loc.* ending **-е: пла́ть-е**. Unlike other nouns that have **ь** preceding the *sing. nom.* ending, this one both retains the **ь** and has the ending **-ев** in the *pl. gen.:* **пла́ть-ев**. (Compare with the *pl. gen.* of **воскресе́нь-е, воскресе́ни-й**.)
7. **ро́дственник** relative · Spelling Rule 1 applies.
8. **проща́ться (I) / прости́ться (II) (с** + *inst.*) to say good-bye or farewell (to) · **прости́ться: прощ-у́-сь, прост-и́шь-ся**
9. **наклоня́ться (I) / наклони́ться (II)** to bend, in the sense of *to bend over (something)* · Without the particle, the verb means *to bend something*. · **наклони́ться: наклон-ю́-сь, накло́н-ишь-ся**
10. **прищу́ривать (I) / прищу́рить (II) глаз** to screw up one's eye
11. **оступа́ться (I) / оступи́ться (II)** to stumble · **оступи́ться: оступ-л-ю́-сь, осту́п-ишь-ся**.
12. **англича́нин** Englishman · *Pl.: nom.* **англича́н-е**, *gen.* **англича́н**, *dat.* **англича́н-ам**, *acc.* **англича́н**, *inst.* **англича́н-ами**, *loc.* **англича́н-ах**.
13. **засыпа́ть (I) / засну́ть (I)** to fall asleep · **засну́ть: засн-у́, засн-ёшь**
14. **просыпа́ться (I) / просну́ться (I)** to wake up · **просну́ться: просн-у́-сь, просн-ёшь-ся**
15. **отходи́ть (II) / отойти́ (I)** to leave (on foot), in the sense of *to move away from something or someone* · **отходи́ть: отхож-у́, отхо́д-ишь** · **отойти́: отойд-у́, отойд-ёшь; отошёл, отошло́, отошла́, отошли́**
16. **пере́дняя** hall · In some instances adjectives serve as nouns. These "adjectival nouns" are declined like the adjectives they resemble (in this case, like **си́няя**). Adjectives that describe such "adjectival nouns" normally agree with them in number, gender, and case.
17. **шаг** (foot)step · Spelling Rule 1 applies. · *Pl.* endings accented.
18. **прика́зывать (I) / приказа́ть (I)** to order · The person who is ordered to do something is in the *dat.* · **приказа́ть: прикаж-у́, прика́ж-ешь** ·

The *3rd pers. pl.* of the verb, *without a subject*, can express the English passive: *I was ordered* ...
19. **тро́йка** the three (playing card) · Spelling Rule 1 applies. · *Pl. gen.* **тро́ек.**
20. **семёрка** the seven (playing card) · Spelling Rule 1 applies. · *Pl. gen.* **семёрок.**
21. **туз** the ace (playing card) · *Sing. acc.* **туза́.** · Endings accented.
22. **су́тки** twenty-four hours · Always used in the *pl.* · *Gen.* **су́ток.**
23. **жени́ться (на) (II)** to marry, in the sense of *to get married*. · Used only with a masculine subject in the singular, and then it renders both incompletion-repetition and completion. · Without the particle, the verb means *to marry*, in the sense of *to marry (someone off)*. · **жен-ю́-сь, же́н-ишь-ся** · When the woman a man marries is mentioned, **на** (+ *loc.*) is used.
24. **как закры́лась дверь** how the door was closed · Without the particle, the verb means *to close (something)*; the particle makes the verb passive. · **закрыва́ть (I)** · **закры́ть (I): закро́-ю, закро́-ешь**
25. **заперта́** locked · The *fem.* short form of the passive past verbal adjective **запе́ртая.** The other short forms are: *masc.* **за́перт,** *neut.* **за́перто,** *pl.* **за́перты.** The long form is constructed from the verb of completion, **запер-е́ть,** by adding **-т-ый (-т-ое, -т-ая, -т-ые)** to the past tense stem. · **запира́ть (I) / запере́ть (I): запр-у́, запр-ёшь; за́пер, за́перло, заперла́, за́перли**

---

1. Когда́ пое́хал Ге́рманн на по́хороны графи́ни?
2. Почему́ Ге́рманн пое́хал на по́хороны?
3. Кто стоя́л у гро́ба графи́ни?
4. Как была́ оде́та графи́ня?
5. Почему́ никто́ не пла́кал?
6. Кто пошёл проща́ться с графи́ней?
7. Что показа́лось Ге́рманну, когда́ он наклони́лся над гро́бом?
8. Почему́ упа́л Ге́рманн?
9. Что сказа́л англича́нину ро́дственник графи́ни?
10. Почему́ Ге́рманн был взволно́ван в э́тот ве́чер и мно́го вы́пил?
11. Что сде́лал Ге́рманн, придя́ домо́й?
12. В кото́ром часу́ Ге́рманн просну́лся?
13. О чём на́чал ду́мать Ге́рманн, когда́ он просну́лся?
14. Что Ге́рманн вдруг уви́дел и услы́шал?
15. Кто вошёл в ко́мнату Ге́рманна?
16. Ге́рманн узна́л графи́ню?

17. Что сказа́ла Ге́рманну графи́ня?
18. Прости́т графи́ня Ге́рманну свою́ смерть?
19. Что услы́шал Ге́рманн, когда́ графи́ня вы́шла?
20. Почему́ Ге́рманн вы́шел в пере́днюю?
21. Что сказа́л слуга́?

Conversation

Read over the date expressions under A silently, referring to the notes for explanations of new vocabulary. Next, practice reading the expressions over *orally*, restricting yourself to 101, 201, 301, etc. Then jot down numerical cues for forty possible variations, making sure that the "hundreds" and "a thousand" are equally represented. Using these cues, give the initial question and the answers *orally* until you can do this without making any errors; repeat this process in writing. Proceed in a similar manner with B.

Date Expressions (Years)

A. В како́м году́ постро́или э́то зда́ние?[26]

В { сто / две́сти[27] / три́ста[29] / четы́реста[30] / пятьсо́т[31] / шестьсо́т[32] / семьсо́т[33] / восемьсо́т / девятьсо́т / ты́сяча } пе́рвом (второ́м, etc.) году́ до на́шей э́ры (на́шей э́ры).[28]

B. В како́м году́ постро́или э́то зда́ние?

В { со́том[34] / двухсо́том[35] / трёхсо́том[36] / четырёхсо́том[37] / пятисо́том[38] / шестисо́том[39] / семисо́том[40] / восьмисо́том[41] / девятисо́том[42] / ты́сячном[43] } году́ до на́шей э́ры (на́шей э́ры).

26. **постро́или э́то зда́ние** was this building built · The *3rd pers. pl.* of the verb, *without a subject,* can express the English passive.
27. **две́сти** two hundred · A cardinal number in the *nom.*, as are the rest of the *hundreds* under A, since in a compound ordinal only the last number is actually an ordinal—all the rest are cardinals in the *nom.*
28. **до на́шей э́ры** B.C.
    на́шей э́ры A.D. · **Э́ра** is *era.* The expressions literally mean *before our era* and *of our era.*
29. **три́ста** three hundred
30. **четы́реста** four hundred
31. **пятьсо́т** five hundred
32. **шестьсо́т** six hundred
33. **семьсо́т** seven hundred
34. **со́тый** hundredth · An ordinal number, as are the rest.
35. **двухсо́тый** two hundredth
36. **трёхсо́тый** three hundredth
37. **четырёхсо́тый** four hundredth
38. **пятисо́тый** five hundredth
39. **шестисо́тый** six hundredth
40. **семисо́тый** seven hundredth
41. **восьмисо́тый** eight hundredth
42. **девятисо́тый** nine hundredth
43. **ты́сячный** thousandth

Grammar

Read over the following until you know the principles involved. *Do not attempt to form passive verbal adjectives on the basis of the explanation under B.* Its purpose is to show you how to recognize and determine the meanings of the forms you are most apt to encounter; it is too limited to serve as a guide for constructing the forms.

29.1 Passive Verbal Adjectives*

A. Use

1. A passive verb indicates that the subject does not perform the action described by the verb but is merely the recipient of it. In English the passive verb is a construction consisting of a helping verb or verbs plus verbal forms that normally end in *-ed, -d, -t, -en.* The performer of the action, if mentioned, is the object of the preposition *by.*

    a. The teacher *is liked* by all the students. The book *is being read* by the students.

---
* Conventionally called *passive participles.*

GRAMMAR

b. The letter *was (has been, had been) written* by the lawyer.
c. The letter *will be written* by the lawyer.

The Russian counterpart of:

- a. passive present tense verbs like those under a. above is the *short form of the passive present verbal adjective*.
- b. passive past, present perfect, and past perfect tense verbs such as those under b. consists of the past tense of **быть** plus the *short form of the passive past verbal adjective* (unless the end result of the action is still in evidence, in which case **быть** is usually omitted).
- c. passive future tense verbs like that under c. consists of the future tense of **быть** plus the *short form of the passive past verbal adjective*.

In each case the performer of the action (the object of *by* in English) is in the instrumental case.

The passive present construction occurs rarely, even in the more formal styles. The passive past and future are common in more formal style and fairly common in conversational style.

2. In English we use verbal forms in *-ed, -d, -t,* and *-en* as shortcut substitutes for relative pronoun constructions:

Did you see the buildings *which my father built?*
Did you see the buildings *which were built by my father?*
Did you see the buildings *built by my father?*

In Russian the *long form* of a passive verbal adjective can be used as such a shortcut substitute. This usage is, however, typical of more formal styles, not of conversational style.

Dictionaries do not normally list passive verbal adjectives; so you must learn to recognize them and determine their meanings when you meet them in your reading or hear them in conversation. In your own conversation and writing, continue, in general, to use the active form of the verb, i.e., use the Russian equivalent of *the lawyer wrote the letter* instead of *the letter was written by the lawyer.* But note and make *cautious* use of passive verbal adjectives that recur frequently in *conversation* materials.

B. Characteristics of Passive Verbal Adjectives

1. A passive verbal adjective consists of three parts.

Present Verbal Adjective

a. The stem of a verb:
  Normally, the present tense stem:

Past Verbal Adjective

a. The stem of a verb:
  The first person singular stem of verbs whose infinitives end in

(чита́ть) чита-
(люби́ть) люб-

The infinitive stem if the verb ends in **-авать**:
(дава́ть) дава-

-ить (but not including either unprefixed or prefixed monosyllabic verbs ending in **-ить**):
(заме́тить) замеч-
(купи́ть) купл-

The present or future tense stem if the infinitive ends in **-ти**:
(найти́) найд-
(принести́) принес-

Otherwise, normally, the past tense stem:
(написа́ть) написа-
(вы́пить) вы́пи-

b. An insert:
-ем- for Conjugation I verbs
чита́-ем-
дава́-ем-

b. An insert:
-енн- (-ённ-), normally, if the stem ends in a consonant
замеч-**енн**-
ку́пл-**енн**-
найд-**ённ**-
принес-**ённ**-

-им- for Conjugation II verbs
люб-**и́м**-

-нн- or, less frequently, **-т-** if the stem ends in a vowel
написа-**нн**-
вы́пи-**т**-

c. An adjectival ending
A passive verbal adjective has regular adjectival endings following the pattern of **но́вый**. For example, the endings in the nominative are:

чита́-ем- ⎫ **ый**
дава́-ем- ⎬ **ое**
люб-и́м- ⎭ **ая**
            ые

замеч-енн- ⎫
ку́пл-енн-   ⎪ **ый**
найд-ённ-   ⎬ **ое**
принес-ённ- ⎪ **ая**
написа-нн- ⎪ **ые**
вы́пи-т-   ⎭

2. The passive verbal adjective can have short forms. Past adjectives lose the second **н** of the insert in the short form.

любим- } о/а/ы　　напи́сан- } о/а/ы

3. A passive verbal adjective is in the same *number*, *gender*, and *case* as the noun it describes.

>Письм-о́ бы́ло написан-о мои́м адвока́том. The letter was written by my lawyer.
>
>Он получи́л письм-о́, написанн-ое мои́м адвока́том. He received the letter written by my lawyer.

4. The long-form verbal adjective and its clause, if any, can appear before or after the noun it describes. For example, the second sentence under 3 above can be written as follows:

>Он получи́л **напи́санное мои́м адвока́том** письмо́.

C. Conversion of Constructions With Passive Verbal Adjectives To Simpler Constructions

1. If the performer (in the instrumental) is given, rephrase so that the performer becomes the subject of the active form of the verb in the same aspect and tense as the verbal adjective.

>Когда́ и́ми была́ по́слана телегра́мма? → Когда́ они́ посла́ли телегра́мму?
>When was the telegram sent by them?　When did they send the telegram?
>
>Вы ви́дели но́вое зда́ние, постро́енное сове́тскими инжене́рами год тому́ наза́д? → Вы ви́дели но́вое зда́ние, кото́рое постро́или сове́тские инжене́ры год тому́ наза́д?
>Did you see the new building built by the Soviet engineers a year ago?　Did you see the new building which the Soviet engineers built a year ago?

2. If the performer is not given in the sentence but is implied by the context in which the sentence appears, rephrase, introducing the performer as the subject of the active form of the verb in the same aspect and tense as the verbal adjective.

>Когда́ была́ по́слана телегра́мма? → Когда́ студе́нты посла́ли телегра́мму?
>When was the telegram sent?　When did the students send the telegram?

Вы ви́дели но́вое зда́ние, постро́енное год тому́ наза́д?
Did you see the new building built a year ago?

→ Вы ви́дели но́вое зда́ние, кото́рое постро́или сове́тские инжене́ры год тому́ наза́д?
Did you see the new building which the Soviet engineers built a year ago?

3. If the performer is not given in the sentence or implied by the context of the sentence, use the active form of the verb in the third person plural *without any subject,* keeping the verb in the same aspect and tense as the verbal adjective. This is a common and simple way of rendering the passive in Russian.

Когда́ была́ по́слана телегра́мма?
When was the telegram sent?

→ Когда́ посла́ли телегра́мму?
When was the telegram sent? (literally, *When did [they] send the telegram?*)

Вы ви́дели но́вое зда́ние, постро́енное год тому́ наза́д?
Did you see the new building built a year ago?

→ Вы ви́дели но́вое зда́ние, кото́рое постро́или год тому́ наза́д?
Did you see the new building built a year ago? (literally, *which [they] built a year ago*)

Homework Exercise

Read over the paired sentences silently, noting the constructions with verbal adjectives and their simpler counterparts. Then, using the sentences on the right as a check, practice *orally* rephrasing the sentences with the verbal adjectives until you can do this without making any errors; repeat this process *in writing.*

1. Преподава́тель люби́м все́ми студе́нтами.
2. Кем был сде́лан э́тот интере́сный докла́д?
3. Все э́ти кни́ги бы́ли вы́браны на́шей библиоте́каршей.
4. Ва́ша кни́га найдена́ на́шим аспира́нтом.
5. Кем укра́дена бро́шка?
6. И́ми бы́ло вы́пито всё вино́.

1. Все студе́нты лю́бят преподава́теля.
2. Кто сде́лал э́тот интере́сный докла́д?
3. На́ша библиоте́карша вы́брала все э́ти кни́ги.
4. Наш аспира́нт нашёл ва́шу кни́гу.
5. Кто укра́л бро́шку?
6. Они́ вы́пили всё вино́.

HOMEWORK EXERCISE

7. Вам это было сказано вчера.
8. В каком веке построен Софийский собор?
9. Преподаватель хотел поговорить с ней о написанном ей докладе.
10. В посланных тобой журналах было много интересных фотографий.
11. Куда вы положили принесённую вами картину?
12. Где возвращённая Ниной книга?
13. Что ты будешь делать с купленными тобой билетами?
14. Что Владимир сделает с полученными им деньгами?
15. Он сказал ей об украденном у него чемодане.
16. Вы возвратили ему взятую вами тетрадь?

7. Вам это сказали вчера.
8. В каком веке построили Софийский собор?
9. Преподаватель хотел поговорить с ней о докладе, который она написала.
10. В журналах, которые ты послал, было много интересных фотографий.
11. Куда вы положили картину, которую вы принесли?
12. Где книга, которую Нина возвратила?
13. Что ты будешь делать с билетами, которые ты купила?
14. Что Владимир сделает с деньгами, которые он получил?
15. Он сказал ей о чемодане, который у него украли.
16. Вы возвратили ему тетрадь, которую вы взяли?

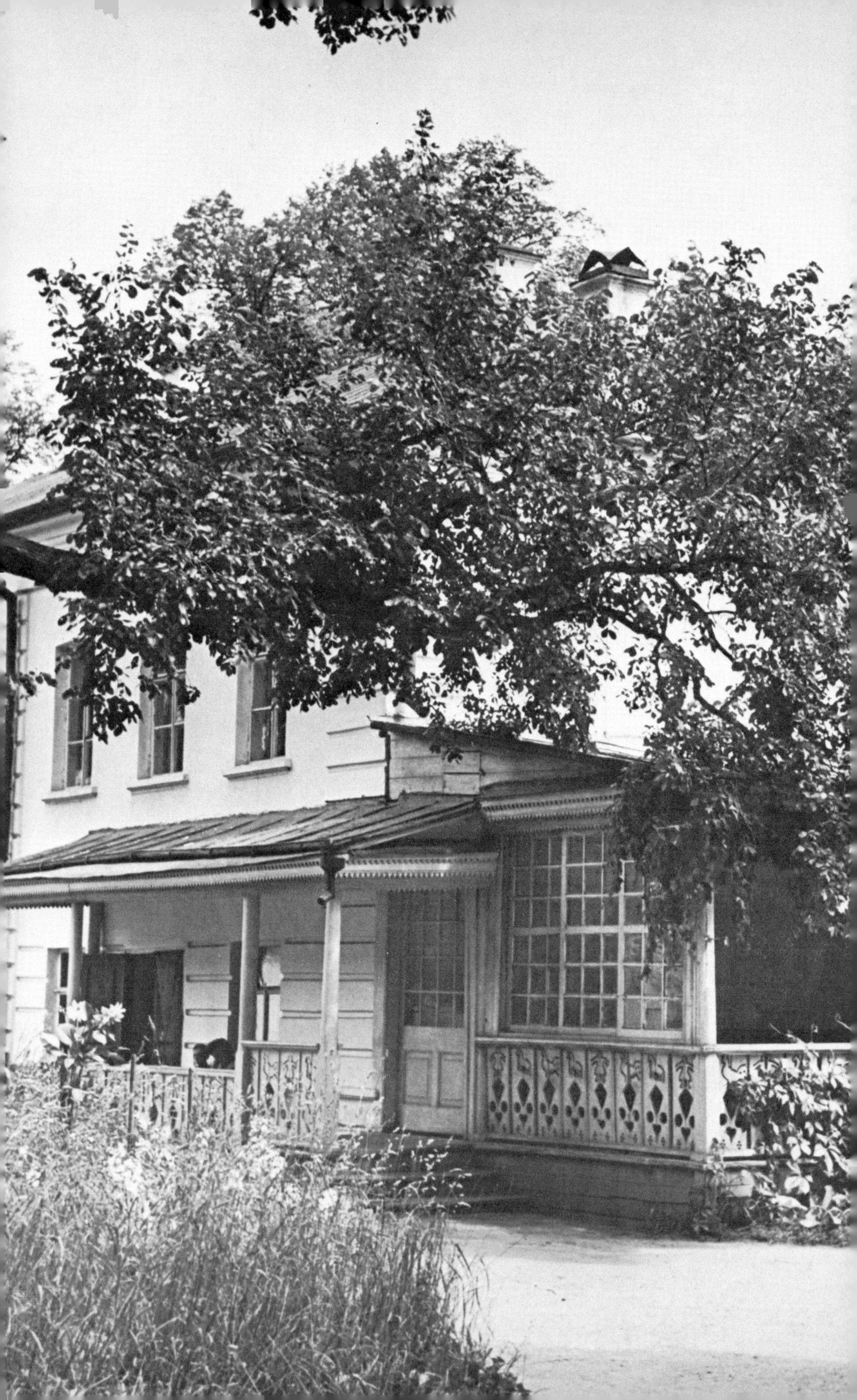

LESSON 30

Reading

Read the assigned selection silently, referring to the notes for explanations of new vocabulary and grammar. Then read the selection over *orally* until you can do this with ease and can follow the meaning of the text without having to rely on the notes at all. Next, write out the answers to the assigned questions, making use of the text and notes wherever necessary. Read the questions and your answers over *aloud* until you know the answers well enough to give them *orally* without referring to the written answers; then repeat this process *in writing*.

Пиковая дама (VIII)

Но скоро Германн забыл о графине и думал только о тройке, семёрке и тузе. Видя молодую девушку, он говорил: «Какая[1] стройная девушка! Настоящая[2] тройка!» Когда его спрашивали[3] «который час?», он отвечал: «без пяти минут семёрка». Когда он видел толстого мужчину,[4] он думал о тузе. Ему снились[5] тройка, семёрка и туз.

стройный shapely

В Петербурге жил известный игрок Чекалинский,[6] которого Нарумов хорошо знал. Германн попросил Нарумова представить его Чекалинскому. Когда Германн и Нарумов приехали в дом Чекалинского, там уже шла игра. Чекалинский сидел за длинным столом, вокруг[7] которого стояли игроки. Нарумов представил Чекалинскому Германна.

шла игра the game was going on

Некоторое время Германн стоял и только смотрел на игру. Наконец он сказал Чекалинскому: «Разрешите[8] мне поставить на

некоторое время for some time, for a while

Opposite: Tolstoy's Home at Yasnaya Polyana (Society for Cultural Relations with the USSR)

карту». В ответ Чекалинский мило улыбнулся. Нарумов пожелал[9] Германну успеха.[10]

Германн взял карту.

— Сколько? — спросил Чекалинский.

— Сорок семь тысяч, — ответил Германн.

Все в комнате с удивлением посмотрели на Германна.

удивление astonishment

— Он с ума сошёл! — подумал Нарумов.

Начали играть. Чекалинский положил одну карту направо, другую налево. Направо легла[11] девятка,[12] налево тройка.

— Моя тройка выиграла! — сказал Германн, показывая свою карту. Чекалинский нахмурился, но потом быстро улыбнулся и дал Германну выигранные им деньги. Все были поражены.[13] Германн выпил стакан лимонада и поехал домой.

лимонад lemonade

На следующий день вечером Германн опять пришёл к Чекалинскому. Он подошёл ко столу и поставил на карту, положив на неё сорок семь тысяч и деньги, которые он выиграл вчера.

Начали играть. Чекалинский положил одну карту направо, другую налево. Направо лёг валет, налево семёрка.

валет jack (playing card)

Германн показал свою семёрку.

Опять все были поражены. Чекалинский смутился.[14] Он был бледен, но дал Германну девяносто четыре тысячи. Германн взял деньги и сейчас же уехал.

На третий день вечером Герман опять поехал к Чекалинскому. Этот раз его там ждали. Все перестали играть, когда он вошёл, и смотрели на него. Чекалинский был бледен, но улыбался.

Германн подошёл к столу. Начали играть. Руки Чекалинского дрожали, кладя карты на стол. Направо легла дама, налево туз.

— Мой туз выиграл! — сказал Германн и показал свою карту.

— Дама ваша убита,[15] — сказал Чекалинский.

Германн посмотрел на свою карту. В самом деле вместо[16] туза в его руках была пиковая дама. Он не верил[17] своим глазам, не понимая как он мог так ошибиться,[18] и взять даму вместо туза.

в самом деле indeed, (and) really

В эту минуту ему показалось, что пиковая дама прищурила один глаз и насмешливо улыбнулась. Необыкновенное сходство поразило его...

необыкновенный remarkable, unusual
сходство resemblance

— Старуха! — закричал он в ужасе.

Чекалинский молча взял деньги у Германна. Германн стоял неподвижно. Когда Германн наконец отошёл от стола, все начали взволнованно говорить о его проигрыше,[19] но через несколько минут они забыли о Германне и продолжали играть.

взволнованно agitatedly, excitedly

Германн сошёл с ума. Он сидит в больнице,[20] в номере[21] семнадцать. Он не отвечает на вопросы и только очень быстро повторяет: «Тройка, семёрка, туз! Тройка, семёрка, дама!»

Лизаве́та Ива́новна вы́шла за́муж за о́чень ми́лого и бога́того молодо́го челове́ка. С ни́ми живёт бе́дная воспи́танница.

То́мский тепе́рь капита́н и он ско́ро же́нится.

---

1. **како́й** what a · Spelling Rule 1 applies.
2. **настоя́щий** real · Spelling Rules 1 and 2 apply.
3. **его́ спра́шивали** he was asked · The *3rd pers. pl.* of the verb, *without a subject*, can express the English passive.
4. **мужчи́на** man · One of a limited number of nouns that refer to males but have *sing. nom.* endings like *fem.* nouns. Such nouns are declined like the animate *fem.* nouns they resemble. Adjectives that describe these nouns, however, take *masc.* endings. Also, when such nouns serve as subjects, the *masc.* form of the verb is used.
5. **сни́ться (II) / присни́ться (II)** to dream about · The person who dreams is in the *dat.*; the thing about which he dreams is the subject of the verb and, hence, is in the *nom.*
6. **Чекали́нский** Chekalinsky · A last name which has an adjectival ending is declined exactly like the adjective it resembles, i.e., **Чекали́нский** follows the pattern of **сове́тский** describing an animate noun.
7. **вокру́г** (+ *gen.*) around
8. **разреша́ть (I) / разреши́ть (II)** (+ *dat.*) to permit · **разреши́ть: разреш-у́, разреш-и́шь**
9. **жела́ть (I) / пожела́ть (I)** to wish · The person for whom you wish something is in the *dat.*; the thing you wish the person is in the *gen.*
10. **успе́х** success · Spelling Rule 1 applies.
11. **ложи́ться (II) / лечь (I)** *to fall*, in the sense of *to turn up* (literally, *to lie down*) · **ложи́ться: лож-у́-сь, лож-и́шь-ся** · **лечь: ля́г-у, ля́ж-ешь, ля́ж-ет, ля́ж-ем, ля́ж-ете, ля́г-ут; лёг, легло́, легла́, легли́**
12. **девя́тка** the nine (playing card) · Spelling Rule 1 applies. · *Pl. gen.* **девя́ток.**
13. **поража́ть (I) / порази́ть (II)** to astonish greatly · **Поражены́** is the *pl.* short form of the passive past verbal adjective **пораж-ённ-ый**, formed from the verb of completion. The other short forms are: *masc.* **поражён**, *neut.* **поражено́**, *fem.* **поражена́**. · **порази́ть: пораж-у́, порази́шь**
14. **смуща́ться (I) / смути́ться (II)** to become confused · **смути́ться: смущ-у́-сь, смут-и́шь-ся**

15. **убита** has lost (literally, *has been killed*) · The *fem.* short form of the passive past verbal adjective **уби-т-ый**.
16. **вместо** (+ *gen.*) instead of
17. **верить (II)** to believe
18. **ошибаться (I) / ошибиться (I)** to make a mistake · With **так**, the verb means *to make such a big mistake*. · **ошибиться: ошиб-у́-сь, ошиб-ёшь-ся; ошибся, ошиблось, ошиблась, ошиблись**
19. **проигрыш** loss · Spelling Rules 1 and 2 apply· *Masc.* nouns with a final **ж, ч, ш,** or **щ** in the *sing. nom.* take the ending **-ей** in the *pl. gen.*: **проигрыш-ей**.
20. **сидеть в больнице** to be in the hospital (literally, *to sit in the hospital*) · Spelling Rule 2 applies to **больница**, *hospital*.
21. **номер** (room) number · Like some *masc.* nouns, it takes the accented ending **-а́** in the *pl. nom.* (**номер-а́**) and has accented endings throughout the *pl.*

---

1. Почему́ Ге́рманн ско́ро забы́л о графи́не?
2. Что говори́л Ге́рманн, ви́дя молоду́ю де́вушку?
3. Что отвеча́л Ге́рманн, когда́ его́ спра́шивали: «Кото́рый час?»
4. Кто был Чекали́нский, и кто его́ знал?
5. Опиши́те, что уви́дели Ге́рманн и Нару́мов, прие́хав в дом Чекали́нского пе́рвый раз.
6. Когда́ на́чал игра́ть Ге́рманн?
7. Почему́ Нару́мов поду́мал, что Ге́рманн сошёл с ума́?
8. Каки́е ка́рты положи́л Чекали́нский на стол?
9. Что сде́лал Чекали́нский, уви́дев, что тро́йка Ге́рманна вы́играла?
10. Что сде́лал Ге́рманн на сле́дующий день ве́чером?
11. Что случи́лось на сле́дующий день?
12. На тре́тий день Ге́рманн опя́ть пое́хал к Чекали́нскому. Что случи́лось, когда́ он вошёл?
13. Почему́ ру́ки Чекали́нского дрожа́ли, когда́ он клал ка́рты на стол?
14. Почему́ Ге́рманн ду́мал, что он вы́играл?
15. Почему́ Ге́рманн не вы́играл?
16. Что показа́лось Ге́рманну, когда́ он посмотре́л на пи́ковую да́му?
17. Что случи́лось, когда́ Ге́рманн отошёл от стола́?
18. Где тепе́рь Ге́рманн, и почему́ он там?
19. Кто жени́лся на Лизаве́те Ива́новне?
20. Что де́лает То́мский?

Conversation

Read the assigned selection silently, referring to the notes for explanations of new vocabulary and grammar. Then read the selection over *orally* until you can do this with ease and can follow the meaning of the text without having to rely on the notes at all. Next, write out the answers to the assigned questions, making use of the text and notes wherever necessary. Read the questions and your answers over *aloud* until you know the answers well enough to give them *orally* without referring to the written answers; then repeat this process *in writing*.

Лиза и Ясная Поляна

Милая Вера!

Я опять в Москве. И вот моя большая новость[22] — я собираюсь[23] жениться. Её зовут Лизой — она англичанка[24] — и мы познакомились[25] в магазине в Ялте! Лиза хотела купить часы — она плохо говорит по-русски и девушка в магазине не могла понять её. Я подошёл к Лизе и спросил, могу ли я помочь ей... Вечером мы пошли на концерт... и через неделю я сделал ей предложение. Свадьба[26] — первого[27] августа. Жаль, что мои родители не смогут приехать и познакомиться с Лизой... Сейчас же после свадьбы мы летим в Англию, а потом домой в США.[28]

Вчера мы ездили в имение Толстого — Ясную Поляну — которое находится недалеко от Москвы. Я давно хотел посетить[29] Ясную Поляну после того как я прочитал «Войну и мир».[30] Толстой жил в этом имении почти шестьдесят лет и большинство его произведений было написано им там. Теперь в доме Толстого — музей.

В 1941 году немцы заняли[31] Ясную Поляну и в доме Толстого жили немецкие солдаты. Но, к счастью, все самые ценные вещи, как письма Толстого, фотографии, книги —

Ясная Поляна Clear Glade (the name of Tolstoy's estate)

имение estate

после того как since

почти almost
большинство most, in the sense of *the majority*

к счастью fortunately
ценный valuable

CONVERSATION

бы́ли уже́ эвакуи́рованы[32] в Сиби́рь. Когда́ не́мцы уходи́ли из Я́сной Поля́ны, они́ подожгли́[33] дом Толсто́го, но ру́сские спасли́[34] дом.

Посмотре́л на часы́ — уже́ без че́тверти три. Мне ну́жно пойти́ в библиоте́ку, а пото́м к Ли́зе...

Кен

---

22. но́вость news · All *pl.* endings except the *nom.* and *acc.* accented.
23. собира́ться (I) / собра́ться (I) to intend (to do something) · собра́ться: собер-у́-сь, собер-ёшь-ся; собра́лся, собрало́сь, собрала́сь, собрали́сь
24. англича́нка Englishwoman · Spelling Rule 1 applies. · Some *fem.* nouns with the *sing. nom.* in -а preceded by a double consonant acquire a **е** or **о** between these two consonants in the *pl. gen.*: англича́нок.
25. (по)знако́миться (II) (с + *inst.*) to get acquainted (with), to meet, in the sense of *to get acquainted (with)* · (по)знако́миться: (по)знако́м-л-ю-сь, (по)знако́м-ишь-ся
26. сва́дьба wedding · Some *fem.* nouns with the *sing. nom.* in -а preceded by a consonant + **ь** + a consonant replace **ь** with **е** in the *pl. gen.*: сва́деб.
27. пе́рвого (on) the first · *On,* expressed or understood, plus the date, are rendered by putting the date into the *sing. gen.*
28. США U.S.A. · США is an abbreviation of Соединённые Шта́ты Аме́рики, a literal translation of *United States of America.* · The *sing. nom.* of *state* is штат.
29. посеща́ть (I) / посети́ть (II) to visit · посети́ть: посещ-у́, посет-и́шь
30. «Война́ и мир» War and Peace · In the *pl.*, война́ is stressed on the first syllable.
31. занима́ть (I) / заня́ть (I) to occupy · заня́ть: займ-у́, займ-ёшь; за́нял, за́няло, заняла́, за́няли
32. эвакуи́ровать (I) to evacuate · Renders both incompletion-repetition and completion, · эвакуи́ру-ю, эвакуи́ру-ешь
33. поджига́ть (I) / подже́чь (I) to set on fire · подже́чь: подожг-у́, подожж-ёшь, подожж-ёт, подожж-ём, подожж-ёте, подожг-у́т; поджёг, подожгло́, подожгла́, подожгли́
34. спаса́ть (I) / спасти́ (I) to save (from destruction) · спасти́: спас-у́, спас-ёшь; спас, спасло́, спасла́, спасли́

1. Где тепе́рь Кен?
2. Кака́я но́вость у Ке́на?
3. На ком собира́ется жени́ться Кен?
4. Где Кен познако́мился с Ли́зой?
5. Как познако́мились Кен и Ли́за?
6. Когда́ Кен сде́лал предложе́ние Ли́зе?
7. Когда́ бу́дет сва́дьба Ке́на и Ли́зы?
8. Что сказа́л Кен о свои́х роди́телях?
9. Куда́ полетя́т Кен и Ли́за сейча́с же по́сле сва́дьбы?
10. Где бу́дут жить Кен и Ли́за?
11. Куда́ они́ е́здили вчера́?
12. Где нахо́дится Я́сная Поля́на?
13. Почему́ Кен хоте́л посети́ть Я́сную Поля́ну?
14. Что сказа́л Кен о Толсто́м?
15. Что тепе́рь в до́ме Толсто́го?
16. Что случи́лось в ты́сяча девятьсо́т со́рок пе́рвом году́?
17. Каки́е бы́ли са́мые це́нные ве́щи в Я́сной Поля́не, и что с ни́ми сде́лали ру́сские?
18. Что сде́лали не́мцы, когда́ они́ уходи́ли из Я́сной Поля́ны?
19. Что сде́лали ру́сские, когда́ не́мцы подожгли́ дом Толсто́го?
20. Куда́ ну́жно пойти́ Ке́ну?

Grammar

Read over the following until you know the principles involved.

30.1 Cardinal Numbers (1–1000)

A. Form

One can be masculine, neuter, or feminine, depending on the gender of the noun to which it refers. *Two* can be masculine-neuter or feminine, also depending on the gender of the noun referred to. The other numbers make no gender distinctions. All numbers have six cases.

1. One

	Masculine	Neuter	Feminine
Nom.	оди́н	одн-о́	одн-а́
Gen.	одн-ого́		одн-о́й
Dat.	одн-ому́		одн-о́й
Acc.	Like the *nom.* or *gen.**	одн-о́	одн-у́
Inst.	одн-и́м		одн-о́й
Loc.	одн-о́м		одн-о́й

* The accusative is like the nominative if the noun referred to is inanimate, like the genitive if the noun is animate.

GRAMMAR

2. *Two*

	Masculine-Neuter	Feminine
Nom.	два	две
Gen.	двух	
Dat.	двум	
Acc.	Like the *nom.* or *gen.**	
Inst.	двумя́	
Loc.	двух	

3. *Three and Four*

Nom.	тр-и́	четы́р-е
Gen.	тр-ёх	четыр-ёх
Dat.	тр-ём	четыр-ём
Acc.	Like the *nom.* or *gen.**	
Inst.	тр-емя́	четыр-ьмя́
Loc.	тр-ёх	четыр-ёх

4. *Five through Twenty, Thirty*

five	пять
six	шесть
seven	семь
eight	во́семь
nine	де́вять
ten	де́сять
eleven	оди́ннадцать
twelve	двена́дцать
thirteen	трина́дцать
fourteen	четы́рнадцать
fifteen	пятна́дцать
sixteen	шестна́дцать
seventeen	семна́дцать
eighteen	восемна́дцать
nineteen	девятна́дцать
twenty	два́дцать
thirty	три́дцать

These numbers are declined like feminine nouns ending in **-ь.** The accent shifts to the ending if the number has less than three syllables.

* It is like the genitive only when it 1) refers to an animate noun and 2) is not part of a compound number (22, 102, etc.).

Nom.	пят-ь
Gen., Dat.	пят-и́
Acc.	пят-ь
Inst.	пят-ью́
Loc.	пят-и́

In **во́семь** the **е** is replaced by **ь** in all but the accusative case: **восьми́**, **восьмью́**.

5. Fifty, Sixty, Seventy, and Eighty

fifty	пятьдеся́т
sixty	шестьдеся́т
seventy	се́мьдесят
eighty	во́семьдесят

The accusative of these numbers is identical with the nominative. In all the other cases *both* parts take endings according to the pattern under 4 and the stress is on the ending of the first part. (Remember the **е** to **ь** change in **во́семь**.)

Nom.	пятьдеся́т
Gen., Dat.	пяти́десят-и
Acc.	пятьдеся́т
Inst.	пятью́десят-ью
Loc.	пяти́десят-и

6. Forty, Ninety, and One Hundred

forty	со́рок
ninety	девяно́сто
one hundred	сто

The accusative of these is identical with the nominative. In all other cases the ending is **-а**, with the accent shifting to the ending in **со́рок:**

Nom., Acc.	со́рок	девяно́ст-о	ст-о
All Other Cases	сорок-а́	девяно́ст-а	ст-а

7. Two Hundred, Three Hundred ... Nine Hundred

two hundred	две́сти
three hundred	три́ста
four hundred	четы́реста
five hundred	пятьсо́т
six hundred	шестьсо́т
seven hundred	семьсо́т
eight hundred	восемьсо́т
nine hundred	девятьсо́т

GRAMMAR

The accusative of these is identical with the nominative. In all other cases, the first part follows the pattern under 2, 3, and 4, while the second part takes these forms: genitive **-сóт**, dative **-стáм**, instrumental **-стáми**, and locative **-стáх** (the second part is always accented).

Nom.	двéсти
Gen.	двухсóт
Dat.	двумстáм
Acc.	двéсти
Inst.	двумястáми
Loc.	двухстáх

8. *Thousand*

Тысяча follows the pattern of a feminine noun ending in **-а**. Spelling Rules 1 and 2 apply.

When individual cardinal numbers are combined to form a compound cardinal number, each of the component numbers is inflected. For example, **пятьсóт сóрок шесть** (546) in the genitive case is **пятисóт сорокá шести́**.

B. *Use of Cardinal Numbers with Nouns*

1. *Numbers in the Nominative or Accusative*

   a. When *one* or *any compound cardinal number with one as its last element* is in the nominative or accusative and refers to a noun, 1) use the Russian nominative or accusative form of *one* that matches the gender of the noun and 2) put the noun into the *singular form* of the same case as the number.

They bought ⎱ tickets.	Они́ купи́ли ⎱ **оди́н билéт.**
twenty-*one* ⎰ books.	двáдцать ⎰ **однý кни́гу.**

   b. With one exception, when *two, three, four*, or *any compound cardinal with two, three, or four as its last element* is in the nominative or accusative, 1) use the Russian nominative or accusative form of *two* (matching the gender of the noun), *three*, or *four* and 2) put the noun into the *singular genitive*.

   They bought twenty-*two* tickets.   Они́ купи́ли двáдцать **два билéта.**

   He saw twenty-*two* students.   Он ви́дел двáдцать **два студéнта.**

   If, however, *two, three*, or *four* 1) is in the accusative, 2) is not part of a compound number, and 3) refers to an animate noun, then the Russian accusative of the number is like its genitive and the noun is in the *plural genitive*.

   He saw *two* students.   Он ви́дел **двух студéнтов.**

c. When any other number in the nominative or accusative refers to a noun, the Russian noun is in the *plural genitive*.

They bought *twenty-six* tickets. Они купи́ли **два́дцать шесть биле́тов.**

2. *Numbers in Other Cases*

When a number is in any other case, the noun to which it refers is in the same case. If the number is *one* or *any compound number with one as its last element*, the noun is in the singular; otherwise, it is in the plural.

We went with *twenty-one* students. Мы пое́хали с **двадцатью́ одни́м студе́нтом.**

We went with *twenty-two* students. Мы пое́хали с **двадцатью́ двумя́ студе́нтами.**

30.2 Ordinal Numbers (1–1000)

Ordinal numbers are actually number adjectives, the equivalents of our *first, second, third,* etc.

A. *Form*

1. First *through* Twentieth, Thirtieth, Fortieth ... Ninetieth, One Hundredth, Two Hundredth ... Thousandth

first	пе́рвый
second	второ́й
third	тре́тий
fourth	четвёртый
fifth	пя́тый
sixth	шесто́й
seventh	седьмо́й
eighth	восьмо́й
ninth	девя́тый
tenth	деся́тый
eleventh	оди́ннадцатый
twelfth	двена́дцатый
thirteenth	трина́дцатый
fourteenth	четы́рнадцатый
fifteenth	пятна́дцатый
sixteenth	шестна́дцатый
seventeenth	семна́дцатый
eighteenth	восемна́дцатый
nineteenth	девятна́дцатый

GRAMMAR

twentieth	двадца́тый
thirtieth	тридца́тый
fortieth	сороково́й
fiftieth	пятидеся́тый
sixtieth	шестидеся́тый
seventieth	семидеся́тый
eightieth	восьмидеся́тый
ninetieth	девяно́стый
one hundredth	со́тый
two hundredth	двухсо́тый
three hundredth	трёхсо́тый
four hundredth	четырёхсо́тый
five hundredth	пятисо́тый
six hundredth	шестисо́тый
seven hundredth	семисо́тый
eight hundredth	восьмисо́тый
nine hundredth	девятисо́тый
one thousandth	ты́сячный

2. With the exception of **тре́тий**, all of the ordinal numbers are declined exactly like the adjectives they resemble. The forms of **тре́тий** are as follows:

	Singular			Plural	
	Masculine	Neuter	Feminine		
Nom.	тре́т-**ий**	тре́ть-**е**	тре́ть -**я**	тре́ть	-**и**
Gen.	тре́ть-**его**		тре́ть -**ей**	тре́ть	-**их**
Dat.	тре́ть-**ему**		тре́ть -**ей**		-**им**
Acc.	Like the *nom.* or *gen.*	тре́ть-**е**	тре́ть -**ю**	Like the *nom.* or *gen.*	
Inst.	тре́ть-**им**		тре́ть -**ей**	тре́ть	-**ими**
Loc.	тре́ть-**ем**		тре́ть -**ей**		-**их**

3. As in English, in *compound ordinal* numbers only the last number is actually an ordinal—the rest are cardinals. The parts of a compound ordinal that are cardinals are always in the nominative case; *only the last number, the actual ordinal, is declined.*

125th *nom.* сто два́дцать **пя́тый**
125th *gen.* сто два́дцать **пя́того**

B. Use

An ordinal number is in the same number, gender, and case as the noun it describes.

Were you at the second lecture? Вы бы́ли на **второ́й ле́кции?**

I am reading the sixty-ninth page. Я чита́ю шестьдеся́т **девя́тую страни́цу.**

Homework Exercise

Read through the following sentences silently, paying particular attention to the use of the number constructions. Then read the sentences *aloud*, repeating each one with the variants listed. Next, practice writing them. Finally, translate them into English and then back into Russian.

1. Я дала́ ему́ одну́ кни́гу (две кни́ги, шесть книг) и три журна́ла (семь журна́лов, два́дцать оди́н журна́л).
2. У двух (двадцати́ пяти́, сорока́, четырёх, семна́дцати) студе́нтов есть маши́ны.
3. Я говори́ла с одни́м студе́нтом (двумя́, пятна́дцатью, восьмью́, двена́дцатью студе́нтами) сего́дня.
4. Влади́мир показа́л одно́й де́вушке (двум, трём, четырём, пяти́ де́вушкам) наш университе́т.
5. Она́ пое́хала в теа́тр с четырьмя́ (тремя́, пятью́, десятью́, трина́дцатью) студе́нтами.
6. Он положи́л на стол пять тетра́дей (три́дцать одну́ тетра́дь, два́дцать две тетра́ди, оди́ннадцать тетра́дей, со́рок семь тетра́дей).
7. Мы бы́ли в девяти́ (двух, трёх, четырёх, пяти́) магази́нах, но не нашли́ э́той кни́ги.
8. Оте́ц не дал сы́ну шести́десяти пяти́ (девяно́ста, ста, семи́десяти двух, восьми́десяти четырёх) рубле́й.
9. Он показа́л мне о́коло двухсо́т (трёхсо́т, четырёхсо́т, девяно́ста, сорока́) фотогра́фий.
10. В э́той библиоте́ке то́лько девятьсо́т пятьдеся́т книг (ты́сяча восемьсо́т шестьдеся́т одна́ кни́га, ты́сяча сто три́дцать три кни́ги, семьсо́т со́рок шесть книг, ты́сяча три́ста три́дцать пять книг).
11. Э́то стихотворе́ние на семидеся́той (ты́сяча четы́реста шестьдеся́т четвёртой, восьмисо́той, ты́сяча два́дцать пе́рвой, ты́сяча девя́той) страни́це.
12. Э́тот князь у́мер в восьмисо́том (три́ста два́дцать девя́том, пятьсо́т пятьдеся́т пя́том, ты́сяча семьсо́т три́дцать тре́тьем) году́.
13. Да́йте мне семна́дцать до́лларов (три́дцать оди́н до́ллар, пятьдеся́т два до́ллара, со́рок во́семь до́лларов, девятьсо́т со́рок шесть до́лларов).
14. Я не чита́л его́ пе́рвого (второ́го, тре́тьего, четвёртого) рома́на.

15. Прочита́йте пе́рвую (тре́тью, пятьдеся́т седьму́ю, два́дцать втору́ю, сто девяно́сто пя́тую) страни́цу его́ докла́да.
16. Это её деся́тое (седьмо́е, восьмо́е, оди́ннадцатое) письмо́ из Сове́тского Сою́за.
17. Её пе́рвому (второ́му, тре́тьему, четвёртому) му́жу бы́ло три́дцать во́семь лет, когда́ он у́мер.
18. Мы ча́сто встреча́лись с его́ пе́рвой (второ́й, тре́тьей, четвёртой) жено́й.

ADDITIONAL EXERCISES

Lesson 4: Nominative Case

A. Nouns

Read each sentence in the first column aloud; then repeat it, converting the noun into the plural. Use the second column to check on the correctness of your answers. Reverse the process, using the sentences in column two as cues. Repeat the exercise in writing.

1. Где одея́ло?	Где одея́ла?
2. Где аудито́рия?	Где аудито́рии?
3. Где пило́т?	Где пило́ты?
4. Где ла́мпа?	Где ла́мпы?
5. Где музе́й?	Где музе́и?
6. Где зе́ркало?	Где зеркала́?
7. Где крова́ть?	Где крова́ти?
8. Где стака́н?	Где стака́ны?
9. Где объявле́ние?	Где объявле́ния?
10. Где тетра́дь?	Где тетра́ди?
11. Где преподава́тель?	Где преподава́тели?
12. Где зда́ние?	Где зда́ния?

1. Журна́л там.	Журна́лы там.
2. Стол там.	Столы́ там.
3. Одея́ло там.	Одея́ла там.
4. Ко́мната там.	Ко́мнаты там.
5. Зе́ркало там.	Зеркала́ там.
6. Маши́на там.	Маши́ны там.
7. Роя́ль там.	Роя́ли там.
8. Тетра́дь там.	Тетра́ди там.
9. Преподава́тель там.	Преподава́тели там.
10. Зда́ние там.	Зда́ния там.
11. Аудито́рия там.	Аудито́рии там.
12. Музе́й там.	Музе́и там.

B. Adjectives

Read each sentence in the first column aloud; then repeat it, using the appropriate form of **но́вый** to describe the noun. Use the second column to check on the correctness of your answers. Repeat the process in writing.

1. Где музе́й? Где но́вый музе́й?
2. Где крова́ть? Где но́вая крова́ть?
3. Где зе́ркало? Где но́вое зе́ркало?
4. Где аудито́рия? Где но́вая аудито́рия?
5. Где журна́л? Где но́вый журна́л?
6. Где тетра́ди? Где но́вые тетра́ди?
7. Где зда́ние? Где но́вое зда́ние?
8. Где ко́мната? Где но́вая ко́мната?
9. Где зда́ния? Где но́вые зда́ния?
10. Где роя́ль? Где но́вый роя́ль?
11. Где преподава́тели? Где но́вые преподава́тели?
12. Где объявле́ние? Где но́вое объявле́ние?

Continue with the same procedure, using the appropriate forms of **си́ний**.

1. Ла́мпа тут. Си́няя ла́мпа тут.
2. Одея́ло тут. Си́нее одея́ло тут.
3. Стака́ны тут. Си́ние стака́ны тут.
4. Маши́ны тут. Си́ние маши́ны тут.
5. Тетра́дь тут. Си́няя тетра́дь тут.
6. Журна́л тут. Си́ний журна́л тут.
7. Маши́на тут. Си́няя маши́на тут.
8. Стол тут. Си́ний стол тут.
9. Крова́ть тут. Си́няя крова́ть тут.
10. Стака́н тут. Си́ний стака́н тут.
11. Тетра́ди тут. Си́ние тетра́ди тут.
12. Одея́ла тут. Си́ние одея́ла тут.

C. Pronominal Adjectives

Read each question in the first column aloud; then answer it, using the appropriate form of **твой**. Example: **Где мой журнал?** → **Твой журна́л там.** Use the second column to check on the correctness of your answers. Repeat the process in writing.

1. Где мой стака́н? Твой стака́н там.
2. Где моё зе́ркало? Твоё зе́ркало там.
3. Где мой журна́лы? Твой журна́лы там.
4. Где мой экза́мен? Твой экза́мен там.

NOMINATIVE CASE

5. Где моя́ тетра́дь? — Твоя́ тетра́дь там.
6. Где моё вино́? — Твоё вино́ там.
7. Где моя́ маши́на? — Твоя́ маши́на там.
8. Где мой одея́ла? — Твой одея́ла там.
9. Где моя́ ко́мната? — Твоя́ ко́мната там.
10. Где моё одея́ло? — Твоё одея́ло там.
11. Где мой стол? — Твой стол там.
12. Где мой ла́мпы? — Твой ла́мпы там.

Continue with the same procedure, using the appropriate forms of **мой**.
Example: **Э́то твой стака́н?** → **Да, э́то мой стака́н.**

1. Э́то твоё одея́ло? — Да, э́то моё одея́ло.
2. Э́то твой тетра́ди? — Да, э́то мой тетра́ди.
3. Э́то твой журна́л? — Да, э́то мой журна́л.
4. Э́то твоя́ ко́мната? — Да, э́то моя́ ко́мната.
5. Э́то твой зеркала́? — Да, э́то мой зеркала́.
6. Э́то твоя́ маши́на? — Да, э́то моя́ маши́на.
7. Э́то твой адвока́т? — Да, э́то мой адвока́т.
8. Э́то твоё вино́? — Да, э́то моё вино́.
9. Э́то твой преподава́тель? — Да, э́то мой преподава́тель.
10. Э́то твой часы́? — Да, э́то мой часы́.
11. Э́то твоя́ тетра́дь? — Да, э́то моя́ тетра́дь.
12. Э́то твоё молоко́? — Да, э́то моё молоко́.

Continue with the same procedure, using the appropriate forms of **ваш**.
Example: **Где на́ши тетра́ди?** → **Ва́ши тетра́ди там.**

1. Где на́ша маши́на? — Ва́ша маши́на там.
2. Где наш преподава́тель? — Ваш преподава́тель там.
3. Где на́ша ко́мната? — Ва́ша ко́мната там.
4. Где наш пило́т? — Ваш пило́т там.
5. Где на́ши журна́лы? — Ва́ши журна́лы там.
6. Где на́ше зда́ние? — Ва́ше зда́ние там.
7. Где на́ши ко́мнаты? — Ва́ши ко́мнаты там.
8. Где на́ша аудито́рия? — Ва́ша аудито́рия там.
9. Где наш адвока́т? — Ваш адвока́т там.
10. Где на́ши одея́ла? — Ва́ши одея́ла там.
11. Где на́ше зе́ркало? — Ва́ше зе́ркало там.
12. Где на́ше вино́? — Ва́ше вино́ там.

Continue with the same procedure, using the appropriate forms of **наш**.
Example: **Э́то ва́ши маши́ны?** → **Да, э́то на́ши маши́ны.**

1. Э́то ва́ши тетра́ди? — Да, э́то на́ши тетра́ди.
2. Э́то ва́ша маши́на? — Да, э́то на́ша маши́на.

3. Это ваш роя́ль?   Да, это наш роя́ль.
4. Это ва́ше объявле́ние?   Да, это на́ше объявле́ние.
5. Это ваш стол?   Да, это наш стол.
6. Это ва́ша ко́мната?   Да, это на́ша ко́мната.
7. Это ва́ши одея́ла?   Да, это на́ши одея́ла.
8. Это ва́ше зда́ние?   Да, это на́ше зда́ние.
9. Это ваш журна́л?   Да, это наш журна́л.
10. Это ва́ши преподава́тели?   Да, это на́ши преподава́тели.
11. Это ва́ше зе́ркало?   Да, это на́ше зе́ркало.
12. Это ва́ша ла́мпа?   Да, это на́ша ла́мпа.

Read each sentence in the first column aloud; then, using the noun that follows it as a cue, repeat the sentence with the appropriate pronominal adjective (**его́, её,** or **их**) describing the noun in the sentence. Use the second column to check on the correctness of your answers. Repeat the process in writing.

1. Где стака́н? **Влади́мир**   Где его́ стака́н?
2. Где чай? **пило́ты**   Где их чай?
3. Где объявле́ния? **адвока́т**   Где его́ объявле́ния?
4. Где зе́ркало? **Ни́на**   Где её зе́ркало?
5. Где аудито́рия? **преподава́тели**   Где их аудито́рия?
6. Где ко́мната? **киноарти́ст**   Где его́ ко́мната?
7. Где ла́мпа? **Ни́на**   Где её ла́мпа?
8. Где маши́ны? **пило́ты**   Где их маши́ны?
9. Где роя́ль? **Ни́на**   Где её роя́ль?
10. Где одея́ло? **Влади́мир**   Где его́ одея́ло?
11. Где зда́ние? **преподава́тели**   Где их зда́ние?
12. Где журна́лы? **Ни́на**   Где её журна́лы?

D. Pronouns

Read each sentence in the first column aloud; then repeat it, converting the pronoun into the plural if it is in the singular and into the singular if it is in the plural. Use the second column to check on the correctness of your answers. Repeat the process in writing.

1. Мы до́ма.   Я до́ма.
2. Ты до́ма.   Вы до́ма.
3. Она́ до́ма.   Они́ до́ма.
4. Я до́ма.   Мы до́ма.
5. Он до́ма.   Они́ до́ма.
6. Мы до́ма.   Я до́ма.
7. Оно́ до́ма.   Они́ до́ма.

GENITIVE CASE

 8. Вы дома.   Ты дома.
 9. Она дома. Они дома.
10. Я дома.   Мы дома.
11. Ты дома.   Вы дома.
12. Оно дома. Они дома.
13. Вы дома.   Ты дома.
14. Он дома.   Они дома.

Read each sentence in the first column aloud; then repeat it, substituting a pronoun for the noun. Use the second column to check on the correctness of your answers. Repeat the process in writing.

 1. Где аудитория?   Где она?
 2. Где одеяло?   Где оно?
 3. Где тетради?   Где они?
 4. Где стол?   Где он?
 5. Где зеркало?   Где оно?
 6. Где машина?   Где она?
 7. Где журнал?   Где он?
 8. Где здания?   Где они?
 9. Где капуста?   Где она?
10. Где магазины?   Где они?
11. Где стакан?   Где он?
12. Где молоко?   Где оно?

Lesson 5: Genitive Case

A. Nouns

Read aloud the two sentences on each line of the first column; then combine them orally as in the following example: **Это гитара. Это студент.** → **Это гитара студента.** Repeat the process in writing.

1. Это стакан. Это молоко.   Это стакан молока.
2. Это машина. Это адвокат.   Это машина адвоката.
3. Это стол. Это Нина.   Это стол Нины.
4. Это общежитие. Это студент.   Это общежитие студента.
5. Это комната. Это преподаватель.   Это комната преподавателя.
6. Это зеркало. Это Владимир.   Это зеркало Владимира.
7. Это журнал. Это киноартист.   Это журнал киноартиста.
8. Это стакан. Это вино.   Это стакан вина.
9. Это пьеса. Это автор.   Это пьеса автора.

Substitute the appropriate form of each noun in column one for the direct object in the pattern sentence, first orally and then in writing.

Pattern: **Влади́мир не ви́дел журна́ла.**

1. гита́ра — Влади́мир не ви́дел гита́ры.
2. объявле́ние — Влади́мир не ви́дел объявле́ния.
3. пило́т — Влади́мир не ви́дел пило́та.
4. одея́ло — Влади́мир не ви́дел одея́ла.
5. музе́й — Влади́мир не ви́дел музе́я.
6. Ни́на — Влади́мир не ви́дел Ни́ны.
7. а́втор — Влади́мир не ви́дел а́втора.
8. тетра́дь — Влади́мир не ви́дел тетра́ди.
9. аудито́рия — Влади́мир не ви́дел аудито́рии.
10. роя́ль — Влади́мир не ви́дел роя́ля.
11. зе́ркало — Влади́мир не ви́дел зе́ркала.
12. преподава́тель — Влади́мир не ви́дел преподава́теля.

Read aloud the two sentences on each line of the first column; then combine them orally so that the new sentence indicates possession of the things by the persons. Repeat the process in writing.

1. Это тетра́ди. Это студе́нты. — Это тетра́ди студе́нтов.
2. Это маши́ны. Это а́вторы. — Это маши́ны а́второв.
3. Это журна́лы. Это преподава́тели. — Это журна́лы преподава́телей.
4. Это ко́мнаты. Это пило́ты. — Это ко́мнаты пило́тов.
5. Это объявле́ние. Это адвока́ты. — Это объявле́ние адвока́тов.
6. Это маши́ны. Это киноарти́сты. — Это маши́ны киноарти́стов.

Substitute the appropriate form of each noun in column one for the direct object in the pattern sentence, first orally and then in writing.

Pattern: **Ни́на не ви́дела журна́лов.**

1. одея́ла — Ни́на не ви́дела одея́л.
2. тетра́ди — Ни́на не ви́дела тетра́дей.
3. экза́мены — Ни́на не ви́дела экза́менов.
4. маши́ны — Ни́на не ви́дела маши́н.
5. зда́ния — Ни́на не ви́дела зда́ний.
6. роя́ли — Ни́на не ви́дела роя́лей.
7. киноарти́сты — Ни́на не ви́дела киноарти́стов.
8. аудито́рии — Ни́на не ви́дела аудито́рий.
9. зеркала́ — Ни́на не ви́дела зерка́л.
10. ла́мпы — Ни́на не ви́дела ламп.
11. объявле́ния — Ни́на не ви́дела объявле́ний.
12. музе́и — Ни́на не ви́дела музе́ев.

GENITIVE CASE

B. Adjectives:

Read each sentence in the first column aloud; then repeat it, using the appropriate form of **но́вый** to describe the direct object. Repeat the process in writing.

1. Он не знал студе́нтов. Он не знал но́вых студе́нтов.
2. Ни́на не ви́дела зда́ния. Ни́на не ви́дела но́вого зда́ния.
3. Преподава́тель не чита́л пье́сы. Преподава́тель не чита́л но́вой пье́сы.
4. Мы не ви́дели объявле́ния. Мы не ви́дели но́вого объявле́ния.
5. Он не чита́л журна́ла. Он не чита́л но́вого журна́ла.
6. Влади́мир не ви́дел аудито́рии. Влади́мир не ви́дел но́вой аудито́рии.
7. Она́ не зна́ла слов. Она́ не зна́ла но́вых слов.
8. Мы не зна́ли преподава́теля. Мы не зна́ли но́вого преподава́теля.
9. Ни́на не ви́дела одея́ла. Ни́на не ви́дела но́вого одея́ла.
10. Он не ви́дел крова́ти. Он не ви́дел но́вой крова́ти.
11. Они́ не чита́ли газе́т. Они́ не чита́ли но́вых газе́т.
12. Преподава́тель не ви́дел музе́я. Преподава́тель не ви́дел но́вого музе́я.

Read each question in the first column aloud; then answer it by replying that you did not see the object(s) in question. Repeat the process in writing.

1. Где си́ние тетра́ди? Я не ви́дел си́них тетра́дей.
2. Где си́ний журна́л? Я не ви́дел си́него журна́ла.
3. Где си́няя ла́мпа? Я не ви́дел си́ней ла́мпы.
4. Где си́ние стака́ны? Я не ви́дел си́них стака́нов.
5. Где си́нее одея́ло? Я не ви́дел си́него одея́ла.
6. Где си́ние столы́? Я не ви́дел си́них столо́в.
7. Где си́няя маши́на? Я не ви́дел си́ней маши́ны.
8. Где си́ние ла́мпы? Я не ви́дел си́них ламп.
9. Где си́ний стака́н? Я не ви́дел си́него стака́на.
10. Где си́няя тетра́дь? Я не ви́дел си́ней тетра́ди.
11. Где си́ние одея́ла? Я не ви́дел си́них одея́л.
12. Где си́ний стол? Я не ви́дел си́него стола́.

C. Pronominal Adjectives

Read each sentence in the first column aloud; then repeat it, substituting the appropriate form of **твой** for **мой**. Reverse the process, using the sentences in column two as cues. Repeat the exercise in writing.

1. Она́ не ви́дела мое́й гита́ры.   Она́ не ви́дела твое́й гита́ры.
2. Она́ не ви́дела моего́ общежи́тия.   Она́ не ви́дела твоего́ общежи́тия.
3. Она́ не ви́дела мои́х часо́в.   Она́ не ви́дела твои́х часо́в.
4. Она́ не ви́дела моего́ адвока́та.   Она́ не ви́дела твоего́ адвока́та.
5. Она́ не ви́дела моего́ объявле́ния.   Она́ не ви́дела твоего́ объявле́ния.
6. Она́ не ви́дела моего́ стака́на.   Она́ не ви́дела твоего́ стака́на.
7. Она́ не ви́дела мои́х пьес.   Она́ не ви́дела твои́х пьес.
8. Она́ не ви́дела мое́й тетра́ди.   Она́ не ви́дела твое́й тетра́ди.
9. Она́ не ви́дела моего́ роя́ля.   Она́ не ви́дела твоего́ роя́ля.
10. Она́ не ви́дела мое́й ко́мнаты.   Она́ не ви́дела твое́й ко́мнаты.
11. Она́ не ви́дела моего́ зе́ркала.   Она́ не ви́дела твоего́ зе́ркала.
12. Она́ не ви́дела мои́х объявле́ний.   Она́ не ви́дела твои́х объявле́ний.

Continue with the same procedure, substituting **ваш** for **наш** and then reversing the process.

1. Они́ не ви́дели на́шего общежи́тия.   Они́ не ви́дели ва́шего общежи́тия.
2. Они́ не ви́дели на́шего преподава́теля.   Они́ не ви́дели ва́шего преподава́теля.
3. Они́ не ви́дели на́шей аудито́рии.   Они́ не ви́дели ва́шей аудито́рии.
4. Они́ не ви́дели на́ших объявле́ний.   Они́ не ви́дели ва́ших объявле́ний.
5. Они́ не ви́дели на́шей маши́ны.   Они́ не ви́дели ва́шей маши́ны.
6. Они́ не ви́дели на́шего объявле́ния.   Они́ не ви́дели ва́шего объявле́ния.
7. Они́ не ви́дели на́ших преподава́телей.   Они́ не ви́дели ва́ших преподава́телей.
8. Они́ не ви́дели на́шего зе́ркала.   Они́ не ви́дели ва́шего зе́ркала.
9. Они́ не ви́дели на́шей крова́ти.   Они́ не ви́дели ва́шей крова́ти.
10. Они́ не ви́дели на́шего студе́нта.   Они́ не ви́дели ва́шего студе́нта.
11. Они́ не ви́дели на́ших ко́мнат.   Они́ не ви́дели ва́ших ко́мнат.
12. Они́ не ви́дели на́шего музе́я.   Они́ не ви́дели ва́шего музе́я.

Read each sentence in the first column aloud; then, using the noun or pronoun that follows it as a cue, repeat the sentence with the appropriate pronominal adjective (**его́, её,** or **их**) describing the direct object. Repeat the process in writing.

ACCUSATIVE CASE

1. Мы не ви́дели ко́мнаты. **она́**   Мы не ви́дели её ко́мнаты.
2. Мы не ви́дели тетра́дей. **студе́нты**   Мы не ви́дели их тетра́дей.
3. Мы не ви́дели газе́ты. **Влади́мир**   Мы не ви́дели его́ газе́ты.
4. Мы не ви́дели экза́мена. **он**   Мы не ви́дели его́ экза́мена.
5. Мы не ви́дели адвока́та. **Ни́на**   Мы не ви́дели её адвока́та.
6. Мы не ви́дели музе́ев. **они́**   Мы не ви́дели их музе́ев.
7. Мы не ви́дели пье́сы. **а́втор**   Мы не ви́дели его́ пье́сы.
8. Мы не ви́дели одея́ла. **она́**   Мы не ви́дели её одея́ла.
9. Мы не ви́дели общежи́тия. **студе́нт**   Мы не ви́дели его́ общежи́тия.
10. Мы не ви́дели маши́н. **пило́ты**   Мы не ви́дели их маши́н.
11. Мы не ви́дели студе́нтов. **Ни́на**   Мы не ви́дели её студе́нтов.
12. Мы не ви́дели объявле́ний. **адвока́ты**   Мы не ви́дели их объявле́ний.

D. Pronouns

Read each sentence in the first column aloud, and then reverse its subject and direct object. Repeat the process in writing.

1. Я не знал его́.   Он не знал меня́.
2. Они́ не зна́ли вас.   Вы не зна́ли их.
3. Мы не зна́ли её.   Она́ не зна́ла нас.
4. Ты не знал его́.   Он не знал тебя́.
5. Он не знал их.   Они́ не зна́ли его́.
6. Вы не зна́ли нас.   Мы не зна́ли вас.
7. Я не зна́ла её.   Она́ не зна́ла меня́.
8. Мы не зна́ли их.   Они́ не зна́ли нас.
9. Они́ не зна́ли нас.   Мы не зна́ли их.
10. Ты не знал её.   Она́ не зна́ла тебя́.
11. Он не знал нас.   Мы не зна́ли его́.

Lesson 6: Accusative Case

A. Nouns

Substitute the appropriate form of each noun in column one for the direct object in the pattern sentence, first orally and then in writing.

Pattern: **Влади́мир чита́л рома́н.**

1. по́весть   Влади́мир чита́л по́весть.
2. экза́мен   Влади́мир чита́л экза́мен.
3. газе́та   Влади́мир чита́л газе́ту.

4. объявле́ние Влади́мир чита́л объявле́ние.
5. журна́л Влади́мир чита́л журна́л.
6. пье́са Влади́мир чита́л пье́су.
7. докла́д Влади́мир чита́л докла́д.

Pattern: **Она́ ви́дела музе́й.**

1. жена́ Она́ ви́дела жену́.
2. одея́ло Она́ ви́дела одея́ло.
3. аудито́рия Она́ ви́дела аудито́рию.
4. роя́ль Она́ ви́дела роя́ль.
5. Ни́на Она́ ви́дела Ни́ну.
6. тетра́дь Она́ ви́дела тетра́дь.
7. общежи́тие Она́ ви́дела общежи́тие.

Pattern: **Мы зна́ли студе́нта.**

1. преподава́тель Мы зна́ли преподава́теля.
2. адвока́т Мы зна́ли адвока́та.
3. геро́й Мы зна́ли геро́я.
4. студе́нт Мы зна́ли студе́нта.
5. а́втор рома́на Мы зна́ли а́втора рома́на.
6. киноарти́ст Мы зна́ли киноарти́ста.
7. Влади́мир Мы зна́ли Влади́мира.

Read each sentence in the first column aloud; then repeat it, changing the direct object into the plural. Repeat the process in writing.

1. Ни́на чита́ла пье́су. Ни́на чита́ла пье́сы.
2. Ни́на чита́ла рома́н. Ни́на чита́ла рома́ны.
3. Ни́на чита́ла журна́л. Ни́на чита́ла журна́лы.
4. Ни́на чита́ла по́весть. Ни́на чита́ла по́вести.
5. Ни́на чита́ла экза́мен. Ни́на чита́ла экза́мены.
6. Ни́на чита́ла объявле́ние. Ни́на чита́ла объявле́ния.
7. Ни́на чита́ла газе́ту. Ни́на чита́ла газе́ты.
8. Ни́на чита́ла докла́д. Ни́на чита́ла докла́ды.

1. Студе́нт ви́дел музе́й. Студе́нт ви́дел музе́и.
2. Студе́нт ви́дел роя́ль. Студе́нт ви́дел роя́ли.
3. Студе́нт ви́дел зда́ние. Студе́нт ви́дел зда́ния.
4. Студе́нт ви́дел ла́мпу. Студе́нт ви́дел ла́мпы.
5. Студе́нт ви́дел фильм. Студе́нт ви́дел фи́льмы.
6. Студе́нт ви́дел аудито́рию. Студе́нт ви́дел аудито́рии.
7. Студе́нт ви́дел зе́ркало. Студе́нт ви́дел зеркала́.
8. Студе́нт ви́дел тетра́дь. Студе́нт ви́дел тетра́ди.

ACCUSATIVE CASE

1. Она́ зна́ла пило́та.
2. Она́ зна́ла жену́ адвока́та.
3. Она́ зна́ла студе́нта.
4. Она́ зна́ла геро́я.
5. Она́ зна́ла киноарти́ста.
6. Она́ зна́ла а́втора.
7. Она́ зна́ла преподава́теля.
8. Она́ зна́ла адвока́та.

Она́ зна́ла пило́тов.
Она́ зна́ла жён адвока́тов.
Она́ зна́ла студе́нтов.
Она́ зна́ла геро́ев.
Она́ зна́ла киноарти́стов.
Она́ зна́ла а́второв.
Она́ зна́ла преподава́телей.
Она́ зна́ла адвока́тов.

B. Adjectives

Read each sentence in the first column aloud; then repeat it, using the appropriate form of **но́вый** to describe the noun. Repeat the process in writing.

1. Ты ви́дел зда́ния?
2. Ты ви́дел роя́ль?
3. Ты ви́дел маши́ны?
4. Ты ви́дел студе́нтов?
5. Ты ви́дел общежи́тие?
6. Ты ви́дел музе́й?
7. Ты ви́дел часы́?
8. Ты ви́дел одея́ло?
9. Ты ви́дел стака́ны?
10. Ты ви́дел крова́ть?
11. Ты ви́дел преподава́телей?
12. Ты ви́дел аудито́рию?

Ты ви́дел но́вые зда́ния?
Ты ви́дел но́вый роя́ль?
Ты ви́дел но́вые маши́ны?
Ты ви́дел но́вых студе́нтов?
Ты ви́дел но́вое общежи́тие?
Ты ви́дел но́вый музе́й?
Ты ви́дел но́вые часы́?
Ты ви́дел но́вое одея́ло?
Ты ви́дел но́вые стака́ны?
Ты ви́дел но́вую крова́ть?
Ты ви́дел но́вых преподава́телей?
Ты ви́дел но́вую аудито́рию?

Continue with the same procedure, but use the appropriate forms of **ста́рый**.

1. Ни́на зна́ла адвока́та.
2. Ни́на зна́ла пило́тов.
3. Ни́на зна́ла жён преподава́телей.
4. Ни́на зна́ла киноарти́ста.
5. Ни́на зна́ла студе́нта.
6. Ни́на зна́ла адвока́тов.
7. Ни́на зна́ла а́втора.
8. Ни́на зна́ла преподава́теля.
9. Ни́на зна́ла киноарти́стов.
10. Ни́на зна́ла пило́та.

Ни́на зна́ла ста́рого адвока́та.
Ни́на зна́ла ста́рых пило́тов.
Ни́на зна́ла ста́рых жён преподава́телей.
Ни́на зна́ла ста́рого киноарти́ста.
Ни́на зна́ла ста́рого студе́нта.
Ни́на зна́ла ста́рых адвока́тов.
Ни́на зна́ла ста́рого а́втора.
Ни́на зна́ла ста́рого преподава́теля.
Ни́на зна́ла ста́рых киноарти́стов.
Ни́на зна́ла ста́рого пило́та.

11. Ни́на зна́ла жену́ Влади́мира.
    Ни́на зна́ла ста́рую жену́ Влади́мира.
12. Ни́на зна́ла преподава́телей.
    Ни́на зна́ла ста́рых преподава́телей.

Continue with the same procedure, but use the appropriate forms of **си́ний**.

1. Вы ви́дели маши́ну? — Вы ви́дели си́нюю маши́ну?
2. Вы ви́дели одея́ла? — Вы ви́дели си́ние одея́ла?
3. Вы ви́дели стака́н? — Вы ви́дели си́ний стака́н?
4. Вы ви́дели тетра́дь? — Вы ви́дели си́нюю тетра́дь?
5. Вы ви́дели стол? — Вы ви́дели си́ний стол?
6. Вы ви́дели одея́ло? — Вы ви́дели си́нее одея́ло?
7. Вы ви́дели ла́мпу? — Вы ви́дели си́нюю ла́мпу?
8. Вы ви́дели маши́ны? — Вы ви́дели си́ние маши́ны?
9. Вы ви́дели тетра́ди? — Вы ви́дели си́ние тетра́ди?
10. Вы ви́дели крова́ть? — Вы ви́дели си́нюю крова́ть?
11. Вы ви́дели журна́лы? — Вы ви́дели си́ние журна́лы?
12. Вы ви́дели ла́мпы? — Вы ви́дели си́ние ла́мпы?

C. Pronominal Adjectives

Read each sentence in the first column aloud; then repeat it, substituting the appropriate form of **твой** for **мой**. Reverse the process, using the sentences in column two as cues. Repeat the exercise in writing.

1. Влади́мир ви́дел мои́х студе́нтов. — Влади́мир ви́дел твои́х студе́нтов.
2. Влади́мир ви́дел мой журна́лы. — Влади́мир ви́дел твой журна́лы.
3. Влади́мир ви́дел мою́ ла́мпу. — Влади́мир ви́дел твою́ ла́мпу.
4. Влади́мир ви́дел моё общежи́тие. — Влади́мир ви́дел твоё общежи́тие.
5. Влади́мир ви́дел мой роя́ль. — Влади́мир ви́дел твой роя́ль.
6. Влади́мир ви́дел моего́ преподава́теля. — Влади́мир ви́дел твоего́ преподава́теля.
7. Влади́мир ви́дел мою́ крова́ть. — Влади́мир ви́дел твою́ крова́ть.
8. Влади́мир ви́дел моего́ адвока́та. — Влади́мир ви́дел твоего́ адвока́та.
9. Влади́мир ви́дел мой тетра́ди. — Влади́мир ви́дел твой тетра́ди.
10. Влади́мир ви́дел мой ла́мпы. — Влади́мир ви́дел твой ла́мпы.
11. Влади́мир ви́дел мою́ жену́. — Влади́мир ви́дел твою́ жену́.
12. Влади́мир ви́дел мои́х преподава́телей. — Влади́мир ви́дел твои́х преподава́телей.

ACCUSATIVE CASE

Continue with the same procedure, substituting **ваш** for **наш** and then reversing the process.

1. Студе́нты ви́дели на́ше общежи́тие.
2. Студе́нты ви́дели на́шу ко́мнату.
3. Студе́нты ви́дели на́шего преподава́теля.
4. Студе́нты ви́дели на́ши тетра́ди.
5. Студе́нты ви́дели наш роя́ль.
6. Студе́нты ви́дели на́ших жён.
7. Студе́нты ви́дели на́шу аудито́рию.
8. Студе́нты ви́дели наш магази́н.
9. Студе́нты ви́дели на́ши журна́лы.
10. Студе́нты ви́дели на́ше объявле́ние.
11. Студе́нты ви́дели на́ших преподава́телей.
12. Студе́нты ви́дели на́ших адвока́тов.

Студе́нты ви́дели ва́ше общежи́тие.
Студе́нты ви́дели ва́шу ко́мнату.
Студе́нты ви́дели ва́шего преподава́теля.
Студе́нты ви́дели ва́ши тетра́ди.
Студе́нты ви́дели ваш роя́ль.
Студе́нты ви́дели ва́ших жён.
Студе́нты ви́дели ва́шу аудито́рию.
Студе́нты ви́дели ваш магази́н.
Студе́нты ви́дели ва́ши журна́лы.
Студе́нты ви́дели ва́ше объявле́ние.
Студе́нты ви́дели ва́ших преподава́телей.
Студе́нты ви́дели ва́ших адвока́тов.

Read each sentence in the first column aloud; then, using the noun or pronoun that follows it as a cue, repeat the sentence with the appropriate pronominal adjective (**его́, её,** or **их**) describing the direct object. Repeat the process in writing.

1. Я знал жену́. **он**
2. Мы слы́шали докла́ды. **студе́нты**
3. Он ви́дел объявле́ние. **она́**
4. Она́ чита́ла по́весть. **Влади́мир**
5. Они́ ви́дели общежи́тие. **студе́нт**
6. Я ви́дел маши́ны. **адвока́ты**
7. Он знал преподава́теля. **жена́**
8. Мы ви́дели ко́мнату. **они́**
9. Я чита́л рома́н. **а́втор**
10. Она́ ви́дела тетра́ди. **преподава́тели**
11. Он ви́дел фи́льмы. **киноарти́сты**
12. Я знал студе́нта. **Ни́на**

Я знал его́ жену́.
Мы слы́шали их докла́ды.
Он ви́дел её объявле́ние.
Она́ чита́ла его́ по́весть.
Они́ ви́дели его́ общежи́тие.
Я ви́дел их маши́ны.
Он знал её преподава́теля.
Мы ви́дели их ко́мнату.
Я чита́л его́ рома́н.
Она́ ви́дела их тетра́ди.
Он ви́дел их фи́льмы.
Я знал её студе́нта.

D. Pronouns

Read each sentence in the first column aloud; then reverse its subject and direct object. Repeat the process in writing.

1. Они́ зна́ли вас.	Вы зна́ли их.
2. Ты знал её.	Она́ зна́ла тебя́.
3. Я знал их.	Они́ зна́ли меня́.
4. Вы зна́ли её.	Она́ зна́ла вас.
5. Он знал вас.	Вы зна́ли его́.
6. Она́ зна́ла его́.	Он знал её.
7. Ты знал нас.	Мы зна́ли тебя́.
8. Вы зна́ли его́.	Он знал вас.
9. Мы зна́ли вас.	Вы зна́ли нас.
10. Я знал её.	Она́ зна́ла меня́.

Lesson 7: Past Tense—Aspects

A. Past Tense

Use each noun or pronoun in column one as the subject of the pattern sentence. Do this first orally and then in writing.

Pattern: **Она́ писа́ла докла́д.**

1. Мы	Мы писа́ли докла́д.
2. Жена́	Жена́ писа́ла докла́д.
3. Я	Я писа́л докла́д. Я писа́ла докла́д.
4. Вы	Вы писа́ли докла́д.
5. Он	Он писа́л докла́д.
6. Студе́нты	Студе́нты писа́ли докла́д.
7. Они́	Они́ писа́ли докла́д.
8. Ты	Ты писа́л докла́д. Ты писа́ла докла́д.
9. Инжене́р	Инжене́р писа́л докла́д.
10. Офице́ры	Офице́ры писа́ли докла́д.

Pattern: **Мы покупа́ли ры́бу там.**

1. Она́	Она́ покупа́ла ры́бу там.
2. Он	Он покупа́л ры́бу там.
3. Ни́на	Ни́на покупа́ла ры́бу там.
4. Ты	Ты покупа́л ры́бу там. Ты покупа́ла ры́бу там.
5. Влади́мир	Влади́мир покупа́л ры́бу там.

PAST TENSE – ASPECTS

6. Они — Они покупа́ли ры́бу там.
7. Я — Я покупа́л ры́бу там. Я покупа́ла ры́бу там.
8. Жёны — Жёны покупа́ли ры́бу там.
9. Вы — Вы покупа́ли ры́бу там.

Pattern: **Влади́мир ча́сто рабо́тал ве́чером.**

1. Вы — Вы ча́сто рабо́тали ве́чером.
2. Ты — Ты ча́сто рабо́тал ве́чером. Ты ча́сто рабо́тала ве́чером.
3. Она́ — Она́ ча́сто рабо́тала ве́чером.
4. Он — Он ча́сто рабо́тал ве́чером.
5. Инжене́ры — Инжене́ры ча́сто рабо́тали ве́чером.
6. Они́ — Они́ ча́сто рабо́тали ве́чером.
7. Адвока́т — Адвока́т ча́сто рабо́тал ве́чером.
8. Мы — Мы ча́сто рабо́тали ве́чером.
9. Я — Я ча́сто рабо́тал ве́чером. Я ча́сто рабо́тала ве́чером.
10. Жена́ — Жена́ ча́сто рабо́тала ве́чером.

Pattern: **Они́ стро́или но́вые зда́ния.**

1. Он — Он стро́ил но́вые зда́ния.
2. Прави́тельство — Прави́тельство стро́ило но́вые зда́ния.
3. Инжене́р — Инжене́р стро́ил но́вые зда́ния.
4. Мы — Мы стро́или но́вые зда́ния.
5. Влади́мир — Влади́мир стро́ил но́вые зда́ния.
6. Вы — Вы стро́или но́вые зда́ния.
7. Они́ — Они́ стро́или но́вые зда́ния.
8. Инжене́ры — Инжене́ры стро́или но́вые зда́ния.

Pattern: **Он ча́сто брал на́ши газе́ты.**

1. Вы — Вы ча́сто бра́ли на́ши газе́ты.
2. Его́ жена́ — Его́ жена́ ча́сто брала́ на́ши газе́ты.
3. Они́ — Они́ ча́сто бра́ли на́ши газе́ты.
4. Инжене́р — Инжене́р ча́сто брал на́ши газе́ты.
5. Студе́нты — Студе́нты ча́сто бра́ли на́ши газе́ты.
6. Ты — Ты ча́сто брал на́ши газе́ты. Ты ча́сто брала́ на́ши газе́ты.
7. Жёны офице́ров — Жёны офице́ров ча́сто бра́ли на́ши газе́ты.
8. Влади́мир — Влади́мир ча́сто брал на́ши газе́ты.
9. Она́ — Она́ ча́сто брала́ на́ши газе́ты.

Answer the question, using the nouns and pronouns in column one as the subjects in your answers. Do this first orally and then in writing.

Кто ел суп?
1. Я — Я ел суп. Я éла суп.
2. Преподавáтель — Преподавáтель ел суп.
3. Мы — Мы éли суп.
4. Инженéры — Инженéры éли суп.
5. Онá — Онá éла суп.
6. Он — Он ел суп.
7. Нúна — Нúна éла суп.
8. Онú — Онú éли суп.
9. Вы — Вы éли суп.
10. Ты — Ты ел суп. Ты éла суп.

Кто пил винó?
1. Офицéр — Офицéр пил винó.
2. Мы — Мы пúли винó.
3. Ты — Ты пил винó. Ты пилá винó.
4. Он — Он пил винó.
5. Их жёны — Их жёны пúли винó.
6. Нúна — Нúна пилá винó.
7. Вы — Вы пúли винó.
8. Онá — Онá пилá винó.
9. Онú — Онú пúли винó.
10. Я — Я пил винó. Я пилá винó.
11. Студéнты — Студéнты пúли винó.

Кто был дóма?
1. Инженéр — Инженéр был дóма.
2. Онú — Онú бýли дóма.
3. Преподавáтели — Преподавáтели бýли дóма.
4. Я — Я был дóма. Я былá дóма.
5. Женá офицéра — Женá офицéра былá дóма.
6. Мы — Мы бýли дóма.
7. Онá — Онá былá дóма.
8. Он — Он был дóма.
9. Нúна — Нúна былá дóма.
10. Ты — Ты был дóма. Ты былá дóма.
11. Вы — Вы бýли дóма.

B. Aspects

Read each sentence in column one aloud; then repeat it, using the appropriate verb of completion. Repeat this process in writing.

1. Онá писáла фрáзы. — Онá написáла фрáзы.
2. Мы покупáли журнáлы там. — Мы купúли журнáлы там.

PAST TENSE – ASPECTS

3. Я е́ла колбасу́.
4. Преподава́тели получа́ли газе́ты.
5. Моя́ жена́ чита́ла интере́сную по́весть.
6. Кто де́лал докла́д сего́дня?
7. Они́ стро́или но́вые общежи́тия.
8. А́втор опи́сывал изве́стных геро́ев.
9. Офице́ры пи́ли вино́.

1. Он брал на́ши журна́лы.
2. Его́ жена́ получа́ла газе́ты.
3. Я ел суп.
4. Он писа́л пье́су.
5. Ни́на пила́ молоко́.
6. Влади́мир опи́сывал Сиби́рь.
7. На́ши инжене́ры стро́или зда́ния.
8. Она́ покупа́ла роя́ль.
9. Мы чита́ли но́вый рома́н.

Я съе́ла колбасу́.
Преподава́тели получи́ли газе́ты.
Моя́ жена́ прочита́ла интере́сную по́весть.
Кто сде́лал докла́д сего́дня?
Они́ постро́или но́вые общежи́тия.
А́втор описа́л изве́стных геро́ев.
Офице́ры вы́пили вино́.

Он взял на́ши журна́лы.
Его́ жена́ получи́ла газе́ты.
Я съел суп.
Он написа́л пье́су.
Ни́на вы́пила молоко́.
Влади́мир описа́л Сиби́рь.
На́ши инжене́ры постро́или зда́ния.
Она́ купи́ла роя́ль.
Мы прочита́ли но́вый рома́н.

Read each sentence in column one aloud; then repeat it, using the appropriate verb of incompletion-repetition. Repeat this process in writing.

1. Они́ прочита́ли ва́шу интере́сную по́весть.
2. Мы съе́ли котле́ты.
3. Он написа́л рома́н.
4. Ни́на взяла́ на́ши ста́рые журна́лы.
5. Инжене́р постро́ил но́вое зда́ние.
6. Студе́нты вы́пили вино́.
7. Что она́ сде́лала у́тром?
8. Они́ купи́ли но́вую маши́ну.
9. Она́ получи́ла но́вые журна́лы.

1. Преподава́тель прочита́л объявле́ние.
2. Студе́нты сде́лали докла́ды.
3. Кто вы́пил моё вино́?

Они́ чита́ли ва́шу интере́сную по́весть.
Мы е́ли котле́ты.
Он писа́л рома́н.
Ни́на брала́ на́ши ста́рые журна́лы.
Инжене́р стро́ил но́вое зда́ние.
Студе́нты пи́ли вино́.
Что она́ де́лала у́тром?
Они́ покупа́ли но́вую маши́ну.
Она́ получа́ла но́вые журна́лы.

Преподава́тель чита́л объявле́ние.
Студе́нты де́лали докла́ды.
Кто пил моё вино́?

4. Они́ съе́ли борщ.   Они́ е́ли борщ.
5. Его́ жена́ купи́ла сыр и ма́сло.   Его́ жена́ покупа́ла сыр и ма́сло.
6. Он написа́л но́вую по́весть.   Он писа́л но́вую по́весть.
7. Кто получи́л объявле́ния?   Кто получа́л объявле́ния?
8. Она́ описа́ла изве́стный   Она́ опи́сывала изве́стный
   музе́й.   музе́й.
9. Кто постро́ил но́вое зда́ние?   Кто стро́ил но́вое зда́ние?

Lesson 8: Locative Case

A. Nouns

Substitute the appropriate form of the nouns in column one for the object of **о** in the pattern sentence, first orally and then in writing.

Pattern: Аспира́нт говори́л о реда́кторе.

1. делега́ция студе́нтов   Аспира́нт говори́л о делега́ции студе́нтов.
2. университе́т   Аспира́нт говори́л об университе́те.
3. откры́тие Влади́мира   Аспира́нт говори́л об откры́тии Влади́мира.
4. о́пера   Аспира́нт говори́л об о́пере.
5. Сиби́рь   Аспира́нт говори́л о Сиби́ри.
6. преподава́тель   Аспира́нт говори́л о преподава́теле.
7. жена́   Аспира́нт говори́л о жене́.
8. геро́й рома́на   Аспира́нт говори́л о геро́е рома́на.
9. теа́тр   Аспира́нт говори́л о теа́тре.
10. лаборато́рия   Аспира́нт говори́л о лаборато́рии.
11. стихотворе́ние Ни́ны   Аспира́нт говори́л о стихотворе́нии Ни́ны.
12. по́весть Влади́мира   Аспира́нт говори́л о по́вести Влади́мира.

Combine the two sentences on each line of the first column as in the following example: **Э́то Ни́на. Э́то музе́й.** → **Ни́на в музе́е.** Do this first orally and then in writing.

1. Э́то объявле́ние. Э́то журна́л.   Объявле́ние в журна́ле.
2. Э́то Влади́мир. Э́то аудито́рия.   Влади́мир в аудито́рии.
3. Э́то гита́ра. Э́то ко́мната Ни́ны.   Гита́ра в ко́мнате Ни́ны.
4. Э́то преподава́тель. Э́то рестора́н.   Преподава́тель в рестора́не.
5. Э́то объявле́ние. Э́то газе́та.   Объявле́ние в газе́те.
6. Э́то аспира́нт. Э́то общежи́тие.   Аспира́нт в общежи́тии.

Substitute the appropriate form of each noun from column one for the object of **о** in the pattern sentence, first orally and then in writing.

LOCATIVE CASE

Pattern: **Студе́нт сде́лал докла́д о теа́трах.**

1. пье́сы	Студе́нт сде́лал докла́д о пье́сах.
2. музе́и	Студе́нт сде́лал доклад о музе́ях.
3. карти́ны	Студе́нт сде́лал докла́д о карти́нах.
4. откры́тия	Студе́нт сде́лал докла́д об откры́тиях.
5. фи́льмы	Студе́нт сде́лал докла́д о фи́льмах.
6. маши́ны	Студе́нт сде́лал докла́д о маши́нах.
7. о́перы	Студе́нт сде́лал докла́д об о́перах.
8. геро́и	Студе́нт сде́лал докла́д о геро́ях.
9. лаборато́рии	Студе́нт сде́лал докла́д о лаборато́риях.

Read each sentence in the first column aloud; then repeat it, changing the noun in the locative from the singular to the plural. Repeat the exercise in writing.

1. Преподава́тели в аудито́рии.   Преподава́тели в аудито́риях.
2. Карти́ны в музе́е.   Карти́ны в музе́ях.
3. Журна́лы на столе́.   Журна́лы на стола́х.
4. Одея́ла на крова́ти.   Одея́ла на крова́тях.
5. Зеркала́ на стене́.   Зеркала́ на стена́х.
6. Аспира́нты в общежи́тии.   Аспира́нты в общежи́тиях.
7. Объявле́ния в газе́те.   Объявле́ния в газе́тах.
8. Студе́нты в рестора́не.   Студе́нты в рестора́нах.
9. Зеркала́ в ко́мнате.   Зеркала́ в ко́мнатах.
10. Стихотворе́ния в журна́ле.   Стихотворе́ния в журна́лах.

B. Adjectives

Read each sentence in the first column aloud; then repeat it, using the appropriate form of **но́вый** to describe the object of **о**. Repeat the process in writing.

1. Вы чита́ли о делага́ции?   Вы чита́ли о но́вой делега́ции?
2. Вы чита́ли о реда́кторе?   Вы чита́ли о но́вом реда́кторе?
3. Вы чита́ли о музе́е?   Вы чита́ли о но́вом музе́е?
4. Вы чита́ли об о́пере?   Вы чита́ли о но́вой о́пере?
5. Вы чита́ли о прави́тельстве?   Вы чита́ли о но́вом прави́тельстве?
6. Вы чита́ли об аспира́нтах?   Вы чита́ли о но́вых аспира́нтах?
7. Вы чита́ли о преподава́теле?   Вы чита́ли о но́вом преподава́теле?
8. Вы чита́ли о лаборато́риях?   Вы чита́ли о но́вых лаборато́риях?

Continue with the same procedure, using the appropriate forms of **интере́сный**.

1. Влади́мир говори́л об откры́тии.   Влади́мир говори́л об интере́сном откры́тии.
2. Влади́мир говори́л о по́вести.   Влади́мир говори́л об интере́сной по́вести.
3. Влади́мир говори́л о докла́де.   Влади́мир говори́л об интере́сном докла́де.
4. Влади́мир говори́л о карти́нах.   Влади́мир говори́л об интере́сных карти́нах.
5. Влади́мир говори́л о пье́се.   Влади́мир говори́л об интере́сной пье́се.
6. Влади́мир говори́л о фи́льмах.   Влади́мир говори́л об интере́сных фи́льмах.
7. Влади́мир говори́л об откры́тиях.   Влади́мир говори́л об интере́сных откры́тиях.
8. Влади́мир говори́л о рома́не.   Влади́мир говори́л об интере́сном рома́не.

Continue with the same procedure, using the appropriate forms of **сосе́дний**.

1. Студе́нты в кварти́ре.   Студе́нты в сосе́дней кварти́ре.
2. Студе́нты в аудито́рии.   Студе́нты в сосе́дней аудито́рии.
3. Студе́нты в лаборато́риях.   Студе́нты в сосе́дних лаборато́риях.
4. Студе́нты в магази́не.   Студе́нты в сосе́днем магази́не.
5. Студе́нты в музе́ях.   Студе́нты в сосе́дних музе́ях.
6. Студе́нты в теа́тре.   Студе́нты в сосе́днем теа́тре.
7. Студе́нты в ко́мнате.   Студе́нты в сосе́дней ко́мнате.
8. Студе́нты в учрежде́нии.   Студе́нты в сосе́днем учрежде́нии.
9. Студе́нты в рестора́не.   Студе́нты в сосе́днем рестора́не.
10. Студе́нты в общежи́тиях.   Студе́нты в сосе́дних общежи́тиях.

C. Pronominal Adjectives

Read each sentence in the first column aloud; then repeat it, substituting the appropriate form of **твой** for **мой**. Reverse the process, using the sentences in column two as cues. Repeat the exercise in writing.

1. Он слы́шал о мои́х откры́тиях?   Он слы́шал о твои́х откры́тиях?
2. Он слы́шал о мое́й пье́се?   Он слы́шал о твое́й пье́се?
3. Он слы́шал о моём экза́мене?   Он слы́шал о твоём экза́мене?
4. Он слы́шал о моём стихотворе́нии?   Он слы́шал о твоём стихотворе́нии?

LOCATIVE CASE

5. Он слы́шал о моём адвока́те? Он слы́шал о твоём адвока́те?
6. Он слы́шал о мои́х карти́нах? Он слы́шал о твои́х карти́нах?
7. Он слы́шал о мое́й по́вести? Он слы́шал о твое́й по́вести?
8. Он слы́шал о моём преподава́теле? Он слы́шал о твоём преподава́теле?
9. Он слы́шал о моём откры́тии? Он слы́шал о твоём откры́тии?
10. Он слы́шал о мое́й жене́? Он слы́шал о твое́й жене́?
11. Он слы́шал о моём учрежде́нии? Он слы́шал о твоём учрежде́нии?
12. Он слы́шал о мои́х докла́дах? Он слы́шал о твои́х докла́дах?

Continue with the same procedure, substituting **ваш** for **наш** and then reversing the process.

1. Аспира́нт говори́л о на́шем откры́тии. Аспира́нт говори́л о ва́шем откры́тии.
2. Аспира́нт говори́л о на́ших докла́дах. Аспира́нт говори́л о ва́ших докла́дах.
3. Аспира́нт говори́л о на́шем экза́мене. Аспира́нт говори́л о ва́шем экза́мене.
4. Аспира́нт говори́л о на́шей лаборато́рии. Аспира́нт говори́л о ва́шей лаборато́рии.
5. Аспира́нт говори́л о на́шей газе́те. Аспира́нт говори́л о ва́шей газе́те.
6. Аспира́нт говори́л о на́ших повестя́х. Аспира́нт говори́л о ва́ших повестя́х.
7. Аспира́нт говори́л о на́шем адвока́те. Аспира́нт говори́л о ва́шем адвока́те.
8. Аспира́нт говори́л о на́шем прави́тельстве. Аспира́нт говори́л о вашем прави́тельстве.
9. Аспира́нт говори́л о на́шем общежи́тии. Аспира́нт говори́л о ва́шем общежи́тии.
10. Аспира́нт говори́л о на́шей делега́ции. Аспира́нт говори́л о ва́шей делега́ции.
11. Аспира́нт говори́л о на́ших музе́ях. Аспира́нт говори́л о ва́ших музе́ях.
12. Аспира́нт говори́л о на́шем теа́тре. Аспира́нт говори́л о ва́шем теа́тре.

Read each sentence in the first column aloud; then, using the noun or pronoun that follows it as a cue, repeat the sentence with the appropriate pronominal adjective (**его́, её,** or **их**) describing the object of **о**. Repeat the process in writing.

1. Вы говорили о картине? **жена** — Вы говорили о её картине?
2. Вы говорили о студентах? **преподаватель** — Вы говорили о его студентах?
3. Вы говорили об открытиях? **аспиранты** — Вы говорили об их открытиях?
4. Вы говорили о докладах? **инженеры** — Вы говорили об их докладах?
5. Вы говорили о лаборатории? **она** — Вы говорили о её лаборатории?
6. Вы говорили о редакторе? **они** — Вы говорили об их редакторе?
7. Вы говорили о стихотворении? **Нина** — Вы говорили о её стихотворении?
8. Вы говорили о пьесах? **Владимир** — Вы говорили о его пьесах?
9. Вы говорили о театре? **они** — Вы говорили об их театре?
10. Вы говорили об экзамене? **студент** — Вы говорили о его экзамене?
11. Вы говорили о повестях? **она** — Вы говорили о её повестях?
12. Вы говорили о романе? **он** — Вы говорили о его романе?

D. Pronouns

Practice answering the question orally, using the words in column one as cues for the *pronoun* objects of the preposition **о** in your answers. Repeat the exercise in writing.

О ком писал Владимир?

1. она — Владимир писал о ней.
2. преподаватель — Владимир писал о нём.
3. студенты — Владимир писал о них.
4. я — Владимир писал обо мне.
5. они — Владимир писал о них.
6. адвокаты — Владимир писал о них.
7. ты — Владимир писал о тебе.
8. жена — Владимир писал о ней.
9. инженер — Владимир писал о нём.
10. вы — Владимир писал о вас.
11. Нина — Владимир писал о ней.
12. мы — Владимир писал о нас.

Lesson 9: Dative Case

A. Nouns

Substitute the appropriate form of each noun from column one for the indirect object in the pattern sentence, first orally and then in writing.

Pattern: **Он дал билéты студéнту.**

1. женá — Он дал билéты женé.
2. Владúмир — Он дал билéты Владúмиру.
3. офицéр — Он дал билéты офицéру.
4. делегáция — Он дал билéты делегáции.
5. преподавáтель — Он дал билéты преподавáтелю.
6. актрúса — Он дал билéты актрúсе.
7. минúстр — Он дал билéты минúстру.
8. киноартúст — Он дал билéты киноартúсту.
9. Нúна — Он дал билéты Нúне.
10. инженéр — Он дал билéты инженéру.

Pattern: **Мы послáли поздравлéние киноартúсту.**

1. редáктор — Мы послáли поздравлéние редáктору.
2. актрúса — Мы послáли поздравлéние актрúсе.
3. Нúна — Мы послáли поздравлéние Нúне.
4. аспирáнт — Мы послáли поздравлéние аспирáнту.
5. герóй — Мы послáли поздравлéние герóю.
6. студéнт — Мы послáли поздравлéние студéнту.
7. женá — Мы послáли поздравлéние женé.
8. áвтор — Мы послáли поздравлéние áвтору.
9. делегáция — Мы послáли поздравлéние делегáции.
10. офицéр — Мы послáли поздравлéние офицéру.

Read each sentence in the first column aloud; then repeat it, changing the indirect object into the plural. Repeat the process in writing.

1. Что вы написáли аспирáнту? — Что вы написáли аспирáнтам?
2. Что вы написáли женé? — Что вы написáли жёнам?
3. Что вы написáли студéнту? — Что вы написáли студéнтам?
4. Что вы написáли киноартúсту? — Что вы написáли киноартúстам?
5. Что вы написáли офицéру? — Что вы написáли офицéрам?
6. Что вы написáли минúстру? — Что вы написáли минúстрам.
7. Что вы написáли актрúсе? — Что вы написáли актрúсам?

8. Что вы написа́ли преподава́телю?	Что вы написа́ли преподава́телям?
9. Что вы написа́ли инжене́ру?	Что вы написа́ли инжене́рам?
10. Что вы написа́ли реда́ктору?	Что вы написа́ли реда́кторам?

Substitute the appropriate form of each noun in column one for the indirect object in the pattern sentence, first orally and then in writing.

Pattern: **Ни́на посла́ла телегра́ммы пило́там.**

1. актри́сы	Ни́на посла́ла телегра́ммы актри́сам.
2. учрежде́ния	Ни́на посла́ла телегра́ммы учрежде́ниям.
3. музе́и	Ни́на посла́ла телегра́ммы музе́ям.
4. жёны	Ни́на посла́ла телегра́ммы жёнам.
5. мини́стры	Ни́на посла́ла телегра́ммы мини́страм.
6. о́бласти	Ни́на посла́ла телегра́ммы областя́м.
7. аспира́нты	Ни́на посла́ла телегра́ммы аспира́нтам.
8. прави́тельства	Ни́на посла́ла телегра́ммы прави́тельствам.
9. делега́ции	Ни́на посла́ла телегра́ммы делега́циям.
10. студе́нты	Ни́на посла́ла телегра́ммы студе́нтам.

B. Adjectives

Read each sentence in the first column aloud; then repeat it, using the appropriate form of **ста́рый** to describe the noun. Repeat the process in writing.

1. Что он сказа́л преподава́телям?	Что он сказа́л ста́рым преподава́телям?
2. Что он сказа́л адвока́ту?	Что он сказа́л ста́рому адвока́ту?
3. Что он сказа́л мини́стру?	Что он сказа́л ста́рому мини́стру?
4. Что он сказа́л актри́се?	Что он сказа́л ста́рой актри́се?
5. Что он сказа́л инжене́ру?	Что он сказа́л ста́рому инжене́ру?
6. Что он сказа́л жене́?	Что он сказа́л ста́рой жене́?
7. Что он сказа́л реда́ктору?	Что он сказа́л ста́рому реда́ктору?
8. Что он сказа́л преподава́телю?	Что он сказа́л ста́рому преподава́телю?
9. Что он сказа́л актри́сам?	Что он сказа́л ста́рым актри́сам?
10. Что он сказа́л киноарти́сту?	Что он сказа́л ста́рому киноарти́сту?

DATIVE CASE

C. Pronominal Adjectives

Read each sentence in the first column aloud; then repeat it, substituting the appropriate form of **твой** for **мой.** Reverse the process, using the sentences in column two as cues. Repeat the exercise in writing.

1. Владимир купил билеты моей жене.   Владимир купил билеты твоей жене.
2. Владимир купил билеты моим преподавателям.   Владимир купил билеты твоим преподавателям.
3. Владимир купил билеты моему аспиранту.   Владимир купил билеты твоему аспиранту.
4. Владимир купил билеты моей делегации.   Владимир купил билеты твоей делегации.
5. Владимир купил билеты моему адвокату.   Владимир купил билеты твоему адвокату.
6. Владимир купил билеты моему преподавателю.   Владимир купил билеты твоему преподавателю.
7. Владимир купил билеты моим аспирантам.   Владимир купил билеты твоим аспирантам.
8. Владимир купил билеты моим студентам.   Владимир купил билеты твоим студентам.
9. Владимир купил билеты моему редактору.   Владимир купил билеты твоему редактору.
10. Владимир купил билеты моему студенту.   Владимир купил билеты твоему студенту.

Continue with the same procedure, substituting **ваш** for **наш** and then reversing the process.

1. Они продали картины нашему преподавателю.   Они продали картины вашему преподавателю.
2. Они продали картины нашим жёнам.   Они продали картины вашим жёнам.
3. Они продали картины нашему адвокату.   Они продали картины вашему адвокату.
4. Они продали картины нашему инженеру.   Они продали картины вашему инженеру.
5. Они продали картины нашим актрисам.   Они продали картины вашим актрисам.
6. Они продали картины нашим редакторам.   Они продали картины вашим редакторам.
7. Они продали картины нашему учреждению.   Они продали картины вашему учреждению.

8. Они продали картины нашей актрисе.   Они продали картины вашей актрисе.
9. Они продали картины нашему музею.   Они продали картины вашему музею.
10. Они продали картины нашему редактору.   Они продали картины вашему редактору.

Read each sentence in the first column aloud; then, using the noun or pronoun that follows it as a cue, repeat the sentence with the appropriate pronominal adjective (**его, её,** or **их**) describing the indirect object. Repeat the process in writing.

1. Мы написали жене. **Владимир**   Мы написали его жене.
2. Мы написали адвокатам. **Нина**   Мы написали её адвокатам.
3. Мы написали редактору. **он**   Мы написали его редактору.
4. Мы написали преподавателю. **студент**   Мы написали его преподавателю.
5. Мы написали инженерам. **они**   Мы написали их инженерам.
6. Мы написали аспиранту. **он**   Мы написали его аспиранту.
7. Мы написали жёнам. **адвокаты**   Мы написали их жёнам.
8. Мы написали студенту. **она**   Мы написали её студенту.
9. Мы написали адвокату. **жена**   Мы написали её адвокату.
10. Мы написали преподавателям. **они**   Мы написали их преподавателям.

D. Pronouns

Practice answering the question orally, using the words in column one as cues for the *pronouns* that will serve as indirect objects in your answers. Repeat the exercise in writing.

Кому инженер показал планы?

1. она   Инженер показал ей планы.
2. аспирант   Инженер показал ему планы.
3. пилоты   Инженер показал им планы.

4. мини́стр	Инжене́р показа́л ему́ пла́ны.
5. они́	Инжене́р показа́л им пла́ны.
6. актри́са	Инжене́р показа́л ей пла́ны.
7. он	Инжене́р показа́л ему́ пла́ны.
8. студе́нты	Инжене́р показа́л им пла́ны.
9. реда́ктор	Инжене́р показа́л ему́ пла́ны.
10. Ни́на	Инжене́р показа́л ей пла́ны.
11. офице́ры	Инжене́р показа́л им пла́ны.
12. жена́	Инжене́р показа́л ей пла́ны.

Lesson 10: Present Tense

A. Conjugation I

Use the nouns and pronouns in column one as subjects in the pattern sentences. Do this first orally and then in writing.

Pattern: **Он рабо́тает днём.**

1. Мы	Мы рабо́таем днём.
2. Аспира́нт	Аспира́нт рабо́тает днём.
3. Ни́на	Ни́на рабо́тает днём.
4. Я	Я рабо́таю днём.
5. Она́	Она́ рабо́тает днём.
6. Влади́мир	Влади́мир рабо́тает днём.
7. На́ши жёны	На́ши жёны рабо́тают днём.
8. Ты	Ты рабо́таешь днём.
9. Они́	Они́ рабо́тают днём.
10. Вы	Вы рабо́таете днём.
11. Инжене́ры	Инжене́ры рабо́тают днём.

Pattern: **Инжене́р зна́ет но́вого преподава́теля.**

1. Ни́на	Ни́на зна́ет но́вого преподава́теля.
2. Он	Он зна́ет но́вого преподава́теля.
3. Ты	Ты зна́ешь но́вого преподава́теля.
4. Вы	Вы зна́ете но́вого преподава́теля.
5. Моя́ жена́	Моя́ жена́ зна́ет но́вого преподава́теля.
6. Мы	Мы зна́ем но́вого преподава́теля.
7. Я	Я зна́ю но́вого преподава́теля.
8. Влади́мир	Влади́мир зна́ет но́вого преподава́теля.
9. Они́	Они́ зна́ют но́вого преподава́теля.
10. Наш гость	Наш гость зна́ет но́вого преподава́теля.
11. Она́	Она́ зна́ет но́вого преподава́теля.

Pattern: **Вы получа́ете иностра́нные журна́лы?**

1. Влади́мир — Влади́мир получа́ет иностра́нные журна́лы?
2. Ва́ши инжене́ры — Ва́ши инжене́ры получа́ют иностра́нные журна́лы?
3. Реда́ктор — Реда́ктор получа́ет иностра́нные журна́лы?
4. Кто — Кто получа́ет иностра́нные журна́лы?
5. Ва́ши аспира́нты — Ва́ши аспира́нты получа́ют иностра́нные журна́лы?
6. Ты — Ты получа́ешь иностра́нные журна́лы?
7. Ва́ши студе́нты — Ва́ши студе́нты получа́ют иностра́нные журна́лы?
8. Вы — Вы получа́ете иностра́нные журна́лы?
9. Она́ — Она́ получа́ет иностра́нные журна́лы?
10. Они́ — Они́ получа́ют иностра́нные журна́лы?
11. Он — Он получа́ет иностра́нные журна́лы?

Pattern: **Ни́на чита́ет о́чень интере́сный рома́н.**

1. Я — Я чита́ю о́чень интере́сный рома́н.
2. На́ши студе́нты — На́ши студе́нты чита́ют о́чень интере́сный рома́н.
3. Она́ — Она́ чита́ет о́чень интере́сный рома́н.
4. Влади́мир — Влади́мир чита́ет о́чень интере́сный рома́н.
5. Мы — Мы чита́ем о́чень интере́сный рома́н.
6. Он — Он чита́ет о́чень интере́сный рома́н.
7. Они́ — Они́ чита́ют о́чень интере́сный рома́н.
8. Мой преподава́тель — Мой преподава́тель чита́ет о́чень интере́сный рома́н.
9. Ты — Ты чита́ешь о́чень интере́сный рома́н.
10. Моя́ жена́ — Моя́ жена́ чита́ет о́чень интере́сный рома́н.
11. Вы — Вы чита́ете о́чень интере́сный рома́н.

Read each sentence in the first column aloud; then repeat it, changing the verb into the present tense. Repeat the exercise in writing.

1. Мы иногда́ пи́ли вино́. — Мы иногда́ пьём вино́.
2. Моя́ жена́ иногда́ пила́ вино́. — Моя́ жена́ иногда́ пьёт вино́.
3. Я иногда́ пил вино́. — Я иногда́ пью вино́.
4. Аспира́нты иногда́ пи́ли вино́. — Аспира́нты иногда́ пьют вино́.
5. Она́ иногда́ пила́ вино́. — Она́ иногда́ пьёт вино́.
6. Офице́р иногда́ пил вино́. — Офице́р иногда́ пьёт вино́.

PRESENT TENSE

7. Они́ иногда́ пи́ли вино́.   Они́ иногда́ пьют вино́.
8. Ты иногда́ пил вино́.   Ты иногда́ пьёшь вино́.
9. Ни́на иногда́ пила́ вино́.   Ни́на иногда́ пьёт вино́.
10. Вы иногда́ пи́ли вино́.   Вы иногда́ пьёте вино́.
11. Он иногда́ пил вино́.   Он иногда́ пьёт вино́.

1. Она́ жила́ в общежи́тии.   Она́ живёт в общежи́тии.
2. Аспира́нт жил в общежи́тии.   Аспира́нт живёт в общежи́тии.
3. Я жила́ в общежи́тии.   Я живу́ в общежи́тии.
4. Делега́ция жила́ в общежи́тии.   Делега́ция живёт в общежи́тии.
5. Он жил в общежи́тии.   Он живёт в общежи́тии.
6. Студе́нты жи́ли в общежи́тии.   Студе́нты живу́т в общежи́тии.
7. Мы жи́ли в общежи́тии.   Мы живём в общежи́тии.
8. Они́ жи́ли в общежи́тии.   Они́ живу́т в общежи́тии.
9. Ты жила́ в общежи́тии.   Ты живёшь в общежи́тии.
10. Вы жи́ли в общежи́тии.   Вы живёте в общежи́тии.
11. Студе́нт жил в общежи́тии.   Студе́нт живёт в общежи́тии.

1. Я написа́ла докла́д.   Я пишу́ докла́д.
2. Влади́мир написа́л докла́д.   Влади́мир пи́шет докла́д.
3. Ни́на написа́ла докла́д.   Ни́на пи́шет докла́д.
4. Она́ написа́ла докла́д.   Она́ пи́шет докла́д.
5. Ты написа́л докла́д.   Ты пи́шешь докла́д.
6. Они́ написа́ли докла́д.   Они́ пи́шут докла́д.
7. Он написа́л докла́д.   Он пи́шет докла́д.
8. Мы написа́ли докла́д.   Мы пи́шем докла́д.
9. Мой студе́нт написа́л докла́д.   Мой студе́нт пи́шет докла́д.
10. Инжене́р написа́л докла́д.   Инжене́р пи́шет докла́д.
11. Аспира́нты написа́ли докла́д.   Аспира́нты пи́шут докла́д.

B. Conjugation II

Use the nouns and pronouns in column one as subjects in the pattern sentences. Do this first orally and then in writing.

Pattern: Влади́мир говори́т по-ру́сски.

1. Мы   Мы говори́м по-ру́сски.
2. Я   Я говорю́ по-ру́сски.
3. Мини́стр   Мини́стр говори́т по-ру́сски.
4. Они́   Они́ говоря́т по-ру́сски.
5. Ни́на   Ни́на говори́т по-ру́сски.
6. Ты   Ты говори́шь по-ру́сски.

7. Она́ — Она́ говори́т по-ру́сски.
8. На́ши го́сти — На́ши го́сти говоря́т по-ру́сски.
9. Он — Он говори́т по-ру́сски.
10. Вы — Вы говори́те по-ру́сски.
11. Их жёны — Их жёны говоря́т по-ру́сски.

Pattern: **Инжене́ры стро́ят но́вые зда́ния.**

1. Прави́тельство — Прави́тельство стро́ит но́вые зда́ния.
2. Ты — Ты стро́ишь но́вые зда́ния.
3. Инжене́р — Инжене́р стро́ит но́вые зда́ния.
4. Мы — Мы стро́им но́вые зда́ния.
5. Влади́мир — Влади́мир стро́ит но́вые зда́ния.
6. Вы — Вы стро́ите но́вые зда́ния.
7. Я — Я стро́ю но́вые зда́ния.
8. Они́ — Они́ стро́ят но́вые зда́ния.
9. Он — Он стро́ит но́вые зда́ния.

Pattern: **Ни́на не слы́шит преподава́теля.**

1. Студе́нт — Студе́нт не слы́шит преподава́теля.
2. Они́ — Они́ не слы́шат преподава́теля.
3. Он — Он не слы́шит преподава́теля.
4. Я — Я не слы́шу преподава́теля.
5. Мы — Мы не слы́шим преподава́теля.
6. Она́ — Она́ не слы́шит преподава́теля.
7. Влади́мир — Влади́мир не слы́шит преподава́теля.
8. Вы — Вы не слы́шите преподава́теля.
9. Ты — Ты не слы́шишь преподава́теля.
10. Студе́нты — Студе́нты не слы́шат преподава́теля.

Pattern: **Она́ лю́бит Влади́мира.**

1. Я — Я люблю́ Влади́мира.
2. Мы — Мы лю́бим Влади́мира.
3. Они́ — Они́ лю́бят Влади́мира.
4. Ни́на — Ни́на лю́бит Влади́мира.
5. Актри́са — Актри́са лю́бит Влади́мира.
6. Ты — Ты лю́бишь Влади́мира.
7. Он — Он лю́бит Влади́мира.
8. Его́ жена́ — Его́ жена́ лю́бит Влади́мира.
9. Вы — Вы лю́бите Влади́мира.
10. Студе́нты — Студе́нты лю́бят Влади́мира.
11. На́ши жёны — На́ши жёны лю́бят Влади́мира.

Pattern: **Мы иногда́ ви́дим но́вого преподава́теля.**

1. Моя́ жена́ — Моя́ жена́ иногда́ ви́дит но́вого преподава́теля.
2. Они́ — Они́ иногда́ ви́дят но́вого преподава́теля.
3. Влади́мир — Влади́мир иногда́ ви́дит но́вого преподава́теля.
4. Мои́ студе́нты — Мои́ студе́нты иногда́ ви́дят но́вого преподава́теля.
5. Ты — Ты иногда́ ви́дишь но́вого преподава́теля.
6. Он — Он иногда́ ви́дит но́вого преподава́теля.
7. Вы — Вы иногда́ ви́дите но́вого преподава́теля.
8. Ни́на — Ни́на иногда́ ви́дит но́вого преподава́теля.
9. Я — Я иногда́ ви́жу но́вого преподава́теля.
10. Мой студе́нт — Мой студе́нт иногда́ ви́дит но́вого преподава́теля.
11. Она́ — Она́ иногда́ ви́дит но́вого преподава́теля.

C. Есть

Read each sentence in the first column aloud; then repeat it, changing the verb into the present tense. Repeat the exercise in writing.

1. Реда́ктор ча́сто ел в но́вом рестора́не. — Реда́ктор ча́сто ест в но́вом рестора́не.
2. Вы ча́сто е́ли в но́вом рестора́не. — Вы ча́сто еди́те в но́вом рестора́не.
3. Он ча́сто ел в но́вом рестора́не. — Он ча́сто ест в но́вом рестора́не.
4. Инжене́ры ча́сто е́ли в но́вом рестора́не. — Инжене́ры ча́сто едя́т в но́вом рестора́не.
5. Актри́са ча́сто е́ла в но́вом рестора́не. — Актри́са ча́сто ест в но́вом рестора́не.
6. Ты ча́сто ел в но́вом рестора́не. — Ты ча́сто ешь в но́вом рестора́не.
7. Она́ ча́сто е́ла в но́вом рестора́не. — Она́ ча́сто ест в но́вом рестора́не.
8. На́ши жёны ча́сто е́ли в но́вом рестора́не. — На́ши жёны ча́сто едя́т в но́вом рестора́не.
9. Мы ча́сто е́ли в но́вом рестора́не. — Мы ча́сто еди́м в но́вом рестора́не.
10. Я ча́сто ел в но́вом рестора́не. — Я ча́сто ем в но́вом рестора́не.
11. Они́ ча́сто е́ли в но́вом рестора́не. — Они́ ча́сто едя́т в но́вом рестора́не.

Lesson 11: Future Tense

A. Быть

Use the nouns and pronouns from column one as subjects in the pattern sentences. Do this first orally and then in writing.

Pattern: Аспира́нты бу́дут в аудито́рии сего́дня ве́чером.

1. На́ши го́сти — На́ши го́сти бу́дут в аудито́рии сего́дня ве́чером.
2. Она́ — Она́ бу́дет в аудито́рии сего́дня ве́чером.
3. Я — Я бу́ду в аудито́рии сего́дня ве́чером.
4. Он — Он бу́дет в аудито́рии сего́дня ве́чером.
5. Мой преподава́тель — Мой преподава́тель бу́дет в аудито́рии сего́дня ве́чером.
6. Мы — Мы бу́дем в аудито́рии сего́дня ве́чером.
7. Они́ — Они́ бу́дут в аудито́рии сего́дня ве́чером.
8. Ни́на — Ни́на бу́дет в аудито́рии сего́дня ве́чером.
9. Вы — Вы бу́дете в аудито́рии сего́дня ве́чером.
10. Ты — Ты бу́дешь в аудито́рии сего́дня ве́чером.
11. На́ши жёны — На́ши жёны бу́дут в аудито́рии сего́дня ве́чером.

Pattern: Ни́на бу́дет до́ма за́втра.

1. Ты — Ты бу́дешь до́ма за́втра.
2. Мой преподава́тель — Мой преподава́тель бу́дет до́ма за́втра.
3. Мы — Мы бу́дем до́ма за́втра.
4. Она́ — Она́ бу́дет до́ма за́втра.
5. Инжене́ры — Инжене́ры бу́дут до́ма за́втра.
6. Они́ — Они́ бу́дут до́ма за́втра.
7. Его́ жена́ — Его́ жена́ бу́дет до́ма за́втра.
8. Вы — Вы бу́дете до́ма за́втра.
9. Я — Я бу́ду до́ма за́втра.
10. Влади́мир — Влади́мир бу́дет до́ма за́втра.
11. Он — Он бу́дет до́ма за́втра.

B. Verbs of Incompletion-Repetition

Read each sentence in the first column aloud; then repeat it, converting the verb into the future tense without changing the aspect. Repeat the exercise in writing.

1. Я пишу́ о но́вых откры́тиях. — Я бу́ду писа́ть о но́вых откры́тиях.
2. Они́ пи́шут о но́вых откры́тиях. — Они́ бу́дут писа́ть о но́вых откры́тиях.

FUTURE TENSE

3. Реда́ктор пи́шет о но́вых открытиях.
4. Он пи́шет о но́вых открытиях.
5. Мы пи́шем о но́вых открытиях.
6. Ни́на пи́шет о но́вых открытиях.
7. Ты пи́шешь о но́вых открытиях.
8. Она́ пи́шет о но́вых открытиях.
9. Вы пи́шете о но́вых открытиях.
10. Аспира́нты пи́шут о но́вых открытиях.
11. Его́ преподава́тель пи́шет о но́вых открытиях.

Реда́ктор бу́дет писа́ть о но́вых открытиях.
Он бу́дет писа́ть о но́вых открытиях.
Мы бу́дем писа́ть о но́вых открытиях.
Ни́на бу́дет писа́ть о но́вых открытиях.
Ты бу́дешь писа́ть о но́вых открытиях.
Она́ бу́дет писа́ть о но́вых открытиях.
Вы бу́дете писа́ть о но́вых открытиях.
Аспира́нты бу́дут писа́ть о но́вых открытиях.
Его́ преподава́тель бу́дет писа́ть о но́вых открытиях.

1. Она́ рабо́тает в сосе́днем учрежде́нии.
2. Они́ рабо́тают в сосе́днем учрежде́нии.
3. Его́ гость рабо́тает в сосе́днем учрежде́нии.
4. Я рабо́таю в сосе́днем учрежде́нии.
5. Инжене́ры рабо́тают в сосе́днем учрежде́нии.
6. Ты рабо́таешь в сосе́днем учрежде́нии.
7. Он рабо́тает в сосе́днем учрежде́нии.
8. Же́нщины рабо́тают в сосе́днем учрежде́нии.
9. Вы рабо́таете в сосе́днем учрежде́нии.
10. Мы рабо́таем в сосе́днем учрежде́нии.
11. Моя́ жена́ рабо́тает в сосе́днем учрежде́нии.

Она́ бу́дет рабо́тать в сосе́днем учрежде́нии.
Они́ бу́дут рабо́тать в сосе́днем учрежде́нии.
Его́ гость бу́дет рабо́тать в сосе́днем учрежде́нии.
Я бу́ду рабо́тать в сосе́днем учрежде́нии.
Инжене́ры бу́дут рабо́тать в сосе́днем учрежде́нии.
Ты бу́дешь рабо́тать в сосе́днем учрежде́нии.
Он бу́дет рабо́тать в сосе́днем учрежде́нии.
Же́нщины бу́дут рабо́тать в сосе́днем учрежде́нии.
Вы бу́дете рабо́тать в сосе́днем учрежде́нии.
Мы бу́дем рабо́тать в сосе́днем учрежде́нии.
Моя́ жена́ бу́дет рабо́тать в сосе́днем учрежде́нии.

Use each noun or pronoun in column one as the subject of the pattern sentences. Do this first orally and then in writing.

Pattern: **Вы бу́дете говори́ть по-ру́сски за́втра.**

1. Преподава́тель — Преподава́тель бу́дет говори́ть по-ру́сски за́втра.
2. Мы — Мы бу́дем говори́ть по-ру́сски за́втра.
3. Они́ — Они́ бу́дут говори́ть по-ру́сски за́втра.
4. Влади́мир — Влади́мир бу́дет говори́ть по-ру́сски за́втра.
5. Я — Я бу́ду говори́ть по-ру́сски за́втра.
6. Он — Он бу́дет говори́ть по-ру́сски за́втра.
7. Ты — Ты бу́дешь говори́ть по-ру́сски за́втра.
8. Она́ — Она́ бу́дет говори́ть по-ру́сски за́втра.
9. Аспира́нты — Аспира́нты бу́дут говори́ть по-ру́сски за́втра.
10. Студе́нт — Студе́нт бу́дет говори́ть по-ру́сски за́втра.
11. Ни́на — Ни́на бу́дет говори́ть по-ру́сски за́втра.

Pattern: **Мы бу́дем ча́сто ви́деть Влади́мира.**

1. Он — Он бу́дет ча́сто ви́деть Влади́мира.
2. Ты — Ты бу́дешь ча́сто ви́деть Влади́мира.
3. Я — Я бу́ду ча́сто ви́деть Влади́мира.
4. Она́ — Она́ бу́дет ча́сто ви́деть Влади́мира.
5. Моя́ жена́ — Моя́ жена́ бу́дет ча́сто ви́деть Влади́мира.
6. Вы — Вы бу́дете ча́сто ви́деть Влади́мира.
7. Адвока́т — Адвока́т бу́дет ча́сто ви́деть Влади́мира.
8. Аспира́нты — Аспира́нты бу́дут ча́сто ви́деть Влади́мира.
9. Мы — Мы бу́дем ча́сто ви́деть Влади́мира.
10. Ни́на — Ни́на бу́дет ча́сто ви́деть Влади́мира.
11. Они́ — Они́ бу́дут ча́сто ви́деть Влади́мира.

C. Verbs of Completion: Conjugation I

Read each question in column one aloud; then answer it orally, using the verb of completion in the future tense. Example: **Он сде́лал докла́д вчера́?** → **Нет, он сде́лает докла́д за́втра.** Repeat the exercise in writing.

1. Ни́на сде́лала докла́д вчера́? — Нет, Ни́на сде́лает докла́д за́втра.
2. Ты сде́лала докла́д вчера́? — Нет, я сде́лаю докла́д за́втра.
3. Инжене́р сде́лал докла́д вчера́? — Нет, инжене́р сде́лает докла́д за́втра.
4. Они́ сде́лали докла́д вчера́? — Нет, они́ сде́лают докла́д за́втра.
5. Она́ сде́лала докла́д вчера́? — Нет, она́ сде́лает докла́д за́втра.

FUTURE TENSE

6. Аспира́нты сде́лали докла́д вчера́? — Нет, аспира́нты сде́лают докла́д за́втра.
7. Преподава́тель сде́лал докла́д вчера́? — Нет, преподава́тель сде́лает докла́д за́втра.
8. Вы сде́лали докла́д вчера́? — Нет, я сде́лаю докла́д за́втра. / Нет, мы сде́лаем докла́д за́втра.
9. Студе́нты сде́лали докла́д вчера́? — Нет, студе́нты сде́лают докла́д за́втра.
10. Влади́мир сде́лал докла́д вчера́? — Нет, Влади́мир сде́лает докла́д за́втра.

Continue with the same procedure. Example: **Они́ прочита́ли стихотворе́ние?** → **Нет, они́ прочита́ют его́ сего́дня.**

1. Ты прочита́л стихотворе́ние? — Нет, я прочита́ю его́ сего́дня.
2. Ва́ша жена́ прочита́ла стихотворе́ние? — Нет, она́ прочита́ет его́ сего́дня.
3. Реда́ктор прочита́л стихотворе́ние? — Нет, он прочита́ет его́ сего́дня.
4. Вы прочита́ли стихотворе́ние? — Нет, я прочита́ю его́ сего́дня. / Нет, мы прочита́ем его́ сего́дня.
5. Она́ прочита́ла стихотворе́ние? — Нет, она́ прочита́ет его́ сего́дня.
6. Студе́нты прочита́ли стихотворе́ние? — Нет, они́ прочита́ют его́ сего́дня.
7. Влади́мир прочита́л стихотворе́ние? — Нет, он прочита́ет его́ сего́дня.
8. Ни́на прочита́ла стихотворе́ние? — Нет, она́ прочита́ет его́ сего́дня.
9. Ва́ши преподава́тели прочита́ли стихотворе́ние? — Нет, они́ прочита́ют его́ сего́дня.
10. Он прочита́л стихотворе́ние? — Нет, он прочита́ет его́ сего́дня.

Continue with the same procedure. Example: **Твоя́ жена́ посла́ла телегра́мму?** → **Нет, она́ пошлёт её за́втра у́тром.**

1. Он посла́л телегра́мму? — Нет, он пошлёт её за́втра у́тром.
2. Вы посла́ли телегра́мму? — Нет, я пошлю́ её за́втра у́тром. / Нет, мы пошлём её за́втра у́тром.
3. Она́ посла́ла телегра́мму? — Нет, она́ пошлёт её за́втра у́тром.
4. Мини́стр посла́л телегра́мму? — Нет, он пошлёт её за́втра у́тром.
5. Ты посла́ла телегра́мму? — Нет, я пошлю́ её за́втра у́тром.
6. Делега́ция посла́ла телегра́мму? — Нет, она́ пошлёт её за́втра у́тром.

7. Они послали телеграмму? Нет, они пошлют её завтра утром.
8. Нина послала телеграмму? Нет, она пошлёт её завтра утром.
9. Инженеры послали телеграмму? Нет, они пошлют её завтра утром.

Continue with the same procedure. Example: **Она сказала ему об экзамене?** → **Нет, она скажет ему вечером.**

1. Они сказали ему об экзамене? Нет, они скажут ему вечером.
2. Владимир сказал ему об экзамене? Нет, он скажет ему вечером.
3. Преподаватели сказали ему об экзамене? Нет, они скажут ему вечером.
4. Нина сказала ему об экзамене? Нет, она скажет ему вечером.
5. Ты сказала ему об экзамене? Нет, я скажу ему вечером.
6. Вы сказали ему об экзамене? Нет, я скажу ему вечером.
   Нет, мы скажем ему вечером.
7. Он сказал ему об экзамене? Нет, он скажет ему вечером.
8. Ваша жена сказала ему об экзамене? Нет, она скажет ему вечером.
9. Аспиранты сказали ему об экзамене? Нет, они скажут ему вечером.
10. Преподаватель сказал ему об экзамене? Нет, он скажет ему вечером.

D. Verbs of Completion: Conjugation II

Use each noun or pronoun in column one as the subject of the pattern sentences. Do this first orally and then in writing.

Pattern: **Он построит новое здание.**

1. Они — Они построят новое здание.
2. Правительство — Правительство построит новое здание.
3. Владимир — Владимир построит новое здание.
4. Я — Я построю новое здание.
5. Мы — Мы построим новое здание.
6. Инженер — Инженер построит новое здание.
7. Вы — Вы построите новое здание.
8. Ты — Ты построишь новое здание.
9. Мы — Мы построим новое здание.
10. Инженеры — Инженеры построят новое здание.

FUTURE TENSE

Pattern: **Реда́ктор полу́чит журна́л послеза́втра.**

1. Преподава́тель — Преподава́тель полу́чит журна́л послеза́втра.
2. Они́ — Они́ полу́чат журна́л послеза́втра.
3. Влади́мир — Влади́мир полу́чит журна́л послеза́втра.
4. Вы — Вы полу́чите журна́л послеза́втра.
5. Мы — Мы полу́чим журна́л послеза́втра.
6. Ни́на — Ни́на полу́чит журна́л послеза́втра.
7. Он — Он полу́чит журна́л послеза́втра.
8. Ты — Ты полу́чишь журна́л послеза́втра.
9. Она́ — Она́ полу́чит журна́л послеза́втра.
10. Я — Я получу́ журна́л послеза́втра.

Pattern: **Мы ку́пим биле́ты за́втра.**

1. На́ши жёны — На́ши жёны ку́пят биле́ты за́втра.
2. Он — Он ку́пит биле́ты за́втра.
3. Их гость — Их гость ку́пит биле́ты за́втра.
4. Мы — Мы ку́пим биле́ты за́втра.
5. Она́ — Она́ ку́пит биле́ты за́втра.
6. Вы — Вы ку́пите биле́ты за́втра.
7. Они́ — Они́ ку́пят биле́ты за́втра.
8. Студе́нты — Студе́нты ку́пят биле́ты за́втра.
9. Ты — Ты ку́пишь биле́ты за́втра.
10. Я — Я куплю́ биле́ты за́втра.

E. **Дать, прода́ть, съесть**

Read each sentence in the first column aloud; then repeat it, converting the verb into the future tense without changing the aspect. Repeat the exercise in writing.

1. Он дал Ни́не часы́. — Он даст Ни́не часы́.
2. Ты дала́ Ни́не часы́. — Ты дашь Ни́не часы́.
3. Я дал Ни́не часы́. — Я дам Ни́не часы́.
4. Делега́ция дала́ Ни́не часы́. — Делега́ция даст Ни́не часы́.
5. Они́ да́ли Ни́не часы́. — Они́ даду́т Ни́не часы́.
6. Реда́ктор дал Ни́не часы́. — Реда́ктор даст Ни́не часы́.
7. Вы да́ли Ни́не часы́. — Вы дади́те Ни́не часы́.
8. Моя́ жена́ дала́ Ни́не часы́. — Моя́ жена́ даст Ни́не часы́.
9. Мы да́ли Ни́не часы́. — Мы дади́м Ни́не часы́.
10. Она́ дала́ Ни́не часы́. — Она́ даст Ни́не часы́.

1. Же́нщины про́дали биле́ты. — Же́нщины продаду́т биле́ты.
2. Мы про́дали биле́ты. — Мы продади́м биле́ты.

3. Он про́дал биле́ты.   Он прода́ст биле́ты.
4. Студе́нты про́дали биле́ты.   Студе́нты продаду́т биле́ты.
5. Вы про́дали биле́ты.   Вы продади́те биле́ты.
6. Я про́дал биле́ты.   Я прода́м биле́ты.
7. Она́ продала́ биле́ты.   Она́ прода́ст биле́ты.
8. Ты про́дал биле́ты.   Ты прода́шь биле́ты.
9. Они́ про́дали биле́ты.   Они́ продаду́т биле́ты.
10. Влади́мир про́дал биле́ты.   Влади́мир прода́ст биле́ты.

1. Мы съе́ли котле́ты.   Мы съеди́м котле́ты.
2. Ни́на съе́ла котле́ты.   Ни́на съест котле́ты.
3. Я съел котле́ты.   Я съем котле́ты.
4. Влади́мир съел котле́ты.   Влади́мир съест котле́ты.
5. Ты съел котле́ты.   Ты съешь котле́ты.
6. Он съел котле́ты.   Он съест котле́ты.
7. Студе́нты съе́ли котле́ты.   Студе́нты съедя́т котле́ты.
8. Вы съе́ли котле́ты.   Вы съеди́те котле́ты.
9. Она́ съе́ла котле́ты.   Она́ съест котле́ты.
10. Они́ съе́ли котле́ты.   Они́ съедя́т котле́ты.

Lesson 12: Instrumental Case

A. Nouns

Substitute the appropriate form of each noun in column one for the object of the preposition in the pattern sentences. Do this first orally and then in writing.

Pattern: **Она́ спо́рила с го́стем.**

1. преподава́тель — Она́ спо́рила с преподава́телем.
2. же́нщина — Она́ спо́рила с же́нщиной.
3. инжене́р — Она́ спо́рила с инжене́ром.
4. Влади́мир — Она́ спо́рила с Влади́миром.
5. делега́ция — Она́ спо́рила с делега́цией.
6. актри́са — Она́ спо́рила с актри́сой.
7. Ни́на — Она́ спо́рила с Ни́ной.
8. студе́нт — Она́ спо́рила со студе́нтом.

Pattern: **Авто́бус стои́т пе́ред музе́ем.**

1. общежи́тие — Авто́бус стои́т пе́ред общежи́тием.
2. магази́н — Авто́бус стои́т пе́ред магази́ном.
3. зда́ние — Авто́бус стои́т пе́ред зда́нием.
4. аудито́рия — Авто́бус стои́т пе́ред аудито́рией.

INSTRUMENTAL CASE

5. учреждéние	Автóбус стоит пéред учреждéнием.
6. университéт	Автóбус стоит пéред университéтом.
7. теáтр	Автóбус стоит пéред теáтром.
8. посóльство	Автóбус стоит пéред посóльством.

Read aloud the two sentences on each line of column one; then form a new sentence in which the object described in the first sentence is located *under* the object in the second. Repeat the exercise in writing.

1. Это телегрáмма. Это журнáл.	Телегрáмма под журнáлом.
2. Это чемодáн. Это стол.	Чемодáн под столóм.
3. Это билéты. Это тетрáдь.	Билéты под тетрáдью.
4. Это журнáл. Это газéта.	Журнáл под газéтой.
5. Это чемодáн. Это роя́ль.	Чемодáн под роя́лем.
6. Это гитáра. Это дивáн.	Гитáра под дивáном.
7. Это билéты. Это телегрáмма.	Билéты под телегрáммой.
8. Это тетрáдь. Это картина.	Тетрáдь под картиной.

Substitute the appropriate form of each noun in column one for the object of the preposition in the pattern sentence. Do this first orally and then in writing.

Pattern: **Нина говорила с аспирáнтами.**

1. преподавáтели	Нина говорила с преподавáтелями.
2. адвокáты	Нина говорила с адвокáтами.
3. студéнты	Нина говорила со студéнтами.
4. гóсти	Нина говорила с гостя́ми.
5. жéнщины	Нина говорила с жéнщинами.
6. инженéры	Нина говорила с инженéрами.
7. делегáции	Нина говорила с делегáциями.
8. пилóты	Нина говорила с пилóтами.

Read each sentence in the first column aloud; then repeat it, changing the object of the preposition into the plural. Repeat the process in writing.

1. Тетрáдь под журнáлом.	Тетрáдь под журнáлами.
2. Машины стоя́т пéред общежитием.	Машины стоя́т пéред общежитиями.
3. Билéты под тетрáдью.	Билéты под тетрáдями.
4. Автóбусы стоя́т пéред магазином.	Автóбусы стоя́т пéред магазинами.
5. Журнáл под газéтой.	Журнáл под газéтами.
6. Студéнты стоя́т пéред здáнием.	Студéнты стоя́т пéред здáниями.
7. Автóбусы стоя́т пéред музéем.	Автóбусы стоя́т пéред музéями.

B. Adjectives

Substitute the appropriate form of the adjectives and nouns in column one for the adjective and noun in the pattern sentences. Do this first orally and then in writing.

Pattern: **Он говори́л с но́вым преподава́телем.**

1. интере́сная жена́ Влади́мира	Он говори́л с интере́сной жено́й Влади́мира.
2. краси́вые актри́сы	Он говори́л с краси́выми актри́сами.
3. ста́рые преподава́тели	Он говори́л со ста́рыми преподава́телями.
4. иностра́нная делега́ция	Он говори́л с иностра́нной делега́цией.
5. изве́стные адвока́ты	Он говори́л с изве́стными адвока́тами.
6. ста́рая же́нщина	Он говори́л со ста́рой же́нщиной.
7. иностра́нные аспира́нты	Он говори́л с иностра́нными аспира́нтами.
8. ста́рый реда́ктор	Он говори́л со ста́рым реда́ктором.

Pattern: **Студе́нты стоя́ли пе́ред но́вым общежи́тием.**

1. но́вый теа́тр	Студе́нты стоя́ли пе́ред но́вым теа́тром.
2. но́вая лаборато́рия	Студе́нты стоя́ли пе́ред но́вой лаборато́рией.
3. но́вые магази́ны	Студе́нты стоя́ли пе́ред но́выми магази́нами.
4. но́вое зда́ние	Студе́нты стоя́ли пе́ред но́вым зда́нием.
5. но́вые общежи́тия	Студе́нты стоя́ли пе́ред но́выми общежи́тиями.
6. но́вое посо́льство	Студе́нты стоя́ли пе́ред но́вым посо́льством.
7. но́вая аудито́рия	Студе́нты стоя́ли пе́ред но́вой аудито́рией.
8. но́вый рестора́н	Студе́нты стоя́ли пе́ред но́вым рестора́ном.

Read each sentence in the first column aloud; then repeat the sentence, using the appropriate form of the adjective in the phrase that follows. Do the same in writing.

INSTRUMENTAL CASE

1. Маши́на стои́т пе́ред рестора́ном. **сосе́дний рестора́н** — Маши́на стои́т пе́ред сосе́дним рестора́ном.
2. Газе́ты под журна́лами. **си́ние журна́лы** — Газе́ты под си́ними журна́лами.
3. Ла́мпа стои́т пе́ред дива́ном. **си́ний дива́н** — Ла́мпа стои́т пе́ред си́ним дива́ном.
4. Биле́ты под тетра́дью. **си́няя тетра́дь** — Биле́ты под си́ней тетра́дью.
5. Авто́бусы стоя́т пе́ред общежи́тиями. **сосе́дние общежи́тия** — Авто́бусы стоя́т пе́ред сосе́дними общежи́тиями.
6. Аспира́нты стоя́т пе́ред теа́тром. **сосе́дний теа́тр** — Аспира́нты стоя́т пе́ред сосе́дним теа́тром.
7. Маши́на стои́т пе́ред учрежде́нием. **сосе́днее учрежде́ние** — Маши́на стои́т пе́ред сосе́дним учрежде́нием.
8. Журна́лы под тетра́дями. **си́ние тетра́ди** — Журна́лы под си́ними тетра́дями.

C. Pronominal Adjectives

Read each sentence in the first column aloud; then repeat it, substituting the appropriate form of **твой** for **мой**. Reverse the process, using the sentences in column two as cues. Repeat the exercise in writing.

1. Он говори́л с мое́й жено́й. — Он говори́л с твое́й жено́й.
2. Биле́ты под мои́ми журна́лами. — Биле́ты под твои́ми журна́лами.
3. Ни́на говори́ла с мои́ми студе́нтами. — Ни́на говори́ла с твои́ми студе́нтами.
4. Влади́мир спо́рил с мое́й делега́цией. — Влади́мир спо́рил с твое́й делега́цией.
5. Авто́бусы стоя́т пе́ред мои́м общежи́тием. — Авто́бусы стоя́т пе́ред твои́м общежи́тием.
6. Студе́нты спо́рили с мои́ми преподава́телями. — Студе́нты спо́рили с твои́ми преподава́телями.
7. Он говори́т с мои́ми гостя́ми. — Он говори́т с твои́ми гостя́ми.
8. Биле́ты тут под мое́й тетра́дью. — Биле́ты тут под твое́й тетра́дью.
9. Реда́ктор спо́рит с мои́м го́стем. — Реда́ктор спо́рит с твои́м го́стем.
10. Тетра́дь под мои́м журна́лом. — Тетра́дь под твои́м журна́лом.

Continue in the same manner, substituting **ваш** for **наш** and then reversing the process.

1. Они́ говори́ли с на́шими гостя́ми.   Они́ говори́ли с ва́шими гостя́ми.
2. Они́ говори́ли с на́шим реда́ктором.   Они́ говори́ли с ва́шим реда́ктором.
3. Они́ говори́ли с на́шими актри́сами.   Они́ говори́ли с ва́шими актри́сами.
4. Они́ говори́ли с на́шей делега́цией.   Они́ говори́ли с ва́шей делега́цией.
5. Они́ говори́ли с на́шим преподава́телем.   Они́ говори́ли с ва́шим преподава́телем.
6. Они́ говори́ли с на́шим посо́льством.   Они́ говори́ли с ва́шим посо́льством.
7. Они́ говори́ли с на́шим го́стем.   Они́ говори́ли с ва́шим го́стем.
8. Они́ говори́ли с на́шими студе́нтами.   Они́ говори́ли с ва́шими студе́нтами.
9. Они́ говори́ли с на́шими жёнами.   Они́ говори́ли с ва́шими жёнами.
10. Они́ говори́ли с на́шим адвока́том.   Они́ говори́ли с ва́шим адвока́том.

Read each sentence in the first column aloud; then, using the noun or pronoun that follows it as a cue, repeat the sentence with the appropriate pronominal adjective **(его́, её,** or **их)** describing the object of **с**. Repeat the process in writing.

1. Я говори́л с жено́й. **пило́т**   Я говори́л с его́ жено́й.
2. Я говори́л с преподава́телем. **они́**   Я говори́л с их преподава́телем.
3. Я говори́л с гостя́ми. **же́нщина**   Я говори́л с её гостя́ми.
4. Я говори́л с аспира́нтом. **он**   Я говори́л с его́ аспира́нтом.
5. Я говори́л с жёнами. **офице́ры**   Я говори́л с их жёнами.
6. Я говори́л с реда́кторами. **они́**   Я говори́л с их реда́кторами.
7. Я говори́л с го́стем. **Ни́на**   Я говори́л с её го́стем.
8. Я говори́л со студе́нтами. **они́**   Я говори́л с их студе́нтами.
9. Я говори́л с преподава́телями. **она́**   Я говори́л с её преподава́телями.
10. Я говори́л с адвока́том. **он**   Я говори́л с его́ адвока́том.

D. Pronouns

Practice answering the question orally, using the words in column one as cues for the pronoun-objects of **с** in your answers. Repeat the exercise in writing.

С кем бу́дет Ни́на рабо́тать?

1.	мы	Она́ бу́дет рабо́тать с на́ми.
2.	инжене́ры	Она́ бу́дет рабо́тать с ни́ми.
3.	реда́ктор	Она́ бу́дет рабо́тать с ним.
4.	они́	Она́ бу́дет рабо́тать с ни́ми.
5.	он	Она́ бу́дет рабо́тать с ним.
6.	актри́сы	Она́ бу́дет рабо́тать с ни́ми.
7.	ты	Она́ бу́дет рабо́тать с тобо́й.
8.	жена́	Она́ бу́дет рабо́тать с ней.
9.	я	Она́ бу́дет рабо́тать со мной.
10.	вы	Она́ бу́дет рабо́тать с ва́ми.
11.	она́	Она́ бу́дет рабо́тать с ней.
12.	аспира́нт	Она́ бу́дет рабо́тать с ним.

Lesson 13: *To Have* and *To Have Not* Constructions

Substitute the appropriate form of the words in column one in the pattern sentences, first orally and than in writing.

Pattern: **У кого́ экза́мен сего́дня?**

1.	они́	У них экза́мен сего́дня?
2.	но́вые студе́нты	У но́вых студе́нтов экза́мен сего́дня?
3.	мы	У нас экза́мен сего́дня?
4.	Ни́на	У Ни́ны экза́мен сего́дня?
5.	вы	У вас экза́мен сего́дня?
6.	я	У меня́ экза́мен сего́дня?
7.	она́	У неё экза́мен сего́дня?
8.	Ви́ктор	У Ви́ктора экза́мен сего́дня?
9.	они́	У них экза́мен сего́дня?
10.	ты	У тебя́ экза́мен сего́дня?
11.	молоды́е актри́сы	У молоды́х актри́с экза́мен сего́дня?
12.	он	У него́ экза́мен сего́дня?

Pattern: **У меня́ но́вая маши́на.**

1.	мы	У нас но́вая маши́на.
2.	он	У него́ но́вая маши́на.
3.	вы	У вас но́вая маши́на.

4. молодо́й реда́ктор   У молодо́го реда́ктора но́вая маши́на.
5. она́   У неё но́вая маши́на.
6. сове́тский офице́р   У сове́тского офице́ра но́вая маши́на.
7. бога́тая же́нщина   У бога́той же́нщины но́вая маши́на.
8. я   У меня́ но́вая маши́на.
9. Ни́на   У Ни́ны но́вая маши́на.
10. они́   У них но́вая маши́на.
11. Влади́мир   У Влади́мира но́вая маши́на.
12. ты   У тебя́ но́вая маши́на.

Pattern: **У аспира́нта биле́ты.**

1. я   У меня́ биле́ты.
2. ты   У тебя́ биле́ты.
3. адвока́т   У адвока́та биле́ты.
4. они́   У них биле́ты.
5. на́ши жёны   У на́ших жён биле́ты.
6. мы   У нас биле́ты.
7. инжене́ры   У инжене́ров биле́ты.
8. вы   У вас биле́ты.
9. она́   У неё биле́ты.
10. актри́са   У актри́сы биле́ты.
11. он   У него́ биле́ты.
12. студе́нт   У студе́нта биле́ты.

Convert the sentences in column one into the past tense, first orally and then in writing.

1. У него́ но́вые часы́.   У него́ бы́ли но́вые часы́.
2. У него́ замеча́тельное вино́.   У него́ бы́ло замеча́тельное вино́.
3. У него́ краси́вая кварти́ра.   У него́ была́ краси́вая кварти́ра.
4. У него́ чёрный костю́м.   У него́ был чёрный костю́м.
5. У него́ но́вые тетра́ди.   У него́ бы́ли но́вые тетра́ди.
6. У него́ си́няя маши́на.   У него́ была́ си́няя маши́на.
7. У него́ но́вое одея́ло.   У него́ бы́ло но́вое одея́ло.
8. У него́ ста́рый роя́ль.   У него́ был ста́рый роя́ль.
9. У него́ сове́тские журна́лы.   У него́ бы́ли сове́тские журна́лы.
10. У него́ пи́во.   У него́ бы́ло пи́во.
11. У него́ интере́сный   У него́ был интере́сный
    преподава́тель.   преподава́тель.
12. У него́ зелёная шля́па.   У него́ была́ зелёная шля́па.

Convert the sentences in column one into the future tense, first orally and then in writing.

TO HAVE AND TO HAVE NOT CONSTRUCTIONS

1. У нас была́ краси́вая кварти́ра.
2. У нас был борщ.
3. У нас бы́ло ма́ленькое общежи́тие.
4. У нас была́ ста́рая посу́да.
5. У нас бы́ли интере́сные откры́тия.
6. У нас был чёрный хлеб.
7. У нас бы́ло молоко́.
8. У нас была́ ма́ленькая лаборато́рия.
9. У нас бы́ли но́вые пла́ны.
10. У нас был друго́й экза́мен.
11. У нас бы́ло интере́сное объявле́ние.
12. У нас бы́ли сове́тские ви́зы.

У нас бу́дет краси́вая кварти́ра.
У нас бу́дет борщ.
У нас бу́дет ма́ленькое общежи́тие.
У нас бу́дет ста́рая посу́да.
У нас бу́дут интере́сные откры́тия.
У нас бу́дет чёрный хлеб.
У нас бу́дет молоко́.
У нас бу́дет ма́ленькая лаборато́рия.
У нас бу́дут но́вые пла́ны.
У нас бу́дет друго́й экза́мен.
У нас бу́дет интере́сное объявле́ние.
У нас бу́дут сове́тские ви́зы.

Convert the sentences in column one into the negative, first orally and then in writing.

1. У меня́ биле́ты.
2. У меня́ но́вая тетра́дь.
3. У меня́ сове́тские газе́ты.
4. У меня́ зелёное одея́ло.
5. У меня́ гита́ра.
6. У меня́ рубль.
7. У меня́ но́вый журна́л.
8. У меня́ ма́ленькое зе́ркало.
9. У меня́ но́вый костю́м.
10. У меня́ чёрная шля́па.
11. У меня́ мы́ло.
12. У меня́ интере́сные преподава́тели.

У меня́ нет биле́тов.
У меня́ нет но́вой тетра́ди.
У меня́ нет сове́тских газе́т.
У меня́ нет зелёного одея́ла.
У меня́ нет гита́ры.
У меня́ нет рубля́.
У меня́ нет но́вого журна́ла.
У меня́ нет ма́ленького зе́ркала.
У меня́ нет но́вого костю́ма.
У меня́ нет чёрной шля́пы.
У меня́ нет мы́ла.
У меня́ нет интере́сных преподава́телей.

1. У Ни́ны была́ но́вая посу́да.
2. У Ни́ны бы́ло вино́.
3. У Ни́ны бы́ли тетра́ди.
4. У Ни́ны бы́ло ма́сло.
5. У Ни́ны была́ сове́тская ви́за.
6. У Ни́ны был друго́й чемода́н.
7. У Ни́ны бы́ли журна́лы.

У Ни́ны не́ было но́вой посу́ды.
У Ни́ны не́ было вина́.
У Ни́ны не́ было тетра́дей.
У Ни́ны не́ было ма́сла.
У Ни́ны не́ было сове́тской ви́зы.
У Ни́ны не́ было друго́го чемода́на.
У Ни́ны не́ было журна́лов.

8. У Ни́ны был но́вый роя́ль. У Ни́ны не́ было но́вого роя́ля.
9. У Ни́ны бы́ли карти́ны. У Ни́ны не́ было карти́н.
10. У Ни́ны была́ краси́вая кварти́ра. У Ни́ны не́ было краси́вой кварти́ры.
11. У Ни́ны бы́ло но́вое одея́ло. У Ни́ны не́ было но́вого одея́ла.
12. У Ни́ны был экза́мен. У Ни́ны не́ было экза́мена.

1. У студе́нтов бу́дут иностра́нные газе́ты. У студе́нтов не бу́дет иностра́нных газе́т.
2. У студе́нтов бу́дет дива́н. У студе́нтов не бу́дет дива́на.
3. У студе́нтов бу́дет молоко́. У студе́нтов не бу́дет молока́.
4. У студе́нтов бу́дет но́вая маши́на. У студе́нтов не бу́дет но́вой маши́ны.
5. У студе́нтов бу́дут тетра́ди. У студе́нтов не бу́дет тетра́дей.
6. У студе́нтов бу́дет сове́тское вино́. У студе́нтов не бу́дет сове́тского вина́.
7. У студе́нтов бу́дет но́вый авто́бус. У студе́нтов не бу́дет но́вого авто́буса.
8. У студе́нтов бу́дет друга́я ко́мната. У студе́нтов не бу́дет друго́й ко́мнаты.
9. У студе́нтов бу́дут биле́ты. У студе́нтов не бу́дет биле́тов.
10. У студе́нтов бу́дет лаборато́рия. У студе́нтов не бу́дет лаборато́рии.
11. У студе́нтов бу́дет но́вое общежи́тие. У студе́нтов не бу́дет но́вого общежи́тия.
12. У студе́нтов бу́дет экза́мен. У студе́нтов не бу́дет экза́мена.

Lesson 14: Separate Verbs for Incompletion and Repetition

Use each noun or pronoun in column one as the subject of the pattern sentences. Do this first orally and then in writing.

Pattern: Аспира́нт ча́сто хо́дит в лаборато́рию.

1. мы — Мы ча́сто хо́дим в лаборато́рию.
2. она́ — Она́ ча́сто хо́дит в лаборато́рию.
3. Ни́на — Ни́на ча́сто хо́дит в лаборато́рию.
4. ты — Ты ча́сто хо́дишь в лаборато́рию.
5. Влади́мир — Влади́мир ча́сто хо́дит в лаборато́рию.
6. я — Я ча́сто хожу́ в лаборато́рию.
7. он — Он ча́сто хо́дит в лаборато́рию.
8. они́ — Они́ ча́сто хо́дят в лаборато́рию.
9. студе́нты — Студе́нты ча́сто хо́дят в лаборато́рию.
10. вы — Вы ча́сто хо́дите в лаборато́рию.

SEPARATE VERBS FOR INCOMPLETION AND REPETITION

Pattern: **Офицéр дóлго ходи́л пéред посóльством.**

1. журнали́ст — Журнали́ст дóлго ходи́л пéред посóльством.
2. ты — Ты дóлго ходи́л пéред посóльством.
   Ты дóлго ходи́ла пéред посóльством.
3. мы — Мы дóлго ходи́ли пéред посóльством.
4. егó женá — Егó женá дóлго ходи́ла пéред посóльством.
5. он — Он дóлго ходи́л пéред посóльством.
6. я — Я дóлго ходи́л пéред посóльством.
   Я дóлго ходи́ла пéред посóльством.
7. они́ — Они́ дóлго ходи́ли пéред посóльством.
8. студéнт — Студéнт дóлго ходи́л пéред посóльством.
9. вы — Вы дóлго ходи́ли пéред посóльством.
10. онá — Онá дóлго ходи́ла пéред посóльством.

Read each sentence in column one aloud; then repeat it, changing the verb from **ходи́ть** to **éздить.** Repeat the exercise in writing.

1. Я иногдá хожу́ в теáтр. — Я иногдá éзжу в теáтр.
2. Мой преподавáтель иногдá хóдит в теáтр. — Мой преподавáтель иногдá éздит в теáтр.
3. Они́ иногдá хóдят в теáтр. — Они́ иногдá éздят в теáтр.
4. Мы иногдá хóдим в теáтр. — Мы иногдá éздим в теáтр.
5. Моя́ женá иногдá хóдит в теáтр. — Моя́ женá иногдá éздит в теáтр.
6. Ты иногдá хóдишь в теáтр. — Ты иногдá éздишь в теáтр.
7. Нáши студéнты иногдá хóдят в теáтр. — Нáши студéнты иногдá éздят в теáтр.
8. Онá иногдá хóдит в теáтр. — Онá иногдá éздит в теáтр.
9. Вы иногдá хóдите в теáтр. — Вы иногдá éздите в теáтр.
10. Он иногдá хóдит в теáтр. — Он иногдá éздит в теáтр.

Read each question in column one aloud; then answer it orally, using **Преподавáтели éздили в музéй** as the pattern for your reply. Repeat the exercise in writing.

1. Где он был вчерá? — Он éздил в музéй.
2. Где былá Ни́на вчерá? — Ни́на éздила в музéй.
3. Где вы бы́ли вчерá? — Я éздил в музéй. Я éздила в музéй. Мы éздили в музéй.
4. Где он был вчерá? — Он éздил в музéй.
5. Где бы́ли студéнты вчерá? — Студéнты éздили в музéй.
6. Где был Ви́ктор вчерá? — Ви́ктор éздил в музéй.
7. Где ты был вчерá? — Я éздил в музéй. Я éздила в музéй.

8. Где была его жена вчера? Его жена ездила в музей.
9. Где они были вчера? Они ездили в музей.
10. Где она была вчера? Она ездила в музей.

Read each sentence in column one aloud; then repeat it, changing the verb from **ездить** to **летать**. Repeat the exercise in writing.

1. Виктор часто ездит в Нью-Йорк.   Виктор часто летает в Нью-Йорк.
2. Я часто езжу в Нью-Йорк.   Я часто летаю в Нью-Йорк.
3. Его жена часто ездит в Нью-Йорк.   Его жена часто летает в Нью-Йорк.
4. Ты часто ездишь в Нью-Йорк.   Ты часто летаешь в Нью-Йорк.
5. Они часто ездят в Нью-Йорк.   Они часто летают в Нью-Йорк.
6. Редактор часто ездит в Нью-Йорк.   Редактор часто летает в Нью-Йорк.
7. Вы часто ездите в Нью-Йорк.   Вы часто летаете в Нью-Йорк.
8. Он часто ездит в Нью-Йорк.   Он часто летает в Нью-Йорк.
9. Мы часто ездим в Нью-Йорк.   Мы часто летаем в Нью-Йорк.
10. Она часто ездит в Нью-Йорк.   Она часто летает в Нью-Йорк.

Use the nouns and pronouns in column one as subjects in the pattern sentences. Do this first orally and then in writing.

Pattern: **Инженеры идут в ресторан.**

1. Мы   Мы идём в ресторан.
2. Они   Они идут в ресторан.
3. Он   Он идёт в ресторан.
4. Владимир   Владимир идёт в ресторан.
5. Я   Я иду в ресторан.
6. Наши жёны   Наши жёны идут в ресторан.
7. Она   Она идёт в ресторан.
8. Преподаватель   Преподаватель идёт в ресторан.
9. Вы   Вы идёте в ресторан.
10. Ты   Ты идёшь в ресторан.

Pattern: **Нина шла быстро и не видела меня.**

1. Они   Они шли быстро и не видели меня.
2. Ваш гость   Ваш гость шёл быстро и не видел меня.
3. Вы   Вы шли быстро и не видели меня.
4. Женщины   Женщины шли быстро и не видели меня.
5. Она   Она шла быстро и не видела меня.
6. Преподаватель   Преподаватель шёл быстро и не видел меня.

SEPARATE VERBS FOR INCOMPLETION AND REPETITION

7. Журналисты   Журналисты шли быстро и не видели меня.
8. Ты   Ты шёл быстро и не видел меня. Ты шла быстро и не видела меня.
9. Ваша жена   Ваша жена шла быстро и не видела меня.
10. Он   Он шёл быстро и не видел меня.

Read each sentence in column one aloud; then repeat it, changing the verb from **идти** to **ехать**. Repeat the exercise in writing.

1. Она идёт в лабораторию.   Она едет в лабораторию.
2. Вы идёте в лабораторию.   Вы едете в лабораторию.
3. Аспирант идёт в лабораторию. Аспирант едет в лабораторию.
4. Ты идёшь в лабораторию.   Ты едешь в лабораторию.
5. Я иду в лабораторию.   Я еду в лабораторию.
6. Они идут в лабораторию.   Они едут в лабораторию.
7. Нина идёт в лабораторию.   Нина едет в лабораторию.
8. Мы идём в лабораторию.   Мы едем в лабораторию.
9. Он идёт в лабораторию.   Он едет в лабораторию.
10. Инженеры идут в лабораторию. Инженеры едут в лабораторию.

Practice answering the question orally, using the words in column one as the subjects of your answers. Repeat the exercise in writing.

Кто летит в Нью-Йорк?

1. Они   Они летят в Нью-Йорк.
2. Министр   Министр летит в Нью-Йорк.
3. Мы   Мы летим в Нью-Йорк.
4. Моя жена   Моя жена летит в Нью-Йорк.
5. Наши инженеры   Наши инженеры летят в Нью-Йорк.
6. Она   Она летит в Нью-Йорк.
7. Его студенты   Его студенты летят в Нью-Йорк.
8. Он   Он летит в Нью-Йорк.
9. Я   Я лечу в Нью-Йорк.
10. Виктор   Виктор летит в Нью-Йорк.

Read each sentence in column one aloud; then repeat it, changing the verb from the past to the future tense. Repeat the exercise in writing.

1. Она пошла в театр.   Она пойдёт в театр.
2. Они пошли в театр.   Они пойдут в театр.
3. Моя жена пошла в театр. Моя жена пойдёт в театр.
4. Мы пошли в театр.   Мы пойдём в театр.
5. Он пошёл в театр.   Он пойдёт в театр.

6. Я пошла́ в теа́тр. Я пойду́ в теа́тр.
7. Актри́сы пошли́ в теа́тр. Актри́сы пойду́т в теа́тр.
8. Журнали́ст пошёл в теа́тр. Журнали́ст пойдёт в теа́тр.
9. Ты пошёл в теа́тр. Ты пойдёшь в теа́тр.
10. Вы пошли́ в теа́тр. Вы пойдёте в теа́тр.

1. Реда́кторы пое́хали на съезд. Реда́кторы пое́дут на съезд.
2. Я пое́хала на съезд. Я пое́ду на съезд.
3. Мини́стр пое́хал на съезд. Мини́стр пое́дет на съезд.
4. Они́ пое́хали на съезд. Они́ пое́дут на съезд.
5. Ты пое́хал на съезд. Ты пое́дешь на съезд.
6. Мы пое́хали на съезд. Мы пое́дем на съезд.
7. Его́ жена́ пое́хала на съезд. Его́ жена́ пое́дет на съезд.
8. Вы пое́хали на съезд. Вы пое́дете на съезд.
9. Он пое́хал на съезд. Он пое́дет на съезд.
10. Она́ пое́хала на съезд. Она́ пое́дет на съезд.

1. Мы полете́ли в А́нглию. Мы полети́м в А́нглию.
2. Она́ полете́ла в А́нглию. Она́ полети́т в А́нглию.
3. Вы полете́ли в А́нглию. Вы полети́те в А́нглию.
4. Мини́стр полете́л в А́нглию. Мини́стр полети́т в А́нглию.
5. Я полете́ла в А́нглию. Я полечу́ в А́нглию.
6. Они́ полете́ли в А́нглию. Они́ полетя́т в А́нглию.
7. Ты полете́л в А́нглию. Ты полети́шь в А́нглию.
8. Он полете́л в А́нглию. Он полети́т в А́нглию.
9. Его́ жена́ полете́ла в А́нглию. Его́ жена́ полети́т в А́нглию.
10. На́ши аспира́нты полете́ли в А́нглию. На́ши аспира́нты полетя́т в А́нглию.

Lesson 15: Spelling Rules

Read each sentence in column one aloud; then repeat it, changing the noun into the plural if it is in the singular and into the singular if it is in the plural. Make all other necessary changes. Repeat the exercise in writing.

1. Мы не купи́ли книг. Мы не купи́ли кни́ги.
2. Вы ви́дели краси́вый парк? Вы ви́дели краси́вые па́рки?
3. Где живёт ваш това́рищ? Где живу́т ва́ши това́рищи?
4. Э́то ва́ша кни́га? Э́то ва́ши кни́ги?
5. Где но́вый парк? Где но́вые па́рки?
6. Она́ купи́ла кни́гу. Она́ купи́ла кни́ги.
7. Э́то но́вая доро́га? Э́то но́вые доро́ги?
8. Где ваш нож? Где ва́ши ножи́?
9. Я дам тебе́ нож. Я дам тебе́ ножи́.

SPELLING RULES

Read each sentence in column one aloud; then repeat it, using the appropriate form of **советский** to describe the noun. Repeat the exercise in writing.

1. Где живу́т делега́ции? Где живу́т сове́тские делега́ции?
2. Я чита́ю рома́н. Я чита́ю сове́тский рома́н.
3. Он пое́хал в теа́тр со студе́нтами. Он пое́хал в теа́тр с сове́тскими студе́нтами.
4. Они́ зна́ют аспира́нтов. Они́ зна́ют сове́тских аспира́нтов.
5. Мы говори́ли с преподава́телем. Мы говори́ли с сове́тским преподава́телем.
6. Она́ чита́ет пье́сы. Она́ чита́ет сове́тские пье́сы.
7. Инжене́р рабо́тает с на́ми. Сове́тский инжене́р рабо́тает с на́ми.
8. Что вы сказа́ли журнали́стам? Что вы сказа́ли сове́тским журнали́стам?
9. Вы чита́ли о но́вых откры́тиях? Вы чита́ли о но́вых сове́тских откры́тиях?

Continue in the same manner, this time using the appropriate form of **друго́й**.

1. Где студе́нты? Где други́е студе́нты?
2. Она́ рабо́тает с аспира́нтом. Она́ рабо́тает с други́м аспира́нтом.
3. Он не ви́дел книг. Он не ви́дел други́х книг.
4. Мы бу́дем говори́ть о сове́тских а́второах. Мы бу́дем говори́ть о други́х сове́тских а́второах.
5. Я дам тебе́ журна́лы. Я дам тебе́ други́е журна́лы.
6. Ты говори́л со студе́нтами? Ты говори́л с други́ми студе́нтами?
7. Что она́ дала́ де́тям? Что она́ дала́ други́м де́тям?
8. Он не чита́ет журна́лов. Он не чита́ет други́х журна́лов.
9. Мы бу́дем говори́ть с адвока́том. Мы бу́дем говори́ть с други́м адвока́том.

Follow the same procedure with **хоро́ший**.

1. Он сде́лал докла́д. Он сде́лал хоро́ший докла́д.
2. Что они́ да́ли актри́сам? Что они́ да́ли хоро́шим актри́сам?
3. Тут есть музе́й. Тут есть хоро́ший музе́й.

4. Они жили в новых квартирах. Они жили в хороших новых квартирах.
5. Мы знаем адвокатов. Мы знаем хороших адвокатов.
6. Они инженеры? Они хорошие инженеры?
7. Вы видели наши лаборатории? Вы видели наши хорошие лаборатории?
8. Я работаю с аспирантом. Я работаю с хорошим аспирантом.
9. Он послал мне роман. Он послал мне хороший роман.

Read each sentence in column one aloud; then repeat it, changing the noun into the singular form. Reverse the process, using the sentences in column two as cues. Repeat the exercise in writing.

1. Почему у вас нет хороших театров? Почему у вас нет хорошего театра?
2. Мы говорили о хороших фильмах. Мы говорили о хорошем фильме.
3. У них нет хороших общежитий. У них нет хорошего общежития.
4. Он поехал с товарищами. Он поехал с товарищем.
5. Что они дали хорошим актрисам? Что они дали хорошей актрисе?
6. Мы говорили о его хороших пьесах. Мы говорили о его хорошей пьесе.
7. Они стояли перед гостиницами. Они стояли перед гостиницей.
8. Он говорил с хорошими актрисами. Он говорил с хорошей актрисой.
9. Она знает хороших адвокатов. Она знает хорошего адвоката.
10. Что вы дали хорошим студентам? Что вы дали хорошему студенту?
11. У нас нет хороших гостиниц. У нас нет хорошей гостиницы.

Read each sentence in column one aloud; then repeat it, changing the subject from **мы** to **я**. Reverse the process, using the sentences in column two as cues. Repeat the exercise in writing.

1. Мы спросим его о докладе. Я спрошу его о докладе.
2. Мы рано уходим в лабораторию. Я рано ухожу в лабораторию.
3. Мы видим машину. Я вижу машину.

4. Мы платим за комнату.   Я плачу за комнату.
5. Мы часто ходим в театр.   Я часто хожу в театр.
6. Мы встретим гостей.   Я встречу гостей.
7. Мы иногда ездим в музей.   Я иногда езжу в музей.
8. Мы ответим вам по-русски.   Я отвечу вам по-русски.
9. Мы летим в Москву.   Я лечу в Москву.
10. Мы увидим их завтра.   Я увижу их завтра.
11. Мы приходим рано утром.   Я прихожу рано утром.
12. Мы прилетим утром.   Я прилечу утром.

Read each sentence in column one aloud; then repeat it, changing the subject from **я** to **они**. Reverse the process, using the sentences in column two as cues. Repeat the exercise in writing.

1. Я завтра получу газеты.   Они завтра получат газеты.
2. Я вас не слышу.   Они вас не слышат.
3. Я дрожу от страха.   Они дрожат от страха.
4. Я решу это послезавтра.   Они решат это послезавтра.
5. Я скоро услышу о его открытии.   Они скоро услышат о его открытии.

Lesson 16: Genitive in Expressions of Quantity

Read each sentence in column one aloud; then convert it into a question using **сколько**. Example: **Студенты тут.** → **Сколько студентов тут?** Repeat the exercise in writing.

1. Билеты тут.   Сколько тут билетов?
2. Актрисы тут.   Сколько тут актрис?
3. Гиды тут.   Сколько тут гидов?
4. Новые одеяла тут.   Сколько тут новых одеял?
5. Иностранные делегации тут.   Сколько тут иностранных делегаций?
6. Наши студенты тут.   Сколько тут наших студентов?
7. Преподаватели тут.   Сколько тут преподавателей?
8. Тетради тут.   Сколько тут тетрадей?
9. Объявления тут.   Сколько тут объявлений?
10. Наши инженеры тут.   Сколько тут наших инженеров?
11. Книги тут.   Сколько тут книг?
12. Солдаты тут.   Сколько тут солдат?

Substitute the appropriate form of the adjectives and nouns in column one for the noun in the pattern sentence. Do this first orally and then in writing.

Pattern: **Ско́лько реда́кторов вы ви́дели?**

1. Но́вые фи́льмы — Ско́лько вы ви́дели но́вых фи́льмов?
2. Лаборато́рии — Ско́лько вы ви́дели лаборато́рий?
3. Краси́вые карти́ны — Ско́лько вы ви́дели краси́вых карти́н?
4. Иностра́нные журнали́сты — Ско́лько вы ви́дели иностра́нных журнали́стов?
5. Совреме́нные пье́сы — Ско́лько вы ви́дели совреме́нных пьес?
6. Теа́тры — Ско́лько вы ви́дели теа́тров?
7. Интере́сные лю́ди — Ско́лько вы ви́дели интере́сных люде́й?
8. Маши́ны — Ско́лько вы ви́дели маши́н?
9. Ста́рые кре́пости — Ско́лько вы ви́дели ста́рых крепосте́й?
10. Музе́и — Ско́лько вы ви́дели музе́ев?
11. Молоды́е офице́ры — Ско́лько вы ви́дели молоды́х офице́ров?
12. Но́вые общежи́тия — Ско́лько вы ви́дели но́вых общежи́тий?

Read each sentence in column one aloud; then repeat it, introducing **мно́го**. Example: **У нас есть хоро́шие журна́лы.** → **У нас есть мно́го хоро́ших журна́лов.** Repeat the process in writing.

1. У нас есть хоро́шие общежи́тия. — У нас есть мно́го хоро́ших общежи́тий.
2. У нас есть хоро́шие лаборато́рии. — У нас есть мно́го хоро́ших лаборато́рий.
3. У нас есть хоро́шие зеркала́. — У нас есть мно́го хоро́ших зерка́л.
4. У нас есть хоро́шие музе́и. — У нас есть мно́го хоро́ших музе́ев.
5. У нас есть хоро́шие ве́щи. — У нас есть мно́го хоро́ших веще́й.
6. У нас есть хоро́шие по́вести. — У нас есть мно́го хоро́ших повесте́й.
7. У нас есть хоро́шие преподава́тели. — У нас есть мно́го хоро́ших преподава́телей.
8. У нас есть хоро́шие па́рки. — У нас есть мно́го хоро́ших па́рков.

GENITIVE IN EXPRESSIONS OF QUANTITY

9. У нас есть хорошие актрисы. У нас есть много хороших актрис.
10. У нас есть хорошие соборы. У нас есть много хороших соборов.
11. У нас есть хорошие гостиницы. У нас есть много хороших гостиниц.

Substitute the appropriate forms of the adjectives and nouns from column one for the adjective and noun following the adverb of quantity in the pattern sentences. Do this first orally and then in writing.

Pattern: **Отец видел много интересных зданий.**

1. интересные вещи — Отец видел много интересных вещей.
2. весёлые дети — Отец видел много весёлых детей.
3. красивые дворцы — Отец видел много красивых дворцов.
4. древние соборы — Отец видел много древних соборов.
5. замечательные картины — Отец видел много замечательных картин.
6. бедные люди — Отец видел много бедных людей.
7. интересные женщины — Отец видел много интересных женщин.
8. красивые актрисы — Отец видел много красивых актрис.
9. молодые адвокаты — Отец видел много молодых адвокатов.
10. известные герои — Отец видел много известных героев.
11. современные пьесы — Отец видел много современных пьес.
12. новые лаборатории — Отец видел много новых лабораторий.

Pattern: **У нас было мало хороших аспирантов.**

1. новые книги — У нас было мало новых книг.
2. молодые преподаватели — У нас было мало молодых преподавателей.
3. известные музеи — У нас было мало известных музеев.
4. богатые люди — У нас было мало богатых людей.
5. хорошие киноартисты — У нас было мало хороших киноартистов.
6. бедные студенты — У нас было мало бедных студентов.
7. интересные открытия — У нас было мало интересных открытий.
8. новые лаборатории — У нас было мало новых лабораторий.
9. хорошие зеркала — У нас было мало хороших зеркал.
10. интересные лекции — У нас было мало интересных лекций.
11. новые автобусы — У нас было мало новых автобусов.

Pattern: **У меня́ ма́ло хле́ба.**

1. вино́ — У меня́ ма́ло вина́.
2. чай — У меня́ ма́ло ча́ю.
3. капу́ста — У меня́ ма́ло капу́сты.
4. пи́во — У меня́ ма́ло пи́ва.
5. ры́ба — У меня́ ма́ло ры́бы.
6. са́хар — У меня́ ма́ло са́хару.
7. молоко́ — У меня́ ма́ло молока́.
8. мы́ло — У меня́ ма́ло мы́ла.
9. вода́ — У меня́ ма́ло воды́.
10. ма́сло — У меня́ ма́ло ма́сла.
11. суп — У меня́ ма́ло су́пу.
12. колбаса́ — У меня́ ма́ло колбасы́.

Read each sentence in column one aloud; then repeat it, changing the direct object so that the *some* idea is introduced. Repeat the exercise in writing.

1. Жена́ купи́ла ма́сло. — Жена́ купи́ла ма́сла.
2. Жена́ купи́ла колбасу́. — Жена́ купи́ла колбасы́.
3. Жена́ купи́ла молоко́. — Жена́ купи́ла молока́.
4. Жена́ купи́ла чай. — Жена́ купи́ла ча́ю.
5. Жена́ купи́ла мы́ло. — Жена́ купи́ла мы́ла.
6. Жена́ купи́ла капу́сту. — Жена́ купи́ла капу́сты.
7. Жена́ купи́ла хлеб. — Жена́ купи́ла хле́ба.
8. Жена́ купи́ла вино́. — Жена́ купи́ла вина́.
9. Жена́ купи́ла са́хар. — Жена́ купи́ла са́хару.
10. Жена́ купи́ла пи́во. — Жена́ купи́ла пи́ва.

Lesson 17: Imperative

Read each sentence in column one aloud; then change it into a command according to the following model: **Са́ша не чита́ет.** → **Са́ша, чита́й.** Repeat the exercise in writing.

1. Са́ша не отвеча́ет. — Са́ша, отвеча́й!
2. Са́ша не рабо́тает. — Са́ша, рабо́тай!
3. Са́ша не прочита́л по́вести. — Са́ша, прочита́й по́весть!
4. Са́ша не сде́лал докла́да. — Са́ша, сде́лай докла́д!
5. Са́ша не откры́л чемода́на. — Са́ша, откро́й чемода́н!
6. Са́ша не игра́ет на роя́ле. — Са́ша, игра́й на роя́ле!
7. Са́ша не пообе́дал. — Са́ша, пообе́дай!
8. Са́ша не вы́мыл посу́ды. — Са́ша, вы́мой посу́ду!

IMPERATIVE

9. Са́ша не посыла́ет мне но́вых Са́ша, посыла́й мне но́вые
журна́лов. журна́лы!
10. Са́ша не приезжа́ет весно́й. Са́ша, приезжа́й весно́й!

Read each question in column one aloud; then follow it with a sentence consisting of 1) the plural/formal imperative constructed from the verb in the question and 2) **пожа́луйста**. Example: **Почему́ вы не игра́ете на гита́ре?** → **Игра́йте, пожа́луйста.** Repeat the exercise in writing.

1. Почему́ вы не приезжа́ете в Москву́? Приезжа́йте, пожа́луйста.
2. Почему́ вы не сде́лали докла́да? Сде́лайте, пожа́луйста.
3. Почему́ вы не пообе́даете с на́ми? Пообе́дайте, пожа́луйста.
4. Почему́ вы не посыла́ете нам Посыла́йте, пожа́луйста.
сове́тских фи́льмов?
5. Почему́ вы не отвеча́ете мне? Отвеча́йте, пожа́луйста.
6. Почему́ вы не слу́шаете меня́? Слу́шайте, пожа́луйста.
7. Почему́ вы не прочита́ли но́вой Прочита́йте, пожа́луйста.
пье́сы?
8. Почему́ вы не уезжа́ете из Уезжа́йте, пожа́луйста.
гости́ницы?
9. Почему́ вы не чита́ете? Чита́йте, пожа́луйста.
10. Почему́ вы не рабо́таете? Рабо́тайте, пожа́луйста.

Read each question in column one aloud; then change it into a command, using the singular informal imperative. Repeat the exercise in writing.

1. Ты пи́шешь докла́д? Пиши́ докла́д!
2. Ты запла́тишь ему́? Заплати́ ему́!
3. Ты ска́жешь им о Ни́не? Скажи́ им о Ни́не!
4. Ты спро́сишь его́ об экза́мене? Спроси́ его́ об экза́мене!
5. Ты напи́шешь отцу́ за́втра? Напиши́ отцу́ за́втра!
6. Ты пока́жешь музе́й Покажи́ музе́й Влади́миру!
Влади́миру?
7. Ты пошлёшь ей телегра́мму? Пошли́ ей телегра́мму!
8. Ты ку́пишь вино́? Купи́ вино́!
9. Ты поло́жишь биле́ты на стол? Положи́ биле́ты на стол!
10. Ты возьмёшь чемода́н? Возьми́ чемода́н!
11. Ты поблагодари́шь Ви́ктора? Поблагодари́ Ви́ктора!
12. Ты найдёшь пла́ны но́вого Найди́ пла́ны но́вого
общежи́тия? общежи́тия!

Read each question in column one aloud; then follow it with the plural/formal imperative constructed from the verb in the question. Repeat the exercise in writing.

1. Почему́ вы не говори́те по-ру́сски? Говори́те!
2. Почему́ вы не смо́трите? Смотри́те!
3. Почему́ вы не пла́тите? Плати́те!
4. Почему́ вы не поблагодари́ли его́? Поблагодари́те!
5. Почему́ вы не купи́ли молока́? Купи́те!
6. Почему́ вы не спроси́ли его́ о докла́де? Спроси́те!
7. Почему́ вы не показа́ли им на́шей лаборато́рии? Покажи́те!
8. Почему́ вы не посла́ли поздравле́ния Ни́не? Пошли́те!
9. Почему́ вы не пи́шете докла́да? Пиши́те!
10. Почему́ вы не помогли́ молодо́му аспира́нту? Помоги́те!
11. Почему́ вы не спи́те? Спи́те!
12. Почему́ вы не заплати́ли ему́? Заплати́те!

Read each sentence in column one aloud; then convert it into both singular informal and plural/formal commands. Repeat the exercise in writing.

1. Ве́ра отве́тит ему́. Ве́ра, отве́ть ему́! Ве́ра, отве́тьте ему́!
2. Ве́ра встре́тит нас. Ве́ра, встре́ть нас! Ве́ра, встре́тьте нас!
3. Ве́ра забу́дет о нём. Ве́ра, забу́дь о нём! Ве́ра, забу́дьте о нём!
4. Ве́ра оста́вит ве́щи тут. Ве́ра, оста́вь ве́щи тут! Ве́ра, оста́вьте ве́щи тут!
5. Ве́ра переста́нет петь. Ве́ра, переста́нь петь! Ве́ра, переста́ньте петь!

1. Он пьёт чай. Пей чай. Пе́йте чай!
2. Он бу́дет до́ма. Будь до́ма. Бу́дьте до́ма!
3. Он ест котле́ты. Ешь котле́ты. Е́шьте котле́ты!
4. Он вы́пьет молоко́. Вы́пей молоко́. Вы́пейте молоко́!
5. Он съест суп. Съешь суп. Съе́шьте суп!

Read each command in column one aloud; then convert it into the negative, using the verb of incompletion-repetition. Reverse the process, using the sentences in column two as cues. Repeat the exercise in writing.

1. Спроси́ его́! Не спра́шивай его́!
2. Поду́май об э́том! Не ду́май об э́том!
3. Положи́ одея́ло на крова́ть! Не клади́ одея́ла на крова́ть!
4. Возьми́ мой чемода́н! Не бери́ моего́ чемода́на!
5. Напиши́ жене́! Не пиши́ жене́!
6. Скажи́ Влади́миру о Ни́не! Не говори́ Влади́миру о Ни́не!
7. Прочита́й э́ту пье́су! Не чита́й э́той пье́сы!
8. Отве́ть Ни́не! Не отвеча́й Ни́не!

SHORT-FORM PREDICATE ADJECTIVES

1. Пообе́дайте в сосе́днем
   рестора́не!
2. Встре́тьте нас!
3. Прода́йте ва́шу маши́ну!
4. Вы́пейте молоко́!
5. Купи́те хле́ба!
6. Пошли́те телегра́мму!
7. Съе́шьте котле́ты!
8. Вы́мойте посу́ду!

Не обе́дайте в сосе́днем
рестора́не!
Не встреча́йте нас!
Не продава́йте ва́шей маши́ны!
Не пе́йте молока́!
Не покупа́йте хле́ба!
Не посыла́йте телегра́ммы!
Не е́шьте котле́т!
Не мо́йте посу́ды!

Lesson 18: Short-Form Predicate Adjectives

Convert the phrases in column one into sentences with a short-form predicate adjective. Example: **Наш изве́стный инжене́р** → **Наш инжене́р изве́стен.** Do this first orally and then in writing.

1. э́тот интере́сный съезд
2. её хоро́ший роя́ль
3. э́тот больно́й журнали́ст
4. их замеча́тельный план
5. э́тот бога́тый адвока́т
6. наш молодо́й до́ктор
7. глу́пый вор
8. э́тот краси́вый актёр

Э́тот съезд интере́сен.
Её роя́ль хоро́ш.
Э́тот журнали́ст бо́лен.
Их план замеча́телен.
Э́тот адвока́т бога́т.
Наш до́ктор мо́лод.
Вор глуп.
Э́тот актёр краси́в.

1. его́ замеча́тельный рома́н
2. э́тот больно́й солда́т
3. наш молодо́й преподава́тель
4. э́тот изве́стный собо́р
5. её краси́вый сын
6. его́ интере́сный докла́д
7. бога́тый купе́ц
8. э́тот хоро́ший дива́н

Его́ рома́н замеча́телен.
Э́тот солда́т бо́лен.
Наш преподава́тель мо́лод.
Э́тот собо́р изве́стен.
Её сын краси́в.
Его́ докла́д интере́сен.
Купе́ц бога́т.
Э́тот дива́н хоро́ш.

1. на́ша хоро́шая ко́мната
2. э́та изве́стная о́пера
3. моя́ больна́я жена́
4. э́та глу́пая же́нщина
5. его́ интере́сная пье́са
6. её краси́вая шля́па
7. его́ молода́я жена́
8. э́та замеча́тельная карти́на

На́ша ко́мната хороша́.
Э́та о́пера изве́стна.
Моя́ жена́ больна́.
Э́та же́нщина глупа́.
Его́ пье́са интере́сна.
Её шля́па краси́ва.
Его́ жена́ молода́.
Э́та карти́на замеча́тельна.

1. э́та интере́сная кни́га   Э́та кни́га интере́сна.
2. краси́вая фигу́ра из бро́нзы   Фигу́ра из бро́нзы краси́ва.
3. э́та молода́я актри́са   Э́та актри́са молода́.
4. его́ замеча́тельная по́весть   Его́ по́весть замеча́тельна.
5. э́та больна́я же́нщина   Э́та же́нщина больна́.
6. э́та изве́стная актри́са   Э́та актри́са изве́стна.
7. их хоро́шая кварти́ра   Их кварти́ра хороша́.
8. его́ глу́пая жена́   Его́ жена́ глупа́.

Read each sentence in column one aloud; then repeat it, converting the nouns and adjectives into the plural. Reverse the process, using the sentences in column two as cues. Do this first orally and then in writing.

1. Э́тот фильм интере́сен.   Э́ти фи́льмы интере́сны.
2. Э́тот студе́нт бо́лен.   Э́ти студе́нты больны́.
3. Э́та карти́на хороша́.   Э́ти карти́ны хороши́.
4. Э́тот офице́р краси́в.   Э́ти офице́ры краси́вы.
5. Э́та ле́кция замеча́тельна.   Э́ти ле́кции замеча́тельны.
6. Э́та же́нщина бога́та.   Э́ти же́нщины бога́ты.
7. Э́тот адвока́т изве́стен.   Э́ти адвока́ты изве́стны.
8. Э́та актри́са молода́.   Э́ти актри́сы мо́лоды.

1. Э́тот план замеча́телен.   Э́ти пла́ны замеча́тельны.
2. Э́та актри́са краси́ва.   Э́ти актри́сы краси́вы.
3. Э́тот аспира́нт о́чень мо́лод.   Э́ти аспира́нты о́чень мо́лоды.
4. Э́та кни́га интере́сна.   Э́ти кни́ги интере́сны.
5. Э́та ко́мната хороша́.   Э́ти ко́мнаты хороши́.
6. Э́тот инжене́р изве́стен.   Э́ти инжене́ры изве́стны.
7. Э́та же́нщина больна́.   Э́ти же́нщины больны́.
8. Э́тот мини́стр бога́т.   Э́ти мини́стры бога́ты.

Substitute each phrase in column one for the comparable phrase in the pattern sentences and make the necessary changes in the short-form adjectives. Do this first orally and then in writing.

Pattern: **Как хоро́ш э́тот киноарти́ст!**

1. э́то произведе́ние   Как хорошо́ э́то произведе́ние!
2. э́ти рома́ны   Как хороши́ э́ти рома́ны!
3. э́та актри́са   Как хороша́ э́та актри́са!
4. э́ти стихотворе́ния   Как хороши́ э́ти стихотворе́ния!
5. э́тот фильм   Как хоро́ш э́тот фильм!
6. э́ти карти́ны   Как хороши́ э́ти карти́ны!
7. э́то стихотворе́ние   Как хорошо́ э́то стихотворе́ние!

SHORT-FORM PREDICATE ADJECTIVES

Pattern: **Э́та кни́га замеча́тельна.**

1. Э́та пье́са   Э́та пье́са замеча́тельна.
2. Э́ти стихотворе́ния Э́ти стихотворе́ния замеча́тельны.
3. Э́та по́весть   Э́та по́весть замеча́тельна.
4. Э́то произведе́ние   Э́то произведе́ние замеча́тельно.
5. Э́тот рома́н   Э́тот рома́н замеча́телен.
6. Э́ти произведе́ния   Э́ти произведе́ния замеча́тельны.
7. Э́то стихотворе́ние Э́то стихотворе́ние замеча́тельно.

Read each question in column one aloud; then answer it in the affirmative, using the short form of **интере́сный**. Example: **Э́то интере́сный рома́н?** → **Да, рома́н интере́сен.** Repeat the exercise in writing.

1. Э́то интере́сные объявле́ния? Да, объявле́ния интере́сны.
2. Э́то интере́сный фильм?   Да, фильм интере́сен.
3. Э́то интере́сная кни́га?   Да, кни́га интере́сна.
4. Э́то интере́сное откры́тие?   Да, откры́тие интере́сно.
5. Э́то интере́сная пье́са?   Да, пье́са интере́сна.
6. Э́то интере́сное объявле́ние? Да, объявле́ние интере́сно.
7. Э́то интере́сная ле́кция?   Да, ле́кция интере́сна.

Read aloud each statement and question in column one; then answer the question in the affirmative. Example: **Ве́ра винова́та. А Влади́мир?** → **Он то́же винова́т.** Repeat the exercise in writing.

1. Я рад, что он пришёл. А вы?   Я то́же рад. Я то́же ра́да.
2. Её го́сти бы́ли взволно́ванны. А она́?   Она́ то́же была́ взволно́ванна.
3. Мы дово́льны на́шим ги́дом. А ты?   Я то́же дово́лен. Я то́же дово́льна.
4. Ма́ша была́ винова́та. А её сын?   Он то́же был винова́т.
5. Влади́мир был дово́лен их отве́том. А его́ жена́? Она́ то́же была́ дово́льна.
6. Солда́ты взволно́ванны. А офице́р?   Он то́же взволно́ван.
7. Студе́нты ра́ды, что вы тут. А преподава́тели?   Они́ то́же ра́ды.
8. Ты дово́лен её докла́дом. А он?   Он то́же дово́лен.
9. Она́ была́ о́чень взволно́ванна. А они́?   Они́ то́же бы́ли о́чень взволно́ванны.
10. Вы бу́дете ра́ды нас ви́деть. А ва́ша жена́?   Она́ то́же бу́дет ра́да.
11. Преподава́тель дово́лен экза́меном. А студе́нты? Они́ то́же дово́льны.
12. Он винова́т. А она́?   Она́ то́же винова́та.

Lesson 19: The Relative Pronoun который

Read each sentence in column one aloud; then repeat it, changing the noun in the independent clause into the plural and making all necessary additional adjustments in the sentence. Reverse the process, using the sentences in column two as cues. Repeat the exercise in writing.

1. Кто э́та же́нщина, кото́рая спо́рит с преподава́телем?   Кто э́ти же́нщины, кото́рые спо́рят с преподава́телем?
2. Где гид, кото́рый говори́т по-ру́сски?   Где ги́ды, кото́рые говоря́т по-ру́сски?
3. Это аспира́нт, кото́рый рабо́тает со мной.   Это аспира́нты, кото́рые рабо́тают со мной.
4. Вы пое́дете с его́ жено́й, кото́рая пока́жет вам лаборато́рию.   Вы пое́дете с их жёнами, кото́рые пока́жут вам лаборато́рию.
5. Это до́ктор, кото́рый вы́лечил Ни́ну.   Это доктора́, кото́рые вы́лечили Ни́ну.
6. Она́ зна́ет моего́ това́рища, кото́рый живёт в но́вом общежи́тии.   Она́ зна́ет мои́х това́рищей, кото́рые живу́т в но́вом общежи́тии.
7. Где делега́ция, кото́рая прие́хала сего́дня?   Где делега́ции, кото́рые прие́хали сего́дня?
8. Это ва́ше зе́ркало, кото́рое стои́т тут?   Это ва́ши зеркала́, кото́рые стоя́т тут?
9. Вы говори́ли с журнали́стом, кото́рый е́здил в Нью-Йо́рк?   Вы говори́ли с журнали́стами, кото́рые е́здили в Нью-Йо́рк?
10. Это актри́са, кото́рая прие́хала из А́нглии.   Это актри́сы, кото́рые прие́хали из А́нглии.
11. Вы да́ли де́ньги студе́нту, кото́рый пое́дет в Сове́тский Сою́з?   Вы да́ли де́ньги студе́нтам, кото́рые пое́дут в Сове́тский Сою́з?
12. Она́ не ви́дела офице́ра, кото́рый стоя́л пе́ред до́мом.   Она́ не ви́дела офице́ров, кото́рые стоя́ли пе́ред до́мом.

Combine the two sentences in each group of column one, converting the second sentence into a clause with a relative pronoun. Do this first orally and then in writing.

1. Где студе́нт? У студе́нта нет ви́зы.   Где студе́нт, у кото́рого нет ви́зы?
2. Вы ви́дите э́то зда́ние? О́коло зда́ния стоя́т маши́ны.   Вы ви́дите э́то зда́ние, о́коло кото́рого стоя́т маши́ны?
3. Он забы́л кни́гу. Без кни́ги он не мо́жет идти́ на ле́кцию.   Он забы́л кни́гу, без кото́рой он не мо́жет идти́ на ле́кцию.

THE RELATIVE PRONOUN кото́рый

4. Я говори́л с адвока́том. У адвока́та год тому́ наза́д умерла́ жена́.   Я говори́л с адвока́том, у кото́рого год тому́ наза́д умерла́ жена́.
5. Посмотри́те на э́то краси́вое зда́ние. Из зда́ния выхо́дит мини́стр.   Посмотри́те на э́то краси́вое зда́ние, из кото́рого выхо́дит мини́стр.
6. В э́той кварти́ре живу́т лю́ди. У э́тих люде́й нет дете́й.   В э́той кварти́ре живу́т лю́ди, у кото́рых нет дете́й.
7. Он стои́т пе́ред больши́м до́мом. О́коло до́ма игра́ют де́ти.   Он стои́т пе́ред больши́м до́мом, о́коло кото́рого игра́ют де́ти.
8. Влади́мир ду́мает о жене́. От жены́ он давно́ ничего́ не получа́л.   Влади́мир ду́мает о жене́, от кото́рой он давно́ ничего́ не получа́л.
9. Они́ говори́ли о стихотворе́нии. Стихотворе́ния я не чита́л.   Они́ говори́ли о стихотворе́нии, кото́рого я не чита́л.
10. Я купи́л кни́гу. Кни́ги у меня́ не́ было.   Я купи́л кни́гу, кото́рой у меня́ не́ было.
11. Они́ говоря́т со студе́нтами. Я не зна́ю э́тих студе́нтов.   Они́ говоря́т со студе́нтами, кото́рых я не зна́ю.
12. Я спроси́л Ма́шу о её роди́телях. Я давно́ не ви́дел её роди́телей.   Я спроси́л Ма́шу о её роди́телях, кото́рых я давно́ не ви́дел.

1. Вы зна́ете актри́су? Он купи́л актри́се брошку.   Вы зна́ете актри́су, кото́рой он купи́л брошку?
2. Пе́ред зда́нием стоя́ли солда́ты. Влади́мир подошёл к зда́нию.   Пе́ред зда́нием, к кото́рому подошёл Влади́мир, стоя́ли солда́ты.
3. Же́нщина поблагодари́ла меня́. Я помо́г же́нщине.   Же́нщина, кото́рой я помо́г, поблагодари́ла меня́.
4. Вчера́ студе́нты бы́ли в теа́тре. Мы посла́ли биле́ты студе́нтам.   Студе́нты, кото́рым мы посла́ли биле́ты, вчера́ бы́ли в теа́тре.
5. Вы зна́ете до́ктора? Ви́ктор хо́дит к до́ктору.   Вы зна́ете до́ктора, к кото́рому хо́дит Ви́ктор?
6. Он написа́л роди́телям. Он давно́ не писа́л роди́телям.   Он написа́л роди́телям, кото́рым он давно́ не писа́л.
7. Мы не зна́ем э́тих люде́й. Мы про́дали э́тим лю́дям маши́ну.   Мы не зна́ем э́тих люде́й, кото́рым мы про́дали маши́ну.

8. Вчера́ я был у инжене́ра. Вы посла́ли пла́ны инжене́ру.
9. Студе́нт живёт в на́шем общежи́тии. Я обеща́л помо́чь студе́нту.
10. Я встре́тил мои́х това́рищей. Я показа́л това́рищам на́шу но́вую лаборато́рию.
11. Вы зна́ете э́ту же́нщину? Влади́мир дал биле́т же́нщине.

Вчера́ я был у инжене́ра, кото́рому вы посла́ли пла́ны.
Студе́нт, кото́рому я обеща́л помо́чь, живёт в на́шем общежи́тии.
Я встре́тил мои́х това́рищей, кото́рым я показа́л на́шу но́вую лаборато́рию.
Вы зна́ете э́ту же́нщину, кото́рой Влади́мир дал биле́т?

Read each sentence in column one aloud; then repeat, it changing the noun in the independent clause into the plural and making all necessary additional adjustments in the sentence. Reverse the process, using the sentences in column two as cues. Repeat the exercise in writing.

1. Я говори́л с това́рищем, кото́рого я давно́ не ви́дел.
2. Ты ви́дела но́вое зда́ние, кото́рое постро́или сове́тские инжене́ры?
3. Она́ взяла́ ста́рый журна́л, кото́рый был у меня́.
4. Он посла́л нам телегра́мму, кото́рую мы получи́ли вчера́.
5. Она́ прие́хала к нам с дру́гом, кото́рого мы хорошо́ зна́ли.
6. Она́ показа́ла тебе́ но́вое одея́ло, кото́рое она́ купи́ла?
7. Вы прочита́ли стихотворе́ние, кото́рое я написа́л?
8. Она́ вы́мыла стака́н, кото́рый стоя́л на столе́.
9. Где вы купи́ли биле́т, кото́рый вы мне да́ли?
10. Я купи́л карти́ну, кото́рую я ви́дел вчера́.
11. Она́ рабо́тает с аспира́нтом, кото́рого она́ о́чень лю́бит.
12. Вы зна́ете э́ту же́нщину, кото́рую мы встре́тили там вчера́?

Я говори́л с това́рищами, кото́рых я давно́ не ви́дел.
Ты ви́дела но́вые зда́ния, кото́рые постро́или сове́тские инжене́ры?
Она́ взяла́ ста́рые журна́лы, кото́рые бы́ли у меня́.
Он посла́л нам телегра́ммы, кото́рые мы получи́ли вчера́.
Она́ прие́хала к нам с друзья́ми, кото́рых мы хорошо́ зна́ли.
Она́ показа́ла тебе́ но́вые одея́ла, кото́рые она́ купи́ла?
Вы прочита́ли стихотворе́ния, кото́рые я написа́л?
Она́ вы́мыла стака́ны, кото́рые стоя́ли на столе́.
Где вы купи́ли биле́ты, кото́рые вы мне да́ли?
Я купи́л карти́ны, кото́рые я ви́дел вчера́.
Она́ рабо́тает с аспира́нтами, кото́рых она́ о́чень лю́бит.
Вы зна́ете э́тих же́нщин, кото́рых мы встре́тили там вчера́?

THE RELATIVE PRONOUN который

Combine the two sentences in each group of column one, converting the second sentence into a clause with a relative pronoun. Do this first orally and then in writing.

1. Где нож? Он убил офицера ножо́м.
   Где нож, кото́рым он уби́л офице́ра?
2. Как фами́лия студе́нта? Вы пое́дете со студе́нтом в Сове́тский Сою́з.
   Как фами́лия студе́нта, с кото́рым вы пое́дете в Сове́тский Сою́з?
3. Ни́на рабо́тает в учрежде́нии. Пе́ред учрежде́нием всегда́ стои́т мно́го маши́н.
   Ни́на рабо́тает в учрежде́нии, пе́ред кото́рым всегда́ стои́т мно́го маши́н.
4. Чьи э́то де́ти? Ни́на игра́ет с детьми́.
   Чьи э́то де́ти, с кото́рыми игра́ет Ни́на?
5. Вы ви́дите э́то зда́ние? Пе́ред зда́нием стои́т авто́бус.
   Вы ви́дите э́то зда́ние, пе́ред кото́рым стои́т авто́бус?
6. Я не зна́ю э́тих люде́й. Она́ говори́т с э́тими людьми́.
   Я не зна́ю э́тих люде́й, с кото́рыми она́ говори́т.
7. Где мы́ло? Вы мо́ете посу́ду мы́лом.
   Где мы́ло, кото́рым вы мо́ете посу́ду?
8. Кто э́та же́нщина? Влади́мир пое́хал с же́нщиной в теа́тр.
   Кто э́та же́нщина, с кото́рой Влади́мир пое́хал в теа́тр?
9. Э́то его́ жена́. Он всегда́ говори́т с жено́й по-ру́сски.
   Э́то его́ жена́, с кото́рой он всегда́ говори́т по-ру́сски.
10. Где живу́т студе́нты? Вы говори́ли со студе́нтами.
    Где живу́т студе́нты, с кото́рыми вы говори́ли?
11. Где тепе́рь ваш друг? Вы е́здили с дру́гом в Герма́нию.
    Где тепе́рь ваш друг, с кото́рым вы е́здили в Герма́нию?
12. Ва́ши роди́тели зна́ют э́ту молоду́ю актри́су? Вы бы́ли с актри́сой у нас.
    Ва́ши роди́тели зна́ют э́ту молоду́ю актри́су, с кото́рой вы бы́ли у нас?

Read each sentence in column one aloud; then repeat it, changing the noun in the independent clause into the plural and making all necessary additional adjustments in the sentence. Reverse the process, using the sentences in column two as cues. Repeat the exercise in writing.

1. Мы бы́ли в кварти́ре, в кото́рой живу́т иностра́нные студе́нты.
   Мы бы́ли в кварти́рах, в кото́рых живу́т иностра́нные студе́нты.
2. Он говори́л о шко́ле, в кото́рой он преподава́л.
   Он говори́л о шко́лах, в кото́рых он преподава́л.

3. Они говори́ли о но́вом откры́тии, о кото́ром они́ чита́ли в сове́тских журна́лах.
4. Ты ви́дела лаборато́рию, в кото́рой мы рабо́таем?
5. Он показа́л нам замеча́тельный собо́р, о кото́ром мы мно́го слы́шали.
6. Кто постро́ил но́вое зда́ние, в кото́ром они́ рабо́тают?
7. Она́ купи́ла кни́гу, в кото́рой есть фотогра́фии Москвы́.
8. Вы ви́дите тот стол, на кото́ром стоя́т ва́зы?
9. Они́ жи́ли в ма́леньком го́роде, в кото́ром не́ было хоро́шего теа́тра.
10. Вы прочита́ли стихотворе́ние, о кото́ром я вам говори́л?
11. Она́ ви́дела пье́су, в кото́рой игра́ют сове́тские актри́сы.

Они́ говори́ли о но́вых откры́тиях, о кото́рых они́ чита́ли в сове́тских журна́лах.
Ты ви́дела лаборато́рии, в кото́рых мы рабо́таем?
Он показа́л нам замеча́тельные собо́ры, о кото́рых мы мно́го слы́шали.
Кто постро́ил но́вые зда́ния, в кото́рых они́ рабо́тают?
Она́ купи́ла кни́ги, в кото́рых есть фотогра́фии Москвы́.
Вы ви́дите те столы́, на кото́рых стоя́т ва́зы?
Они́ жи́ли в ма́леньких города́х, в кото́рых не́ было хоро́шего теа́тра.
Вы прочита́ли стихотворе́ния, о кото́рых я вам говори́л?
Она́ ви́дела пье́сы, в кото́рых игра́ют сове́тские актри́сы.

Lesson 20: The Pronominal Adjective свой

Read each sentence in the first column aloud; then repeat it, substituting the appropriate form of **свой** for **мой**. Repeat the process in writing.

1. Я не ви́дел мое́й кни́ги.
2. Я не ви́дел моего́ преподава́теля.
3. Я не ви́дел моего́ зе́ркала.
4. Я не ви́дел мои́х това́рищей.
5. Я не ви́дел мое́й шля́пы.
6. Я не ви́дел моего́ одея́ла.
7. Я не ви́дел мои́х веще́й.
8. Я не ви́дел моего́ сы́на.

Я не ви́дел свое́й кни́ги.
Я не ви́дел своего́ преподава́теля.
Я не ви́дел своего́ зе́ркала.
Я не ви́дел свои́х това́рищей.
Я не ви́дел свое́й шля́пы.
Я не ви́дел своего́ одея́ла.
Я не ви́дел свои́х веще́й.
Я не ви́дел своего́ сы́на.

Continue with the same procedure, substituting **свой** for **твой**.

1. Ты дал биле́ты твоему́ отцу́?
2. Ты дал биле́ты твое́й жене́?
3. Ты дал биле́ты твои́м студе́нтам?

Ты дал биле́ты своему́ отцу́?
Ты дал биле́ты свое́й жене́?
Ты дал биле́ты свои́м студе́нтам?

THE PRONOMINAL ADJECTIVE свой

4. Ты дал билеты твоей делегации?
5. Ты дал билеты твоему сыну?
6. Ты дал билеты твоим товарищам?
7. Ты дал билеты твоему преподавателю?
8. Ты дал билеты твоим родителям?

Ты дал билеты своей делегации?
Ты дал билеты своему сыну?
Ты дал билеты своим товарищам?
Ты дал билеты своему преподавателю?
Ты дал билеты своим родителям?

Continue with the same procedure, substituting **свой** for **наш**.

1. Мы показали им наше общежитие.
2. Мы показали им нашу квартиру.
3. Мы показали им наш рояль.
4. Мы показали им наши музеи.
5. Мы показали им наш театр.
6. Мы показали им нашу аудиторию.
7. Мы показали им наши картины.
8. Мы показали им наше учреждение.

Мы показали им своё общежитие.
Мы показали им свою квартиру.
Мы показали им свой рояль.
Мы показали им свои музеи.
Мы показали им свой театр.
Мы показали им свою аудиторию.
Мы показали им свои картины.
Мы показали им своё учреждение.

Continue with the same procedure, substituting **свой** for **ваш**.

1. Вы нашли вашу жену?
2. Вы нашли ваших студентов?
3. Вы нашли вашего сына?
4. Вы нашли ваших детей?
5. Вы нашли вашего гида?
6. Вы нашли ваших товарищей?
7. Вы нашли ваших родителей?
8. Вы нашли вашего мужа?

Вы нашли свою жену?
Вы нашли своих студентов?
Вы нашли своего сына?
Вы нашли своих детей?
Вы нашли своего гида?
Вы нашли своих товарищей?
Вы нашли своих родителей?
Вы нашли своего мужа?

Substitute the appropriate form of each noun in column one for the object of the preposition in the pattern sentences, making the necessary changes in the form of **свой**. Do this first orally and then in writing.

Pattern: **Я поéхал со своим преподавателем.**

1. гид — Я поéхал со своим гидом.
2. родители — Я поéхал со своими родителями.
3. отец — Я поéхал со своим отцом.

4. жена́ — Я пое́хал со свое́й жено́й.
5. сын — Я пое́хал со свои́м сы́ном.
6. това́рищи — Я пое́хал со свои́ми това́рищами.
7. студе́нты — Я пое́хал со свои́ми студе́нтами.
8. гость — Я пое́хал со свои́м го́стем.

Pattern: **Мы написа́ли отцу́ о своём экза́мене.**

1. откры́тие — Мы написа́ли отцу́ о своём откры́тии.
2. шко́ла — Мы написа́ли отцу́ о свое́й шко́ле.
3. рабо́та — Мы написа́ли отцу́ о свое́й рабо́те.
4. учрежде́ние — Мы написа́ли отцу́ о своём учрежде́нии.
5. отме́тки — Мы написа́ли отцу́ о свои́х отме́тках.
6. това́рищ — Мы написа́ли отцу́ о своём това́рище.
7. преподава́тели — Мы написа́ли отцу́ о свои́х преподава́телях.
8. до́ктор — Мы написа́ли отцу́ о своём до́кторе.

Read each question in column one aloud; then answer it in the negative. using **он** as the subject and employing the appropriate form of **свой**, Repeat the exercise in writing.

1. Никола́й говори́л о его́ маши́не [о маши́не Влади́мира]? — Нет, он говори́л о свое́й маши́не.
2. Никола́й ви́дел его́ сы́на [сы́на Влади́мира]? — Нет, он ви́дел своего́ сы́на.
3. Никола́й дал журна́л его́ това́рищу [това́рищу Влади́мира]? — Нет, он дал журна́л своему́ това́рищу.
4. Никола́й не ви́дел его́ роди́телей [роди́телей Влади́мира]? — Нет, он ви́дел свои́х роди́телей.
5. Никола́й пое́хал в теа́тр с его́ студе́нтом [со студе́нтом Влади́мира]? — Нет, он пое́хал в теа́тр со свои́м студе́нтом.
6. Никола́й написа́л его́ преподава́телям [преподава́телям Влади́мира]? — Нет, он написа́л свои́м преподава́телям.
7. Никола́й показа́л ей его́ общежи́тие [общежи́тие Влади́мира]? — Нет, он показа́л ей своё общежи́тие.
8. Никола́й посла́л телегра́мму его́ жене́ [жене́ Влади́мира]? — Нет, он посла́л телегра́мму свое́й жене́.

Continue with the same procedure, using **она́** as the subject of your answers.

THE PRONOMINAL ADJECTIVE свой

1. Máша напи́шет её сы́ну [сы́ну Ни́ны]? — Нет, она́ напи́шет своему́ сы́ну.
2. Máша говори́ла с её ма́мой [с ма́мой Ни́ны]? — Нет, она́ говори́ла со свое́й ма́мой.
3. Máша не ви́дела её това́рищей [това́рищей Ни́ны]? — Нет, она́ ви́дела свои́х това́рищей.
4. Máша обе́дала в её общежи́тии [в общежи́тии Ни́ны]? — Нет, она́ обе́дала в своём общежи́тии.
5. Máша написа́ла им о её рабо́те [о рабо́те Ни́ны]? — Нет, она́ написа́ла им о свое́й рабо́те.
6. Máша встре́тила её преподава́теля [преподава́теля Ни́ны]? — Нет, она́ встре́тила своего́ преподава́теля.
7. Máша дала́ биле́ты её отцу́ [отцу́ Ни́ны]? — Нет, она́ дала́ биле́ты своему́ отцу́.
8. Máша забы́ла её часы́ [часы́ Ни́ны]? — Нет, она́ забы́ла свои́ часы́.

Continue in the same manner, but use **они́** as the subject of your answers.

1. Са́ша и Ни́на пое́дут с их друзья́ми [с друзья́ми Влади́мира и Ви́ктора]? — Нет, они́ пое́дут со свои́ми друзья́ми.
2. Са́ша и Ни́на написа́ли их преподава́телю [преподава́телю Влади́мира и Ви́ктора]? — Нет, они́ написа́ли своему́ преподава́телю.
3. Са́ша и Ни́на говори́ли об их экза́менах [об экза́менах Влади́мира и Ви́ктора]? — Нет, они́ говори́ли о свои́х экза́менах.
4. Са́ша и Ни́на бы́ли в теа́тре с их дру́гом [с дру́гом Влади́мира и Ви́ктора]? — Нет, они́ бы́ли в теа́тре со свои́м дру́гом.
5. Са́ша и Ни́на да́ли биле́ты их отцу́ [отцу́ Влади́мира и Ви́ктора]? — Нет, они́ да́ли биле́ты своему́ отцу́.
6. Са́ша и Ни́на жи́ли с их роди́телями [с роди́телями Влади́мира и Ви́ктора]? — Нет, они́ жи́ли со свои́ми роди́телями.
7. Са́ша и Ни́на обе́дали в их общежи́тии [в общежи́тии Влади́мира и Ви́ктора]? — Нет, они́ обе́дали в своём общежи́тии.
8. Са́ша и Ни́на да́ли кни́ги их това́рищам [това́рищам Влади́мира и Ви́ктора]? — Нет, они́ да́ли кни́ги свои́м това́рищам.

Lesson 21: Constructions Without a Grammatical Subject

Convert each sentence in column one into the past and then the future tense. Do this first orally, and then in writing.

1. Тут ду́шно.　　　Тут бы́ло ду́шно. Тут бу́дет ду́шно.
2. Тут прия́тно.　　Тут бы́ло прия́тно. Тут бу́дет прия́тно.
3. Тут хо́лодно.　　Тут бы́ло хо́лодно. Тут бу́дет хо́лодно.
4. Тут жа́рко.　　　Тут бы́ло жа́рко. Тут бу́дет жа́рко.
5. Тут стра́шно.　　Тут бы́ло стра́шно. Тут бу́дет стра́шно.
6. Тут ве́село.　　 Тут бы́ло ве́село. Тут бу́дет ве́село.
7. Тут тепло́.　　　Тут бы́ло тепло́. Тут бу́дет тепло́.
8. Тут ску́чно.　　 Тут бы́ло ску́чно. Тут бу́дет ску́чно.

1. Там не жа́рко.　　Там не́ было жа́рко. Там не бу́дет жа́рко.
2. Там не ве́село.　 Там не́ было ве́село. Там не бу́дет ве́село.
3. Там не ду́шно.　　Там не́ было ду́шно. Там не бу́дет ду́шно.
4. Там не ску́чно.　 Там не́ было ску́чно. Там не бу́дет ску́чно.
5. Там не тепло́.　　Там не́ было тепло́. Там не бу́дет тепло́.
6. Там не прия́тно.　Там не́ было прия́тно. Там не бу́дет прия́тно.
7. Там не хо́лодно.　Там не́ было хо́лодно. Там не бу́дет хо́лодно.
8. Там не стра́шно.　Там не́ было стра́шно. Там не бу́дет стра́шно.

Substitute the appropriate form of each noun or pronoun in column one for the noun or pronoun in the dative in the pattern sentences. Do this first orally and then in writing.

Pattern: Ни́не ду́шно в э́той ко́мнате.

1. мы　　　　Нам ду́шно в э́той ко́мнате.
2. вы　　　　Вам ду́шно в э́той ко́мнате.
3. я　　　　 Мне ду́шно в э́той ко́мнате.
4. оте́ц　　　Отцу́ ду́шно в э́той ко́мнате.
5. ты　　　　Тебе́ ду́шно в э́той ко́мнате.
6. де́ти　　　Де́тям ду́шно в э́той ко́мнате.
7. он　　　　Ему́ ду́шно в э́той ко́мнате.
8. они́　　　 Им ду́шно в э́той ко́мнате.
9. Ма́ша　　　Ма́ше ду́шно в э́той ко́мнате.
10. она́　　　Ей ду́шно в э́той ко́мнате.

Pattern: Кому́ жа́рко?

1. де́ти　　　　Де́тям жа́рко?
2. он　　　　　Ему́ жа́рко?
3. ва́ша жена́　Ва́шей жене́ жа́рко?
4. вы　　　　　Вам жа́рко?

CONSTRUCTIONS WITHOUT A GRAMMATICAL SUBJECT

    5. Máша   Máше жáрко?
    6. Вúктор   Вúктору жáрко?
    7. ты   Тебé жáрко?
    8. дóктор   Дóктору жáрко?
    9. онá   Ей жáрко?
  10. онú   Им жáрко?

Read each question in column one aloud; then answer it by stating that she (he, I, etc.) was bored. Repeat the exercise in writing.

    1. Почемý онá поéхала домóй?   Ей бы́ло скýчно.
    2. Почемý вы поéхали домóй?   Мне бы́ло скýчно. Нам бы́ло скýчно.
    3. Почемý редáктор поéхал домóй? Емý бы́ло скýчно.
    4. Почемý онú поéхали домóй?   Им бы́ло скýчно.
    5. Почемý вáша женá поéхала домóй? Ей бы́ло скýчно.
    6. Почемý он поéхал домóй?   Емý бы́ло скýчно.
    7. Почемý вáши родúтели поéхали домóй? Им бы́ло скýчно.
    8. Почемý Николáй поéхал домóй?   Емý бы́ло скýчно.
    9. Почемý ты поéхала домóй?   Мне бы́ло скýчно.
  10. Почемý Нúна поéхала домóй?   Ей бы́ло скýчно.

Read each question in column one aloud; then answer it by stating: "Yes, he (she, I, etc.) was cold." Repeat the exercise in writing.

    1. Он ушёл?   Да, емý бы́ло хóлодно.
    2. Ты ушлá?   Да, мне бы́ло хóлодно.
    3. Жéнщины ушлú?   Да, им бы́ло хóлодно.
    4. Онá ушлá?   Да, ей бы́ло хóлодно.
    5. Онú ушлú?   Да, им бы́ло хóлодно.
    6. Нúна ушлá?   Да, ей бы́ло хóлодно.
    7. Ваш сын ушёл?   Да, емý бы́ло хóлодно.
    8. Николáй ушёл?   Да, емý бы́ло хóлодно.
    9. Вы ушлú?   Да, мне бы́ло хóлодно. Да, нам бы́ло хóлодно.
  10. Твоя́ женá ушлá?   Да, ей бы́ло хóлодно.

Substitute the appropriate form of each noun or pronoun in column one for the nouns in the dative in the pattern sentences. Do this first orally and then in writing.

Pattern: **Мáше бýдет вéсело там.**

    1. я   Мне бýдет там вéсело.
    2. мы   Нам бýдет там вéсело.
    3. Вúктор   Вúктору бýдет там вéсело.

ADDITIONAL EXERCISES

    4. она́   Ей бу́дет там ве́село.
    5. он   Ему́ бу́дет там ве́село.
    6. ты   Тебе́ бу́дет там ве́село .
    7. вы   Вам бу́дет там ве́село.
    8. студе́нты   Студе́нтам бу́дет там ве́село.
    9. они́   Им бу́дет там ве́село.
  10. Ни́на   Ни́не бу́дет там ве́село.

Pattern: **Преподава́телю бу́дет прия́тно говори́ть со студе́нтами по-ру́сски.**

    1. инжене́ры   Инжене́рам бу́дет прия́тно говори́ть со студе́нтами по-ру́сски.
    2. ты   Тебе́ бу́дет прия́тно говори́ть со студе́нтами по-ру́сски.
    3. она́   Ей бу́дет прия́тно говори́ть со студе́нтами по-ру́сски.
    4. мы   Нам бу́дет прия́тно говори́ть со студе́нтами по-ру́сски.
    5. он   Ему́ бу́дет прия́тно говори́ть со студе́нтами по-ру́сски.
    6. жена́   Жене́ бу́дет прия́тно говори́ть со студе́нтами по-ру́сски.
    7. я   Мне бу́дет прия́тно говори́ть со студе́нтами по-ру́сски.
    8. они́   Им бу́дет прия́тно говори́ть со студе́нтами по-ру́сски.
    9. до́ктор   До́ктору бу́дет прия́тно говори́ть со студе́нтами по-ру́сски.
  10. вы   Вам бу́дет прия́тно говори́ть со студе́нтами по-ру́сски.

Pattern: **Студе́нтам мо́жно рабо́тать тут.**

    1. она́   Ей мо́жно тут рабо́тать.
    2. Ма́ша   Ма́ше мо́жно тут рабо́тать .
    3. они́   Им мо́жно тут рабо́тать.
    4. аспира́нты   Аспира́нтам мо́жно тут рабо́тать.
    5. мы   Нам мо́жно тут рабо́тать.
    6. Ви́ктор   Ви́ктору мо́жно тут рабо́тать.
    7. он   Ему́ мо́жно тут рабо́тать .
    8. Ни́на   Ни́не мо́жно тут рабо́тать .
    9. я   Мне мо́жно тут рабо́тать.
  10. Никола́й   Никола́ю мо́жно тут рабо́тать.

Pattern: **Отцу́ нельзя́ бу́дет пое́хать с Ни́ной сего́дня.**

1. ты   Тебе́ сего́дня нельзя́ бу́дет пое́хать с Ни́ной.
2. они́   Им сего́дня нельзя́ бу́дет пое́хать с Ни́ной.
3. вы   Вам сего́дня нельзя́ бу́дет пое́хать с Ни́ной.
4. Влади́мир   Влади́миру сего́дня нельзя́ бу́дет пое́хать с Ни́ной.
5. она́   Ей сего́дня нельзя́ бу́дет пое́хать с Ни́ной.
6. я   Мне сего́дня нельзя́ бу́дет пое́хать с Ни́ной.
7. студе́нты   Студе́нтам сего́дня нельзя́ бу́дет пое́хать с Ни́ной.
8. он   Ему́ сего́дня нельзя́ бу́дет пое́хать с Ни́ной.
9. жена́   Жене́ сего́дня нельзя́ бу́дет пое́хать с Ни́ной.
10. мы   Нам сего́дня нельзя́ бу́дет пое́хать с Ни́ной.

Lesson 22: Conditional Statements with *if* Clauses

Combine the two sentences in each unit of column one into a simple conditional statement, converting the first sentence into an *if* clause. Do this first orally and then in writing.

1. Он был тут. Он ви́дел Ма́шу.   Е́сли он был тут, он ви́дел Ма́шу.
2. Ни́на око́нчила докла́д. Она́ пое́хала в университе́т.   Е́сли Ни́на око́нчила докла́д, она́ пое́хала в университе́т.
3. Они́ посла́ли телегра́мму. Он полу́чит её.   Е́сли они́ посла́ли телегра́мму, он полу́чит её.
4. Влади́мир жил в Москве́. Он, коне́чно, был в Кремле́.   Е́сли Влади́мир жил в Москве́, он, коне́чно, был в Кремле́.
5. Она́ рабо́тала в посо́льстве. Она́ зна́ет Влади́мира.   Е́сли она́ рабо́тала в посо́льстве, она́ зна́ет Влади́мира.
6. Они́ око́нчили рабо́ту. Они́ пое́хали домо́й.   Е́сли они́ око́нчили рабо́ту, они́ пое́хали домо́й.
7. Она́ обеща́ла ему́. Она́ придёт.   Е́сли она́ обеща́ла ему́, она́ придёт.
8. Никола́й прие́хал. Они́ нам ска́жут.   Е́сли Никола́й прие́хал, они́ нам ска́жут.
9. Ма́ша мно́го рабо́тала. Она́ получа́ла хоро́шие отме́тки.   Е́сли Ма́ша мно́го рабо́тала, она́ получа́ла хоро́шие отме́тки.
10. Он говори́л по-ру́сски. Они́ ничего́ не понима́ли.   Е́сли он говори́л по-ру́сски, они́ ничего́ не понима́ли.
11. Ви́ктор получи́л ви́зу. Он, коне́чно, написа́л об э́том Ма́ше. Е́сли Ви́ктор получи́л ви́зу, он, коне́чно, написа́л об э́том Ма́ше.

1. Они́ чита́ют журна́лы. Они́ зна́ют о но́вых откры́тиях.
2. Вы рабо́таете. У вас есть де́ньги.
3. Она́ мо́ет посу́ду. Хозя́йка ей пла́тит.
4. Преподава́тель зна́ет об э́том. Он нам ска́жет.
5. Она́ не понима́ет. Она́ всегда́ спра́шивает.
6. Он спит. Ей нельзя́ игра́ть на роя́ле.
7. Она́ рабо́тает в на́шем учрежде́нии. Она́ зна́ет Ви́ктора.
8. Он не хо́чет есть. Он бо́лен.
9. Ни́на до́ма. Она́ пи́шет пи́сьма.
10. Он продаёт маши́ну. У него́ нет де́нег.
11. Они́ до́ма сего́дня. Я прие́ду к ним.
12. Студе́нта нет в общежи́тии. Он в лаборато́рии.

Е́сли они́ чита́ют журна́лы, они́ зна́ют о но́вых откры́тиях.
Е́сли вы рабо́таете, у вас есть де́ньги.
Е́сли она́ мо́ет посу́ду, хозя́йка ей пла́тит.
Е́сли преподава́тель зна́ет об э́том, он нам ска́жет.
Е́сли она́ не понима́ет, она́ всегда́ спра́шивает.
Е́сли он спит, ей нельзя́ игра́ть на роя́ле.
Е́сли она́ рабо́тает в на́шем учрежде́нии, она́ зна́ет Ви́ктора.
Е́сли он не хо́чет есть, он бо́лен.
Е́сли Ни́на до́ма, она́ пи́шет пи́сьма.
Е́сли он продаёт маши́ну, у него́ нет де́нег.
Е́сли они́ до́ма сего́дня, я прие́ду к ним.
Е́сли студе́нта нет в общежи́тии, он в лаборато́рии.

Read each sentence in column one aloud; then repeat it, changing the verbs into the future. Repeat the exercise in writing.

1. Е́сли Ма́ша написа́ла Никола́ю, он отве́тил.
2. Е́сли он про́дал маши́ну, он сказа́л ей об э́том.
3. Е́сли он не получи́л ви́зы, он не пое́хал в Сове́тский Сою́з.
4. Е́сли Влади́мир встре́тил преподава́теля, он сказа́л ему́ о нас.
5. Е́сли они́ бы́ли на съе́зде, они́ говори́ли с Ви́ктором.
6. Е́сли она́ купи́ла им биле́ты,

Е́сли Ма́ша напи́шет Никола́ю, он отве́тит.
Е́сли он прода́ст маши́ну, он ска́жет ей об э́том.
Е́сли он не полу́чит ви́зы, он не пое́дет в Сове́тский Сою́з.
Е́сли Влади́мир встре́тит преподава́теля, он ска́жет ему́ о нас.
Е́сли они́ бу́дут на съе́зде, они́ бу́дут говори́ть с Ви́ктором.
Е́сли она́ ку́пит им биле́ты,

CONDITIONAL STATEMENTS WITH *IF* CLAUSES

      они́ ей за них заплати́ли.
7. Éсли он посла́л телегра́мму, Máша зна́ла об э́том.
8. Éсли ва́ша жена́ дала́ де́тям кни́ги, они́, коне́чно, её поблагодари́ли.
9. Éсли они́ спроси́ли инжене́ра об э́том, он сказа́л им.

      они́ ей за них запла́тят.
Éсли он пошлёт телегра́мму, Máша бу́дет знать об э́том.
Éсли ва́ша жена́ даст де́тям кни́ги, они́ коне́чно, её поблагодаря́т.
Éсли они́ спро́сят инжене́ра об э́том, он ска́жет им.

Read each simple conditional statement in column one aloud; then convert it into a conditional statement with an unfulfilled condition.

1. Éсли у них бы́ли биле́ты, они́ пошли́ в теа́тр.
2. Éсли Влади́мир рабо́тал, он получа́л хоро́шие отме́тки.
3. Éсли аспира́нт получи́л ви́зу, он пое́хал в Сове́тский Сою́з.
4. Éсли у Máши бы́ли де́ньги, она́ заплати́ла за кни́ги.
5. Éсли он нашёл свои́ часы́, он сказа́л Ни́не об э́том.
6. Éсли оте́ц дал ему́ де́ньги, он посла́л их жене́.
7. Éсли она́ была́ на съе́зде, она́ ви́дела Ви́ктора.
8. Éсли преподава́тель говори́л бы́стро по-ру́сски, студе́нты его́ не понима́ли.
9. Éсли он был в Москве́, она́ зна́ла об э́том.
10. Éсли она́ говори́ла с преподава́телем, она́ зна́ла об экза́мене.
11. Éсли он купи́л маши́ну, он пое́хал в Нью-Йо́рк.
12. Éсли она́ встре́тила Влади́мира, она́ сказа́ла ему́ о Ни́не.
1. Éсли они́ живу́т тут, они́ получа́ют на́ши объявле́ния.

Éсли бы у них бы́ли биле́ты, они́ пошли́ бы в теа́тр.
Éсли бы Влади́мир рабо́тал, он получа́л бы хоро́шие отме́тки.
Éсли бы аспира́нт получи́л ви́зу, он пое́хал бы в Сове́тский Сою́з.
Éсли бы у Máши бы́ли де́ньги, она́ заплати́ла бы за кни́ги.
Éсли бы он нашёл свои́ часы́, он сказа́л бы Ни́не об э́том.
Éсли бы оте́ц дал ему́ де́ньги, он посла́л бы их жене́.
Éсли бы она́ была́ на съе́зде, она́ ви́дела бы Ви́ктора.
Éсли бы преподава́тель говори́л бы́стро по-ру́сски, студе́нты не понима́ли бы его́.
Éсли бы он был в Москве́, она́ зна́ла бы об э́том.
Éсли бы она́ говори́ла с преподава́телем, она́ зна́ла бы об экза́мене.
Éсли бы он купи́л маши́ну, он пое́хал бы в Нью-Йо́рк.
Éсли бы она́ встре́тила Влади́мира, она́ сказа́ла бы ему́ о Ни́не.
Éсли бы они́ жи́ли тут, они́ получа́ли бы на́ши объявле́ния.

2. Если Ве́ра помога́ет вам, я о́чень рад.
3. Если она́ бы́стро говори́т по-ру́сски, они́ не понима́ют её.
4. Если он получа́ет ру́сские журна́лы, коне́чно, он даёт их студе́нтам.
5. Если она́ рабо́тает, у неё есть де́ньги.
6. Если он чита́ет газе́ты, он зна́ет об э́том.
7. Если я приезжа́ю домо́й ра́но, жена́, коне́чно, дово́льна.
8. Если у вас нет маши́ны, вы мо́жете пое́хать с на́ми.
9. Если она́ с ним сего́дня, ей не ску́чно.
10. Если он живёт в ва́шем общежи́тии, коне́чно, вы его́ зна́ете.
11. Если Ни́на тепе́рь в Москве́, она́ ча́сто ви́дит его́.

Если бы Ве́ра помога́ла вам, я был бы о́чень рад.
Если бы она́ бы́стро говори́ла по-ру́сски, они́ не понима́ли бы её.
Если бы он получа́л ру́сские журна́лы, коне́чно, он дава́л бы их студе́нтам.
Если бы она́ рабо́тала, у неё бы́ли бы де́ньги.
Если бы он чита́л газе́ты, он знал бы об э́том.
Если бы я приезжа́л домо́й ра́но, жена́, коне́чно, была́ бы дово́льна.
Если бы у вас не́ было маши́ны, вы могли́ бы пое́хать с на́ми.
Если бы она́ была́ с ним сего́дня, ей не́ было бы ску́чно.
Если бы он жил в ва́шем общежи́тии, коне́чно, вы зна́ли бы его́.
Если бы Ни́на была́ тепе́рь в Москве́, она́ ча́сто ви́дела бы его́.

1. Если она́ спро́сит до́ктора, он ска́жет ей.
2. Если мы найдём ва́ши часы́, мы пошлём их вам.
3. Если Влади́мир напи́шет Ни́не, она́ не отве́тит.
4. Если оте́ц даст ему́ де́ньги, он потеря́ет их.
5. Если Ви́ктора не бу́дет там, ей бу́дет ску́чно.
6. Если вы прие́дете в Москву́, мы встре́тим вас.

Если бы она́ спроси́ла до́ктора, он сказа́л бы ей.
Если бы мы нашли́ ва́ши часы́, мы посла́ли бы их вам.
Если бы Влади́мир написа́л Ни́не, она́ бы не отве́тила.
Если бы оте́ц дал ему́ де́ньги, он потеря́л бы их.
Если бы Ви́ктора не́ было там, ей бы́ло бы ску́чно.
Если бы вы прие́хали в Москву́, мы встре́тили бы вас.

7. Если ты поможешь нам, мы   Если бы ты помог нам, мы
   заплатим тебе.   заплатили бы тебе.
8. Если вы будете в   Если бы вы были в
   Ленинграде, она покажет   Ленинграде, она показала бы
   вам наш университет.   вам наш университет.
9. Если мы купим новую   Если бы мы купили новую
   машину, мы дадим старую   машину, мы дали бы старую
   машину нашему сыну.   машину нашему сыну.
10. Если вы поедете со мной в   Если бы вы поехали со мной в
    театр, я буду очень рад.   театр, я был бы очень рад.
11. Если мы пошлём ему эту   Если бы мы послали ему эту
    книгу сегодня, он получит   книгу сегодня, он получил
    её завтра.   бы её завтра.

Lesson 23: Verbs with the Particle -ся (-сь)

Substitute each noun or pronoun in column one for the subject of the pattern sentences, making the necessary changes in the verb. Do this first orally and then in writing.

Pattern: **Она всегда мылась холодной водой.**

1. Маша   Маша всегда мылась холодной водой.
2. они   Они всегда мылись холодной водой.
3. Виктор   Виктор всегда мылся холодной водой.
4. мы   Мы всегда мылись холодной водой.
5. Нина   Нина всегда мылась холодной водой.
6. он   Он всегда мылся холодной водой.
7. дети   Дети всегда мылись холодной водой.
8. я   Я всегда мылся холодной водой. Я
                всегда мылась холодной водой.
9. Николай   Николай всегда мылся холодной водой.
10. жена   Жена всегда мылась холодной водой.

Pattern: **Дедушка часто встречался с Николаем.**

1. Он   Он часто встречался с Николаем.
2. Студенты   Студенты часто встречались с Николаем.
3. Они   Они часто встречались с Николаем.
4. Маша   Маша часто встречалась с Николаем.
5. Ты   Ты часто встречался с Николаем. Ты часто
                встречалась с Николаем.
6. Вы   Вы часто встречались с Николаем.
7. Владимир   Владимир часто встречался с Николаем.
8. Мы   Мы часто встречались с Николаем.

9. Она́   Она́ ча́сто встреча́лась с Никола́ем.
10. Я   Я ча́сто встреча́лся с Никола́ем. Я ча́сто встреча́лась с Никола́ем.

Read each sentence in column one aloud; then repeat it, changing the verb into the present tense. Repeat the exercise in writing.

1. Де́ти боя́лись отца́.   Де́ти боя́тся отца́.
2. Она́ боя́лась отца́.   Она́ бои́тся отца́.
3. Мы боя́лись отца́.   Мы бои́мся отца́.
4. Никола́й боя́лся отца́.   Никола́й бои́тся отца́.
5. Они́ боя́лись отца́.   Они́ боя́тся отца́.
6. Он боя́лся отца́.   Он бои́тся отца́.
7. Вы боя́лись отца́.   Вы бои́тесь отца́.
8. Ве́ра боя́лась отца́.   Ве́ра бои́тся отца́.
9. Я боя́лся отца́.   Я бою́сь отца́.
10. Ты боя́лась отца́.   Ты бои́шься отца́.

Substitute the words in column one for the subject of the pattern sentence, making the necessary changes in the verb. Do this first orally and then in writing.

Pattern: **Почему́ Ма́ша никогда́ не улыба́ется?**

1. ты   Почему́ ты никогда́ не улыба́ешься?
2. твой сын   Почему́ твой сын никогда́ не улыба́ется?
3. они́   Почему́ они́ никогда́ не улыба́ются?
4. его́ жена́   Почему́ его́ жена́ никогда́ не улыба́ется?
5. вы   Почему́ вы никогда́ не улыба́етесь?
6. он   Почему́ он никогда́ не улыба́ется?
7. ва́ши студе́нты   Почему́ ва́ши студе́нты никогда́ не улыба́ются?
8. э́та же́нщина   Почему́ э́та же́нщина никогда́ не улыба́ется?
9. она́   Почему она́ никогда́ не улыба́ется?
10. э́ти де́ти   Почему́ э́ти де́ти никогда́ не улыба́ются?

Substitute each noun or pronoun in column one for **преподава́тели** in the pattern sentence, making the necessary changes in the verb. Do this first orally and then in writing.

Pattern: **Преподава́тели не удивля́ются, что Са́ша уе́хал.**

1. Я   Я не удивля́юсь, что Са́ша уе́хал.
2. Они́   Они́ не удивля́ются, что Са́ша уе́хал.
3. До́ктор   До́ктор не удивля́ется, что Са́ша уе́хал.
4. Мы   Мы не удивля́емся, что Са́ша уе́хал.

VERBS WITH THE PARTICLE -ся (-сь)

5. Хозя́йка — Хозя́йка не удивля́ется, что Са́ша уе́хал.
6. Ты — Ты не удивля́ешься, что Са́ша уе́хал.
7. Роди́тели — Роди́тели не удивля́ются, что Са́ша уе́хал.
8. Она́ — Она́ не удивля́ется, что Са́ша уе́хал.
9. Вы — Вы не удивля́етесь, что Са́ша уе́хал.
10. Он — Он не удивля́ется, что Са́ша уе́хал.

Read each sentence in column one aloud; then convert it into a negative command, using the singular informal imperative. Repeat the exercise in writing.

1. Он смуща́ется. — Не смуща́йся!
2. Он се́рдится. — Не серди́сь!
3. Он бои́тся. — Не бо́йся!
4. Он улыба́ется. — Не улыба́йся!
5. Он мо́ется холо́дной водо́й. — Не мо́йся холо́дной водо́й!
6. Он встреча́ется с ней. — Не встреча́йся с ней!
7. Он остана́вливается. — Не остана́вливайся!

Read each command in column one aloud; then convert it into a plural/formal command. Reverse the process, using the commands in column two as cues. Repeat the exercise in writing.

1. Не улыба́йся! — Не улыба́йтесь!
2. Не мо́йся холо́дной водо́й! — Не мо́йтесь холо́дной водо́й!
3. Не остана́вливайся! — Не остана́вливайтесь!
4. Не встреча́йся с ней! — Не встреча́йтесь с ней!
5. Не смуща́йся! — Не смуща́йтесь!
6. Не серди́сь! — Не серди́тесь!
7. Не бо́йся! — Не бо́йтесь!

Read each sentence in column one aloud; then form a sentence with an equivalent meaning by using the verb with **-ся (-сь)** and making the other necessary changes. Reverse the process, using the sentences in column two as cues. Repeat the exercise in writing.

1. Сове́тские инжене́ры стро́ят э́ти зда́ния. — Э́ти зда́ния стро́ятся сове́тскими инжене́рами.
2. Иностра́нные студе́нты чита́ли э́ти газе́ты. — Э́ти газе́ты чита́лись иностра́нными студе́нтами.
3. Преподава́тель пи́шет докла́д. — Докла́д пи́шется преподава́телем.
4. В э́том магази́не продаю́т кни́ги. — В э́том магази́не продаю́тся кни́ги.
5. Аспира́нты де́лали докла́ды. — Докла́ды де́лались аспира́нтами.
6. Реда́ктор посыла́л объявле́ния. — Объявле́ния посыла́лись реда́ктором.

Lesson 24: Verbal Adverbs of Completed Action

Convert each sentence in column one into a clause employing a verbal adverb of completed action; then substitute this clause for its counterpart in the pattern sentence. Do this first orally and then in writing.

Pattern: **Прочитав(ши) книгу, он ушёл.**

1. Он выпил стакан вина. Выпив(ши) стакан вина, он ушёл.
2. Он написал письмо. Написав(ши) письмо, он ушёл.
3. Он сказал нам об экзамене. Сказав(ши) нам об экзамене, он ушёл.
4. Он посмотрел на часы. Посмотрев(ши) на часы, он ушёл.
5. Он получил газеты. Получив(ши) газеты, он ушёл.
6. Он услышал звонок. Услышав(ши) звонок, он ушёл.
7. Он увидел там Нину. Увидя там Нину, он ушёл.
   Увидев(ши) там Нину, он ушёл.
8. Он смутился. Смутившись, он ушёл.
9. Он рассердился. Рассердившись, он ушёл.

Read each sentence in the first column aloud; then repeat it, converting the clause introduced by **потому что** into one employing a verbal adverb of completed action. Reverse the process, using the sentences in column two as cues. Repeat the exercise in writing.

1. Она не могла послать ему поздравления, потому что она забыла его фамилию. Забыв(ши) его фамилию, она не могла послать ему поздравления.
2. Я купил билет, потому что я решил поехать в театр. Решив(ши) поехать в театр, я купил билет.
3. Нина спросила преподавателя, потому что она не поняла объяснения. Не поняв(ши) объяснения, Нина спросила преподавателя.
4. Студент не поехал во Францию, потому что он не получил денег от отца. Не получив(ши) денег от отца, студент не поехал во Францию.
5. Она ничего не ответила нам, потому что она рассердилась. Рассердившись, она ничего не ответила нам.
6. Они не пошли в театр, потому что они потеряли билеты. Потеряв(ши) билеты, они не пошли в театр.

VERBAL ADVERBS OF COMPLETED ACTION

7. Он полете́л в Нью-Йо́рк, потому́ что он услы́шал, что его́ това́рищ у́мер. Услы́шав(ши) что его́ това́рищ у́мер, он полете́л в Нью-Йо́рк.
8. Офице́р уе́хал, потому́ что он проигра́л все свои́ де́ньги. Проигра́в(ши) все свои́ де́ньги, офице́р уе́хал.

Convert each sentence in column one into a clause beginning with a verbal adverb of completed action; then substitute this clause for its counterpart in the pattern sentence. Do this orally first and then in writing.

Pattern: **Рассерди́вшись, мы пое́хали домо́й.**

1. Мы рассказа́ли им об отце́. Рассказа́в(ши) им об отце́, мы пое́хали домо́й.
2. Мы да́ли ему́ биле́т. Да́в(ши) ему́ биле́т, мы пое́хали домо́й.
3. Мы поблагодари́ли хозя́йку. Поблагодари́в(ши) хозя́йку, мы пое́хали домо́й.
4. Мы купи́ли пи́ва. Купи́в(ши) пи́ва, мы пое́хали домо́й.
5. Мы взя́ли чемода́н. Взя́в(ши) чемода́н, мы пое́хали домо́й.
6. Мы получи́ли ви́зу. Получи́в(ши) ви́зу, мы пое́хали домо́й.
7. Мы посла́ли телегра́мму отцу́. Посла́в(ши) телегра́мму отцу́, мы пое́хали домо́й.
8. Мы пообе́дали в рестора́не. Пообе́дав(ши) в рестора́не, мы пое́хали домо́й.

Convert the first sentence of each group in column one into a clause employing a verbal adverb of completed action, and combine this clause with the second sentence. Do this first orally and then in writing.

1. Она́ око́нчила шко́лу. Она́ рабо́тает в посо́льстве. Око́нчив(ши) шко́лу, она́ ста́ла рабо́тать в посо́льстве.
2. Он останови́лся пе́ред магази́ном. Он ждёт Ве́ру. Останови́вшись пе́ред магази́ном, он стал ждат Ве́ру.
3. Ма́ша вы́мыла посу́ду. Ма́ша слу́шает о́перу. Вы́мыв(ши) посу́ду, Ма́ша ста́ла слу́шать о́перу.
4. Я откры́л письмо́. Я чита́ю его́. Откры́в(ши) письмо́, я стал чита́ть его́.
5. Мы пообе́дали. Мы говори́м с Ни́ной. Пообе́дав(ши), мы ста́ли говори́ть с Ни́ной.
6. Ви́ктор прие́хал домо́й. Ви́ктор снима́ет пиджа́к. Прие́хав(ши) домо́й, Ви́ктор стал снима́ть пиджа́к.

7. Она́ написа́ла отцу́. Она́ пьёт чай.
   Написа́в(ши) отцу́, она́ ста́ла пить чай.
8. Аспира́нт сде́лал докла́д. Аспира́нт говори́т с това́рищами.
   Сде́лав(ши) докла́д, аспира́нт стал говори́ть с това́рищами.
9. Они́ поу́жинали. Они́ слу́шают о́перу.
   Поу́жинав(ши), они́ ста́ли слу́шать о́перу.
10. Влади́мир написа́л письмо́. Влади́мир чита́ет его́ жене́.
    Написа́в(ши) письмо́, Влади́мир стал чита́ть его́ жене́.
11. Она́ се́ла за стол. Она́ чита́ет газе́ту.
    Сев(ши) за стол, она́ ста́ла чита́ть газе́ту.
12. Я прочита́л э́ти кни́ги. Я пишу́ докла́д.
    Прочита́в(ши) э́ти кни́ги, я стал писать докла́д.

Read each sentence in the first column aloud; then repeat it, changing the first clause into one employing a verbal adverb of completed action and eliminating и тепе́рь in the process. Reverse the process, using the sentences in column two as cues. Repeat the exercise in writing.

1. Она́ се́ла у окна́ и тепе́рь чита́ет газе́ту.
   Сев(ши) у окна́, она́ чита́ет газе́ту.
2. Мы потеря́ли биле́ты и тепе́рь не мо́жем пойти́ в теа́тр.
   Потеря́в(ши) биле́ты, мы не мо́жем пойти́ в теа́тр.
3. Он смути́лся и тепе́рь он молчи́т.
   Смути́вшись, он молчи́т.
4. Ба́бушка око́нчила рабо́ту и тепе́рь чита́ет вслух де́душке.
   Око́нчив(ши) рабо́ту, ба́бушка чита́ет вслух де́душке.
5. Ли́за встре́тила му́жа и тепе́рь расска́зывает ему́ о сы́не.
   Встре́тив(ши) му́жа, Ли́за расска́зывает ему́ о сы́не.
6. Мы про́дали маши́ну и тепе́рь е́здим на рабо́ту с друзья́ми.
   Прода́в(ши) маши́ну, мы е́здим на рабо́ту с друзья́ми.
7. Ни́на купи́ла шля́пу и тепе́рь е́дет домо́й.
   Купи́в(ши) шля́пу, Ни́на е́дет домо́й.
8. Он прочита́л кни́гу и тепе́рь пи́шет докла́д.
   Прочита́в(ши) кни́гу, он пи́шет докла́д.
9. Они́ рассерди́лись и тепе́рь не говоря́т с на́ми.
   Рассерди́вшись, они́ не говоря́т с на́ми.
10. Она́ сде́лала докла́д и тепе́рь говори́т со студе́нтами.
    Сде́лав(ши) докла́д, она́ говори́т со студе́нтами.
11. Я пообе́дал и тепе́рь иду́ на рабо́ту.
    Пообе́дав(ши), я иду́ на рабо́ту.

VERBAL ADVERBS OF COMPLETED ACTION

12. Мы посла́ли ему́ телегра́мму и тепе́рь ждём отве́та.   Посла́в(ши) ему́ телегра́мму, мы ждём отве́та.

Convert the first sentence of each group in column one into a clause employing a verbal adverb of completed action, and combine this clause with the second sentence. Do this orally and then in writing.

1. Она́ встре́тит их. Она́ пойдёт с ни́ми в теа́тр.   Встре́тив(ши) их, она́ пойдёт с ни́ми в теа́тр.
2. Са́ша прочита́ет письмо́. Са́ша ска́жет вам, что де́лать.   Прочита́в(ши) письмо́, Са́ша ска́жет вам, что де́лать.
3. Мы поу́жинаем. Мы бу́дем игра́ть в ка́рты.   Поу́жинав(ши), мы бу́дем игра́ть в ка́рты.
4. Я поговорю́ с му́жем. Я пойду́ спать.   Поговори́в(ши) с му́жем, я пойду́ спать.
5. Мы запла́тим за ко́мнату. Мы уе́дем.   Заплати́в(ши) за ко́мнату, мы уе́дем.
6. Они́ оста́вят дете́й у ба́бушки. Они́ уе́дут в Ленингра́д.   Оста́вив(ши) дете́й у ба́бушки, они́ уе́дут в Ленингра́д.
7. Они́ продаду́т ста́рую маши́ну. Они́ ку́пят но́вую.   Прода́в(ши) ста́рую маши́ну, они́ ку́пят но́вую.
8. Он сде́лает докла́д. Он бу́дет говори́ть со студе́нтами.   Сде́лав(ши) докла́д, он бу́дет говори́ть со студе́нтами.
9. Мы встре́тим их. Мы пойдём обе́дать.   Встре́тив(ши) их, мы пойдём обе́дать.
10. Я напишу́ письмо́. Я пойду́ в теа́тр.   Написа́в(ши) письмо́, я пойду́ в теа́тр.
11. Ма́ша вы́моет посу́ду. Ма́ша помо́жет вам.   Вы́мыв(ши) посу́ду, Ма́ша помо́жет вам.
12. Влади́мир око́нчит университе́т. Влади́мир бу́дет рабо́тать в посо́льстве.   Око́нчив(ши) университе́т, Влади́мир бу́дет рабо́тать в посо́льстве.

Read each sentence in the first column; then repeat it, converting the clause introduced by **когда́** into one employing a verbal adverb of completed action. Reverse the process, using the sentences in column two as cues. Repeat the exercise in writing.

1. Когда́ она́ успоко́ится, она́ пое́дет к до́ктору.   Успоко́ившись, она́ пое́дет к до́ктору.
2. Когда́ мы узна́ем фами́лию де́вушки, мы напи́шем вам.   Узна́в(ши) фами́лию де́вушки, мы напи́шем вам.
3. Когда́ я получу́ биле́ты, я дам их вам.   Получи́в(ши) биле́ты, я дам их вам.

4. Когда́ он око́нчит рабо́ту, он помо́жет вам. | Око́нчив(ши) рабо́ту, он помо́жет вам.
5. Когда́ она́ прилети́т в Москву́, она́ пошлёт вам телегра́мму. | Прилете́в(ши) в Москву́, она́ пошлёт вам телегра́мму.
6. Когда́ я приду́ домо́й, я начну́ писа́ть докла́д. | Придя́ домо́й, я начну́ писа́ть докла́д.
7. Когда́ мы встре́тимся с ни́ми, мы спро́сим их о Влади́мире. | Встре́тившись с ни́ми, мы спро́сим их о Влади́мире.
8. Когда́ она́ вы́моет посу́ду, она́ пойдёт спать. | Вы́мыв(ши) посу́ду, она́ пойдёт спать.
9. Когда́ они́ найду́т ваш чемода́н, они́ пошлю́т его́ вам. | Найдя́ ваш чемода́н, они́ пошлю́т его́ вам.
10. Когда́ я прочита́ю ваш докла́д, я дам его́ Ви́ктору. | Прочита́в(ши) ваш докла́д, я дам его́ Ви́ктору.
11. Когда́ мы узна́ем, где он рабо́тает, мы вам напи́шем. | Узна́в(ши) где он рабо́тает, мы вам напи́шем.
12. Когда́ он прие́дет в Москву́, он запла́тит вам за биле́ты. | Прие́хав(ши) в Москву́, он запла́тит вам за биле́ты.

Lesson 25: Verbal Adverbs of Simultaneous Action

Convert the first sentence of each group in column one into a clause introduced by a verbal adverb of simultaneous action, and combine this clause with the second sentence. Do this first orally and then in writing.

1. Никола́й рабо́тал в Москве́. Никола́й ча́сто ви́дел её. | Рабо́тая в Москве́, Никола́й ча́сто ви́дел её.
2. Она́ ненави́дела реда́ктора. Она́ не чита́ла э́той газе́ты. | Ненави́дя реда́ктора, она́ не чита́ла э́той газе́ты.
3. Он смотре́л в окно́. Он уви́дел офице́ра. | Смотря́ в окно́, он уви́дел офице́ра.
4. Она́ спо́рила с му́жем. Она́ пла́кала. | Спо́ря с му́жем, она́ пла́кала.
5. Мы понима́ли по-ру́сски. Мы ча́сто ходи́ли в теа́тр в Москве́. | Понима́я по-ру́сски, мы ча́сто ходи́ли в теа́тр в Москве́.
6. Жена́ говори́ла с хозя́йкой. Жена́ улыба́лась. | Говоря́ с хозя́йкой, жена́ улыба́лась.
7. Он стоя́л пе́ред магази́ном. Он уви́дел Ма́шу. | Сто́я пе́ред магази́ном, он уви́дел Ма́шу.

VERBAL ADVERBS OF SIMULTANEOUS ACTION

8. Мы пока́зывали гостя́м наш музе́й. Мы говори́ли о совреме́нном иску́сстве. — Пока́зывая гостя́м наш музе́й, мы говори́ли о совреме́нном иску́сстве.
9. Я обе́дал в э́том рестора́не. Я ча́сто встреча́л её. — Обе́дая в э́том рестора́не, я ча́сто встреча́л её.
10. Она́ зна́ла на́ших студе́нтов. Она́ ча́сто ходи́ла на ле́кции. — Зна́я на́ших студе́нтов, она́ ча́сто ходи́ла на ле́кции.
11. Он не чита́л по-ру́сски. Он не купи́л э́той кни́ги. — Не чита́я по-ру́сски, он не купи́л э́той кни́ги.
12. Он люби́л о́перу. Он ча́сто е́здил в теа́тр. — Любя́ о́перу, он ча́сто е́здил в теа́тр.

Read each sentence in the first column aloud; then repeat it, converting the clause introduced by **когда́** into one beginning with a verbal adverb of simultaneous action. Reverse the process, using the sentences in the second column as cues. Repeat the exercise in writing.

1. Когда́ она́ лете́ла в Нью-Йо́рк, она́ встре́тила Влади́мира. — Летя́ в Нью-Йо́рк, она́ встре́тила Влади́мира.
2. Когда́ она́ сади́лась в авто́бус, она́ упа́ла. — Садя́сь в авто́бус, она́ упа́ла.
3. Когда́ он покупа́л биле́ты, он вдруг уви́дел Ви́ктора. — Покупа́я биле́ты, он вдруг уви́дел Ви́ктора.
4. Когда́ она́ говори́ла со мной, она́ всегда́ о́чень смуща́лась. — Говоря́ со мной, она́ всегда́ о́чень смуща́лась.
5. Когда́ она́ уезжа́ла из Москвы́, она́ потеря́ла свой чемода́н. — Уезжа́я из Москвы́, она́ потеря́ла свой чемода́н.
6. Когда́ они́ шли в университе́т, они́ встре́тили Са́шу. — Идя́ в университе́т, они́ встре́тили Са́шу.
7. Когда́ я жила́ в Москве́, я ча́сто ходи́ла в теа́тр. — Живя́ в Москве́, я ча́сто ходи́ла в теа́тр.
8. Когда́ он входи́л в ко́мнату, он всегда́ говори́л «здра́вствуйте». — Входя́ в ко́мнату, он всегда́ говори́л «здра́вствуйте».
9. Когда́ он рабо́тал в Ленингра́де, он жил с на́ми. — Рабо́тая в Ленингра́де, он жил с на́ми.
10. Когда́ она́ кла́ла кни́ги на стол, она́ уви́дела телегра́мму. — Кладя́ кни́ги на стол, она́ уви́дела телегра́мму.

11. Когда она встречала его
на улице, она всегда
улыбалась.

Встречая его на улице, она
всегда улыбалась.

12. Когда я стоял перед
общежитием, я вдруг
увидел Владимира.

Стоя перед общежитием, я
вдруг увидел Владимира.

Read each sentence in the first column aloud; then repeat it, changing the second clause into one employing a verbal adverb of simultaneous action. (Eliminate **и** in the process.) Reverse the process, using the sentences in the second column as cues. Repeat the exercise in writing.

1. Она говорила с ним и
улыбалась.

Улыбаясь, она говорила с ним.

2. Мы слушали его и молчали.

Мы слушали его молча.

3. Она шла домой и плакала.

Она шла домой плача.

4. Он тонул и кричал что-то
людям на пароходе.

Он тонул, крича что-то людям
на пароходе.

5. Маша говорила с ним и
дрожала от страха.

Маша говорила с ним, дрожа от
страха.

6. Они шли и часто
останавливались.

Они шли, часто останавливаясь.

7. Она сидела у окна и читала
газету.

Она сидела у окна, читая
газету.

8. Николай шёл и думал о Нине.

Николай шёл, думая о Нине.

Convert the first sentence of each group in column one into a clause employing a verbal adverb of simultaneous action, and combine this clause with the second sentence. Do this first orally and then in writing.

1. Он оканчивает университет.
Он ищет работу.

Оканчивая университет, он
ищет работу.

2. Она покупает билеты. Она
спрашивает о пьесе.

Покупая билеты, она спрашивает о пьесе.

3. Он живёт в Англии. Он редко
пишет нам.

Живя в Англии, он редко
пишет нам.

4. Лиза работает в посольстве.
Лиза знает много интересных
людей.

Работая в посольстве, Лиза
знает много интересных
людей.

5. Владимир улыбается.
Владимир слушает её.

Улыбаясь, Владимир слушает
её.

6. Вера играет на гитаре. Вера
смотрит на Виктора.

Играя на гитаре, Вера смотрит
на Виктора.

7. Он расска́зывает нам о но́вом откры́тии. Он хо́дит взад и вперёд по ко́мнате.   Расска́зывая нам о но́вом откры́тии, он хо́дит взад и вперёд по ко́мнате.
8. Я живу́ в Москве́. Я всегда́ говорю́ по-ру́сски.   Живя́ в Москве́, я всегда́ говорю́ по-ру́сски.
9. Мы не получа́ем от него́ пи́сем. Мы не зна́ем, где он.   Не получа́я от него́ пи́сем, мы не зна́ем, где он.
10. Влади́мир ду́мает о Ни́не. Влади́мир не слу́шает нас.   Ду́мая о Ни́не, Влади́мир не слу́шает нас.
11. Она́ опи́сывает собо́ры Кремля́. Она́ пока́зывает нам свои́ фотогра́фии.   Опи́сывая собо́ры Кремля́, она́ пока́зывает нам свои́ фотогра́фии.
12. Са́ша се́рдится на Ни́ну. Са́ша не хо́чет её ви́деть.   Сердя́сь на Ни́ну, Са́ша не хо́чет её ви́деть.

Read each sentence in the first column aloud; then repeat it, converting the clause introduced by **когда́** into one employing a verbal adverb of simultaneous action. Reverse the process, using the sentences in column two as cues. Repeat the exercise in writing.

1. Когда́ мы живём в Москве́, мы ча́сто хо́дим в теа́тр.   Живя́ в Москве́, мы ча́сто хо́дим в теа́тр.
2. Когда́ она́ говори́т с ним, она́ всегда́ улыба́ется.   Говоря́ с ним, она́ всегда́ улыба́ется.
3. Когда́ он обе́дает в сосе́днем рестора́не, он ча́сто ви́дит там Влади́мира.   Обе́дая в сосе́днем рестора́не, он ча́сто ви́дит там Влади́мира.
4. Когда́ он уезжа́ет, он обыкнове́нно берёт ма́ленький чемода́н.   Уезжа́я, он обыкнове́нно берёт ма́ленький чемода́н.
5. Когда́ она́ слы́шит э́ту пе́сню, она́ всегда́ прихо́дит в восто́рг.   Слы́ша э́ту пе́сню, она́ всегда́ прихо́дит в восто́рг.
6. Когда́ он спо́рит с ней, он се́рдится.   Спо́ря с ней, он се́рдится.
7. Когда́ они́ ухо́дят, они́ всегда́ благодаря́т нас.   Уходя́, они́ всегда́ благодаря́т нас.

Read each sentence in the first column aloud; then repeat it, converting the clause introduced by **потому́ что** into one employing a verbal adverb of simultaneous action. Reverse the process, using the sentences in column two as cues. Repeat the exercise in writing.

1. Они часто ходят в театр, потому что они любят оперу.
   Любя оперу, они часто ходят в театр.
2. Он ничего не знает о съезде, потому что он не читает газет.
   Не читая газет, он ничего не знает о съезде.
3. Они не приходят к нам, потому что они боятся моего отца.
   Боясь моего отца, они не приходят к нам.
4. Он знает много актрис, потому что он работает в театре.
   Работая в театре, он знает много актрис.
5. Они не едут в Советский Союз, потому что они не говорят по-русски.
   Не говоря по-русски, они не едут в Советский Союз.
6. Я не иду на лекцию, потому что я ничего не знаю о современной литературе.
   Ничего не зная о современной литературе, я не иду на лекцию.
7. Она молчит, потому что она смущается.
   Смущаясь, она молчит.

Convert the first sentence of each group in column one into a clause introduced by a verbal adverb of simultaneous action, and combine this clause with the second sentence. Do this first orally and then in writing.

1. Мы будем сегодня обедать в русском ресторане. Мы будем есть борщ.
   Обедая сегодня в русском ресторане, мы будем есть борщ.
2. Владимир будет жить во Франции. Владимир будет посылать мне журналы.
   Живя во Франции, Владимир будет посылать мне журналы.
3. Он будет говорить о Ленинграде. Он тоже скажет несколько слов о Петродворце.
   Говоря о Ленинграде, он тоже скажет несколько слов о Петродворце.
4. Нина будет работать в магазине. Нина часто будет видеть его.
   Работая в магазине, Нина часто будет видеть его.

THE COMPARATIVE OF ADJECTIVES AND ADVERBS

5. Я не зна́ю их. Я не скажу́ им о на́ших пла́нах.
6. Ви́ктор бу́дет помога́ть моему́ отцу́. Ви́ктор ча́сто бу́дет приходи́ть к нам.
7. Они́ не понима́ют по-ру́сски. Они́ не пойду́т на ле́кцию.
8. Он бу́дет пока́зывать сове́тский фильм. Он бу́дет говори́ть о Сове́тском Сою́зе.
9. Мы бу́дем встреча́ться с ни́ми. Мы бу́дем говори́ть об америка́нской литерату́ре.
10. Он бои́тся отца́. Он не придёт.
11. Инжене́р бу́дет де́лать докла́д. Инжене́р бу́дет пока́зывать фотогра́фии но́вых зда́ний.
12. Они́ не чита́ют журна́лов. Они́ ничего́ не бу́дут знать о совреме́нной литерату́ре.

Не зна́я их, я не скажу́ им о на́ших пла́нах.
Помога́я моему́ отцу́, Ви́ктор ча́сто бу́дет приходи́ть к нам.

Не понима́я по-ру́сски, они́ не пойду́т на ле́кцию.
Пока́зывая сове́тский фильм, он бу́дет говори́ть о Сове́тском Сою́зе.

Встреча́ясь с ни́ми, мы бу́дем говори́ть об америка́нской литерату́ре.

Боя́сь отца́, он не придёт.
Де́лая докла́д, инжене́р бу́дет пока́зывать фотогра́фии но́вых зда́ний.

Не чита́я журна́лов, они́ ничего́ не бу́дут знать о совреме́нной литерату́ре.

Lesson 26: The Comparative of Adjectives and Adverbs

Read each sentence in column one aloud; then repeat it, substituting the simple for the compound comparative form of the adjective. Reverse the procedure, using the sentences in column two as cues. Repeat the exercise in writing.

1. Твой докла́д бо́лее интере́сен, чем мой.
2. Э́та ла́мпа бо́лее краси́ва, чем на́ша.
3. Их откры́тия бо́лее интере́сны, чем на́ши.
4. Э́то стихотворе́ние бо́лее изве́стно, чем то.
5. Э́тот дом бо́лее краси́в, чем наш.
6. Э́ти карти́ны бо́лее совреме́нны, чем те.

Твой докла́д интере́снее, чем мой.

Э́та ла́мпа краси́вее, чем на́ша.
Их откры́тия интере́снее, чем на́ши.
Э́то стихотворе́ние изве́стнее, чем то.
Э́тот дом краси́вее, чем наш.
Э́ти карти́ны совреме́ннее, чем те.

7. Ва́ше общежи́тие бо́лее краси́во, чем на́ше.
Ва́ше общежи́тие краси́вее, чем на́ше.
8. Эта актри́са бо́лее изве́стна, чем та.
Эта актри́са изве́стнее, чем та.

Read each sentence in column one aloud; then repeat it, rendering *than* by eliminating **чем** and putting the second element of the comparison into the genitive. Reverse the procedure, using the sentences in column two as cues. Repeat the exercise in writing.

1. Этот дом нове́е, чем ваш.
Этот дом нове́е ва́шего.
2. Ва́ше общежи́тие краси́вее, чем на́ше.
Ва́ше общежи́тие краси́вее на́шего.
3. Эта актри́са изве́стнее, чем та.
Эта актри́са изве́стнее той.
4. Эти карти́ны совреме́ннее, чем те.
Эти карти́ны совреме́ннее тех.
5. Это стихотворе́ние изве́стнее, чем то.
Это стихотворе́ние изве́стнее того́.
6. Эта ла́мпа краси́вее, чем та.
Эта ла́мпа краси́вее той.
7. Твой докла́д интере́снее, чем мой.
Твой докла́д интере́снее моего́.
8. Его́ студе́нты умне́е, чем твой.
Его́ студе́нты умне́е твои́х.

Read each sentence in column one aloud; then repeat it, using the adjective in its simple comparative form and following it with **чем** plus the appropriate form of **наш**. Repeat the exercise in writing.

1. Ваш оте́ц молодо́й.
Ваш оте́ц моло́же, чем наш.
2. Ва́ше общежи́тие плохо́е.
Ва́ше общежи́тие ху́же, чем на́ше.
3. Ва́ша кварти́ра ма́ленькая.
Ва́ша кварти́ра ме́ньше, чем на́ша.
4. Ва́ши де́ти ти́хие.
Ва́ши де́ти ти́ше, чем на́ши.
5. Ваш дом большо́й.
Ваш дом бо́льше, чем наш.
6. Ва́ша маши́на дорога́я.
Ва́ша маши́на доро́же, чем на́ша.
7. Ва́ше зе́ркало хоро́шее.
Ва́ше зе́ркало лу́чше, чем на́ше.
8. Ва́ши роди́тели бога́тые.
Ва́ши роди́тели бога́че, чем на́ши.

Read each sentence in column one aloud; then repeat it, rendering *than* by eliminating **чем** and putting the second element of the comparison into the genitive. Reverse the procedure, using the sentences in column two as cues. Repeat the exercise in writing.

THE COMPARATIVE OF ADJECTIVES AND ADVERBS

1. Ва́ша маши́на доро́же, чем на́ша.   Ва́ша маши́на доро́же на́шей.
2. Ва́ши роди́тели бога́че, чем на́ши.   Ва́ши роди́тели бога́че на́ших.
3. Ваш дом бо́льше, чем наш.   Ваш дом бо́льше на́шего.
4. Ва́ше зе́ркало лу́чше, чем на́ше.   Ва́ше зе́ркало лу́чше на́шего.
5. Ва́ша кварти́ра ме́ньше, чем на́ша.   Ва́ша кварти́ра ме́ньше на́шей.
6. Ва́ши де́ти ти́ше, чем на́ши.   Ва́ши де́ти ти́ше на́ших.
7. Ваш оте́ц моло́же, чем наш.   Ваш оте́ц моло́же на́шего.
8. Ва́ше общежи́тие ху́же, чем на́ше.   Ва́ше общежи́тие ху́же на́шего.

Read each sentence in column one aloud; then repeat it, using the adjective in its compound comparative form. Repeat the exercise in writing.

1. В магази́не не́ было дороги́х веще́й   В магази́не не́ было бо́лее дороги́х веще́й
2. Вы не полу́чите от него́ определённого отве́та.   Вы не полу́чите от него́ бо́лее определённого отве́та.
3. Он бу́дет говори́ть о совреме́нных рома́нах.   Он бу́дет говори́ть о бо́лее совреме́нных рома́нах.
4. Жена́ хо́чет купи́ть краси́вую ла́мпу.   Жена́ хо́чет купи́ть бо́лее краси́вую ла́мпу.
5. Я люблю́ ти́хих дете́й.   Я люблю́ бо́лее ти́хих дете́й.
6. Да́йте мне дороги́е биле́ты.   Да́йте мне бо́лее дороги́е биле́ты.
7. На́ши студе́нты хотя́т чита́ть то́лько совреме́нную литерату́ру.   На́ши студе́нты хотя́т чита́ть то́лько бо́лее совреме́нную литерату́ру.

Combine the two sentences in each group of column one as in the following example: **У них краси́вая маши́на. У вас краси́вая маши́на. → У них бо́лее краси́вая маши́на, чем у вас.**

1. Ви́ктор изве́стный инжене́р. Влади́мир изве́стный инжене́р.   Ви́ктор бо́лее изве́стный инжене́р, чем Влади́мир.
2. Они́ живу́т в краси́вом общежи́тии. Мы живём в краси́вом общежи́тии.   Они́ живу́т в бо́лее краси́вом общежи́тии, чем мы.
3. За́втра у нас бу́дет интере́сная ле́кция. Сего́дня у нас была́ интере́сная ле́кция.   За́втра у нас бу́дет бо́лее интере́сная ле́кция, чем сего́дня.

4. Ни́на написа́ла дли́нный докла́д. Ма́ша написа́ла дли́нный докла́д.
   Ни́на написа́ла бо́лее дли́нный докла́д, чем Ма́ша.
5. Москва́ краси́вый го́род. Ленингра́д краси́вый го́род.
   Москва́ бо́лее краси́вый го́род, чем Ленингра́д.
6. Ли́за пи́шет интере́сные пи́сьма. Ве́ра пи́шет интере́сные пи́сьма.
   Ли́за пи́шет бо́лее интере́сные пи́сьма, чем Ве́ра.
7. Мы ви́дели дре́вние города́. Вы ви́дели дре́вние города́.
   Мы ви́дели бо́лее дре́вние города́, чем вы.

Complete the sentences in column one as in the following example: **Он чита́ет бы́стро,** → **но она́ чита́ет быстре́е.** Do this orally and then in writing.

1. Он поёт гро́мко,   но она́ поёт гро́мче.
2. Он приезжа́ет ча́сто,   но она́ приезжа́ет ча́ще.
3. Он живёт далеко́ от нас,   но она́ живёт да́льше.
4. Он говори́т ти́хо,   но она́ говори́т ти́ше.
5. Он ре́дко хо́дит в теа́тр,   но она́ хо́дит ре́же.
6. Он уе́хал ра́но,   но она́ уе́хала ра́ньше.
7. Он зна́ет ма́ло,   но она́ зна́ет ме́ньше.
8. Он говори́т по-ру́сски пло́хо,   но она́ говори́т ху́же.
9. Он рабо́тает мно́го,   но она́ рабо́тает бо́льше.
10. Он хорошо́ игра́ет на роя́ле,   но она́ игра́ет лу́чше.
11. Он до́лго живёт в Ленингра́де,   но она́ живёт до́льше.

Read each sentence in column one aloud; then repeat it, rendering *than* by eliminating **чем** and putting the second element of the comparison into the genitive. Reverse the procedure, using the sentences in column two as cues. Repeat the exercise in writing.

1. Ви́ктор рабо́тает бо́льше, чем я.   Ви́ктор рабо́тает бо́льше меня́.
2. Са́ша пи́шет лу́чше, чем Никола́й.   Са́ша пи́шет лу́чше Никола́я.
3. Она́ говори́т гро́мче, чем ты.   Она́ говори́т гро́мче тебя́.
4. Они́ хо́дят в музе́й ре́же, чем мы.   Они́ хо́дят в музе́й ре́же нас.
5. Ни́на игра́ет на гита́ре ху́же, чем Ли́за.   Ни́на игра́ет на гита́ре ху́же Ли́зы.
6. Он приезжа́ет ча́ще, чем Влади́мир.   Он приезжа́ет ча́ще Влади́мира.
7. Вы чита́ете быстре́е, чем я.   Вы чита́ете быстре́е меня́.

8. Я прихожу́ в лаборато́рию   Я прихожу́ в лаборато́рию
   ра́ньше, чем Ма́ша.   ра́ньше Ма́ши.
9. Она́ чита́ет ме́ньше, чем ты. Она́ чита́ет ме́ньше тебя́.
10. Адвока́т живёт тут до́льше, Адвока́т живёт тут до́льше
    чем до́ктор.   до́ктора.

Lesson 27: The Superlative of Adjectives and Adverbs

Read each sentence in column one aloud; then repeat it, using the adjective in the superlative degree. Repeat the exercise in writing.

1. Э́то замеча́тельная кни́га.   Э́то са́мая замеча́тельная кни́га.
2. Э́то интере́сное откры́тие.   Э́то са́мое интере́сное откры́тие.
3. Э́то у́мный преподава́тель.   Э́то са́мый у́мный преподава́тель.
4. Э́то дре́вние сте́ны.   Э́то са́мые дре́вние сте́ны.
5. Э́то но́вый самолёт.   Э́то са́мый но́вый самолёт.
6. Э́то ста́рое общежи́тие.   Э́то са́мое ста́рое общежи́тие.
7. Э́то бе́дная же́нщина.   Э́то са́мая бе́дная же́нщина.
8. Э́то ску́чные докла́ды.   Э́то са́мые ску́чные докла́ды.
9. Э́то хоро́шая кварти́ра.   Э́то са́мая хоро́шая кварти́ра.
                                  Э́то лу́чшая кварти́ра. Э́то
                                  са́мая лу́чшая кварти́ра.
10. Э́то весёлый студе́нт.   Э́то са́мый весёлый студе́нт.
11. Э́то дороги́е ве́щи.   Э́то са́мые дороги́е ве́щи.
12. Э́то краси́вая ла́мпа.   Э́то са́мая краси́вая ла́мпа.

Substitute the appropriate form of each phrase in column one in the pattern sentence. Do this first orally and then in writing.

Pattern: **Мы не ви́дели са́мых но́вых пла́нов.**

1. са́мый дре́вний собо́р   Мы не ви́дели са́мого дре́внего
                                  собо́ра.
2. са́мые но́вые зда́ния   Мы не ви́дели са́мых но́вых
                                  зда́ний.
3. са́мый изве́стный дворе́ц   Мы не ви́дели са́мого изве́стного
                                  дворца́.
4. са́мая ста́рая кре́пость   Мы не ви́дели са́мой ста́рой
                                  кре́пости.
5. са́мые лу́чшие фотогра́фии   Мы не ви́дели са́мых лу́чших
                                  фотогра́фий.
6. са́мое краси́вое общежи́тие   Мы не ви́дели са́мого краси́вого
                                  общежи́тия.

7. самая новая школа	Мы не видели самой новой школы.
8. самый известный киноартист	Мы не видели самого известного киноартиста.
9. самое новое объявление	Мы не видели самого нового объявления.
10. самая дорогая машина	Мы не видели самой дорогой машины.
11. самые современные картины	Мы не видели самых современных картин.
12. самый большой магазин	Мы не видели самого большого магазина.

Read each sentence in column one aloud; then repeat it, using the adjective in the superlative degree. Repeat the exercise in writing.

1. Она купила дорогое одеяло.	Она купила самое дорогое одеяло.
2. Она купила маленькую сумку.	Она купила самую маленькую сумку.
3. Она купила большой чемодан.	Она купила самый большой чемодан.
4. Она купила интересные книги.	Она купила самые интересные книги.
5. Она купила красивый рояль.	Она купила самый красивый рояль.
6. Она купила большую кровать.	Она купила самую большую кровать.
7. Она купила хорошее вино.	Она купила самое хорошее вино. Она купила лучшее вино. Она купила самое лучшее вино.
8. Она купила современные картины.	Она купила самые современные картины.
9. Она купила дорогую брошку.	Она купила самую дорогую брошку.
10. Она купила новые романы.	Она купила самые новые романы.
11. Она купила хорошие перчатки.	Она купила самые хорошие перчатки. Она купила лучшие перчатки. Она купила самые лучшие перчатки.
12. Она купила маленький стол.	Она купила самый маленький стол.

THE SUPERLATIVE OF ADJECTIVES AND ADVERBS

Substitute the appropriate form of each phrase in column one in the pattern sentence. Do this first orally and then in writing.

Pattern: **Они́ бы́ли в са́мом дре́внем дворце́.**

1. са́мые интере́сные города́ — Они́ бы́ли в са́мых интере́сных города́х.
2. са́мая но́вая лаборато́рия — Они́ бы́ли в са́мой но́вой лаборато́рии.
3. са́мое ста́рое общежи́тие — Они́ бы́ли в са́мом ста́ром общежи́тии.
4. са́мые краси́вые места́ — Они́ бы́ли в са́мых краси́вых места́х.
5. са́мый интере́сный музе́й — Они́ бы́ли в са́мом интере́сном музе́е.
6. са́мая ма́ленькая аудито́рия — Они́ бы́ли в са́мой ма́ленькой аудито́рии.
7. са́мое но́вое учрежде́ние — Они́ бы́ли в са́мом но́вом учрежде́нии.
8. са́мые плохи́е магази́ны — Они́ бы́ли в са́мых плохи́х магази́нах.
9. са́мый большо́й университе́т — Они́ бы́ли в са́мом большо́м университе́те.
10. са́мая дре́вняя кре́пость — Они́ бы́ли в са́мой дре́вней кре́пости.
11. са́мый ста́рый собо́р — Они́ бы́ли в са́мом ста́ром собо́ре.
12. са́мая хоро́шая гости́ница — Они́ бы́ли в са́мой хоро́шей гости́нице.

Read each sentence in column one aloud; then repeat it, expressing the superlative idea by the use of the comparative plus **всего́**. Repeat the exercise in writing.

1. Они́ до́лго жи́ли в Москве́ и в Ленингра́де. — До́льше всего́ они́ жи́ли в Москве́.
2. Ви́ктор мно́го говори́л о Ни́не. — Бо́льше всего́ Ви́ктор говори́л о Ни́не.
3. Она́ хорошо́ говори́т по-англи́йски. — Лу́чше всего́ она́ говори́т по-англи́йски.
4. Влади́мир ма́ло зна́ет о ру́сской исто́рии. — Ме́ньше всего́ Влади́мир зна́ет о ру́сской исто́рии.

5. Мы бы́стро чита́ем по-ру́сски.   Быстре́е всего́ мы чита́ем по-ру́сски.
6. Он пло́хо говори́т по-англи́йски.   Ху́же всего́ он говори́т по-англи́йски.

Read each sentence in column one aloud; then repeat it, expressing the superlative idea by the use of the comparative plus **всех**. Repeat the exercise in writing.

1. Он жил там до́лго.   Он жил там до́льше всех.
2. Ви́ктор хорошо́ игра́ет на роя́ле.   Ви́ктор игра́ет на роя́ле лу́чше всех.
3. Они́ живу́т далеко́.   Они́ живу́т да́льше всех.
4. Влади́мир ма́ло чита́ет.   Влади́мир чита́ет ме́ньше всех.
5. Ве́ра пе́ла гро́мко.   Ве́ра пе́ла гро́мче всех.
6. Ты рабо́таешь мно́го.   Ты рабо́таешь бо́льше всех.
7. Мы прие́хали ра́но.   Мы прие́хали ра́ньше всех.
8. Этот студе́нт пло́хо говори́т по-ру́сски.   Этот студе́нт говори́т по-ру́сски ху́же всех.
9. Он ча́сто хо́дит в теа́тр.   Он хо́дит в теа́тр ча́ще всех.
10. Она́ говори́т ти́хо.   Она́ говори́т ти́ше всех.
11. Он чита́ет по-ру́сски бы́стро.   Он чита́ет по-ру́сски быстре́е всех.

Lesson 28: Active Verbal Adjectives

Copy each sentence in column one; then write it again, replacing the clause containing the present active verbal adjective with a clause using a relative pronoun and a verb in the present tense.

1. Это наш но́вый студе́нт, рабо́тающий в лаборато́рии.   Это наш но́вый студе́нт, кото́рый рабо́тает в лаборато́рии.
2. Это изве́стная актри́са, живу́щая в А́нглии.   Это изве́стная актри́са, кото́рая живёт в А́нглии.
3. Кто э́тот молодо́й инжене́р, де́лающий докла́д?   Кто э́тот молодо́й инжене́р, кото́рый де́лает докла́д?
4. Кто э́та же́нщина, спо́рящая с адвока́тами?   Кто э́та же́нщина, кото́рая спо́рит с адвока́тами?
5. Это зе́ркало, стоя́щее там, но́вое?   Это зе́ркало, кото́рое стои́т там, но́вое?
6. Кто э́ти лю́ди, говоря́щие по-ру́сски?   Кто э́ти лю́ди, кото́рые говоря́т по-ру́сски?

1. У нас нет друзе́й, получа́ющих сове́тские газе́ты.
2. Мы не зна́ем фами́лии ги́да, встреча́ющего на́шу делега́цию.
3. Он не ви́дит маши́ны, стоя́щей пе́ред посо́льством.
4. Она́ получи́ла письмо́ от сы́на, рабо́тающего в посо́льстве в Москве́.
5. У мои́х това́рищей, живу́щих в Ленингра́де, нет де́нег.
6. Я не зна́ю роди́телей э́той краси́вой де́вушки, говоря́щей с мои́м сы́ном.

У нас нет друзе́й, кото́рые получа́ют сове́тские газе́ты.
Мы не зна́ем фами́лии ги́да, кото́рый встреча́ет на́шу делега́цию.
Он не ви́дит маши́ны, кото́рая стои́т пе́ред посо́льством.
Она́ получи́ла письмо́ от сы́на, кото́рый рабо́тает в посо́льстве в Москве́.
У мои́х това́рищей, кото́рые живу́т в Ленингра́де, нет де́нег.
Я не зна́ю роди́телей э́той краси́вой де́вушки, кото́рая говори́т с мои́м сы́ном.

1. Я про́дал маши́ну молодо́му преподава́телю, е́дущему в Нью-Йо́рк.
2. Он написа́л де́вушке, живу́щей в Москве́.
3. Они́ посла́ли пла́ны инжене́ру, стро́ящему но́вое общежи́тие.
4. Мы да́ли биле́ты студе́нтам, говоря́щим по-ру́сски.
5. Влади́мир посла́л телегра́мму молодо́й актри́се, выходя́щей за́муж за изве́стного адвока́та.
6. Что вы сказа́ли э́тим лю́дям, покупа́ющим но́вую маши́ну?

Я про́дал маши́ну молодо́му преподава́телю, кото́рый е́дет в Нью-Йо́рк.
Он написа́л де́вушке, кото́рая живёт в Москве́.
Они́ посла́ли пла́ны инжене́ру, кото́рый стро́ит но́вое общежи́тие.
Мы да́ли биле́ты студе́нтам, кото́рые говоря́т по-ру́сски.
Влади́мир посла́л телегра́мму молодо́й актри́се, кото́рая выхо́дит за́муж за изве́стного адвока́та.
Что вы сказа́ли э́тим лю́дям, кото́рые покупа́ют но́вую маши́ну?

1. Вы зна́ете э́ту молоду́ю же́нщину, рабо́тающую в посо́льстве?
2. Они́ ждут госте́й, приезжа́ющих сего́дня ве́чером.

Вы зна́ете э́ту молоду́ю же́нщину, кото́рая рабо́тает в посо́льстве?
Они́ ждут госте́й, кото́рые приезжа́ют сего́дня ве́чером.

3. Он смо́трит на жену́, говоря́щую с преподава́телем.

Он смо́трит на жену́, кото́рая говори́т с преподава́телем.

4. Ви́ктор ча́сто ви́дит сове́тского студе́нта, живу́щего в общежи́тии.

Ви́ктор ча́сто ви́дит сове́тского студе́нта, кото́рый живёт в общежи́тии.

5. Мы смо́трим на дете́й, игра́ющих в па́рке.

Мы смо́трим на дете́й, кото́рые игра́ют в па́рке.

6. Ты зна́ешь э́того аспира́нта, покупа́ющего биле́ты?

Ты зна́ешь э́того аспира́нта, кото́рый покупа́ет биле́ты?

1. Он пошёл в теа́тр с молодо́й же́нщиной, рабо́тающей в посо́льстве.

Он пошёл в теа́тр с молодо́й же́нщиной, кото́рая рабо́тает в посо́льстве.

2. Ма́ша спо́рила со студе́нтом, пло́хо говоря́щим по-ру́сски.

Ма́ша спо́рила со студе́нтом, кото́рый пло́хо говори́т по-ру́сски.

3. Я говори́л с его́ жено́й, преподаю́щей ру́сский язы́к в шко́ле.

Я говори́л с его́ жено́й, кото́рая преподаёт ру́сский язы́к в шко́ле.

4. Мы говори́ли с роди́телями Ли́зы, продаю́щими свой но́вый дом.

Мы говори́ли с роди́телями Ли́зы, кото́рые продаю́т свой но́вый дом.

5. Она́ рабо́тает с молоды́м адвока́том, лю́бящим её.

Она́ рабо́тает с молоды́м адвока́том, кото́рый её лю́бит.

6. Ви́ктор говори́т с друзья́ми, покупа́ющими но́вый роя́ль.

Ви́ктор говори́т с друзья́ми, кото́рые покупа́ют но́вый роя́ль.

1. Мы говори́м о лю́дях, лю́бящих иску́сство.

Мы говори́м о лю́дях, кото́рые лю́бят иску́сство.

2. Ма́ша написа́ла нам о своём дру́ге, уезжа́ющем в Сове́тский Сою́з.

Ма́ша написа́ла нам о своём дру́ге, кото́рый уезжа́ет в Сове́тский Сою́з.

3. Они́ говоря́т о де́вушке, выходя́щей за́муж за Влади́мира.

Они́ говоря́т о де́вушке, кото́рая выхо́дит за́муж за Влади́мира.

4. Никола́й живёт в но́вом зда́нии, находя́щемся недалеко́ от Кремля́.

Никола́й живёт в но́вом зда́нии, кото́рое нахо́дится недалеко́ от Кремля́.

5. Он рассказа́л нам о свое́й жене́, хорошо́ говоря́щей по-ру́сски.

Он рассказа́л нам о свое́й жене́, кото́рая хорошо́ говори́т по-ру́сски.

ACTIVE VERBAL ADJECTIVES

6. Оте́ц ду́мает о сы́не, ока́нчивающем университе́т весно́й. | Оте́ц ду́мает о сы́не, кото́рый ока́нчивает университе́т весно́й.

Copy each sentence in column one; then write it again, replacing the clause with the past active verbal adjective by a clause using a relative pronoun and a verb in the past tense.

1. Э́то на́ши го́сти, прие́хавшие из Аме́рики. | Э́то на́ши го́сти, кото́рые прие́хали из Аме́рики.
2. Где зе́ркало, стоя́вшее тут? | Где зе́ркало, кото́рое стоя́ло тут?
3. Где кни́га, лежа́вшая тут на столе́? | Где кни́га, кото́рая лежа́ла тут на столе́?
4. Он изве́стный неме́цкий а́втор, написа́вший мно́го рома́нов. | Он изве́стный неме́цкий а́втор, кото́рый написа́л мно́го рома́нов.
5. Он замеча́тельный гид, показа́вший нам мно́го интере́сных веще́й. | Он замеча́тельный гид, кото́рый показа́л нам мно́го интере́сных веще́й.
6. Э́то изве́стная актри́са, жи́вшая мно́го лет во Фра́нции. | Э́то изве́стная актри́са, кото́рая жила́ мно́го лет во Фра́нции.

1. Мы не зна́ли фами́лии де́вушки, сде́лавшей докла́д. | Мы не зна́ли фами́лии де́вушки, кото́рая сде́лала докла́д.
2. Ей бы́ло ску́чно без му́жа, уе́хавшего в Москву́. | Ей бы́ло ску́чно без му́жа, кото́рый уе́хал в Москву́.
3. У её роди́телей, рабо́тавших в посо́льстве, бы́ло мно́го друзе́й. | У её роди́телей, кото́рые рабо́тали в посо́льстве, бы́ло мно́го друзе́й.
4. Мы не зна́ем её госте́й, прие́хавших из Нью-Йо́рка. | Мы не зна́ем её госте́й, кото́рые прие́хали из Нью-Йо́рка.
5. Она́ ча́сто получа́ла пи́сьма от отца́, жи́вшего в Москве́. | Она́ ча́сто получа́ла пи́сьма от отца́, кото́рый жил в Москве́.
6. Он не знал роди́телей молодо́й де́вушки, да́вшей ему́ биле́ты. | Он не знал роди́телей молодо́й де́вушки, кото́рая дала́ ему́ биле́ты.

1. Мы да́ли пла́ны инжене́рам, стро́ившим но́вые зда́ния. | Мы да́ли пла́ны инжене́рам, кото́рые стро́или но́вые зда́ния.
2. Они́ посла́ли поздравле́ние молодо́му киноарти́сту, уе́хавшему в Москву́. | Они́ посла́ли поздравле́ние молодо́му киноарти́сту, кото́рый уе́хал в Москву́.

3. Оте́ц купи́л маши́ну сы́ну, око́нчившему университе́т.
4. Влади́мир показа́л фотогра́фию рабо́тавшему с ним аспира́нту.
5. Что сказа́л Ви́ктор инжене́ру, сде́лавшему докла́д?

Оте́ц купи́л маши́ну сы́ну, кото́рый око́нчил университе́т.
Влади́мир показа́л фотогра́фию аспира́нту, кото́рый рабо́тал с ним.
Что сказа́л Ви́ктор инжене́ру, кото́рый сде́лал докла́д?

1. Он смотре́л на зе́ркало, стоя́вшее в на́шей ко́мнате.
2. Вы зна́ете э́ту молоду́ю же́нщину, вы́шедшую за́муж за адвока́та?
3. Она́ предста́вила мне своего́ дру́га, прие́хавшего из А́нглии.
4. Он смотре́л на жену́, расска́зывавшую ему́ о де́тях.
5. Мы поблагодари́ли друзе́й, посла́вших нам но́вые журна́лы.
6. Вы ви́дели дете́й, игра́вших в па́рке?

Он смотре́л на зе́ркало, кото́рое стоя́ло в на́шей ко́мнате.
Вы зна́ете э́ту молоду́ю же́нщину, кото́рая вы́шла за́муж за адвока́та?
Она́ предста́вила мне своего́ дру́га, кото́рый прие́хал из А́нглии.
Он смотре́л на жену́, кото́рая расска́зывала ему́ о де́тях.
Мы поблагодари́ли друзе́й, кото́рые посла́ли нам но́вые журна́лы.
Вы ви́дели дете́й, кото́рые игра́ли в па́рке?

1. Вы говори́ли с людьми́, прие́хавшими из Сове́тского Сою́за?
2. Он спо́рил с аспира́нтом, сде́лавшим докла́д.
3. Они́ игра́ли с детьми́, жи́вшими в сосе́дней кварти́ре.
4. Мы говори́ли с его́ жено́й, рабо́тавшей в посо́льстве.
5. Я пое́ду на съезд с мои́м сы́ном, око́нчившим университе́т.

Вы говори́ли с людьми́, кото́рые прие́хали из Сове́тского Сою́за?
Он спо́рил с аспира́нтом, кото́рый сде́лал докла́д.
Они́ игра́ли с детьми́, кото́рые жи́ли в сосе́дней кварти́ре.
Мы говори́ли с его́ жено́й, кото́рая рабо́тала в посо́льстве.
Я пое́ду на съезд с мои́м сы́ном, кото́рый око́нчил университе́т.

PASSIVE VERBAL ADJECTIVES

6. Он говорил с женщиной, покупавшей дорогую сумку. — Он говорил с женщиной, которая покупала дорогую сумку.

1. Он рассказал нам об инженерах, работавших в его учреждении летом. — Он рассказал нам об инженерах, которые работали в его учреждении летом.
2. Я спросила Владимира о его бабушке, уехавшей в Германию. — Я спросила Владимира о его бабушке, которая уехала в Германию.
3. Мы говорили об аспиранте, сделавшем интересный доклад. — Мы говорили об аспиранте, который сделал интересный доклад.
4. Он думал о молодой женщине, встретившей его в Москве. — Он думал о молодой женщине, которая встретила его в Москве.
5. Мы говорили о журналисте, ездившем на съезд. — Мы говорили о журналисте, который ездил на съезд.

Lesson 29: Passive Verbal Adjectives

Write out simpler equivalents of each sentence in column one, converting the performer of the action into the subject of the active form of the verb.

1. Кем было написано это стихотворение? — Кто написал это стихотворение?
2. Этот дом был построен моим отцом. — Мой отец построил этот дом.
3. Книга была взята им. — Он взял книгу.
4. Вещи были потеряны ими. — Они потеряли вещи.
5. Кем было вымыто окно? — Кто вымыл окно?
6. Брошка была найдена хозяйкой. — Хозяйка нашла брошку.
7. Журналы были куплены преподавателями. — Преподаватели купили журналы.
8. Доклад был сделан аспирантом. — Аспирант сделал доклад.

1. Посуда была вымыта нами. — Мы вымыли посуду.
2. Тетради были взяты ими. — Они взяли тетради.

3. Телегра́мма была́ по́слана Ни́на посла́ла телегра́мму.
   Ни́ной.
4. Объявле́ние бы́ло полу́чено Мы получи́ли объявле́ние.
   на́ми.
5. По́весть была́ прочи́тана Студе́нты прочита́ли по́весть.
   студе́нтами.
6. Фи́льмы бы́ли пока́заны Журнали́сты показа́ли фи́льмы.
   журнали́стами.
7. Вино́ бы́ло вы́пито офице́рами. Офице́ры вы́пили вино́.

1. Э́тот вопро́с бу́дет решён Мини́стр реши́т э́тот вопро́с.
   мини́стром.
2. Часы́ бу́дут им на́йдены́. Он найдёт часы́.
3. Телегра́ммы бу́дут по́сланы Мы пошлём телегра́ммы.
   на́ми.
4. Письмо́ бу́дет напи́сано Адвока́т напи́шет письмо́.
   адвока́том.
5. Делега́ция бу́дет встре́чена Мини́стр встре́тит делега́цию.
   мини́стром.
6. Отве́т бу́дет дан на́ми за́втра. Мы дади́м отве́т за́втра.
7. Объявле́ние бу́дет прочи́тано Они́ прочита́ют объявле́ние.
   и́ми.
8. Биле́ты бу́дут полу́чены ва́ми Вы полу́чите биле́ты за́втра.
   за́втра.
9. Чемода́н бу́дет откры́т Солда́т откро́ет чемода́н.
   солда́том.

1. Мы говори́ли о прочи́танном Мы говори́ли о докла́де,
   им докла́де. кото́рый он прочита́л.
2. Куда́ вы положи́ли Куда́ вы положи́ли одея́ло,
   ку́пленное ва́ми одея́ло? кото́рое вы купи́ли?
3. Мы показа́ли ему́ полу́ченную Мы показа́ли ему́ телегра́мму,
   на́ми телегра́мму. кото́рую мы получи́ли.
4. Вы ви́дели но́вое зда́ние, Вы ви́дели но́вое зда́ние,
   постро́енное сове́тскими кото́рое постро́или сове́тские
   инжене́рами? инжене́ры?
5. Что ты сде́лал со взя́тыми Что ты сде́лал с журна́лами,
   тобо́й журна́лами? кото́рые ты взял?
6. Пока́занный им фильм был Фильм, кото́рый он показа́л,
   о́чень интере́сен. был о́чень интере́сен.

PASSIVE VERBAL ADJECTIVES

7. Про́данная им маши́на стоя́ла пе́ред на́шим до́мом. Маши́на, кото́рую он про́дал, стоя́ла пе́ред на́шим до́мом.
8. Она́ посла́ла ему́ забы́тые им кни́ги. Она́ посла́ла ему́ кни́ги, кото́рые он забы́л.
9. Мы говори́ли о напи́санном им рома́не. Мы говори́ли о рома́не, кото́рый он написа́л.
10. Вы чита́ли о сде́ланном им откры́тии? Вы чита́ли об откры́тии, кото́рое он сде́лал?
11. Влади́мир нашёл поте́рянную тетра́дь Ни́ной. Влади́мир нашёл тетра́дь, кото́рую потеря́ла Ни́на.

Write out simpler equivalents of each sentence in column one, using the active form of the verb in the third person plural without any subject.

1. Куда́ был по́слан офице́р? Куда́ посла́ли офице́ра?
2. Кни́ги бы́ли про́даны вчера́. Кни́ги про́дали вчера́.
3. Зда́ние бы́ло постро́ено год тому́ наза́д. Зда́ние постро́или год тому́ наза́д.
4. Рабо́та была́ око́нчена сего́дня. Рабо́ту око́нчили сего́дня.
5. Когда́ был осно́ван э́тот го́род? Когда́ основа́ли э́тот го́род?
6. Телегра́мма была́ полу́чена вчера́ ве́чером. Телегра́мму получи́ли вчера́ ве́чером.
7. Поздравле́ние бы́ло посла́но у́тром. Поздравле́ние посла́ли у́тром.
8. Им э́то бы́ло ска́зано вчера́. Им э́то сказа́ли вчера́.

1. Бро́шка была́ поте́ряна неде́лю тому́ наза́д. Бро́шку потеря́ли неде́лю тому́ наза́д.
2. Чемода́н был найдён сего́дня. Чемода́н нашли́ сего́дня.
3. Вино́ бы́ло вы́пито вчера́. Вино́ вы́пили вчера́.
4. Игро́к был уби́т год тому́ наза́д. Игрока́ уби́ли год тому́ наза́д.
5. Все журна́лы бы́ли про́даны у́тром. Все журна́лы про́дали у́тром.
6. Дом был постро́ен год тому́ наза́д. Дом постро́или год тому́ наза́д.
7. Котле́ты бы́ли съе́дены вчера́. Котле́ты съе́ли вчера́.
8. Кни́га была́ посла́на вчера́. Кни́гу посла́ли вчера́.

1. Когда́ бу́дет постро́ено зда́ние? Когда́ постро́ят зда́ние?
2. Магази́н бу́дет откры́т за́втра. Магази́н откро́ют за́втра.
3. Ве́щи бу́дут принесены́ сего́дня. Ве́щи принесу́т сего́дня.

4. Работа будет окончена завтра. Работу окончат завтра.
5. Дом будет продан. Дом продадут.
6. Перчатки будут найдены. Перчатки найдут.
7. Объявление будет послано послезавтра. Объявление пошлют послезавтра.
8. Книга будет прочитана. Книгу прочитают.
9. Картины будут показаны сегодня вечером. Картины покажут сегодня вечером.
10. Доклад будет сделан завтра. Доклад сделают завтра.

Lesson 30: Cardinal and Ordinal Numbers (1–1000)

Replace **пять** in the pattern sentence with each cardinal number in column one, using the appropriate form of **рубль** in each instance. Do this orally and then in writing.

Pattern: **У меня пять рублей.**

1. Тысяча — У меня тысяча рублей.
2. Семьсот три — У меня семьсот три рубля.
3. Восемнадцать — У меня восемнадцать рублей.
4. Два — У меня два рубля.
5. Одиннадцать — У меня одиннадцать рублей.
6. Один — У меня один рубль.
7. Пятьсот один — У меня пятьсот один рубль.
8. Двенадцать — У меня двенадцать рублей.
9. Восемьсот два — У меня восемьсот два рубля.
10. Девятнадцать — У меня девятнадцать рублей.
11. Сорок семь — У меня сорок семь рублей.
12. Четыреста один — У меня четыреста один рубль.

Continue in the same manner, replacing **тридцать** in the pattern sentence.

Pattern: **В нашей гостинице тридцать комнат.**

1. Двадцать одна — В нашей гостинице двадцать одна комната.
2. Восемьдесят — В нашей гостинице восемьдесят комнат.
3. Пятьдесят три — В нашей гостинице пятьдесят три комнаты.
4. Двести — В нашей гостинице двести комнат.
5. Сорок одна — В нашей гостинице сорок одна комната.
6. Девяносто четыре — В нашей гостинице девяносто четыре комнаты.
7. Семьдесят восемь — В нашей гостинице семьдесят восемь комнат.
8. Сто одна — В нашей гостинице сто одна комната.

CARDINAL AND ORDINAL NUMBERS (1–1000)

9. Семна́дцать — В на́шей гости́нице семна́дцать ко́мнат.
10. Четы́рнадцать — В на́шей гости́нице четы́рнадцать ко́мнат.
11. Шестьдеся́т две — В на́шей гости́нице шестьдеся́т две ко́мнаты.
12. Три́ста три — В на́шей гости́нице три́ста три ко́мнаты.

Read each sentence in column one aloud; then repeat it, increasing the cardinal number by eleven and using the appropriate form of the noun following it. Repeat the exercise in writing.

1. Тут бы́ли делега́ции из сорока́ девяти́ городо́в. — Тут бы́ли делега́ции из шести́десяти городо́в.
2. Тут бы́ли делега́ции из десяти́ городо́в. — Тут бы́ли делега́ции из двадцати́ одного́ го́рода.
3. Тут бы́ли делега́ции из двух городо́в. — Тут бы́ли делега́ции из трина́дцати городо́в.
4. Тут бы́ли делега́ции из семи́десяти городо́в. — Тут бы́ли делега́ции из восьми́десяти одного́ го́рода.
5. Тут бы́ли делега́ции из девяно́ста трёх городо́в. — Тут бы́ли делега́ции из ста четырёх городо́в.
6. Тут бы́ли делега́ции из восьми́ городо́в. — Тут бы́ли делега́ции из девятна́дцати городо́в.
7. Тут бы́ли делега́ции из трёхсо́т городо́в. — Тут бы́ли делега́ции из трёхсо́т оди́ннадцати городо́в.
8. Тут бы́ли делега́ции из ста восьми́десяти девяти́ городо́в. — Тут бы́ли делега́ции из двухсо́т городо́в.

1. Мы посла́ли биле́ты одному́ студе́нту. — Мы посла́ли биле́ты двена́дцати студе́нтам.
2. Мы посла́ли биле́ты девяно́ста четырём студе́нтам. — Мы посла́ли биле́ты ста пяти́ студе́нтам.
3. Мы посла́ли биле́ты пятна́дцати студе́нтам. — Мы посла́ли биле́ты двадцати́ шести́ студе́нтам.
4. Мы посла́ли биле́ты шестиста́м пяти́десяти студе́нтам. — Мы посла́ли биле́ты шестиста́м шести́десяти одному́ студе́нту.
5. Мы посла́ли биле́ты семи́десяти пяти́ студе́нтам. — Мы посла́ли биле́ты восьми́десяти шести́ студе́нтам.
6. Мы посла́ли биле́ты тридцати́ шести́ студе́нтам. — Мы посла́ли биле́ты сорока́ семи́ студе́нтам.
7. Мы посла́ли биле́ты двумста́м девяно́ста четырём студе́нтам. — Мы посла́ли биле́ты трёмста́м пяти́ студе́нтам.

8. Мы посла́ли биле́ты двадцати́ двум студе́нтам.   Мы посла́ли биле́ты тридцати́ трём студе́нтам.

Replace the cardinal numbers in the pattern sentences with the cardinal numbers in column one, using the appropriate form of the noun in each instance. Do this first orally and then in writing.

Pattern: **Библиоте́ка купи́ла две́сти книг.**

1. Три́дцать четы́ре — Библиоте́ка купи́ла три́дцать четы́ре кни́ги.
2. Ты́сяча восемьсо́т — Библиоте́ка купи́ла ты́сячу восемьсо́т книг.
3. Шестна́дцать — Библиоте́ка купи́ла шестна́дцать книг.
4. Четы́реста пятьдеся́т три — Библиоте́ка купи́ла четы́реста пятьдеся́т три кни́ги.
5. Семьсо́т шестьдеся́т одна́ — Библиоте́ка купи́ла семьсо́т шестьдеся́т одну́ кни́гу.
6. Со́рок пять — Библиоте́ка купи́ла со́рок пять книг.
7. Девяно́сто четы́ре — Библиоте́ка купи́ла девяно́сто четы́ре кни́ги.
8. Девятьсо́т два́дцать две — Библиоте́ка купи́ла девятьсо́т два́дцать две кни́ги.

Pattern: **Он говори́л с пятью́ студе́нтами.**

1. Во́семь — Он говори́л с восьмью́ студе́нтами.
2. Пятьдеся́т семь — Он говори́л с пятью́десятью семью́ студе́нтами.
3. Со́рок два — Он говори́л с сорока́ двумя́ студе́нтами.
4. Три́ста — Он говори́л с тремяста́ми студе́нтами.
5. Се́мьдесят четы́ре — Он говори́л с семью́десятью четырьмя́ студе́нтами.
6. Два́дцать оди́н — Он говори́л с двадцатью́ одни́м студе́нтом.
7. Двена́дцать — Он говори́л с двена́дцатью студе́нтами.
8. Три́дцать три — Он говори́л с тридцатью́ тремя́ студе́нтами.

Pattern: **Ру́сский язы́к преподаю́т в семна́дцати шко́лах.**

1. Во́семьдесят — Ру́сский язы́к преподаю́т в восьми́десяти шко́лах.
2. Шестьдеся́т три — Ру́сский язы́к преподаю́т в шести́десяти трёх шко́лах.

CARDINAL AND ORDINAL NUMBERS (1–1000)

3. Ты́сяча две́сти — Ру́сский язы́к преподаю́т в ты́сяче двухста́х шко́лах.
4. Три́дцать четы́ре — Ру́сский язы́к преподаю́т в тридцати́ четырёх шко́лах.
5. Восемна́дцать — Ру́сский язы́к преподаю́т в восемна́дцати шко́лах.
6. Семьсо́т два́дцать две — Ру́сский язы́к преподаю́т в семиста́х двадцати́ двух шко́лах.
7. Сто одна́ — Ру́сский язы́к преподаю́т в ста одно́й шко́ле.
8. Пятьсо́т — Ру́сский язы́к преподаю́т в пятиста́х шко́лах.

Complete the sentences in column one as in the following example:
<u>Деся́тый съезд был в Москве́,</u> → а <u>оди́ннадцатый бу́дет в Ленингра́де.</u>
Do this first orally and then in writing.

1. Тре́тий съезд был в Москве́, — а четвёртый бу́дет в Ленингра́де.
2. Три́дцать девя́тый съезд был в Москве́, — а сороково́й бу́дет в Ленингра́де.
3. Двадца́тый съезд был в Москве́, — а два́дцать пе́рвый бу́дет в Ленингра́де.
4. Седьмо́й съезд был в Москве́, — а восьмо́й бу́дет в Ленингра́де.
5. Пе́рвый съезд был в Москве́, — а второ́й бу́дет в Ленингра́де.
6. Пя́тый съезд был в Москве́, — а шесто́й бу́дет в Ленингра́де.
7. Семна́дцатый съезд был в Москве́, — а восемна́дцатый бу́дет в Ленингра́де.
8. Пятна́дцатый съезд был в Москве́, — а шестна́дцатый бу́дет в Ленингра́де.

Read each statement in column one aloud; then repeat it, increasing the ordinal number by ten. Repeat the exercise in writing.

1. В э́той кни́ге нет деся́той страни́цы. — В э́той кни́ге нет двадца́той страни́цы.
2. В э́той кни́ге нет тридца́той страни́цы. — В э́той кни́ге нет сороково́й страни́цы.
3. В э́той кни́ге нет оди́ннадцатой страни́цы. — В э́той кни́ге нет два́дцать пе́рвой страни́цы.
4. В э́той кни́ге нет четы́рнадцатой страни́цы. — В э́той кни́ге нет два́дцать четвёртой страни́цы.
5. В э́той кни́ге нет восьмо́й страни́цы. — В э́той кни́ге нет восемна́дцатой страни́цы.

6. В э́той кни́ге нет тре́тьей страни́цы.   В э́той кни́ге нет трина́дцатой страни́цы.
7. В э́той кни́ге нет шесто́й страни́цы.   В э́той кни́ге нет шестна́дцатой страни́цы.
8. В э́той кни́ге нет второ́й страни́цы.   В э́той кни́ге нет двена́дцатой страни́цы.

Respond to the statements in column one as in the following example: **Я дал биле́ты десяти́ студе́нтам.** → **А оди́ннадцатому не́ дали?** Do this orally and then in writing.

1. Я дал биле́ты пяти́ студе́нтам.   А шесто́му не́ дали?
2. Я дал биле́ты девяти́ студе́нтам.   А деся́тому не́ дали?
3. Я дал биле́ты двум студе́нтам.   А тре́тьему не́ дали?
4. Я дал биле́ты семи́ студе́нтам.   А восьмо́му не́ дали?
5. Я дал биле́ты трём студе́нтам.   А четвёртому не́ дали?
6. Я дал биле́ты восьми́ студе́нтам.   А девя́тому не́ дали?
7. Я дал биле́ты шести́ студе́нтам.   А седьмо́му не́ дали?
8. Я дал биле́ты четырём студе́нтам.   А пя́тому не́ дали?

Read each sentence in column one aloud; then repeat it, increasing the ordinal number by ten. Repeat the exercise in writing.

1. Я чита́ю трина́дцатую страни́цу.   Я чита́ю два́дцать тре́тью страни́цу.
2. Я чита́ю шесту́ю страни́цу.   Я чита́ю шестна́дцатую страни́цу.
3. Я чита́ю пе́рвую страни́цу.   Я чита́ю оди́ннадцатую страни́цу.
4. Я чита́ю девяно́стую страни́цу.   Я чита́ю со́тую страни́цу.
5. Я чита́ю пятидеся́тую страни́цу.   Я чита́ю шестидеся́тую страни́цу.
6. Я чита́ю двухсо́тую страни́цу.   Я чита́ю две́сти деся́тую страни́цу.
7. Я чита́ю двадца́тую страни́цу.   Я чита́ю тридца́тую страни́цу.
8. Я чита́ю семидеся́тую страни́цу.   Я чита́ю восьмидеся́тую страни́цу.

Replace **пе́рвым** in the pattern sentence with the appropriate form of each ordinal number in column one. Do this first orally and then in writing.

CARDINAL AND ORDINAL NUMBERS (1–1000)

Pattern: **Кто говорил с пе́рвым студе́нтом?**

1. Тре́тий   Кто говори́л с тре́тьим студе́нтом?
2. Оди́ннадцатый Кто говори́л с оди́ннадцатым студе́нтом?
3. Шесто́й   Кто говори́л с шесты́м студе́нтом?
4. Восьмо́й   Кто говори́л с восьмы́м студе́нтом?
5. Пя́тый   Кто говори́л с пя́тым студе́нтом?
6. Деся́тый   Кто говори́л с деся́тым студе́нтом?
7. Четвёртый   Кто говори́л с четвёртым студе́нтом?
8. Седьмо́й   Кто говори́л с седьмы́м студе́нтом?

Read each sentence in column one aloud; then repeat it, increasing the ordinal number by one hundred. Repeat the exercise in writing.

1. Князь у́мер в ты́сяча семисо́том году́.
   Князь у́мер в ты́сяча восьмисо́том году́.
2. Князь у́мер в ты́сяча трёхсо́том году́.
   Князь у́мер в ты́сяча четырёхсо́том году́.
3. Князь у́мер в ты́сяча семьсо́т восьмидеся́том году́.
   Князь у́мер в ты́сяча восемьсо́т восьмидеся́том году́.
4. Князь у́мер в девятьсо́т сороково́м году́.
   Князь у́мер в ты́сяча сороково́м году́.
5. Князь у́мер в ты́сяча шестьсо́т восьмо́м году́.
   Князь у́мер в ты́сяча семьсо́т восьмо́м году́.
6. Князь у́мер в ты́сяча пятисо́том году́.
   Князь у́мер в ты́сяча шестисо́том году́.
7. Князь у́мер в ты́сяча со́том году́.
   Князь у́мер в ты́сяча двухсо́том году́.
8. Князь у́мер в ты́сяча две́сти со́рок тре́тьем году́.
   Князь у́мер в ты́сяча три́ста со́рок тре́тьем году́.

Appendix

I. Declension of Nouns

Masculine

	Hard Endings magazine	Soft Endings museum	teacher
Singular			
Nom.	журна́л*	музе́-й	преподава́тел-ь
Gen.	журна́л-а	музе́-я	преподава́тел-я
Dat.	журна́л-у	музе́-ю	преподава́тел-ю
Acc.	If inanimate, like the *nom.*; if animate, like the *gen.*		
Inst.	журна́л-ом	музе́-ем	преподава́тел-ем
Loc.	журна́л-е	музе́-е	преподава́тел-е
Plural			
Nom.	журна́л-ы	музе́-и	преподава́тел-и
Gen.	журна́л-ов	музе́-ев	преподава́тел-ей
Dat.	журна́л-ам	музе́-ям	преподава́тел-ям
Acc.	If inanimate, like the *nom.*; if animate, like the *gen.*		
Inst.	журна́л-ами	музе́-ями	преподава́тел-ями
Loc.	журна́л-ах	музе́-ях	преподава́тел-ях

Neuter

	Hard Endings word	Soft Endings building
Singular		
Nom.	сло́в-о	зда́ни-е
Gen.	сло́в-а	зда́ни-я
Dat.	сло́в-у	зда́ни-ю
Acc.	сло́в-о	зда́ни-е
Inst.	сло́в-ом	зда́ни-ем
Loc.	сло́в-е	зда́ни-и

* This is the model for nouns ending in any consonant except **й**.

Plural

Nom.	слов-**а́**	зда́ни-**я**
Gen.	слов	зда́ни-**й**
Dat.	слов-**а́м**	зда́ни-**ям**
Acc.	слов-**а́**	зда́ни-**я**
Inst.	слов-**а́ми**	зда́ни-**ями**
Loc.	слов-**а́х**	зда́ни-**ях**

Feminine

	Hard Endings	*Soft Endings*	
	lamp	lecture room	bed

Singular

Nom.	ла́мп-**а**	аудито́ри-**я**	крова́т-**ь**
Gen.	ла́мп-**ы**	аудито́ри-**и**	крова́т-**и**
Dat.	ла́мп-**е**	аудито́ри-**и**	крова́т-**и**
Acc.	ла́мп-**у**	аудито́ри-**ю**	крова́т-**ь**
Inst.	ла́мп-**ой**	аудито́ри-**ей**	крова́т-**ью**
Loc.	ла́мп-**е**	аудито́ри-**и**	крова́т-**и**

Plural

Nom.	ла́мп-**ы**	аудито́ри-**и**	крова́т-**и**
Gen.	ламп	аудито́ри-**й**	крова́т-**ей**
Dat.	ла́мп-**ам**	аудито́ри-**ям**	крова́т-**ям**
Acc.	If inanimate, like the *nom.;* if animate, like the *gen.*		
Inst.	ла́мп-**ами**	аудито́ри-**ями**	крова́т-**ями**
Loc.	ла́мп-**ах**	аудито́ри-**ях**	крова́т-**ях**

NOTE

1. *Spelling Rules*

   The Spelling Rules can affect noun endings.

   Rule 1: After **г, к, х, ж, ч, ш,** and **щ,** an **и** appears where you would expect to find **ы.** Thus, for example, the plural nominative of **парк** (park) is **па́рк-и.**

   Rule 2: After **ж, ч, ш, щ,** and **ц,** a **е** appears where you would expect to find an *unaccented* **о.** Thus, the singular instrumental of **това́рищ** (comrade) is **това́рищ-ем.**

   Rule 3: After **г, к, х, ж, ч, ш, щ,** and **ц,** an **у** appears where you would expect to find **ю,** and an **а** where you would expect to find **я.** Thus, the plural dative of **вещь** (thing) is **вещ-а́м.**

DECLENSION OF NOUNS

2. *Last Names Ending in* **-ов(а), -ев(а),** *and* **-ин(а)**

   Last names ending in **-ов(а), -ев(а),** and **-ин(а)** take a combination of noun and adjectival endings according to the following pattern (the adjectival endings are in bold type).

	Masculine	*Feminine*	*Plural*
Nom.	Аксёнов	Аксёнов-а	Аксёнов-ы
Gen.	Аксёнов-а	Аксёнов-**ой**	Аксёнов-**ых**
Dat.	Аксёнов-у	Аксёнов-**ой**	Аксёнов-**ым**
Acc.	Аксёнов-а	Аксёнов-у	Аксёнов-**ых**
Inst.	Аксёнов-**ым**	Аксёнов-**ой**	Аксёнов-**ыми**
Loc.	Аксёнов-е	Аксёнов-**ой**	Аксёнов-**ых**

3. *Adjectives Serving As Nouns*

   In some instances adjectives serve as nouns. These "adjectival nouns" are declined like adjectives describing either inanimate or animate nouns. An adjective that describes such an "adjectival noun" will normally agree with it in number, gender, and case.

	Singular	*Plural*
	new dining room	
Nom.	нóв-**ая** столóв-**ая**	нóв-**ые** столóв-**ые**
Gen.	нóв-**ой** столóв-**ой**	нóв-**ых** столóв-**ых**
Dat.	нóв-**ой** столóв-**ой**	нóв-**ым** столóв-**ым**
Acc.	нóв-**ую** столóв-**ую**	нóв-**ые** столóв-**ые**
Inst.	нóв-**ой** столóв-**ой**	нóв-**ыми** столóв-**ыми**
Loc.	нóв-**ой** столóв-**ой**	нóв-**ых** столóв-**ых**

4. *Masculine Nouns*

   a. *Fleeting* **e/o:** Some masculine nouns drop the **-е-** or **-о-** of the final syllable whenever they add an ending: **отéц** (father) — **отцá, отцý.**

   b. *Singular Genitive in* **-у/-ю:** A few nouns take the special singular genitive ending **-у** (hard-ending nouns) or **-ю** (soft-ending nouns) when they are used in expressions of quantity: **сáхар** (sugar)—**сáхару.**

   c. *Singular Locative in* **-ý/-ю́:** A limited number of nouns have a second, stressed singular locative in **-ý** (for hard-ending nouns) or **-ю́** (for soft-ending nouns) which is used after **в** and **на: бéрег** (shore) — **на берег-ý.**

   d. *Nouns in the Text with Plural Nominative in* **-ь-я**

	friend	prince	husband	son
	друг	князь	муж	сын
Nom.	друзь-я́	князь-я́	мужь-я́	сыновь-я́
Gen.	друз-е́й	княз-е́й	муж-е́й	сынов-е́й
Dat.	друзь-я́м	князь-я́м	мужь-я́м	сыновь-я́м
Acc.	друз-е́й	княз-е́й	муж-е́й	сынов-е́й
Inst.	друзь-я́ми	князь-я́ми	мужь-я́ми	сыновь-я́ми
Loc.	друзь-я́х	князь-я́х	мужь-я́х	сыновь-я́х

e. *Plural Nominative in* **-а́/-я́**: A limited number of nouns have the accented ending **-а́** (for hard-ending nouns) or **-я́** (for soft-ending nouns) in the plural nominative: **го́род** (city) — **город-а́**. The other plural endings of such nouns are always stressed.

f. *Plural Genitive of Nouns in* **-ж, -ч, -ш, -щ**: Nouns whose singular nominative ends in **-ж, -ч, -ш**, or **-щ** take the plural genitive ending **-ей**: **нож** (knife) — **нож-е́й**.

g. *Plural Genitive with No Ending:* A few nouns have no ending in the plural genitive: **солда́т** (soldier) — **солда́т**.

h. A limited number of nouns that refer to males have singular nominative endings like feminine nouns. Such nouns are declined like the animate feminine nouns they resemble. Adjectives that describe these nouns, however, take masculine endings.

	Singular	*Plural*
	old man	
Nom.	ста́р-ый мужчи́н-а	ста́рые мужчи́н-ы
Gen.	ста́р-ого мужчи́н-ы	ста́рых мужчи́н
Dat.	ста́р-ому мужчи́н-е	ста́рым мужчи́н-ам
Acc.	ста́р-ого мужчи́н-у	ста́рых мужчи́н
Inst.	ста́р-ым мужчи́н-ой	ста́рыми мужчи́н-ами
Loc.	ста́р-ом мужчи́н-е	ста́рых мужчи́н-ах

5. *Neuter Nouns*

 a. *Declension of Nouns Ending in* **-м-я**: A few neuter nouns end in **-м-я** and follow a special declensional pattern.

	Singular	*Plural*
	time	
Nom.	вре́м-я	врем-ена́
Gen.	вре́м-ени	врем-ён
Dat.	вре́м-ени	врем-ена́м
Acc.	вре́м-я	врем-ена́
Inst.	вре́м-енем	врем-ена́ми
Loc.	вре́м-ени	врем-ена́х

DECLENSION OF ADJECTIVES

   b. *Indeclinable Nouns:* A very small number of nouns of foreign origin are not declined: **кино́** (movies).
   c. *Plural Genitive* **-e-/-o-** *Insert:* Some neuter nouns whose singular nominative ending in **-o** is preceded by a double consonant or by a consonant + **ь** + a consonant acquire a **-e-** or **-o-** between the consonants or in place of the **-ь-** in the plural genitive: **число́** (date) — **чи́сел, письмо́** (letter) — **пи́сем.**
   d. *Singular Locative and Plural Genitive of Nouns Ending in* **-e** *without a Preceding* **-и-:** A noun whose singular nominative ends in a **-e** without a preceding **-и-** has the singular locative ending **-e: мо́р-е — мо́р-е.** The plural genitive ending normally depends on the letter preceding the ending in the singular nominative.

	ж, ч, ш, щ, ц	*Any other consonant*	**ь**
Sing. nom.	чудо́вищ-е	мо́р-е	воскресе́нь-е
	monster	sea	Sunday
Pl. gen.	чудо́вищ	мор-е́й	воскресе́ни-й

6. *Feminine Nouns*
   a. *Plural Genitive* **-e-/-o-** *Insert:* Some feminine nouns whose singular nominative ending **-a** or **-я** is preceded by a double consonant or by a consonant + **ь** + a consonant acquire **-e-** or **-o-** between the consonants or in place of the **-ь-** in the plural genitive: **откры́тка** (postcard) — **откры́ток, тюрьма́** (jail) — **тю́рем.**
   b. *Singular Dative-Locative and Plural Genitive of Nouns Ending in* **-я** *Without a Preceding Vowel:* A noun whose singular nominative ends in a **-я** without a preceding vowel has the singular dative-locative ending **-e: неде́ля** (week) — **неде́л-е.** Its plural genitive normally ends in **-ь: неде́л-ь.**

II. Declension of Adjectives
A. Hard-Ending Adjectives

	Masculine		*Neuter*	*Feminine*
		new		
Singular				
Nom.	но́в-ый		но́в-ое	но́в-ая
Gen.		но́в-ого		но́в-ой
Dat.		но́в-ому		но́в-ой
Acc.	If noun is inanimate, like the *nom.;* if animate, like the *gen.*		но́в-ое	но́в-ую
Inst.		но́в-ым		но́в-ой
Loc.		но́в-ом		но́в-ой

Masculine-Neuter-Feminine

Plural

Nom.	но́в-**ые**
Gen.	но́в-**ых**
Dat.	но́в-**ым**
Acc.	If noun is inanimate, like the *nom.;* if animate, like the *gen*.
Inst.	но́в-**ыми**
Loc.	но́в-**ых**

B. Soft-Ending Adjectives

	Masculine	*Neuter*	*Feminine*
		blue	

Singular

	Masculine	Neuter	Feminine
Nom.	си́н-**ий**	си́н-**ее**	си́н-**яя**
Gen.		си́н-**его**	си́н-**ей**
Dat.		си́н-**ему**	си́н-**ей**
Acc.	If noun is inanimate, like the *nom.;* if animate, like the *gen.*	си́н-**ее**	си́н-**юю**
Inst.		си́н-**им**	си́н-**ей**
Loc.		си́н-**ем**	си́н-**ей**

Masculine-Neuter-Feminine

Plural

Nom.	си́н-**ие**
Gen.	си́н-**их**
Dat.	си́н-**им**
Acc.	If noun is inanimate, like the *nom.;* if animate, like the *gen*.
Inst.	си́н-**ими**
Loc.	си́н-**их**

NOTE

1. *Adjectives in* **-о́й**

   Some adjectives have the accented ending **-о́й** in the singular masculine nominative; otherwise, their endings follow the **но́вый** pattern but with the accent on the endings: **молод-о́й** (young) — **молод-о́го,** etc.

2. *Spelling Rules*

   Two Spelling Rules can affect adjectival endings.

   Rule 1: After **г, к, х, ж, ч, ш,** and **щ,** an **и** appears where you would expect to find **ы.** Thus, for example, the singular masculine nominative form of the adjective *Soviet* is **сове́тский.**

DECLENSION OF ADJECTIVES

Rule 2: After **ж, ч, ш, щ,** and **ц,** a **е** appears where you would expect to find an *unaccented* **о**. Thus, the singular masculine genitive form of **хоро́ший** (good) is **хоро́ш-его**.

C. Pronominal Adjectives

1. **Мой** (my), **твой** (your), and **свой** (my own, your own, etc.) take identical endings.

	Masculine	*Neuter*	*Feminine*
Singular			
Nom.	мо-**й**	мо-**ё**	мо-**я́**
Gen.	мо-**его́**		мо-**е́й**
Dat.	мо-**ему́**		мо-**е́й**
Acc.	If noun is inanimate, like the *nom.;* if animate, like the *gen*.	мо-**ё**	мо-**ю́**
Inst.	мо-**и́м**		мо-**е́й**
Loc.	мо-**ём**		мо-**е́й**

Masculine-Neuter-Feminine

Plural	
Nom.	мо-**и́**
Gen.	мо-**и́х**
Dat.	мо-**и́м**
Acc.	If noun is inanimate, like the *nom.;* if animate, like the *gen*.
Inst.	мо-**и́ми**
Loc.	мо-**и́х**

2. **Наш** (our) and **ваш** (your) take identical endings.

	Masculine	*Neuter*	*Feminine*
Singular			
Nom.	наш	на́ш-**е**	на́ш-**а**
Gen.	на́ш-**его**		на́ш-**ей**
Dat.	на́ш-**ему**		на́ш-**ей**
Acc.	If noun is inanimate, like the *nom.;* if animate, like the *gen*.	на́ш-**е**	на́ш-**у**
Inst.	на́ш-**им**		на́ш-**ей**
Loc.	на́ш-**ем**		на́ш-**ей**

APPENDIX

Masculine-Neuter-Feminine

Plural
- *Nom.* на́ш-**и**
- *Gen.* на́ш-**их**
- *Dat.* на́ш-**им**
- *Acc.* If noun is inanimate, like the *nom.*; if animate, like the *gen.*
- *Inst.* на́ш-**ими**
- *Loc.* на́ш-**их**

3. **Его́** (his, its), **её** (her), and **их** (their) when used as pronominal adjectives keep the same form regardless of the case, gender, or number of the noun they refer to.

D. Demonstrative Adjectives

э́тот (this)

	Masculine	*Neuter*	*Feminine*
Singular			
Nom.	э́т-**от**	э́т-**о**	э́т-**а**
Gen.	э́т-**ого**		э́т-**ой**
Dat.	э́т-**ому**		э́т-**ой**
Acc.	If noun is inanimate, like the *nom.*; if animate, like the *gen.*	э́т-**о**	э́т-**у**
Inst.	э́т-**им**		э́т-**ой**
Loc.	э́т-**ом**		э́т-**ой**

Masculine-Neuter-Feminine

Plural
- *Nom.* э́т-**и**
- *Gen.* э́т-**их**
- *Dat.* э́т-**им**
- *Acc.* If noun is inanimate, like the *nom.*; if animate, like the *gen.*
- *Inst.* э́т-**ими**
- *Loc.* э́т-**их**

тот (that)

	Masculine	*Neuter*	*Feminine*
Singular			
Nom.	т-**от**	т-**о**	т-**а**
Gen.	т-**ого́**		т-**ой**
Dat.	т-**ому́**		т-**ой**

DECLENSION OF ADJECTIVES

тот (that)

	Masculine	*Neuter*	*Feminine*
Singular			
Acc.	If noun is inanimate, like the *nom.*; if animate, like the *gen.*	т-о	т-у
Inst.	т-ем		т-ой
Loc.	т-ом		т-ой

Masculine-Neuter-Feminine

Plural

Nom.	т-е
Gen.	т-ех
Dat.	т-ем
Acc.	If noun is inanimate, like the *nom.*; if animate, like the *gen.*
Inst.	т-éми
Loc.	т-ех

E. Interrogative Adjective чей (whose)

	Masculine	*Neuter*	*Feminine*
Singular			
Nom.	чей	чь-ё	чь-я
Gen.	чь-его́		чь-ей
Dat.	чь-ему́		чь-ей
Acc.	If noun is inanimate, like the *nom.*; if animate, like the *gen.*	чь-ё	чь-ю
Inst.	чь-им		чь-ей
Loc.	чь-ём		чь-ей

Masculine-Neuter-Feminine

Plural

Nom.	чь-и
Gen.	чь-их
Dat.	чь-им
Acc.	If noun is inanimate, like the *nom.*; if animate, like the *gen.*
Inst.	чь-и́ми
Loc.	чь-их

F. **Весь** (all)

	Masculine	*Neuter*	*Feminine*
Singular			
Nom.	весь	вс-ё	вс-я
Gen.	вс-его́		вс-ей
Dat.	вс-ему́		вс-ей
Acc.	If noun is inanimate, like the *nom.*; if animate, like the *gen.*	вс-ё	вс-ю
Inst.	вс-ем		вс-ей
Loc.	вс-ём		вс-ей

Masculine-Neuter-Feminine

Plural
- *Nom.* вс-е
- *Gen.* вс-ех
- *Dat.* вс-ем
- *Acc.* If the noun is inanimate, like the *nom.*; if animate, like the *gen.*
- *Inst.* вс-е́ми
- *Loc.* вс-ех

III. The Comparative
A. Adjectives
1. Simple

regular: beautiful

краси́в-ый
краси́в-ое } краси́в-ее
краси́в-ая
краси́в-ые

irregular: young

молод-о́й
молод-о́е } моло́ж-е
молод-а́я
молод-ы́е

2. Compound

бо́лее краси́в-ый
бо́лее краси́в-ое
бо́лее краси́в-ая
бо́лее краси́в-ые

DECLENSION OF PRONOUNS

B. Adverbs
1. Simple

    regular: быстр-о (quickly) — быстр-**ее**
    irregular: громк-о (loudly) — громч-**е**

2. Compound

    интересно (interestingly) — более интересно

IV. The Superlative

A. Adjectives

The superlative is normally obtained by using the appropriate form of **самый** before the adjective.

сам-**ый** интересный роман	the most interesting novel
сам-**ое** интересное письмо	the most interesting letter
сам-**ая** интересная пьеса	the most interesting play
сам-**ые** интересные пьесы	the most interesting plays

B. Adverbs

The superlative is normally expressed by the comparative form plus **всего** (when the action is being compared with other actions by the same subject) or **всех** (when the action is being compared with actions performed by other people or things).

    Он говорит по-русски **лучше всего.** He speaks Russian best (of all the languages he speaks, i.e., better than any other language he speaks).

    Владимир приехал **раньше всех.** Vladimir came the earliest (i.e., earlier than everybody else came).

V. Declension of Pronouns

A. Personal Pronouns

Singular

	I	you	he/it	she
Nom.	я	ты	он/оно	она
Gen.	меня	тебя	(н)его	(н)её
Dat.	мне	тебе	(н)ему	(н)ей
Acc.	меня	тебя	(н)его	(н)её
Inst.	мной	тобой	(н)им	(н)ей
Loc.	мне	тебе	нём	ней

	Plural		
	we	you	they
Nom.	мы	вы	они́
Gen.	нас	вас	(н)их
Dat.	нам	вам	(н)им
Acc.	нас	вас	(н)их
Inst.	на́ми	ва́ми	(н)и́ми
Loc.	нас	вас	них

B. Interrogative Pronouns **кто** (who) and **что** (what)

Nom.	кто	что
Gen.	кого́	чего́
Dat.	кому́	чему́
Acc.	кого́	что
Inst.	кем	чем
Loc.	ком	чём

C. Emphatic Pronoun **сам** (myself, yourself, etc.)

Singular

	Masculine	*Neuter*	*Feminine*
Nom.	сам	сам-о́	сам-а́
Gen.	сам-ого́		сам-о́й
Dat.	сам-ому́		сам-о́й
Acc.	If noun or pronoun it refers to is inanimate, like the *nom.*; if animate, like the *gen.*	сам-о́	сам-оё́
Inst.	сам-и́м		сам-о́й
Loc.	сам-о́м		сам-о́й

Masculine-Neuter-Feminine

Plural

Nom.	са́м-и
Gen.	сам-и́х
Dat.	сам-и́м
Acc.	If noun or pronoun is inanimate, like the *nom.*; if animate, like the *gen.*
Inst.	сам-и́ми
Loc.	сам-и́х

VERB FORMS   443

D. Reflexive Pronoun себя́ (myself, yourself, etc.)

Nom.   —
Gen.   себя́
Dat.   себе́
Acc.   себя́
Inst. собо́й
Loc.   себе́

VI. Verb Forms

	Conjugation I		*Conjugation II*	
	Incompletion/ Repetition	Completion	Incompletion/ Repetition	Completion
A. Infinitive	де́лать	сде́лать	стро́ить	постро́ить
	to do		to build	

B. Past

Masc.	я, ты, он, кто	де́ла-л	сде́ла-л	стро́и-л	постро́и-л
Fem.	я, ты, она́	де́ла-ла	сде́ла-ла	стро́и-ла	постро́и-ла
Neut.	оно́	де́ла-ло	сде́ла-ло	стро́и-ло	постро́и-ло
Pl.	мы, вы, они́	де́ла-ли	сде́ла-ли	стро́и-ли	постро́и-ли

C. Present

я	де́ла-ю	стро́-ю
ты	де́ла-ешь	стро́-ишь
он, она́, оно́	де́ла-ет	стро́-ит
мы	де́ла-ем	стро́-им
вы	де́ла-ете	стро́-ите
они́	де́ла-ют	стро́-ят

D. Future

я	бу́ду де́лать	сде́ла-ю	бу́ду стро́ить	постро́-ю

ты	бу́дешь де́лать	сде́ла-ешь	бу́дешь стро́ить	постро́-ишь
он она́ оно́	бу́дет де́лать	сде́ла-ет	бу́дет стро́ить	постро́-ит
мы	бу́дем де́лать	сде́ла-ем	бу́дем стро́ить	постро́-им
вы	бу́дете де́лать	сде́ла-ете	бу́дете стро́ить	постро́-ите
они́	бу́дут де́лать	сде́ла-ют	бу́дут стро́ить	постро́-ят

E. Imperative

    де́ла-**й(те)**   сде́ла-**й(те)**   стро́-**й(те)**   постро́-**й(те)**

F. Verbal Adverb of Completed Action

    сде́ла-**в(ши)**   постро́и-**в(ши)**

G. Verbal Adverb of Simultaneous Action

    де́ла-**я**   стро́-**я**

H. Active Verbal Adjectives
   Present де́ла-**ющ-ий**   стро́-**ящ-ий**
   Past   (с)де́ла-**вш-ий**   (по)стро́и-**вш-ий**

I. Passive Verbal Adjectives
   Present де́ла-**ем-ый**   стро́-**им-ый**
   Past   (с)де́ла-**нн-ый**   (по)стро́-**енн-ый**

NOTE

1. *Past Tense*

Verbs with a past tense stem ending in a consonant have no masculine ending: **умере́ть** (to die) — **у́мер**.

2. *Present Tense of Incompletion-Repetition Verbs and Future Tense of Completion Verbs*

  a. *Conjugation I:* If the present or future tense stem ends in any consonant letter but **л**, the first person singular ending is **-у**, the third person plural ending **-ут**: **брать** (to take) — **бер-у́, бер-у́т**.

  b. *Conjugation II*

    1. If the present or future tense stem ends in **б, в, м, п,** or **ф**, an **л** is added to it before the first person singular ending: **люби́ть** (to love) — **любл-ю́**.

    2. According to Spelling Rule 3, after **г, к, х, ж, ч, ш, щ,** and **ц**, an **у** appears where you would expect to find **ю**, and an **а** where you would expect to find **я**. This affects:

a. verbs with a stem ending in one of these consonants in the first person singular only: **ви́деть** (to see) — **ви́ж-у**.
   b. verbs with a stem ending in one of these consonants throughout the conjugation: **слы́шать** (to hear) — **слы́ш-у, слы́ш-ат**.
3. *Imperative*
   If the present or future tense stem (from which imperatives are formed) does not end in a vowel:
   a. and the stress is on the ending in the first person singular, the stressed ending **-и́** or **-и́те** is added: **говори́ть** (to speak): **говор-ю́** — **говори́(те)**
   b. and the stress is not on the ending in the first person singular, **-ь** or **-ьте** is added: **переста́ть** (to stop): **переста́н-у** — **переста́н-ь(те)**
4. *Verbal Adverbs of Completed Action*
   If the past tense stem (from which these verbal adverbs are normally formed) ends in a consonant, **-ши** is added: **помо́чь** (to help) — **помо́г-ши**.
5. *Verbal Adverbs of Simultaneous Action*
   If the present tense stem (from which these verbal adverbs are normally formed) ends in a Spelling Rule 3 consonant, **-а** is used instead of **-я**: **дрожа́ть** (to tremble): **дрож-у́** — **дрож-а́**.
6. *Active Verbal Adjectives*
   a. Present: If the present tense stem (from which these verbal adjectives are formed) ends in a Spelling Rule 3 consonant, the insert has the variants **-ущ-** or **-ащ-**: **писа́ть** (to write) — **пи́ш-ущ-ий**; **лежа́ть** (to lie) — **леж-а́щ-ий**
   b. Past: If the past tense stem (from which these verbal adjectives are normally formed) ends in a consonant, the insert **-ш-** is used: **умере́ть** (to die): **уме́р-ш-ий**.
7. *Passive Verbal Adjectives*
   a. The present verbal adjective is normally formed from the present tense stem. The past is formed from the first person singular stem (of non-monosyllabic verbs whose infinitives end in **-ить**), from the present or future tense stem (of verbs whose infinitives end in **-ти**); otherwise, normally, from the past tense stem.
   b. The inserts are **-ем-, -им-** for the present form; **-нн-, -енн- (-ённ-),** or **-т-** for the past.
   c. These verbal adjectives can have short forms (note that the short forms of past adjectives lose one **н** from the insert): **люби́ть** (to love) —**люби́мый—люби́м**; **написа́ть** (to write) — **напи́санный—напи́сан, напи́сано, напи́сана, напи́саны**.

VII. Prepositions

This summary gives only the meanings with which the prepositions are used in the text.

A. The objects of some prepositions are always in one case.

Gen.	**без (безо)**	*without, minus*
	вместо	*instead of*
	для	*for*, as in: *I bought a ticket for you.* (Я купи́л биле́т для вас.)
	до	*before*, in the sense of *sometime before*; *until*
	из (изо)	*from (within)*; *of*, as in *one of my friends* (оди́н из мои́х това́рищей)
	о́коло	*near*
	от (ото)	*from (the side of)*
	по́сле	*after*
	у	*at, by*
Dat.	**к (ко)**	*toward*; *to*, in the sense of *toward*; *to*, in the sense of *to someone's (house, office, etc.)*: Они́ пое́хали к адвока́ту. — They went to the lawyer's (house, office).
Acc.	**че́рез**	*after, in, within (a certain period of time)*; *through*
Inst.	**над (надо)**	*above, over*
	пе́ред (пере́до)	*before* (referring to time *or* location); *in front of*
Loc.	**при**	*in the reign of, in the time of*

B. The case of some prepositions depends on the meaning with which they are used.

Gen.	**с (со)**	when it means *from (off of)*; *from* (a certain time on)
Dat.	**по**	when it means *on, along*, as in: *On (along) the road he met a friend.* (По доро́ге он встре́тил дру́га.)
		when it means *about*, as in: *He wandered about the city.* (Он броди́л по го́роду.)
Acc.	**в (во)**	when it is used to express *motion into* a place or thing, as in: *He went in(to) his room.* (Он пошёл в свою́ ко́мнату.) *She went to the city.* (Она́ пое́хала в го́род.)
	за	when it means *by*, as in: *He took her by the hand.* (Он взял её за́ руку.)

		when it means *for*, as in: *He paid for the book.* (Он заплатил за книгу.) *What should I forgive you for?* (За что тебя прощать?)
		when it means *of*, as in: *I grabbed hold of the thick rope.* (Я схватился за канат.)
	на	when it is used to express *motion onto* a place or thing, as in: *He put the book on the table.* (Он положил книгу на стол.)
		when it is used to express *motion in or (in)to* with a limited number of nouns (such as **бал, лекция, улица**), as in: *He went to the lecture.* (Он пошёл на лекцию.)
	под (подо)	when it is used to express *motion directed under or below something*, as in: *He put the magazine under the books.* (Он положил журнал под книги.)
Inst.	за	when it means *after*, in the sense of *following (someone)*
	под (подо)	when it is used to express *location under or below something*, as in: *The magazine is under the books.* (Журнал под книгами.)
	с (со)	(together) with
Loc.	в (во)	when it is used to express *location in or at*, as in: *He was in (at) the restaurant.* (Он был в ресторане.)
	на	when it is used to express *location on*, as in: *The book is on the table.* (Книга на столе.)
		when, with a limited number of nouns (such as, **бал, лекция, улица**), it is used to express *location at or in*, as in: *He was at the lecture.* (Он был на лекции.) *She was in the street.* (Она была на улице.)
	о (об, обо)	when it means *about*, as in: *We were talking about this.* (Мы говорили об этом.)

Russian-English Vocabulary

Each noun, adjective, adverb, and verb is described so that you can use it with all of the grammatical forms that the text shows you how to construct.

Nouns

a. Irregularities in formation and stress differing from that of the nominative singular are noted.
b. When endings are affected by a spelling rule, this is indicated by the abbreviation *S.R.* 1 (2,3).
c. Nouns ending in **-ь** are feminine unless accompanied by the notation *m* (masculine).
d. **На**-nouns are those that take the preposition **на** when **в** would be expected.

Adjectives

a. When endings are affected by a spelling rule, this is indicated by the abbreviation *S.R.* 1 (2).
b. Short forms which are irregularly constructed or have a stress differing from that in the full form are noted. *S.f.* stands for *short form*.
c. If a comparative or superlative form is irregular in any way, it is listed. *S. comp.* means *simple comparative*.

Adverbs

Irregularities in the form and stress of comparatives and superlatives are noted.

Verbs

a. If a verb of completion has a comparable verb of incompletion-repetition, a cross-reference is made to the latter, whose listing gives information about both verbs.
b. In the listing under a verb of incompletion-repetition, information about this verb is given in the *first* column, as follows:
   1. *Past Tense:* All irregular forms are provided. If the stress in any form differs from that in the infinitive, this is noted.
   2. *Present Tense:* The conjugation is specified. If the stem formation differs from that of the **посылáть-говорúть** models (pp. 81–83),

if Spelling Rule 3 affects the endings, or if the stress differs from that of the infinitive, the forms necessary for conjugating the verb are given (the first and second persons singular, more if necessary).
3. *Imperative:* This form is provided if the construction or stress is irregular. A dash indicates that the form does not exist or is not common.
4. *Verbal Adverb of Simultaneous Action:* If it is irregular in any way, this form is given. A dash indicates that the form does not exist or is not common.

c. In the listing under a verb of incompletion-repetition, the *second* column provides information about the comparable verb of completion:
1. *Past Tense, Future Tense, Imperative:* The same information is given as for the verb of incompletion-repetition, except when the completion verb is merely a prefixed version of the comparable incompletion-repetition verb.
2. *Verbal Adverb of Completed Action:* If it is irregular in any way, this form is given. Forms in **-я** are noted. A dash indicates that the form does not exist or is not common.

d. Since the text is designed to give only a recognitional knowledge of the verbal adjectives, these forms are provided only when they would be difficult to identify and are listed as separate items.

e. When there are separate verbs for incompletion and repetition, information about the completion form (if any) appears below that for the incompletion and repetition forms.

f. If only one verb is listed with information about its forms, this means it is a verb of incompletion-repetition without a comparable completion verb. Completion verbs without comparable incompletion-repetition forms are identified by the abbreviation *compl.*

When alternate stress or spelling patterns are equally acceptable, the most regular one is normally given.

A

a but; and (when used to express contrast)
а́вгуст August
авто́бус bus
а́втор author
адвока́т lawyer

Аксёнов Aksyonov (a last Name)
  Sing. *inst.* **Аксёновым**
  Pl. *gen.* **Аксёновых**
     dat. **Аксёновым**
     acc. **Аксёновых**
     inst. **Аксёновыми**

RUSSIAN-ENGLISH VOCABULARY

   loc. **Аксёновых**
актёр actor
актри́са actress
Алекса́ндр Alexander
Аме́рика America
  S.R. 1
америка́нский (*adj.*) American
  S.R. 1
  No *s.f.*
англича́нин Englishman
  Pl. nom. англича́не
    gen. англича́н
    dat. англича́нам
    acc. англича́н
    inst. англича́нами
    loc. англича́нах
англича́нка Englishwoman
  S.R. 1
  Pl. gen. англича́нок
А́нглия England
апре́ль (*m.*) April
аспира́нт graduate student
аудито́рия lecture room; auditorium

Б

ба́бушка grandmother
  S.R. 1
  Pl. gen. ба́бушек
бал ball
  A на-noun
  Sing. loc. о ба́ле; на балу́
  Pl. endings accented.
бе́дный poor
  S.f. бе́ден, бедна́
без (безо) without, minus
  Always takes the *gen.*
бе́й(те) See бить.
бе́лый white
  S.f. бела́

бе́рег shore
  Sing. loc. о бе́реге; на берегу́
  Pl. nom. & *acc.* берега́
  Pl. endings accented.
беру́ See брать.
беспоря́док disorder
  S.R. 1
  The **о** in the last syllable drops whenever an ending is added.
бестактный tactless
  S.f. беста́ктен
библиоте́ка library
  S.R. 1
библиоте́карша female librarian
  S.R. 1 & 2
биле́т ticket
бить/проби́ть to strike the hour
  Pres. I, бью, бьёшь
  Imp. бе́й(те)
  Adv. —
благодари́ть/поблагодари́ть to thank
  Pres. II
бле́дный pale
  S.f. бле́ден, бледна́
Бог God
  Sing. nom. pronounced **Бох**.
  S.R. 1
  Pl. endings accented, except for *nom.*
бога́тый rich
  S. comp. бога́че
Бо́же мой! My God!
бо́лее more (Used to form the compound comparative.)
бо́лен See больно́й.
больни́ца hospital
  S.R. 2
больно́й sick
  S.f. бо́лен
бо́льше bigger, larger; more (see большо́й, мно́го); anymore (when

не precedes the verb)
бо́льший bigger, larger (See
  большо́й.)
  S.R. 1 & 2
  No *s.f.*
большинство́ (+ *gen.*) most (of),
  the majority (of)
большо́й big, large
  S.R. 1
  No *s.f.*
  S. comp. **бо́льше**
  Declinable comparative **бо́льший**
бо́мба bomb
борщ borsch (beet soup)
  Endings accented.
боя́ться to be afraid (of)
  Pres. II
  The person or thing one is afraid
  of is in the *gen.*
брать/взять (у + *gen.*) to take
  (from)
Past **брала́**	*Past* **взяла́**
Pres. I, **беру́,**	*Fut.* I, **возьму́,**
берёшь	**возьмёшь**
броди́ть (по + *dat.*) to wander
  (about)
  Pres. II, **брожу́, бро́дишь**
бро́нза bronze
броса́ть/бро́сить to throw
  Pres. I *Fut.* II, **бро́шу, бро́сишь**
бро́шка brooch
  S.R. 1
  Pl. gen. **бро́шек**
бро́шу See **броса́ть.**
бу́ду See **быть.**
бы a particle used in *if* conditional
  statements with unfulfilled conditions
бы́стро quickly, rapidly
быть to be
  Past **была́**
  Pres. **Есть** is the *3rd pers. sing.*
  and also serves as the
  3rd pers. pl. The *1st* and
  2nd pers. forms are not
  used.
  Fut. I, **бу́ду, бу́дешь**
  Imp. **будь(те)**
  Adv. **бу́дучи**
бью See **бить.**

В

в (во) in(to), to; at, in
  The object is in the *acc.* if motion
  into or *to* is expressed, in the *loc.*
  if location *in* or *at* is expressed.
  In time expressions, the *acc.* is
  normally used after **в.**
ва́жный important
  S.f. **ва́жен, важна́**
ва́за vase
вале́т jack (playing card)
вам *dat.* of **вы** (you)
ва́ми *inst.* of **вы** (you)
вас *gen., acc.,* and *loc.* of **вы** (you)
ваш, ва́ше, ва́ша, ва́ши your
  See Appendix, pp. 437-38, for
  declension.
вдруг suddenly
ве́дьма hag (literally, *witch*)
век century
  Pl. nom. & acc. **века́**
  Pl. endings accented.
Ве́ра Vera
ве́рить to believe
  Pres. II
ве́село gaily; it's gay
  S. comp. **веселе́е**
  ей ве́село she's having a good
  time
весёлый gay
  S.f. **ве́сел, ве́село, весела́, ве́селы**
  S. comp. **веселе́е**

RUSSIAN-ENGLISH VOCABULARY

весно́й   in (during) the spring
весь, всё, вся, все   all; the whole (The neuter form also renders *everything*, and the *pl.* renders *everybody, everyone.*)
   See Appendix, p. 440, for declension.
ве́трено   it's windy
ве́чер   evening
   Pl. nom. & acc. вечера́
   Pl. endings accented.
ве́чера   in the evening
   Used in place of ве́чером when a definite hour is stated.
ве́чером   in the evening
вещь   thing
   S.R. 1 & 3
   Pl. endings accented except for the *nom.* and *acc.*
взволно́ванно   agitatedly, excitedly
взволно́ванный   agitated, excited, upset
   S.f. взволно́ван
взять   See брать.
взять с него́ сло́во   to make him promise
вид (на + *acc.*)   view (of)
ви́деть   to see
   Pres. II, ви́жу, ви́дишь
ви́за   visa
Ви́ктор   Victor
вино́   wine
   First syllable accented in the *pl.*
винова́тый   guilty
Влади́мир   Vladimir (a first name; also the name of a city northeast of Moscow)
Влади́мирский   St. Vladimir's
   S.R. 1
влюблённый (в + *acc.*)   in love (with)
   S.f. влюблён, влюбленó,

влюблена́, влюблены́
вме́сто   instead of
   Always takes the *gen.*
вме́сто того́, что́бы (отве́тить)   instead of (answering)
внук   grandson (The *pl.* can mean *grandsons* or *grandchildren.*)
   S.R. 1
во   See в.
вода́   water
   Sing. acc. во́ду; first syllable accented in the *pl.*
вое́нный   military man
   Declined like the *adj.* но́вый describing an animate noun.
возвраща́ть(ся) / возврати́ть(ся)   to return: without -ся, in the sense of *to give back*; with -ся, in the sense of *to come back*
   Pres. I   *Fut.* II, возвращу́(сь), возврати́шь(ся)
возьму́   See брать.
войду́   See входи́ть.
войдя́   See входи́ть.
война́   war
   Accent on the first syllable in the *pl.*
войти́   See входи́ть.
вокру́г   around
   Object always in the *gen.*
во́ля   liberty
дава́ть во́лю   to give rein
воображе́ние   imagination
вопро́с   question
вор   thief
   Accent on the endings in the *pl.*, except for the *nom.*
восемна́дцатый   eighteenth
восемна́дцать   eighteen
   See Lesson 30, pp. 313–14, for declension.

восемь eight
  See Lesson 30, pp. 313 – 14, for declension.
восемьдесят eighty
  See Lesson 30, p. 314, for declension.
восемьсот eight hundred
  See Lesson 30, pp. 314 – 15, for declension.
воскресенье Sunday
  Sing. loc. identical with *nom.*
  Pl. gen. воскресений
  в воскресенье on Sunday
воспитанница ward
  S.R. 2
восторг delight
  S.R. 1
  приходить (прийти) в восторг от (+ *gen.*) to be delighted (with)
восьмидесятый eightieth
восьмисотый eight hundredth
восьмой eighth
вот ... this is what (something) is like; here is (are) ...
вошедший who had entered (*active past verbal adjective formed from* войти)
вошёл See входить.
вошла See входить.
вредить/повредить to harm
  Pres. II, врежу, вредишь
  The person harmed is in the *dat.*
время time
  Sing. nom. & acc. время
      gen.   времени
      dat.   времени
      inst.   временем
      loc.   времени
  Pl. nom. & acc. времена
      gen.   времён
      dat.   временам
      inst.   временами
      loc.   временах
все See весь.
всё See весь.
всегда always
всё-таки nevertheless, after all
вслух aloud
встречать(ся)/встретить(ся) to meet (each other)
  Pres. I *Fut.* II, встречу(сь), встретишь(ся)
вся See весь.
вторник Tuesday
  S.R. 1
  во вторник on Tuesday
второй second
входить/войти (в + *acc.*) to enter, to go into (on foot)
  Pres. II, вхожу, входишь | *Past* вошёл, вошло, вошла, вошли
  | *Fut.* войду, войдёшь
  | *Adv.* войдя
  В is used when the place entered is specified.
вчера yesterday
вчера вечером yesterday evening
вчера днём yesterday afternoon
вчера ночью last night
вчера утром yesterday morning
вы you
  See Appendix, p. 442, for declension.
выбирать/выбрать to choose
  Pres. I *Fut.* I, выберу, выберешь
  Imp. выбери(те)
выигрывать/выиграть to win
  Pres. I *Fut.* I
выйду See выходить.
выйти See выходить.
выкопать See копать.

вылéчивать/вы́лечить   to cure
  Pres. I   Fut. II, вы́лечу,
        вы́лечишь
        Imp.   вы́лечи(те)
вы́мою(сь)   See мы́ть(ся).
вы́мыть(ся)   See мы́ть(ся).
вы́пей(те)   See пить.
вы́пить   See пить.
выпускáть/вы́пустить   to let go of
  Pres. I   Fut. II вы́пущу,
        вы́пустишь
        Imp.   вы́пусти(те)
вы́пью   See пить.
вы́ругать   See ругáть.
вытя́гивать/вы́тянуть   to pull out
  Pres. I   Fut. I, вы́тяну,
        вы́тянешь
        Imp.   вы́тяни(те)
выходи́ть/вы́йти   to go out
  (on foot)
  Pres. II,   Past вы́шел,
    выхожу́,   вы́шло, вы́шла,
    выхо́дишь   вы́шли
              Fut. I,   вы́йду,
                        вы́йдешь
              Imp.   вы́йди(те)
              Adv.   вы́йдя

Г

газéта   newspaper
где   where (Used in asking or indicating where a person, thing, or action is *located*.)
Гéкльберри Финн   Huckleberry Finn
Гермáния   Germany
Гéрманн   Herman
герóй   hero
гид   guide
гитáра   guitar
глаз   eye
  Sing. loc.   о глáзе; в глазу́
  Pl. nom. & acc.   глазá, gen. глаз
  Pl. endings accented
глу́пый   stupid, foolish
  S.f.   глупá
гм   hm
  Pronounced like its English equivalent.
гнев   anger
говори́ть/сказáть   to say, to tell
  The incompletion-repetition form also renders *to speak* and *to talk*.
  Pres. II   Fut. I, скажу́, скáжешь
год   year
  Sing. loc.   о гóде; в году́
  Pl. endings accented except for *nom.* and *acc.*
  With adverbs of quantity and the cardinals 5–20, 25–30, etc., лет is used as the *pl. gen.*
гóлос   voice
  Pl. nom. & acc.   голосá
  Pl. endings accented
горáздо   much
  Must be used to render *much* before a comparative.
гóрдый   proud
  S.f.   гордá
гóрка   hill
  S.R. 1
  Pl. gen.   гóрок
гóрничная   maid
  Declined like the *adj.* нóвая describing an animate noun.
гóрод   city, town
  Pl. nom. & acc.   городá
  Pl. endings accented
гости́ница   hotel
  S.R. 2
гость (*m.*)   guest
  Pl. endings accented except for the *nom.*

гото́вый ready
  No *s. comp.*
графи́ня countess
  Sing. dat. & loc. **графи́не**
  Pl. gen. **графи́нь**
гроб coffin
  Sing. loc. **о гро́бе; в гробу́**
  Pl. endings accented
гро́зно menacingly
гро́мко loudly
  S. comp. **гро́мче**
гро́мче louder
гру́бый coarse
  S. f. **груба́**
гуверна́нтка governess
  S.R. 1
  Pl. gen. **гуверна́нток**

Д

да yes; but (*colloquial*); and (*when used to express contrast*)
дава́ть/дать to give
  Pres. I, **даю́**,   *Past* **дала́**
     даёшь   *Fut.* **дам**,
  Imp. **дава́й(те)**   **дашь, даст**,
  Adv. **дава́я**   **дади́м**,
                      дади́те, даду́т
                    Imp. **да́й(те)**
давно́ long ago; for a long time (in reference to the past only)
дади́м See **дава́ть**.
да́же éven
да́й(те) See **дава́ть**.
далеко́ far (away)
  S. comp. **да́льше**
дам See **дава́ть**.
да́ма lady
даст See **дава́ть**.
дать See **дава́ть**.

дашь See **дава́ть**.
даю́ See **дава́ть**.
два (*m.-n.*) two
  See Lesson 30, p. 313, for declension.
двадца́тый twentieth
два́дцать twenty
  See Lesson 30, pp. 313–14, for declension.
две (*f.*) two
  See Lesson 30, p. 313, for declension.
двена́дцатый twelfth
двена́дцать twelve
  See Lesson 30, pp. 313–14, for declension.
дверь door
  Pl. endings accented except in the *nom.* and *acc.*
две́сти two hundred
  See Lesson 30, pp. 314–15, for declension.
дворе́ц palace
  The **e** in the last syllable drops whenever an ending is added. Endings accented.
двухсо́тый two hundredth
де́вушка girl
  S.R. 1
  Pl. gen. **де́вушек**
девяно́сто ninety
  See Lesson 30, p. 314, for declension.
девяно́стый ninetieth
девятисо́тый nine hundredth
девя́тка the nine (a playing card)
  S.R. 1
  Pl. gen. **девя́ток**
девятна́дцатый nineteenth
девятна́дцать nineteen
  See Lesson 30, pp. 313–14, for declension.

девя́тый   ninth
де́вять   nine
  See Lesson 30, pp. 313–14, for declension.
девятьсо́т   nine hundred
  See Lesson 30, pp. 314–15, for declension.
де́душка *(m.)*   grandfather
  Declined like an animate fem. noun ending in **-а**.
  S.R. 1
  Pl. gen. де́душек
дека́брь *(m.)*   December
  Endings accented.
  Sing. inst. декабрём
де́лать/сде́лать   to do; to make
  Pres. I
  Пётр Пе́рвый сде́лал Петербу́рг столи́цей Росси́и.   Peter the First made St. Petersburg the capital of Russia.
делега́ция   delegation
де́ло   (business) matter, affair
  Pl. endings accented.
  в са́мом де́ле indeed, (and) really
де́нег   See **де́ньги**.
день *(m.)*   day
  The **e** drops whenever an ending is added.
  Sing. inst. днём
де́ньги   money
  No *sing.*
  Pl. gen. де́нег
    dat. деньга́м
    acc. де́ньги
    inst. деньга́ми
    loc. деньга́х
держа́тьсья (**за** + *acc.*)   to hold (onto)
  Pres. II, держу́сь, де́ржишься
деся́тый   tenth
де́сять   ten
  See Lesson 30, pp. 313–14, for declension.
де́ти   children
  Used as *pl.* of **ребёнок**.
  Pl. gen. дете́й
    dat. де́тям
    acc. дете́й
    inst. детьми́
    loc. де́тях
Джон   John (**Ива́н** is the normal equivalent.)
дива́н   sofa
дли́нный   long
  S.f. дли́нен, длинна́
для   for
  Object always in the *gen.*
дневни́к   diary
  S.R. 1
  Endings accented.
днём   in the afternoon
Днепр   the Dnieper (a river in the Ukraine)
  Endings accented.
дня   in the afternoon
  Used in place of **днём** when a definite hour is stated.
до   before (in the sense of *sometime before*); until
  Object always in the *gen.*
  до свида́ния   good-by
доброта́   kindness
дово́льный   satisfied, pleased
  The thing or person one is satisfied with is in the *inst.;* **с** is not used.
  S.f. дово́лен
докла́д   report; talk
до́ктор   doctor
  Pl. nom. доктора́
  Pl. endings accented.
до́лго   long; (for) a long time
  S. comp. до́льше

до́лжен, должно́, должна́, должны́
  should (in the sense of *ought to*)
до́ллар dollar
до́льше longer (See до́лго.)
дом house
  Pl. nom. & acc. дома́
  Pl. endings accented.
до́ма at home (Used to state the *location* of a person, thing, or action.)
домо́й home (Used to state the *direction* of a person or thing.)
доро́га road, way
  S.R. 1
дорого́й dear; expensive
  S.R. 1
  S.f. до́рог, до́рого, до́роги
  S. comp. доро́же
дразни́ть to tease
  Pres. II, дразню́, дра́знишь
дре́вний ancient
  S.f. дре́вен
дрожа́ть to tremble
  Pres. II, дрожу́, дрожи́шь
друг friend
  Pl. nom друзья́
    gen. друзе́й
    dat. друзья́м
    acc. друзе́й
    inst. друзья́ми
    loc. друзья́х
друг дру́га each other
  The second word alone is declined, after the pattern of студе́нт, and only in the singular. Here it is in the *acc.* If a preposition is used, it comes between the two words.
друго́й another, other
  S.R. 1
  No *s.f.*
друзья́ See друг.

ду́мать/поду́мать to think
  Pres. I
дура́к fool
  S.R. 1
  Endings accented.
дура́читься to fool around
  Pres. II, дура́чусь, дура́чишься
душа́ soul
  S.R. 1
  First syllable accented in the *sing. acc.* and *pl.*
ду́шно it's stifling
  ей бы́ло ду́шно she felt stifled
дыра́ hole
  Accent on the first syllable in the *pl.*

Е

Е́ва Eve
Евро́па Europe
его́ his; its; *gen.* and *acc.* of он (he) and оно́ (it)
  Pronounced as if written ево́.
еди́м See есть (2).
еди́нственный only
  S.f. еди́нствен
е́ду See е́хать.
её her; *gen.* and *acc.* of она́ (she)
е́здить See е́хать.
е́здишь See е́хать.
е́зжу See е́хать.
ей *dat.* and *inst.* of она́ (she)
ел See есть (2).
ем See есть (2).
ему́ *dat.* of он (he) and оно́ (it)
е́сли if
ест See есть (2).
есть (1) See быть.
есть/съесть (2) to eat
  Pres. ем, ешь, ест, еди́м, еди́те, едя́т

RUSSIAN-ENGLISH VOCABULARY

Past ел, е́ло, е́ла, е́ли
Imp. е́шь(те)
Adv. —
е́хать — е́здить/пое́хать   to go (by vehicle), to drive
Pres. I, е́ду, е́дешь
Imp. поезжа́й(те)
Adv. е́дучи
Pres. II, е́зжу, е́здишь
Imp. е́зди(те)
Adv. е́здя
Fut. I, пое́ду, пое́дешь
Imp. поезжа́й(те)
ешь   See есть (2).
ещё   still, yet
ещё не   not yet

Ж

жаль   it's too bad
  мне жаль (+ *acc.* or *gen.*)
  I'm sorry (for, about)
  A *person* about whom one is concerned is normally in the *acc.*, an *object* in the *gen.*
жа́ркий   hot
  S.f. жа́рок, жарка́
  S. comp. жа́рче
жа́рко   it's hot
ждать   to wait (for)
  Past ждала́
  Pres. I, жду, ждёшь
  Adv. —
  Animate direct object is in the *acc.*, inanimate in the *gen.*
же (ж)   an emphatic particle emphasizing the preceding word
жела́ть/пожела́ть   to wish
  Pres. I
  Direct object is in the *gen.*, indirect in the *dat.*
жена́   wife

Pl. nom. жёны
  gen. жён
  dat. жёнам
  acc. жён
  inst. жёнами
  loc. жёнах
жени́ться (на + *loc.*)   to marry
  Pres. II, женю́сь, же́нишься
  Used only with a *masc.* subject in the *sing.*, and then it renders both incompletion-repetition and completion.
же́нщина   woman
жёны   See жена́.
женю́сь   See жени́ться.
живо́й   living, alive
  Only the short form is used as a predicate adjective.
  S.f. жи́во, жи́вы
живу́   See жить.
жизнь   life
жить   to live
  Past жила́
  Pres. I, живу́, живёшь
журна́л   magazine
журнали́ст   journalist

З

за   after (in the sense of *following* someone), behind (*location*): the object is in the *inst.*; by (as in *by the hand*), for (as in to *pay for*), of (as in *to grab hold of*): the object is in the *acc.*
  за столо́м   at the table
  за что?   for what?
  За что тебя́ проща́ть?   What should I forgive you for?
забыва́ть/забы́ть   to forget
  Pres. I   *Fut.* I, забу́ду, забу́дешь

за́втра   tomorrow
задрожа́ть (*compl.*)   to start to tremble
 Fut. II, задрожу́, задрожи́шь
займу́   See занима́ть.
закрыва́ть/закры́ть   to close
 Pres. I *Fut.* I, закро́ю, закро́ешь
замеча́тельный   remarkable, wonderful
 S.f. замеча́телен
замеча́ть/заме́тить   to notice
 Pres. I *Fut.* II, заме́чу, заме́тишь
за́муж: выходи́ть (вы́йти) за́муж (за + *acc.*) to get married (to) (Used with a *fem.* subject only.)
занима́ть/заня́ть   to occupy
 Pres. I   *Past*   за́нял, за́няло, заняла́, за́няли
                Fut. I, займу́, займёшь
занима́ться   to study
 Pres. I
 The thing studied is in the *inst.*
заня́ть   See занима́ть.
за́пертый   locked
 Passive past verbal adjective of запере́ть
 S.f. заперта́
запира́ть/запере́ть   to lock
 Pres. I *Past* за́пер, за́перло, заперла́, за́перли
                Fut. I, запру́, запрёшь
                Adv. за́перши
запла́кать (*compl.*)   to start to cry
 Fut. I, запла́чу, запла́чешь
заплати́ть   See плати́ть.
заплачу́   See плати́ть.
заряжа́ть/заряди́ть   to load (a gun)
 Pres. I *Fut.* II, заряжу́, заряди́шь
засыпа́ть/засну́ть   to fall asleep
 Pres. I *Fut.* I, засну́, заснёшь
захохота́ть (*compl.*)   to burst out laughing
 Fut. I, захохочу́, захохо́чешь
звать   to call
 Past звала́
 Pres. I, зову́, зовёшь
 Его́ зову́т Ге́рманном.   His name is Herman.
звоно́к   bell
 S.R. 1
 The o in the last syllable drops whenever an ending is added. Endings accented.
зда́ние   building
здра́вствуй(те)   hello
 The first в is not pronounced.
зелёный   green
 S.f. зе́лен, зе́лено, зелена́, зе́лены
 S. comp. зелене́е
зе́ркало   mirror
 Last syllable accented in *pl. gen.*; endings accented in other *pl.* cases.
зимо́й   in (during) the winter
знако́миться/познако́миться (с + *inst.*) to get acquainted (with), to meet (for the first time)
 Pres. II, знако́млюсь, знако́мишься
знако́мый   (a person) with whom one is or was acquainted
знать   to know
 Pres. I
зову́   See звать.

И

и   and; even; also; really
 и... и...   both ... and ...
Ива́новна   Ivanovna (a feminine patronymic based on the father's first name, Ива́н)

RUSSIAN-ENGLISH VOCABULARY

игра́ game
  Accent on the first syllable in the *pl.*
  шла игра́ the game was going on
игра́ть to play
  Pres. I
  игра́ть в (+ *acc.*) ка́рты to play cards
  игра́ть на (+ *loc.*) гита́ре (роя́ле) to play the guitar (the piano)
  игра́ть на (+ *acc.*) де́ньги to play for money
игро́к gambler
  S.R. 1
  Endings accented.
идти́ — ходи́ть/пойти́ to go (on foot), to walk; also used for the coming, going, or leaving of ships
  Past шёл, шло,   *Pres.* II, хожу́
  шла, шли   хо́дишь
  Pres. I, иду́,
    идёшь
    Past пошёл, пошло́,
      пошла́, пошли́
    Fut. I, пойду́, пойдёшь
    Adv. пойдя́
из (изо) Object always in the *gen.* from (when *from* means *from within* a country, city, house, etc.); of (as in *one of my friends*)
изве́стный well-known, famous
  The т is not pronounced except in the *masc. s.f.*
  S.f. изве́стен
извини́(те) excuse me, pardon me
извиня́ть/извини́ть to pardon, to excuse
  Pres. I *Fut.* II
и́ли or
им *inst.* of он (he) and оно́ (it);

dat. of они́ (they)
име́ние estate
и́ми *inst.* of они́ (they)
инжене́р engineer; member of the Army Engineers
иногда́ sometimes
иностра́нный foreign
  No *s.f.*
инстинкти́вно instinctively
интере́сно interestingly
интере́сный interesting
  S.f. интере́сен
интересова́ть to interest
  Pres. I, интересу́ю, интересу́ешь
интри́га intrigue
  *S.R.*1
Интури́ст Intourist (the Soviet government tourist agency)
иска́ть to search (for)
  Pres. I, ищу́, и́щешь
иску́сство art
испу́ганный frightened
  S.f. испу́ган
испуга́ться See пуга́ться.
исто́рия history; story
их their; *gen.* and *acc.* of они́ (they)
ищу́ See иска́ть.
ию́ль (*m.*) July
ию́нь (*m.*) June

К

к (ко) toward; *to,* in the sense of *toward; to,* in the sense of *to someone's (house, office, etc.)*
  Object always in the *dat.*
к сожале́нию unfortunately
к сча́стью fortunately
кабине́т office, study
ка́ждый every

каза́ться/показа́ться   to seem, to appear
  Pres. I, кажу́сь, ка́жешься
  Adv. —
  It seemed to X is rendered by the 3rd pers. sing. neuter, without a subject, and with the person involved (if mentioned) in the *dat.*
как   how; like (a); as
  Как ва́ша фами́лия?   What is your last name?
  Как дела́?   How are things going?
как то́лько   as soon as
како́й   what kind of; what a ...
  S.R. 1
како́й-то   some kind of; some ... or other
  S.R. 1
  Only the first part is declined.
кана́т   thick rope
канделя́бр   candelabra
капита́н   captain
капу́ста   cabbage
каре́та   carriage
ка́рта   card
карти́на   picture
кача́ться   to rock (from side to side)
  Pres. I
кварти́ра   apartment
кем   *inst.* of кто (who)
Кен   Ken
Ки́ев   Kiev (capital of the Ukrainian S.S.R.)
кино́   movie theater
  Indeclinable
киноарти́ст   movie actor
класть/положи́ть   to put
  Past клал, *Fut.* II, положу́, кла́ло, кла́ла, поло́жишь кла́ли
  Pres. I, кладу́, кладёшь

кни́га   book
  S.R. 1
князь   prince
  Pl. nom. князья́
    gen. князе́й
    dat. князья́м
    acc. князе́й
    inst. князья́ми
    loc. князья́х
когда́   when
кого́   *gen.* and *acc.* of кто (who)
колбаса́   sausage
  Pl. nom. колба́сы
    gen. колба́с
    dat. колба́сам
    acc. колба́сы
    inst. колба́сами
    loc. колба́сах
ком   *loc.* of кто (who)
ко́мната   room
кому́   *dat.* of кто (who)
коне́чно   of course
  Pronounced коне́шно.
конфере́нция   conference
  A на-noun
конце́рт   concert
  A на-noun
копа́ть/вы́копать   to dig
  Pres. I
костю́м   suit
котле́та   cutlet, chop, croquette
кото́рый   what, which (*interrogative adj.*); who, which, that (*relative pronoun*)
  Кото́рый час?   What time is it?
краду́   See красть.
крал   See красть.
кра́сен   See кра́сный.
краси́вый   beautiful, handsome
кра́сный   red
  S.f. кра́сен, красна́
красть/укра́сть (у + *gen.*)   to steal (from)

Past крал, крáло, крáла, крáли
Pres. I, крадý, крадёшь
Кремль (*m.*) Kremlin
  Endings accented.
  Sing. inst. Кремлём
крéпость fortress
  Pl. endings accented except for the *nom.* and *acc.*
кричáть/крикнуть (на + *gen.*) to shout (at)
  Pres. II, кричý, кричишь | *Fut.* I, крикну, крикнешь
  | *Imp.* крикни(те)
кровáть bed
кровь blood
  Sing. loc. о крóви; в крови
кто who
  Interrogative pronoun
  See Appendix, p. 480, for declension.
ктó-то someone
  Only the first part is declined.
кудá where (Used in asking the *direction* of a person or thing.)
купéц merchant
  The **е** in the last syllable drops whenever an ending is added.
  All endings accented.
купить See покупáть.

Л

лаборатóрия laboratory
лáгерь (*m.*) camp
  Pl. endings accented.
лáмпа lamp
лёг See ложиться.
леглá See ложиться.
лежáть to lie
  Pres. II, лежý, лежишь
  Adv. лёжа

лéкция (по + *dat.*) lecture (on)
  A на-noun
Лéнин Lenin
  Sing. inst. Лéниным
  Pl. gen. Лéниных
  dat. Лéниным
  acc. Лéниных
  inst. Лéниными
  loc. Лéниных
Ленингрáд Leningrad
лет See год.
летéть — летáть/полетéть to fly
  Pres. II, лечý, летишь *Pres.* I
  Fut. II, полечý, полетишь
лéто summer
  Pl. forms not used in this meaning.
лéтом in (during) the summer
лечý See летéть.
лечь See ложиться.
ли a particle used in *whether* clauses; also used to show that the sentence is a question
Лиза diminutive of Лизавéта
Лизавéта Elizabeth
лимóн lemon
лимонáд lemonade
литератýра literature
лицó face
  Accent on first syllable in the *pl.*
ложиться/лечь to lie down; "to fall" (as in the case of playing cards)
  Pres. II, ложýсь, ложишься | *Past* лёг, леглó, леглá, легли
  | *Fut.* I, лягу, ляжешь, ляжет, ляжем, ляжете, лягут
  | *Imp.* ляг(те)
  | *Adv.* лёгши

лу́чше better (See хоро́ший, хорошо́.)
лу́чший better, best (See хоро́ший.)
    S.R. 1 & 2
    No s.f.
люби́ть to love; to like
    Pres. II, люблю́, лю́бишь
любо́вник lover (male)
    S.R. 1
лю́ди people
    Used as pl. of челове́к, except in the gen. under certain circumstances (see челове́к).
    Pl. gen. люде́й
        dat. лю́дям
        acc. люде́й
        inst. людьми́
        loc. лю́дях
ля́гу See ложи́ться.
ля́жешь See ложи́ться.

М

мавзоле́й mausoleum
магази́н store
ма́й May
ма́ленький small, little
    S.R. 1
    No s.f.
    S. comp. ме́ньше
    Declinable comparative ме́ньший
ма́ло (+ gen.) little, few
    S. comp. ме́ньше
ма́ма mom
Мари́я Mary
ма́рт March
ма́сло butter
    Pl. endings accented except in the gen.
    Pl. gen. ма́сел
мать mother
    Sing. nom. мать
        gen. ма́тери
        dat. ма́тери
        acc. мать
        inst. ма́терью
        loc. ма́тери
    Pl. nom. ма́тери
        gen. матере́й
        dat. матеря́м
        acc. матере́й
        inst. матеря́ми
        loc. матеря́х
маха́ть/махну́ть (+ inst.) to wave
    Pres. I, машу́, Fut. I, махну́, ма́шешь махнёшь
Ма́ша diminutive of Мари́я (Mary)
    S.R. 1 & 2
маши́на car; machine
машу́ See маха́ть.
ме́дленно slowly
мел chalk
    Genitive of quantity ме́лу
ме́ньше smaller, littler; less, fewer
    See ма́ленький, ма́ло.
ме́ньший smaller, littler. See ма́ленький.
    S.R. 1 & 2
    No s.f.
меня́ gen. and acc. of я (I)
мёртвый lifeless, dead
    S.f. мертва́
ме́сто place, spot
    Pl. endings accented.
ме́сяц month
    S.R. 2
Мефисто́фель (m.) Mephistopheles
меша́ть/помеша́ть (+ dat.) Pres. I to prevent (someone from performing an action)
ми́ло kindly
ми́лый dear, nice
    S.f. мила́
ми́на mine (explosive)
мини́стр minister (government official)

минýта   minute
мир   peace
мне   *dat.* and *loc.* of **я** (I)
мнóго   (+ *gen.*) much, a lot
   S. comp. бóльше
мной   *inst.* of **я** (I)
мог   See **мочь.**
могý   See **мочь.**
моё   See **мой.**
мóжет быть   perhaps
мóжешь   See **мочь.**
мóжно   (+ *inf.*) one may (do something)
мой, моё, моя́, мои́   my
   See Appendix, p. 437, for declension.
моли́ться   to pray
   Pres. II, молю́сь, мóлишься
   God, or the saint to whom the prayer is addressed, is in the *dat.*
молодóй   young
   S.f. мóлод, мóлодо, мóлоды
   S. comp. молóже
мóлодость   youth
молóже   younger (See **молодóй**.)
молокó   milk
молчáть   to be silent
   Pres. II, молчý, молчи́шь
   Adv. мóлча
молю́сь   See **моли́ться.**
мóре   sea
   Sing. loc. мóре
   Pl. gen. морéй
   Pl. endings accented.
Москвá   Moscow
мочь/смочь   to be (physically) able (to)
   Past мог, моглó,   *Imp.* —
      моглá, могли́
   Pres. I, могý, мóжешь,
      мóжет, мóжем,
      мóжете, мóгут
   Imp. —

Adv. —
мóю(сь)   See **мы́ть(ся).**
моя́   See **мой.**
муж   husband
   S.R. 2
   Pl. nom. мужья́
      gen. мужéй
      dat. мужья́м
      acc. мужéй
      inst. мужья́ми
      loc. мужья́х
мужчи́на (*m.*)   man
   Declined like an animate fem. noun ending in **-a.**
мужья́   See **муж.**
музéй   museum
мýзыка   music
   S.R. 1
мы   we
   See Appendix, p. 442, for declension.
мы́ло   soap
   Pl. endings accented.
мы́ть(ся)/вы́мыть(ся)   to wash (oneself)
   Pres. I, мóю(сь), *Fut.* I, вы́мою(сь),
   мóешь(ся)   вы́моешь(ся)

Н

на   on, onto
   The object is in the *acc.* if motion *onto* is expressed, in the *loc.* if location *on* is expressed. **На** expresses motion *in* or (*in*)*to*, and location *in* or *at* with **на**-nouns.
навéрно   probably
над (нáдо)   above, over
   Always takes the *inst.*
надевáть/надéть   to put on (an item of clothing)
   Pres. I   *Fut.* I, надéну, надéнешь

называть/назвать to name
   Pres. I *Past* назвала́
      Fut. I, назову́,
         назовёшь
найду́ See находи́ть.
найти́ See находи́ть.
наклоня́ться/наклони́ться
   (над + *gen.*) to bend (over)
   Pres. I *Fut.* II, наклоню́сь,
     наклони́шься
наконе́ц finally
нале́во to the left
нам *dat.* of мы (we)
на́ми *inst.* of мы (we)
написа́ть See писа́ть.
напишу́ See писа́ть.
Наполео́н Napoleon
напра́во to the right
наприме́р for example
Нару́мов Narumov (a last name)
   Sing. inst. Нару́мовым
   Pl. gen. Нару́мовых
      dat. Нару́мовым
      acc. Нару́мовых
     inst. Нару́мовыми
      loc. Нару́мовых
нас *gen.*, *acc.*, and *loc.* of мы (we)
насме́шливо mockingly
настоя́щий real
   S.R. 1 & 2
   No *s.f.*
нахму́риться See хму́риться.
находи́ть/найти́ to find
   Pres. II, нахожу́, *Past* нашёл,
     нахо́дишь нашло́, нашла́,
         нашли́
        Fut. I, найду́,
           найдёшь
        Adv. найдя́
находи́ться to be located
   Pres. II, нахо́дится, нахо́дятся
   Used in the third person only in this meaning.
нахожу́ See находи́ть.
начина́ть/нача́ть to begin
   Pres. I *Past* на́чал, на́чало,
      начала́, на́чали
      Fut. I, начну́, начнёшь
наш, на́ше, на́ша, на́ши our
   See Appendix, pp. 437–38, for declension.
нашёл See находи́ть.
на́ши See наш.
нашла́ See находи́ть.
не not
невозмо́жно it's impossible
недалеко́ (от + *gen.*) not far (from)
неде́ля week
   Sing. dat. & loc. неде́ле
   Pl. gen. неде́ль
недово́льный dissatisfied
   S.f. недово́лен
   The thing or person one is dissatisfied with is in the *inst.*; с is not used.
не́жный tender
   S.f. не́жен, нежна́
незако́нный illegitimate
   S.f. незако́нен
незнако́мый unfamiliar
ней *loc.* of она́ (she)
не́который some
   не́которое вре́мя for some time, for a while
нельзя́ it is impossible
нельзя́ бы́ло it was impossible
нём *loc.* of он (he) and оно́ (it)
не́мец German (The singular refers to a male only, the plural to men and women together.)
   S.R. 2
   The **e** of the last syllable is dropped whenever an ending is added.

RUSSIAN-ENGLISH VOCABULARY

неме́цкий (*adj.*) German
  S.R. 1
  No *s. f.*
ненави́деть to hate
  Pres. II, **ненави́жу, ненави́дишь**
необыкнове́нный remarkable, unusual
  S.f. **необыкнове́нен**
неподви́жно motionless
непра́вда falsehood
неприли́чный indecent
  S.f. **неприли́чен**
не́рвный nervous
  S.f. **не́рвен, нервна́**
не́сколько several
несча́стный unhappy
  The **т** is not pronounced except in the *masc. s.f.*
  S.f. **несча́стен**
нет no
ни... ни... neither ... nor ...
никогда́ never
  Не must precede the verb when this negative adverb is used.
никогда́ бо́льше never again
Никола́й Nicholas
никто́ no one
  Кто is declined. If **никто́** is the object of a preposition, the **ни** is detached and the preposition follows it: **ни о ком**.
  Не must precede the verb when this negative pronoun is used.
Ни́на Nina
них *loc.* of **они́** (they)
ничего́ nothing
  Pronounced as if written **ничево́**.
  Не must precede the verb when this negative pronoun is used.
но but
  Used when the statement it introduces is contrary to the speaker's expectation; otherwise, **а** renders *but*.
но́вость news
  Pl. endings accented, except for the *nom.* and *acc.*
но́вый new
  S.f. **нова́**
нож knife
  S.R. 1
  Pl. gen. **ноже́й**
  Endings accented.
но́мер (room) number
  Pl. nom. & acc. **номера́**
  Pl. endings accented.
ночева́ть to spend the night
  Pres. I, **ночу́ю, ночу́ешь**
но́чи at night (Used in place of **но́чью** when a definite hour is stated.)
ночу́ю See **ночева́ть**.
ночь night
  S.R. 3
  Pl. endings accented except in the *nom.* and *acc.*
но́чью at night
ноя́брь (*m.*) November
  Sing. inst. **ноябрём**
  Endings accented.
нра́виться/понра́виться to like
  Pres. II, **нра́влюсь, нра́вишься**
  The person who likes another person or a thing is in the *dat.* The person or thing liked is the subject of the verb and hence is in the *nom.*
ну well
ну́жен See **ну́жный**.
ну́жно it's necessary
ну́жный necessary
  S.f. **ну́жен, ну́жно, нужна́, ну́жны**
  In rendering expressions of the

type *X* needs *Y*, you literally say
Y is necessary to X. Y, the subject,
is in the *nom.*, the short form of
the *adj.* agrees with it, and *X* is
in the *dat.*

Нью-Йо́рк   New York

О

о (об, обо)   about (concerning)
Always takes the *loc.* when it has this meaning.

обе́д   dinner

обе́дать/пообе́дать   to eat dinner
Pres. I

обеща́ть   (both *incompletion-repetition* and *completion*) to promise
Pres. & fut. I
The person to whom the promise is made is in the *dat.*

о́бласть   (administrative) district
Pl. endings accented except in the *nom.* and *acc.*

обо   See **о.**

общежи́тие   dormitory

объявле́ние   advertisement; announcement

объясне́ние   explanation

объясня́ть/объясни́ть   to explain
Pres. I *Fut.* II
The person to whom something is explained is in the *dat.*

обыкнове́нно   usually

обыкнове́нный   usual
S. f. **обыкнове́нен**

о́быск   search
S. R. 1

одева́ть(ся)/оде́ть(ся)   to dress (oneself)
Pres. I   *Fut.* I, **оде́ну(сь), оде́нешь(ся)**

оде́тый   dressed

одея́ло   blanket

оди́н (*m.*)   one; alone
See Lesson 30, p. 312, for declension.

оди́ннадцатый   eleventh

оди́ннадцать   eleven
See Lesson 30, pp. 313–14, for declension.

одна́ (*f.*)   one; alone
See Lesson 30, p. 312, for declension.

одни́ (*pl.*)   alone

одно́ (*n.*)   one; one thing; alone
See Lesson 30, p. 312, for declension.

оживля́ться/оживи́ться   to come to life
Pres. I   *Fut.* II, **оживлю́сь, оживи́шься**

ока́нчивать/око́нчить   to finish
Pres. I   *Fut.* II, **око́нчу, око́нчишь**
Imp. **око́нчи(те)**

окно́   window
First syllable is accented in the *pl.*
Pl. gen. **о́кон**

о́коло   near
Always takes the *gen.*

о́кон   See **окно́.**

око́нчить   See **ока́нчивать.**

октя́брь (*m.*)   October
Sing. inst. **октябрём**
Endings accented.

Оле́г   Oleg (a first name)

он   he
See Appendix, p. 441, for declension.

она́   she
See Appendix, p. 441, for declension.

они́   they

RUSSIAN-ENGLISH VOCABULARY

See Appendix, p. 442, for declension.
оно́ it
See Appendix, p. 441, for declension.
о́пера opera
опи́сывать/описа́ть to describe
  Pres. I *Fut.* I, **опишу́, опи́шешь**
определённый definite
  S.f. **определён**
опя́ть again
о́сенью in (during) the fall
оскорби́тельный insulting
  S.f. **оскорби́телен**
осно́вывать/основа́ть to found
  Pres. I *Fut.* I, **осную́, оснуёшь**
оставля́ть/оста́вить to leave (something)
  Pres. I *Fut.* II, **оста́влю, оста́вишь**
остана́вливать(ся)/останови́ть(ся) to stop
  Pres. I *Fut.* II, **остановлю́(сь), остано́вишь(ся)**
  With the particle, the verb means that the subject stops; without it, that the subject stops someone or something else.
оступа́ться/оступи́ться to stumble
  Pres. I *Fut.* II, **оступлю́сь, осту́пишься**
от (ото) from (the side of)
  Always takes the *gen.*
отве́т answer
отвеча́ть/отве́тить to answer
  Pres. I *Fut.* II, **отве́чу, отве́тишь**
  The person to whom the answer is directed is in the *dat.*
  отвеча́ть (отве́тить) на (+ *acc.*) **вопро́с** to answer a question
оте́ц father
  The **е** in the last syllable drops whenever an ending is added. Endings accented.
открыва́ть/откры́ть to open, to reveal
  Pres. I *Fut.* I, **откро́ю, откро́ешь**
откры́тие discovery
откры́тка postcard
  S.R. 1
  Pl. gen. **откры́ток**
откры́ть See **открыва́ть**.
отме́тка mark, grade
  S.R. 1
  Pl. gen. **отме́ток**
отходи́ть/отойти́ to leave (on foot), in the sense of *to move away* from something or someone
  Pres. II, **отхожу́, отхо́дишь**
  Past **отошёл, отошло́, отошла́, отошли́**
  Fut. I, **отойду́, отойдёшь**
  Adv. **отойдя́**
оты́грываться/отыгра́ться to win back money one has lost
  Pres. I *Fut.* I
офице́р officer
о́чень very; very much
ошиба́ться/ошиби́ться to make a mistake
  Pres. I *Past* **оши́бся, оши́блось, оши́блась, оши́блись**
  Fut. I, **ошибу́сь, ошибёшься**
  Adv. **оши́бшись, ошибя́сь**

П

па́дать/упа́сть to fall
  Pres. I *Past* **упа́л, упа́ло, упа́ла, упа́ли**

        Fut. I, **упаду́, упадёшь**
паке́т package
па́мятник monument
  S.R. 1
па́ра mate; pair
парк park
  S.R. 1
парохо́д (steam)ship
пассажи́р passenger
пе́й(те) See **пить.**
пе́рвый first
пе́ред (передо) before, in front of
  Always takes the *inst.*
пере́дняя hall
  Declined like the *adj.* **си́няя** describing an inanimate noun.
переполо́х commotion
  S.R. 1
перестава́ть/переста́ть to cease
  Pres. I,   *Fut.* I,
    перестаю́,   **переста́ну,**
    перестаёшь   **переста́нешь**
  Imp.
    перестава́й(те)
  Adv. **перестава́я**
перечи́тывать/перечита́ть
  to reread
  Pres. I *Fut.* I
перча́тка glove
  S.R. 1
  Pl. gen. **перча́ток**
пе́сня song
  Sing. dat. & loc. **пе́сне**
  Pl. gen. **пе́сен**
Петербу́рг St. Petersburg
Пётр Peter
  Sing. gen. **Петра́**
        dat. **Петру́**
        acc. **Петра́**
        inst. **Петро́м**
        loc. **Петре́**
Петродворе́ц Petrodvorets (a town near Leningrad, the site of the former Imperial summer palace)
  The **e** in the final syllable is dropped whenever an ending is added.
петь/спеть to sing
  Pres. I, **пою́, поёшь**
  Imp. **по́й(те)**
  Adv. —
пи́во beer
пиджа́к coat, jacket
  S.R. 1
  Endings accented.
пи́ковая да́ма queen of spades
пило́т pilot (of a plane)
писа́ть/написа́ть to write
  Pres. I, **пишу́, пи́шешь**
  Adv. —
пи́сем See **письмо́.**
пистоле́т pistol
письмо́ letter
  Pl. gen. **пи́сем**
  Accent on the first syllable in the *pl.*
пить/вы́пить to drink
  Past **пила́**   *Past* **вы́пил,**
  Pres. I, **пью,**   **вы́пило, вы́пила,**
    пьёшь   **вы́пили**
                Fut. I, **вы́пью,**
  Imp. **пе́й(те)**   **вы́пьешь**
  Adv. —   *Imp.* **вы́пей(те)**
  Imp. **вы́пей(те)**
пишу́ See **писа́ть.**
пла́вать See **плыть.**
пла́кать to cry
  Pres. I, **пла́чу, пла́чешь**
пла́менный fiery
  S.f. **пла́менен**
план plan
плати́ть/заплати́ть (за + *acc.*)
  to pay (for)
  Pres. II, **плачу́, пла́тишь**
пла́тье dress

RUSSIAN-ENGLISH VOCABULARY

Sing. loc. пла́тье
Pl. gen. пла́тьев
пла́чу   See пла́кать.
плачу́   See плати́ть.
пло́хо   poorly, badly
  S. comp. ху́же
плохо́й   bad
  S.R. 1
  S.f. пло́хо, пло́хи
  S. comp. ху́же
  Declinable comparative and superlative ху́дший
плыть (*incompletion*) — пла́вать (*repetition*)   to swim; to sail, to go (on a boat)
  Past плыла́   *Pres.* I·
  Pres. I, плыву́, плывёшь
плюс   plus
пляж   beach
  A на-noun.
  S.R. 1 & 2
  Pl. gen. пля́жей
по   Object is in the *dat.*
  on (along); about (as in *he wandered about the city*)
  по кра́йней ме́ре   at least
по-англи́йски   (in) English
поблагодари́ть   See благодари́ть.
по́весть   story
  Accent on the endings in the *pl.*, except for the *nom.* and *acc.*
повреди́ть   See вреди́ть.
поврежу́   See вреди́ть.
повторя́ть/повтори́ть   to repeat
  Pres. I   *Fut.* II
поговори́ть (*compl.*)   to chat
  Fut. II
пого́да   weather
под (подо)   under, below
  The object is in the *acc.* when

motion directed under something is expressed, in the *inst.* when *location* under something is expressed.
поджига́ть/подже́чь   to set on fire
  Pres. I   *Past* поджёг, подожгло́, подожгла́, подожгли́
  Fut. I, подожгу́, подожжёшь, подожжёт, подожжём, подожжёте, подожгу́т
  Imp. подожги́(те)
  Adv. поджёгши
поднима́ть/подня́ть   to pick up
  Pres. I   *Past* по́днял, по́дняло, подняла́, по́дняли
  Fut. I, подниму́, подни́мешь
подожгла́   See поджига́ть.
подожгу́   See поджига́ть.
подожжёшь   See поджига́ть.
подойду́   See подходи́ть.
подошёл   See подходи́ть.
подошла́   See подходи́ть.
подря́д   in succession
поду́мать   See ду́мать.
подходи́ть/подойти́ (к + *dat.*)
  to go (on foot) up (to), to walk up (to)
  Pres. II, подхожу́,   *Past* подошёл, подхо́дишь   подошло́, подошла́, подошли́
  Fut. I, подойду́, подойдёшь
  Adv. подойдя́
пое́ду   See е́хать.
поезжа́й(те)   See е́хать.
пое́хать   See е́хать.
пожа́луйста   please

Pronounced as if written
пожа́лста.
пожела́ть See жела́ть.
по́за pose
позавчера́ the day before yesterday
поздравле́ние congratulations
познако́миться See знако́миться.
пойду́ See идти́.
пойдя́ See идти́.
по́й(те) See петь.
пойти́ See идти́
покажу́ See пока́зывать.
показа́ться See каза́ться.
пока́зывать/показа́ть to show
   Pres. I Fut. I, покажу́,
     пока́жешь
поката́ться (compl.) to go for a
   drive
   Fut. I
покупа́ть/купи́ть to buy
   Pres. I Fut. II, куплю́, ку́пишь
пол floor
   Sing. acc. на́ пол
   Sing. loc. о по́ле; на полу́
   Pl. endings accented.
полете́ть See лете́ть.
полечу́ See лете́ть.
полови́на (a) half
положи́ть See класть.
получа́ть/получи́ть to receive
   Pres. I Fut. II, получу́,
     полу́чишь
получи́ть See получа́ть.
помеша́ть See меша́ть.
по́мнить to remember
   Pres. II
   Imp. по́мни(те)
помога́ть/помо́чь to help
   The person helped is in the dat.
   Pres. I Past помо́г, помогло́,
     помогла́,
     помогли́
   Fut. I, помогу́,
     помо́жешь,
     помо́жет,
     помо́жем,
     помо́жете,
     помо́гут
   Imp. помоги́(те)
понеде́льник Monday
   S.R. 1
   в понеде́льник on Monday
понима́ть/поня́ть to understand
   Pres. I Past по́нял, по́няло,
     поняла́, по́няли
   Fut. I, пойму́, поймёшь
понра́виться See нра́виться.
поня́ть See понима́ть.
пообе́дать See обе́дать.
поплы́ть (compl.) to start to swim
   Past поплыла́
   Fut. I, поплыву́, поплывёшь
попроси́ть See проси́ть.
попрошу́ See проси́ть.
пора́ it's time
поража́ть/порази́ть to astonish
   greatly
   Pres. I Fut. II, поражу́,
     порази́шь
по-ру́сски (in) Russian
посеща́ть/посети́ть to visit
   Pres. I Fut. II, посещу́,
     посети́шь
посла́ть See посыла́ть.
по́сле after
   Always takes the gen.
   по́сле того́ как since
после́дний last
   No s.f.
послеза́втра the day after tomorrow
послу́шать See слу́шать.
посмотре́ть See смотре́ть.
посо́льство embassy
поспо́рить See спо́рить.
поста́вить See ста́вить.
постро́ить See стро́ить.

посу́да dishes
  Sing. form only.
посыла́ть/посла́ть to send
  Pres. I Fut. I, пошлю́, пошлёшь
потеря́ть See теря́ть.
пото́м later, then, afterwards
потому́ что because
потону́ть See тону́ть.
поу́жинать See у́жинать.
по-украи́нски (in) Ukrainian
по́хороны funeral
  A на-noun.
  Pl. forms only.
  Gen. похоро́н
  Dat. похорона́м
  Acc. по́хороны
  Inst. похорона́ми
  Loc. похорона́х
почему́ why
почти́ almost
пошёл See идти́.
пошла́ See идти́.
пошлю́ See посыла́ть.
поэ́тому therefore
пою́ See петь.
прав, пра́во, права́, пра́вы short forms used to express *right* in the sense of *correct*
пра́вда truth; it's true
прави́тельство government
предложе́ние proposal
  (с)де́лать предложе́ние to propose
представля́ть/предста́вить to introduce
  Pres. I Fut. II, предста́влю, предста́вишь
  The person to whom someone is introduced is in the *dat.*
преподава́тель (m.) teacher
преподава́ть to teach
  Pres. I, преподаю́, преподаёшь
  Imp. преподава́й(те)
  Adv. преподава́я
преступле́ние crime
при in the reign of, in the time of
  Always takes the *loc.*
приготовля́ть/пригото́вить to get something ready, to prepare
  Pres. I Fut. II, пригото́влю, пригото́вишь
приду́ See приходи́ть.
придя́ See приходи́ть.
приезжа́ть/прие́хать to come, to arrive (by vehicle)
  Pres. I Fut. I, прие́ду, прие́дешь
прийти́ See приходи́ть.
прика́зывать/приказа́ть to order
  Pres. I Fut. I, прикажу́, прика́жешь
прилета́ть/прилете́ть to arrive (by plane)
  Pres. I Fut. II, прилечу́, прилети́шь
приму́ See принима́ть.
принёс See приноси́ть.
принесла́ See приноси́ть.
принести́ See приноси́ть.
принима́ть/приня́ть to accept
  Pres. I Past при́нял, при́няло, приняла́, при́няли
  Fut. I, приму́, при́мешь
приноси́ть/принести́ to bring (on foot)
  Pres. II, приношу́, Past принёс, прино́сишь   принесло́, принесла́, принесли́
  Fut. I, принесу́, принесёшь,
  Adv. принеся́
приня́ть See принима́ть.
присни́ться See сни́ться.
приходи́ть/прийти́ to come, to arrive (on foot)

Pres. II, прихожу́, *Past* пришёл,
   прихо́дишь   пришло́,
                            пришла́,
                            пришли́
                Fut. I, приду́,
                        придёшь
                Adv. придя́
причи́на cause
пришёл See приходи́ть.
пришла́ See приходи́ть.
прищу́ривать/прищу́рить глаз
   to screw up one's eye
   Pres. I *Fut.* II
прия́тно it's pleasant
проби́ть See бить.
продава́ть/прода́ть to sell
   Pres. I, продаю́, *Past* про́дал,
      продаёшь   про́дало,
   Imp. продава́й(те) продала́,
   Adv. продава́я
                  Fut. прода́м,
                        прода́шь,
                        прода́ст,
                        продади́м,
                        продади́те,
                        продаду́т
                Imp. прода́й(те)
продолжа́ть/продо́лжить to
   continue
   Pres. I *Fut.* II, продо́лжу,
                        продо́лжишь
                Imp. продо́лжи(те)
прои́грывать/проигра́ть to lose
   (at cards)
   Pres. I *Fut.* I
про́игрыш loss (at cards)
   S.R. 1 & 2
   Pl. gen. про́игрышей
произведе́ние work (of art, literature, etc.)
произноше́ние pronunciation
пройду́ See проходи́ть.
пройдя́ See проходи́ть.
пройти́ See проходи́ть.

проси́ть/попроси́ть to ask (for)
   Pres. II, прошу́, про́сишь
просну́ться See просыпа́ться.
прости́ть See проща́ть.
прости́ться See проща́ться.
просыпа́ться/просну́ться to
   wake up
   Pres. I *Fut.* I, просну́сь,
                      просне́шься
проти́вник enemy
   S.R. 1
проходи́ть/пройти́ to pass
   Pres. II, прохожу́, *Past* прошёл,
      прохо́дишь   прошло́, прошла́,
                             прошли́
                Fut. I, пройду́,
                        пройдёшь
                Adv. пройдя́
прочита́ть See чита́ть.
прошёл See проходи́ть.
прошу́ See проси́ть.
проща́ть/прости́ть to forgive
   Pres. I *Fut.* II, прощу́, прости́шь
проща́ться/прости́ться (с + *inst.*)
   to say good-by or farewell (to)
   Pres. I *Fut.* II, прощу́сь,
                        прости́шься
проще́ние forgiveness
прощу́ See проща́ть.
прощу́сь See проща́ться.
пры́гать/пры́гнуть to jump
   Pres. I *Fut.* I, пры́гну,
                      пры́гнешь
               Imp. пры́гни(те)
пуга́ться/испуга́ться to become
   frightened
   Pres. I
пье́са play
пью See пить.
пья́ный drunk
   S.f. пьяна́
пятидеся́тый fiftieth
пятисо́тый five hundredth
пятна́дцатый fifteenth

RUSSIAN-ENGLISH VOCABULARY

пятна́дцать fifteen
  See Lesson 30, pp. 313–14, for declension.
пя́тница Friday
  S.R. 2
  в пя́тницу on Friday
пя́тый fifth
пять five
  See Lesson 30, pp. 313–14, for declension.
пятьдеся́т fifty
  See Lesson 30, p. 314, for declension.
пятьсо́т five hundred
  See Lesson 30, pp. 314–15, for declension.

Р

рабо́та job; work
  A **на**-noun
рабо́тать to work
  Pres. I
рад glad
  Exists only in the *s.f.*
раз once; time (in the sense of *occasion*)
  Pl. gen. **раз**
  Pl. endings accented.
разгово́р conversation
раздева́ть(ся)/разде́ть(ся)
  to undress (oneself)
  Pres. I *Fut.* I, **разде́ну(сь), разде́нешь(ся)**
ра́зный various
  No *s.f.*
разреша́ть/разреши́ть to permit
  Pres. I *Fut.* II, **разрешу́, разреши́шь**
разреше́ние permission
разрешу́ See **разреша́ть.**
ра́но early
  S. comp. **ра́ньше**
рассерди́ться See **серди́ться.**
рассержу́сь See **серди́ться.**
расскажу́ See **расска́зывать.**
расска́з story; account
расска́зывать/рассказа́ть to tell (at some length), to narrate
  Pres. I *Fut.* I, **расскажу́, расска́жешь**
расчётливый prudent (with money); economical
ребёнок child
  The **о** in the last syllable is dropped whenever an ending is added.
  Де́ти is used as the *pl.*
реда́ктор editor
ре́дко seldom, rarely
  S. comp. **ре́же**
респу́блика republic
  S.R. 1
рестора́н restaurant
реша́ть/реши́ть to decide
  Pres. I *Fut.* II, **решу́, реши́шь**
рискова́ть (+ *inst.*) to risk (something)
  Pres. I, **риску́ю, риску́ешь**
ро́вно exactly
рогу́лька any object with horn-like protrusions (colloquial)
  S.R. 1
  Pl. gen. **рогу́лек**
роди́тели (*pl.*) parents
  Pl. gen. **роди́телей**
  dat. **роди́телям**
  acc. **роди́телей**
  inst. **роди́телями**
  loc. **роди́телях**
роди́ться (*incompletion-repetition* & *completion*) to be born
  Past (when it serves as a verb of *incompletion-repetition*):
  роди́лся, роди́лось, роди́лась, роди́лись;

(when it serves as a verb of *completion*): **родился́, роди́ло́сь, роди́ла́сь, роди́ли́сь**
Pres., fut. II, **рожу́сь, роди́шься**
ро́дственник relative
 S.R. 1
рома́н novel
романти́ческий romantic
 S.R. 1
 No *s.f.*
Росси́я Russia
роя́ль (*m.*) grand piano
руба́шка shirt
 S.R. 1
 Pl. gen. **руба́шек**
рубль (*m.*) ruble
 Endings accented.
 Sing. inst. **рублём**
руга́ть/вы́ругать (**за** + *acc.*)
 to scold (someone for something)
 Pres. I
Ру́звельт Roosevelt
рука́ hand, arm
 S.R. 1
 Sing. endings accented except in the *acc.*; *pl.* endings accented except in the *nom.* and *acc.*
ру́сский, -ая, -ие Russian (*adj.*)
 (Also, the masculine form alone means *a Russian man*, the feminine *a Russian woman*, and the plural *the Russians*.)
 S.R. 1
 No *s.f.*
 When used alone as "adjectival nouns," the forms are declined as if they were describing an animate noun.
ры́ба fish

С

с (со) (together) with: object is in the *inst.*; from (off of), from (a certain time on): object is in the *gen.*
с то́чки зре́ния from the point of view
сади́ться/сесть (в + *acc.*)
 to sit down; to get (into)
 Pres. II, **сажу́сь,** *Past* **сел, се́ло, сади́шься се́ла, се́ли**
 Fut. I, **ся́ду, ся́дешь**
сам, само́, сама́, са́ми himself, herself, etc.
 Emphatic pronoun.
 See Appendix, p. 442, for declension.
са́мая See **са́мый.**
самолёт airplane
са́мый, са́мое, са́мая, са́мые
 most (Used to form the superlative of adjectives.)
са́хар sugar
 Gen. of quantity **са́хару**
Са́ша (*m.*) diminutive of **Алекса́ндр** (Alexander)
 Declined like an animate *fem.* noun ending in **-a.**
 S.R. 1 & 2
сва́дьба wedding
 Pl. gen. **сва́деб**
свида́ние rendezvous, meeting
свой, своё, своя́, свои́ his (its, her, their) own
 See Appendix, p. 437, for declension.
свя́зывать/связа́ть to tie
 Pres. I *Fut.* I, **свяжу́, свя́жешь**
свято́й saint
 S.f. **свя́то, свя́ты**
сде́лать See **де́лать.**

себя myself, yourself, etc.
Reflexive pronoun.
See Appendix, p. 443, for declension.
сегодня today
Pronounced as if written **севодня**.
   сегодня вечером this evening
   сегодня днём this afternoon
   сегодня ночью tonight
   сегодня утром this morning
седьмой seventh
сейчас же immediately
сел See **садиться**.
семёрка the seven (a playing card)
S.R. 1
Pl. gen. **семёрок**
семидесятый seventieth
семисотый seven hundredth
семнадцатый seventeenth
семнадцать seventeen
See Lesson 30, pp. 313–14, for declension.
семь seven
See Lesson 30, pp. 313–14, for declension.
семьдесят seventy
See Lesson 30, p. 314, for declension.
семьсот seven hundred
See Lesson 30, pp. 314–15, for declension.
Сен-Жермен St. Germain
сентябрь (*m.*) September
Endings accented.
Sing. inst. **сентябрём**
Сергеевич Sergeevich (a masculine patronymic based on the father's first name, **Сергей**)
S.R. 2
сердить(ся)/рассердить(ся) with the particle, *to become angry;* without the particle, *to make someone angry*
Pres. II, **сержу(сь), сердишь(ся)**
сестра sister
   Pl. nom. **сёстры**
   gen. **сестёр**
   dat. **сёстрам**
   acc. **сестёр**
   inst. **сёстрами**
   loc. **сёстрах**
сесть See **садиться**.
Сибирь Siberia
сидеть to sit
Pres. II, **сижу, сидишь**
Adv. **сидя**
   сидеть в больнице to be in the hospital
   сидеть за столом to sit at the table
сильный strong, powerful
S.f. **силен, сильна**
синий blue
S.f. **синь, синя**
скажу See **говорить**.
сказать See **говорить**.
сколько (+ *gen.*) how much, how many
   сколько будет...? how much is...?
   Сколько Владимиру лет? How old is Vladimir?
скорее quicker, sooner
скоро soon, quickly
скучно it's boring
Pronounced as if written **скушно**.
   Ей было скучно. She was bored.
скучный boring
Pronounced as if written **скушный**.
S.f. **скучен, скучна**
следующий next, following
S.R. 1 & 2
No *s.f.*

слеза́ tear
  Pl. nom. слёзы
    gen. слёз
    dat. слеза́м
    acc. слёзы
    inst. слеза́ми
    loc. слеза́х
сло́во word
  Pl. endings accented
сло́во в сло́во word for word
сложа́ ру́ки with folded arms
слуга́ (*m.*) servant
  Declined like an animate *fem.* noun ending in **-a**.
  S.R. 1
  First syllable accented in the *pl.*
случа́йно accidentally
случа́ться/случи́ться to happen
  Pres. I   *Fut.* II
  Only the third person forms are used.
слу́шать/послу́шать to listen (to)
  Pres. I
слы́шать to hear
  Pres. II, слы́шу, слы́шишь
  Imp. —
смерть death
  Pl. endings accented except for the *nom.* & *acc.*
Смит Smith
смотре́ть/посмотре́ть to look
  Pres. II, смотрю́, смо́тришь
  (по)смотре́ть в окно́ to look out the window
  (по)смотре́ть на (+ *acc.*) to look (at); watch (*incompletion-repetition*)
  (по)смотре́ть пье́су to see a play
смочь See мочь.
смуща́ться/смути́ться to be or become embarrassed or confused

Pres. I   *Fut.* II, смущу́сь, смути́шься
снача́ла at first
снима́ть/снять to take off
  Pres. I   *Past* сняла́
  Fut. I, сниму́, сни́мешь
сни́ться/присни́ться to dream about
  Pres. II
  The person who dreams is in the *dat.*; the thing about which he dreams is the subject and, hence, is in the *nom.*
снять See снима́ть.
соберу́сь See собира́ться.
собесе́дник a person with whom one converses
  S.R. 1
собира́ться/собра́ться to intend
  Pres. I   *Past* собрало́сь, собрала́сь, собрали́сь
  Fut. I, соберу́сь, соберёшься
собо́й *inst.* of себя́
собо́р cathedral
собра́ться See собира́ться.
со́весть conscience
сове́тский Soviet
  S.R. 1
  No *s.f.*
совреме́нный contemporary, modern
  S.f. совреме́нен
соединённый united
  S.f. соединён, соединено́, соединена́, соединены́
сойду́ See сходи́ть.
сойти́ See сходи́ть.
солда́т soldier
  Pl. gen. солда́т
сон dream

RUSSIAN-ENGLISH VOCABULARY

The **o** is dropped whenever an ending is added.
со́рок forty
  See Lesson 30, p. 314, for declension.
сороково́й fortieth
сосе́дний next (adjacent); nearby, neighboring
  No *s.f.*
со́тый hundredth
Софи́йский St. Sophia's
  S.R. 1
сохраня́ть/сохрани́ть to keep (in the sense of *to preserve*)
  Pres. I *Fut.* II
сошёл See **сходи́ть**.
сошла́ See **сходи́ть**.
сою́з union
спа́льня bedroom
  Sing. dat. & loc. **спа́льне**
  Pl. gen. **спа́лен**
спаса́ть/спасти́ to save (from destruction)
  Pres. I *Past* **спас, спасло́, спасла́, спасли́**
    Fut. I, **спасу́, спасёшь**
спаси́бо thank you
спать to sleep
  Past **спала́**
  Pres. II, **сплю, спишь**
  Adv. —
спеть See **петь**.
сплю See **спать**.
спо́рить/поспо́рить to argue
  Pres. II
спою́ See **петь**.
спра́шивать/спроси́ть to ask (a question)
  Pres. I *Fut.* II, **спрошу́, спро́сишь**
среда́ Wednesday
  Endings accented except in the *sing. acc.* and *pl. nom.* and *acc.*
  в сре́ду on Wednesday
ста́вить/поста́вить (**на** + *acc.*) to put, to place (a bet on)
  Pres. II, **ста́влю, ста́вишь**
ста́влю See **ста́вить**.
Ста́йнбек Steinbeck
стака́н drinking glass
Ста́лин Stalin
  Sing. inst. **Ста́линым**
  Pl. gen. **Ста́линых**
    dat. **Ста́линым**
    acc. **Ста́линых**
    inst. **Ста́лиными**
    loc. **Ста́линых**
станови́ться/стать to become
  Pres. II, **становлю́сь** *Fut.* I, **ста́ну, стано́вишься ста́нешь**
  The thing one becomes is in the *inst.*
  ста́ло темно́ it became dark
стара́тельно diligently
стару́ха old woman
  S.R. 1
ста́рый old
  S.f. **стара́**
стать See **станови́ться**.
стена́ wall
  First syllable accented in the *sing. acc.*; *pl.* endings accented except in the *nom.* and *acc.*
стихотворе́ние (short) poem
сто one hundred
  See Lesson 30, p. 314, for declension.
стол table
  Endings accented.
столи́ца capital
  S.R. 2
столо́вая dining room

Declined like the adjective **но́вая** describing an inanimate noun.
стоя́ть to stand
   Pres. II, **стою́, стои́шь**
   Adv. **сто́я**
стра́нен See **стра́нный**.
страни́ца page
   S.R. 2
стра́нно strangely
стра́нный strange
   S.f. **стра́нен, странна́**
стра́стен See **стра́стный**.
стра́стно passionately
   Second **т** not pronounced.
стра́стный passionate
   Second **т** not pronounced except in the *masc. s.f.*
   S.f. **стра́стен, страстна́**
страсть passion
   Pl. endings accented except for the *nom.* and *acc.*
страх fear
   S.R. 1
стра́шно it's terrifying
   Ей бы́ло стра́шно. She felt terrified.
стро́ен See **стро́йный**.
стро́ить/постро́ить to build
   Pres. II
стро́йный shapely
   S.f. **стро́ен, стройна́**
   S. comp. **стройне́е**
студе́нт (male) student
суббо́та Saturday
   в суббо́ту on Saturday
судьба́ fate
   Accent on the first syllable in the *pl.*
   Pl. gen. **су́деб**
суеве́рный superstitious
   S.f. **суеве́рен**
су́мка handbag

   S.R. 1
   Pl. gen. **су́мок**
суп soup
   Gen. of quantity **су́пу**
   Pl. endings accented.
су́тки twenty-four hours
   Pl. only.
   Pl. gen. **су́ток**
схвати́ться See **хвата́ться**.
схвачу́сь See **хвата́ться**.
сходи́ть/сойти́ to go (get) down
   Pres. II, **схожу́**, *Past* **сошёл, сошло́, сошла́, сошли́**
   схо́дишь
   Fut. I, **сойду́, сойдёшь**
   Adv. **сойдя́**
сходи́ть (сойти́) с ума́ to go mad or crazy
схо́дство resemblance
схожу́ See **сходи́ть**.
сце́на scene
сча́стье happiness
   Sing. loc. **сча́стье**
   к сча́стью fortunately
США (Соединённые Шта́ты Аме́рики) U.S.A. (United States of America)
съеди́м See **есть** (2).
съезд conference, convention
   A **на**-noun
съел See **есть** (2).
съем See **есть** (2).
съест See **есть** (2).
съесть See **есть** (2).
съешь(те) See **есть** (2).
сын son
   Pl. nom. **сыновья́**
      gen. **сынове́й**
      dat. **сыновья́м**
      acc. **сынове́й**
      inst. **сыновья́ми**
      loc. **сыновья́х**

сыр cheese
  Genitive of quantity **сы́ру**
  Pl. endings accented.
сюда́ here (indicates the *direction* of a person or thing)
ся́ду See **сади́ться.**

T

та See **тот.**
та́йна secret
так so; thus
  так же... как... just as ... as ...
тако́й such (a)
  S.R. 1
там there (Indicates where a person, thing, or action is *located*.)
танцева́ть to dance
  Pres. I, **танцу́ю, танцу́ешь**
  Adv. **танцу́я**
твой, твоё, твоя́, твой your
  See Appendix, p. 437, for declension.
те See **тот.**
теа́тр theater
тебе́ *dat.* and *loc.* of **ты** (you)
тебя́ *gen.* and *acc.* of **ты** (you)
телегра́мма telegram
темно́ it's dark
тёмный dark
  S.f. **тёмен, темно́, темна́, темны́**
  S. comp. **темне́е**
тепе́рь now
тепле́е See **тёплый.**
тепло́ it's warm
  бы́ло тепло́ (тепле́е) it was warm (warmer)
тёплый warm
  S.f. **тёпел, тепло́, тепла́**
  S. comp. **тепле́е**

терпе́ть to stand, to endure (something or someone)
  Pres. II, **терплю́, те́рпишь**
теря́ть/потеря́ть to lose
  Pres. I
тетра́дь notebook
ти́хий quiet
  S.R. 1
  S.f. **тиха́**
  S. comp. **ти́ше**
ти́хо quietly
  S. comp. **ти́ше**
то See **тот.**
то́ же са́мое the same thing
тобо́й *inst.* of **ты** (you)
това́рищ comrade, friend
  S.R. 1 and 2
  Pl. gen. **това́рищей**
тогда́ then
то́же also
толпа́ crowd
  First syllable accented in the *pl.*
Толсто́й Tolstoy
  Declined like the adjective **молодо́й** describing an animate noun.
то́лстый fat
  S.f. **толста́**
  S. comp. **то́лще**
то́лько only, just
то́лько что just (in the sense of *recently*)
Том Tom
То́мский Tomsky (a last name)
  Declined like the adjective **сове́тский** describing an animate noun.
  S.R. 1
тому́ наза́д ago
тону́ть/потону́ть to sink, to drown

Pres. I, тону́, то́нешь
Adv. —
тот, то, та, те   that
See Appendix, pp. 438–39, for declension.
то́т же   the same
Тот is declined.
тра́мтарара́м   blankety-blank
тре́тий   third
See Lesson 30, p. 317, for declension.
трёхсо́тый   three hundredth
три   three
See Lesson 30, p. 313, for declension.
тридца́тый   thirtieth
три́дцать   thirty
See Lesson 30, pp. 313–14, for declension.
трина́дцатый   thirteenth
трина́дцать   thirteen
See Lesson 30, pp. 313–14, for declension.
три́ста   three hundred
See Lesson 30, pp. 314–15, for declension.
тро́йка   the three (a playing card)
S.R. 1
Pl. gen. тро́ек
тру́дно   it's difficult
туда́   there (Indicates the *direction* of a person or thing.)
туз   the ace
Sing. acc. туза́
Endings accented.
тут   here (Indicates where a person, thing, or action is *located*.)
ты   you
See Appendix, p. 441, for declension.
ты́сяча   a thousand
S.R. 1 & 2

ты́сячный   thousandth
тюрьма́   jail, prison
First syllable accented in the *pl.*
Pl. gen. тю́рем

У

у   by, at
Object is always in *gen.*
убе́й(те)   See убива́ть.
уберу́   See убира́ть.
убива́ть/уби́ть   to kill
Pres. I   *Fut.* I, убью́, убьёшь
   Imp. убе́й(те)
да́ма ва́ша уби́та   your queen has lost
убира́ть/убра́ть   to put away
Pres. I   *Past* убрала́
   Fut. I, уберу́, уберёшь
уби́ть   See убива́ть.
убрала́   See убира́ть.
убью́   See убива́ть.
уважа́ть   to respect
Pres. I
уви́деть (*compl.*)   to see (in the sense of *to catch sight of*)
Fut. II, уви́жу, уви́дишь
Imp. —
Adv. уви́дев(ши), уви́дя
уга́дывать/угада́ть   to guess
Pres. I   *Fut.* I
удиви́ться   See удивля́ться.
удивле́ние   astonishment
удивля́ться/удиви́ться   to be astonished, surprised
Pres. I   *Fut.* II, удивлю́сь, удиви́шься
Adv. удивя́сь
уезжа́ть/уе́хать   to leave (by vehicle)
Pres. I   *Fut.* I, уе́ду, уе́дешь
Imp. —

RUSSIAN-ENGLISH VOCABULARY

у́жас horror
ужаса́ть/ужасну́ть to horrify
  Pres. I *Fut.* I, ужасну́,
                ужаснёшь
ужа́сно horribly, terribly
  S. comp. ужа́снее
ужасну́ть See ужаса́ть.
ужа́сный awful, horrible
  S.f. ужа́сен
  S. comp. ужа́снее
уже́ already
уже́ не no longer
у́жинать/поу́жинать to eat supper
  Pres. I
узнава́ть/узна́ть to learn (in the sense of *to find out*); to recognize
  Pres. I, узнаю́, *Fut.* I, узна́ю,
    узнаёшь   узна́ешь
  Imp. узнава́й(те)
  Adv. узнава́я
  узна́ть лу́чше to get to know (someone) better
уйду́ See уходи́ть.
уйти́ See уходи́ть.
украду́ See красть.
украи́нский (*adj.*) Ukrainian
  S.R. 1
  No *s.f.*
укра́л See красть.
укра́сть See красть.
у́лица street
  A на-noun.
  S.R. 2
улыба́ться/улыбну́ться (+ *dat.*)
  to smile (at)
  Pres. I *Fut.* I, улыбну́сь,
                улыбнёшься
ум mind
  Endings accented.
умён See у́мный.
у́мер See умира́ть.
умере́ть See умира́ть.

умерла́ See умира́ть.
уме́ть to be able to (as a result of learning a skill)
  Pres. I
умира́ть/умере́ть to die
  Pres. I *Past* у́мер, у́мерло,
             умерла́, у́мерли
  Fut. I, умру́, умрёшь
  Adv. уме́рши
у́мный intelligent, bright
  S.f. умён, умна́
умоля́ть/умоли́ть to implore
  Pres. I *Fut.* II, умолю́, умо́лишь
умру́ See умира́ть.
университе́т university
упаду́ See па́дать.
упа́л See па́дать.
упа́сть See па́дать.
услы́шать (*compl.*) to hear (in the sense of *to hear the news, to catch the sound of,* or *to have the chance to hear*)
  Fut. II, услы́шу, услы́шишь
успе́х success
  S.R. 1
успока́иваться/успоко́иться
  to become calm, to calm down
  Pres. I *Fut.* II
утра́ in the morning. (Used in place of у́тром when a definite hour is stated.)
у́тро morning
  First syllable accented, except in limited instances (as in утра́ above).
у́тром in the morning
уходи́ть/уйти́ to leave (on foot)
  Pres. II, ухожу́, *Past* ушёл, ушло́,
    ухо́дишь   ушла́, ушли́
              Fut. I, уйду́, уйдёшь
                Adv. уйдя́
учрежде́ние institution

ушёл See уходи́ть.
ушла́ See уходи́ть.

Ф

фами́лия last name
фарао́н faro (a card game)
февра́ль (*m.*) February
    Endings accented.
    Sing. inst. февралём
фигу́ра figure
фильм film, movie
фотогра́фия photograph
фра́за sentence
Фра́нция France

Х

хвата́ться/схвати́ться (за + *acc.*)
    to seize, to grab hold (of)
    Pres. I *Fut.* II, **схвачу́сь,**
        схва́тишься
хлеб bread
хму́риться/нахму́риться to frown
    Pres. II
ходи́ть See идти́.
хожу́ See идти́.
хозя́ин master
    Pl. nom. хозя́ева
      gen. хозя́ев
      dat. хозя́евам
      acc. хозя́ев
      inst. хозя́евами
      loc. хозя́евах
хозя́йка mistress; hostess
    S.R. 1
    Pl. gen. хозя́ек
хо́лодно coldly; it's cold
    S. comp. холодне́е
холо́дный cold

S.f. хо́лоден, хо́лодно, холодна́, хо́лодны
S. comp. холодне́е
хоро́ший good
    S.R. 1 & 2
    S.f. хорошо́, хороша́, хороши́
    S. comp. лу́чше
    Declinable comparative and superlative лу́чший
хорошо́ well, good
    S. comp. лу́чше
мне хорошо́ it's fine (nice, good) for me
хоте́ть to want
    Pres. хочу́, хо́чешь, хо́чет, хоти́м, хоти́те, хотя́т
    Imp. —
    Adv. —
    When the verb is used alone (without an expressed or understood infinitive), its direct object is normally in the *gen.*
хотя́ although
хохота́ть to laugh boisterously
    Pres. I, хохочу́, хохо́чешь
хочу́ See хоте́ть.
христиа́нство Christianity
ху́дший worse; worst (See плохо́й.)
    S.R. 1 & 2
    No *s.f.*
ху́же worse (See пло́хо and плохо́й.)

Ц

царь (*m.*) czar
    Endings accented.
    Sing. inst. царём
це́нный valuable
    S.f. це́нен
це́рковь church

Sing. nom. це́рковь
    gen. це́ркви
    dat. це́ркви
    acc. це́рковь
    inst. це́рковью
    loc. це́ркви
Pl. nom. це́ркви
    gen. церкве́й
    dat. церква́м
    acc. це́ркви
    inst. церква́ми
    loc. церква́х

ци́фра number

Ч

чай tea
  Genitive of quantity **ча́ю**
  Pl. endings accented.
  Pl. gen. чаёв

час hour
  When 2, 3, or 4 refer to **час**, its *sing. gen.* has the accent on the ending: **часа́**.
  In certain expressions only, *sing. loc.* is **часу́**: **в кото́ром часу́?** (at what time?)
  Pl. endings accented.

ча́сто frequently
  S. comp. **ча́ще**

часы́ (*pl.*) watch, clock
  gen. часо́в
  dat. часа́м
  acc. часы́
  inst. часа́х
  loc. часа́ми

ча́ще more frequently (See **ча́сто**.)

чего́ *gen.* of **что**

чей, чьё, чья, чьи whose
  See Appendix, p. 439, for declension.

Чекали́нский Chekalinsky (a last name)
  Declined like the adjective **сове́тский** describing an animate noun.
  S.R. 1

челове́к person; man
  Forms of **лю́ди** are used as the *pl.*, except that the *pl. gen.* form **челове́к** must appear with 5–20, 25–30, etc.

чем (1) than

чем (2) *inst.* of **что**

чём *loc.* of **что**

чемода́н suitcase

чему́ *dat.* of **что**

че́рез in, within, after (a certain period of time); through
  Always takes the *acc.*

чёрный black
  S.f. чёрен, черно́, черна́, черны́
  S. comp. черне́е

чёрт devil
  Pl. nom. че́рти
    gen. черте́й
    dat. чертя́м
    acc. черте́й
    inst. чертя́ми
    loc. чертя́х
  Чёрт зна́ет что! What the devil!

Че́рчилль Churchill

че́стный honorable, honest
  т not pronounced except in the *masc. s.f.*
  S.f. че́стен, честна́

честолюби́вый ambitious

четве́рг Thursday
  S.R. 1
  Endings accented.
  в четве́рг on Thursday

че́тверть a quarter

Pl. endings accented except for the *nom.* and *acc.*
четвёртый fourth
четы́ре four
  See Lesson 30, p. 313, for declension.
четы́реста four hundred
  See Lesson 30, pp. 314–15, for declension.
четырёхсо́тый four hundredth
четы́рнадцатый fourteenth
четы́рнадцать fourteen
  See Lesson 30, pp. 313–14, for declension.
Че́хов Chekhov
  Sing. inst. **Че́ховым**
  Pl. gen. **Че́ховых**
      dat. **Че́ховым**
      acc. **Че́ховых**
      inst. **Че́ховыми**
      loc. **Че́ховых**
число́ date
  Stress on the first syllable in the *pl.*
  Pl. gen. **чи́сел**
  Како́е сего́дня число́? What's the date today?
чита́ть/прочита́ть to read
  Pres. I
что what (*interrogative pronoun*); that (*conj.*)
  See Appendix, p. 442, for declension.
  Что вам в ней? (Of) what use is it to you?
  Что нам де́лать? What should we do?
  Что с тобо́й? What's the matter with you?
  Что ска́жешь? What do you have to say? What's on your mind?
  Что тут понима́ть? What's there to understand here?
  Что ты (вы)! What are you saying!
что́-то something
  The **что** is declined.
чудо́вище monster
  S.R. 3
  Sing. loc. **чудо́вище**
  Pl. gen. **чудо́вищ**
чьё See **чей.**
чьи See **чей.**
чья See **чей.**

Ш

шаг (foot)step
  S.R. 1
  Pl. endings accented.
Ша́шкин a last name
  Sing. inst. **Ша́шкиным**
  Pl. gen. **Ша́шкиных**
      dat. **Ша́шкиным**
      acc. **Ша́шкиных**
      inst. **Ша́шкиными**
      loc. **Ша́шкиных**
ше́дший active past verbal adjective of **идти́**
шестидеся́тый sixtieth
шестисо́тый six hundredth
шестна́дцатый sixteenth
шестна́дцать sixteen
  See Lesson 30, pp. 313–14, for declension.
шесто́й sixth
шесть six
  See Lesson 30, pp. 313–14, for declension.
шестьдеся́т sixty
  See Lesson 30, p. 314, for declension.

RUSSIAN-ENGLISH VOCABULARY

шестьсо́т   six hundred
  See Lesson 30, pp. 314–15, for declension.
шёл   See **идти́**.
шить   to sew
  Pres. I, **шью, шьёшь**
  Imp.   **шей(те)**
  Adv.   —
шко́ла   school
шла   See **идти́**.
шля́па   hat
шпио́н   spy
штат   state
шум   noise
  Genitive of quantity **шу́му**
шу́тка   joke
  S.R. 1
  Pl. gen. **шу́ток**
шью   See **шить**.

Э

эвакуи́ровать (*incompletion-repetition* and *completion*) to evacuate
  Pres. I, **эвакуи́рую, эвакуи́руешь**
  Adv. **эвакуи́руя**

эй   hey
экза́мен   examination
  A **на**-noun
э́ра   era
  до на́шей э́ры   B.C.
  на́шей э́ры   A.D.
э́то...   this is (a, the) ...; these are (the)...
э́тот, э́то, э́та, э́ти   this
  See Appendix, p. 438, for declension.

Я

я   I
  See Appendix, p. 441, for declension.
язы́к   language
  S.R. 1
  Endings accented.
Я́лта   Yalta (a city in the Crimea)
янва́рь (*m.*)   January
  Endings accented.
  Sing. inst. **январём**
Я́сная Поля́на   Clear Glade (the name of Tolstoy's estate)

English-Russian Vocabulary

A

able, to be (physically)	мочь/смочь
to be able (*as a result of learning a skill*)	уме́ть
about (*around*)	по
about (*concerning*)	о
above	над
accept, to	принима́ть/приня́ть
accidentally	случа́йно
account	расска́з
ace	туз
acquainted: (a person) with whom one is or was acquainted	знако́мый
to get acquainted (with)	знако́миться/познако́миться (с)
actor	актёр
actress	актри́са
A.D.	на́шей э́ры
adjacent	сосе́дний
advertisement	объявле́ние
affair	де́ло
afraid (of), to be	боя́ться
after	за (in the sense of *following someone*); по́сле; че́рез (after a certain period of time)
after all всё-таки	
afternoon, in the	днём; дня (Used when a definite hour is stated.)
afterwards	пото́м
again	опя́ть
agitated	взволно́ванный
agitatedly	взволно́ванно
ago	тому́ наза́д

airplane	самолёт
Aksyonov	Аксёнов (a last name)
Alexander	Алекса́ндр
alive	живо́й
all	весь, всё, вся, все
almost	почти́
alone	оди́н, одно́, одна́, одни́
aloud	вслух
already	уже́
also	и, то́же
although	хотя́
always	всегда́
ambitious	честолюби́вый
America	Аме́рика
American	америка́нский
ancient	дре́вний
and	а, да (when used to express contrast); и
anger	гнев
angry, to become	серди́ться/рассерди́ться
to make (someone) angry	серди́ть/рассерди́ть
announcement	объявле́ние
another	друго́й
answer	отве́т
answer, to	отвеча́ть/отве́тить
anymore	бо́льше не
apartment	кварти́ра
appear, to (*to seem*)	каза́ться/показа́ться
April	апре́ль
argue, to	спо́рить/поспо́рить
arm	рука́
with folded arms сложа́ ру́ки	
around	вокру́г
arrive (by plane), to	прилета́ть/прилете́ть
to arrive (by vehicle)	приезжа́ть/прие́хать
to arrive (on foot)	приходи́ть/прийти́
art	иску́сство
as	как
as soon as как то́лько	
ask (a question), to	спра́шивать/спроси́ть
to ask (for),	проси́ть/попроси́ть
asleep, to fall	засыпа́ть/засну́ть

ENGLISH-RUSSIAN VOCABULARY

astonish greatly, to	поражáть/поразѝть
astonished, to be	удивля́ться/удиви́ться
astonishment	удивле́ние
at (*location*)	в; на (with на-nouns); у
at first	снача́ла
at home	до́ма
at least	по кра́йней ме́ре
at the table	за столо́м
at what time?	в кото́ром часу́?
auditorium	аудито́рия
August	а́вгуст
author	а́втор
awful	ужа́сный

B

bad	плохо́й
it's too bad	жаль
badly	пло́хо
ball	бал
B.C.	до на́шей э́ры
be, to	быть
beach	пляж
beautiful	краси́вый
because	потому́ что
become, to	станови́ться/стать
bed	крова́ть
bedroom	спа́льня
beer	пи́во
before	пе́ред; до (in the sense of *sometime before*)
begin, to	начина́ть/нача́ть
behind	за
believe, to	ве́рить
bell	звоно́к
below	под
bend (over), to	наклоня́ться/наклони́ться (над)
best	лу́чший
bet on, to place a	ста́вить/поста́вить на
better	лу́чше; лу́чший
to get to know (someone) better	узна́ть лу́чше

big	большо́й
bigger	бо́льше; бо́льший
black	чёрный
blanket	одея́ло
blankety-blank	тра́мтарара́м
blood	кровь
blue	си́ний
bomb	бо́мба
book	кни́га
bored, she was	ей бы́ло ску́чно
boring	ску́чный
it's boring ску́чно	
born, to be	роди́ться
borsch (*beet soup*)	борщ
both ... and ...	и... и...
bread	хлеб
bright (*intelligent*)	у́мный
bring (*on foot*), to	приноси́ть/принести́
bronze	бро́нза
brooch	бро́шка
build, to	стро́ить/постро́ить
building	зда́ние
burst out laughing, to	захохота́ть
bus	авто́бус
business matter	де́ло
but	а, да (*colloquial*); но (*when the statement introduced is contrary to the speaker's expectation*)
butter	ма́сло
buy, to	покупа́ть/купи́ть
by	за (as in *by the hand*); у (*location*)

C

cabbage	капу́ста
call, to	звать
calm, to become (*to calm down*)	успока́иваться/успоко́иться
camp	ла́герь
can (one)	мо́жно
candelabra	канделя́бр
capital	столи́ца

ENGLISH-RUSSIAN VOCABULARY

captain	капитáн
car	машńна
card	кáрта
carriage	карéта
cathedral	собóр
cause	причńна
cease, to	перестáвать/перестáть
century	век
chalk	мел
chat, to	поговорńть
cheese	сыр
Chekalinsky	Чекалńнский
Chekhov	Чéхов
child	ребёнок
children	дéти
choose, to	выбирáть/вы́брать
chop	котлéта
Christianity	христиáнство
church	цéрковь
Churchill	Чéрчилль
city	гóрод
Clear Glade	Я́сная Полńна (the name of Tolstoy's estate)
clock	часы́
close, to	закрывáть/закры́ть
coarse	грýбый
coat (*jacket*)	пиджáк
coffin	гроб
cold	холóдный
it's cold хóлодно	
coldly	хóлодно
to come (on foot),	приходńть/прийтń
to come (by vehicle) приезжáть/приéхать	
to come to life оживлńться/оживńться	
commotion	переполóх
comrade	товáрищ
concert	концéрт
conference	съезд, конферéнция
confused, to be or become	смущáться/смутńться
congratulations	поздравлéние
conscience	сóвесть
contemporary	совремéнный

continue, to	продолжа́ть/продо́лжить
convention	съезд
conversation	разгово́р
person with whom one converses	собесе́дник
countess	графи́ня
crazy, to go	сходи́ть/сойти́ с ума́
crime	преступле́ние
croquette	котле́та
crowd (n.)	толпа́
cry, to	пла́кать
cry, to start to запла́кать	
cure, to	выле́чивать/вы́лечить
cutlet	котле́та
czar	царь

D

dance, to	танцева́ть
dark	тёмный
it's dark темно́	
date	число́
What is the date today? Како́е сего́дня число́?	
day	день
day after tomorrow послеза́втра	
day before yesterday позавчера́	
dead	мёртвый
dear	дорого́й; ми́лый
dearer	доро́же
death	смерть
December	дека́брь
decide, to	реша́ть/реши́ть
definite	определённый
delegation	делега́ция
delight	восто́рг
to be delighted (with)	приходи́ть/прийти́ в восто́рг (от)
describe, to	опи́сывать/описа́ть
devil	чёрт
What the devil! Чёрт зна́ет что!	
diary	дневни́к
die, to	умира́ть/умере́ть
difficult, it's	тру́дно

ENGLISH-RUSSIAN VOCABULARY

dig, to   копа́ть/вы́копать
diligently   стара́тельно
dining room   столо́вая
dinner   обе́д
   to eat dinner   обе́дать/пообе́дать
discovery   откры́тие
dishes   посу́да
disorder   беспоря́док
dissatisfied   недово́льный
district (*administrative*)   о́бласть
Dnieper, the   Днепр
do, to   де́лать/сде́лать
doctor   до́ктор
dollar   до́ллар
door   дверь
dormitory   общежи́тие
dream   сон
   to dream (about)   сни́ться/присни́ться
dress   пла́тье
   to dress (oneself)   одева́ться/оде́ться
dressed   оде́тый
drink, to   пить/вы́пить
drinking glass   стака́н
drive, to   е́хать — е́здить/пое́хать
   to go for a drive   поката́ться
drown, to   тону́ть/потону́ть
drunk   пья́ный

E

each other   дру́г дру́га
earlier   ра́ньше
early   ра́но
eat, to   есть/съесть
   to eat dinner   обе́дать/пообе́дать
   to eat supper   у́жинать/поу́жинать
economical   расчётливый
editor   реда́ктор
eight   во́семь
   eight hundred   восемьсо́т
   eight hundredth   восьмисо́тый

eighteen	восемна́дцать
eighteenth	восемна́дцатый
eighth	восьмо́й
eightieth	восьмидеся́тый
eighty	во́семьдесят
eleven	оди́ннадцать
eleventh	оди́ннадцатый
Elizabeth	Лизаве́та
embarrassed, to be or become	смуща́ться/смути́ться
embassy	посо́льство
endure (something or someone), to	терпе́ть
enemy	проти́вник
engineer	инжене́р
England	А́нглия
English, (in)	по-англи́йски
Englishman	англича́нин
Englishwoman	англича́нка
enter (on foot), to	входи́ть/войти́
era	э́ра
estate	име́ние
Europe	Евро́па
evacuate, to	эвакуи́ровать
Eve	Е́ва
even	да́же, и
evening	ве́чер
in the evening	ве́чера (used when a definite hour is stated); ве́чером
every	ка́ждый
everybody, everyone	все
everything	всё
exactly	ро́вно
examination	экза́мен
example, for	наприме́р
excited	взволно́ванный
excitedly	взволно́ванно
excuse, to	извиня́ть/извини́ть
excuse me извини́(те)	
expensive	дорого́й
explain, to	объясня́ть/объясни́ть
explanation	объясне́ние
eye	глаз

F

face	лицо́
fall, in (during) the	о́сенью
fall, to	па́дать/упа́сть
to "fall" (*as in the case of a playing card*)	ложи́ться/лечь
falsehood	непра́вда
famous	изве́стный
far (away)	далеко́
not far (from) не далеко́ (от)	
farewell, to say	проща́ться/прости́ться
faro (*a card game*)	фарао́н
fat	то́лстый
fate	судьба́
father	оте́ц
fear	страх
February	февра́ль
few	ма́ло
fewer	ме́ньше
fiery	пла́менный
fifteen	пятна́дцать
fifteenth	пятна́дцатый
fifth	пя́тый
fiftieth	пятидеся́тый
fifty	пятьдеся́т
figure	фигу́ра
film	фильм
finally	наконе́ц
find, to	находи́ть/найти́
fine for me, it's	мне хорошо́
finish, to	ока́нчивать/око́нчить
fire, to set on	поджига́ть/подже́чь
first	пе́рвый
at first снача́ла	
fish	ры́ба
five	пять
five hundred пятьсо́т	
five hundredth пятисо́тый	
floor	пол
fly, to	лете́ть — лета́ть/полете́ть
following (*next*)	сле́дующий

fool	дура́к
to fool around дура́читься	
foolish	глу́пый
for	для; за (as in *to pay for*)
for a long time	давно́ (in reference to the past only); до́лго
for some time, for a while	не́которое вре́мя
for what?	за что?
foreign	иностра́нный
forget, to	забыва́ть/забы́ть
forgive, to	проща́ть/прости́ть
forgiveness	проще́ние
fortieth	сороково́й
fortress	кре́пость
fortunately	к сча́стью
forty	со́рок
found, to	осно́вывать/основа́ть
four	четы́ре
four hundred четы́реста	
four hundredth четырёхсо́тый	
fourteen	четы́рнадцать
fourteenth	четы́рнадцатый
fourth	четвёртый
France	Фра́нция
frequently	ча́сто
Friday	пя́тница
friend	друг, това́рищ
frightened	испу́ганный
to become frightened пуга́ться/испуга́ться	
from	из (from within); от (from the side of); с (from off of; from a certain time on)
from the point of view с то́чки зре́ния	
front of, in	пе́ред
frown, to	хму́риться/нахму́риться
funeral	по́хороны

G

gaily	ве́село
gambler	игро́к

ENGLISH-RUSSIAN VOCABULARY

game	игра́
the game was going on	шла игра́
gay	весёлый
it's gay	ве́село
She's having a good time.	Ей ве́село.
German (*male*)	не́мец
German (*adj.*) неме́цкий	
Germany	Герма́ния
get into, to	сади́ться/сесть в
to get ready	приготовля́ть/пригото́вить
girl	де́вушка
give, to	дава́ть/дать
to give rein	дава́ть/дать во́лю
glad	рад
glass (*for drinking*)	стака́н
glove	перча́тка
go (by vehicle), to	е́хать — е́здить/пое́хать
to go (on a boat)	плы́ть — пла́вать
to go (on foot)	идти́ — ходи́ть/пойти́
to go down	сходи́ть/сойти́
to go for a drive	поката́ться
to go into (on foot)	входи́ть/войти́ в
to go out (on foot)	выходи́ть/вы́йти
to go (walk) up (to)	подходи́ть/подойти́ (к)
God	Бог
My God! Бо́же мой!	
good	хоро́ший; хорошо́
it's good for me мне хорошо́	
good-by	до свида́ния
to say good-by	проща́ться/прости́ться
governess	гуверна́нтка
government	прави́тельство
grab hold (of), to	хвата́ться/схвати́ться (за)
grade	отме́тка
graduate student	аспира́нт
grandchildren	вну́ки
grandfather	де́душка
grandmother	ба́бушка
grand piano	роя́ль
grandson	внук
green	зелёный
guess, to	уга́дывать/угада́ть

guest	гость
guide	гид
guilty	винова́тый
guitar	гита́ра

H

hag	ве́дьма
half	полови́на
hall	пере́дняя
hand	рука́
handbag	су́мка
handsome	краси́вый
happen, to	случа́ться/случи́ться
happiness	сча́стье
harm, to	вреди́ть/повреди́ть
hat	шля́па
hate, to	ненави́деть
he	он
hear, to	слы́шать; услы́шать (hear the news, catch the sound of, have the chance to hear)
hello	здра́вствуй(те)
help, to	помога́ть/помо́чь
her	её
her own свой, своё, своя́, свои́	
here	сюда́ (*direction*); тут (*location*)
here is (are) ... вот...	
Herman	Ге́рманн
hero	геро́й
herself	сама́ (*emphatic*); себя́ (*reflexive*)
hey	эй
hill	го́рка
himself	сам (*emphatic*); себя́ (*reflexive*)
his	его́
his own свой, своё, своя́, свои́	
history	исто́рия
hm	гм
hold onto, to	держа́ться (за)
hole	дыра́
home (*direction*)	домо́й
at home до́ма	

ENGLISH-RUSSIAN VOCABULARY

honest	че́стный
honorable	че́стный
horn-like protrusions, any object with	рогу́лька
horrible	ужа́сный
horrify, to	ужаса́ть/ужасну́ть
horror	у́жас
hospital	больни́ца
to be in the hospital	сиде́ть в больни́це
hostess	хозя́йка
hot	жа́ркий
it's hot жа́рко	
hotel	гости́ница
hour	час
house	дом
how	как
How are things going?	Как дела́?
how many (much)	ско́лько
how much is . . . ?	ско́лько бу́дет...?
How old is Vladimir?	Ско́лько Влади́миру лет?
Huckleberry Finn	Ге́кльберри Финн
hundred	сто
hundredth	со́тый
husband	муж

I

I	я
if	е́сли
illegitimate	незако́нный
imagination	воображе́ние
immediately	сейча́с же
implore, to	умоля́ть/умоли́ть
important	ва́жный
impossible, it's	невозмо́жно; нельзя́
in (*location, motion*)	в; на (with на-nouns)
in (a certain period of time)	че́рез
in front of	пе́ред
in the reign (time) of	при
indecent	неприли́чный
indeed	в са́мом де́ле
instead of	вме́сто; вме́сто того́, что́бы (+ verb)

instinctively	инстинкти́вно
institution	учрежде́ние
insulting	оскорби́тельный
intelligent	у́мный
intend, to	собира́ться/собра́ться
interest, to	интересова́ть
interesting	интере́сный
interestingly	интере́сно
into	в; на (with на-nouns)
Intourist	Интури́ст
intrigue	интри́га
introduce, to	представля́ть/предста́вить
is	есть
it	оно́
its	его́
itself	само́ (*emphatic*); себя́ (*reflexive*)
Ivanovna	Ива́новна

J

jack (*the playing card*)	вале́т
jacket	пиджа́к
jail	тюрьма́
January	янва́рь
job	рабо́та
John	Джон
joke	шу́тка
journalist	журнали́ст
July	ию́ль
jump, to	пры́гать/пры́гнуть
June	ию́нь
just (only)	то́лько
just (recently)	то́лько что
just as . . . as . . .	так же... как...

K

keep, to (*to preserve*)	сохраня́ть/сохрани́ть
Ken	Кен
Kiev	Ки́ев

ENGLISH-RUSSIAN VOCABULARY

kill, to	убива́ть/уби́ть
kindly	ми́ло
kindness	доброта́
knife	нож
know, to	знать
to get to know (someone) better	узна́ть лу́чше
Kremlin	Кремль

L

laboratory	лаборато́рия
lady	да́ма
lamp	ла́мпа
language	язы́к
large	большо́й
larger	бо́льше; бо́льший
last	после́дний
last name	фами́лия
last night	вчера́ но́чью; вчера́ ве́чером if *last night* means *yesterday evening*
later	пото́м
laugh boisterously, to	хохота́ть
lawyer	адвока́т
learn, to (*to find out*)	узнава́ть/узна́ть
least, at	по кра́йней ме́ре
leave (by vehicle), to	уезжа́ть/уе́хать
to leave (on foot) (*to move away from*)	отходи́ть/отойти́
to leave (on foot)	уходи́ть/уйти́
to leave (something)	оставля́ть/оста́вить
lecture (on)	ле́кция (по)
lecture room	аудито́рия
left, to the	нале́во
lemon	лимо́н
lemonade	лимона́д
Lenin	Ле́нин
Leningrad	Ленингра́д
less	ме́ньше
let go of, to	выпуска́ть/вы́пустить
letter	письмо́
liberty	во́ля
librarian (*female*)	библиоте́карша

library	библиоте́ка
lie, to	лежа́ть
to lie down ложи́ться/лечь	
life	жизнь
to come to life оживля́ться/ожи́виться	
lifeless	мёртвый
like, to	люби́ть; нра́виться/понра́виться
like (a)	как
listen (to), to	слу́шать/послу́шать
literature	литерату́ра
little	ма́ленький; ма́ло
littler	ме́ньше; ме́ньший
live, to	жить
living	живо́й
Liza	Ли́за
load (a gun), to	заряжа́ть/заряди́ть
located, to be	находи́ться
lock, to	запира́ть/запере́ть
locked	за́пертый
long	дли́нный
long ago давно́	
(for) a long time давно́ (in reference to the past only); до́лго	
longer	до́льше
no longer уже́ не	
look (at), to	смотре́ть/посмотре́ть (на)
to look out the window смотре́ть/посмотре́ть в окно́	
lose (an object), to	теря́ть/потеря́ть
to lose (at cards) прои́грывать/проигра́ть	
your queen has lost да́ма ва́ша уби́та	
loss (at cards)	про́игрыш
lot, a	мно́го
louder	гро́мче
loudly	гро́мко
love, to	люби́ть
in love (with) влюблённый (в)	
lover (*male*)	любо́вник

M

machine	маши́на
mad, to go	сходи́ть/сойти́ с ума́

ENGLISH-RUSSIAN VOCABULARY

magazine	журна́л
maid	го́рничная
majority (of)	большинство́
make, to	де́лать/сде́лать
man	мужчи́на; челове́к
March	март
mark (*grade*)	отме́тка
marry (a man), to	выходи́ть/вы́йти за́муж (за)
to marry (a woman)	жени́ться (на)
Mary	Мари́я
Masha	Ма́ша
master	хозя́ин
mate	па́ра
matter	де́ло
mausoleum	мавзоле́й
May	май
may: one may	мо́жно
meet, to (*to get acquainted with*)	знако́миться/познако́миться
to meet (each other)	встреча́ть(ся)/встре́тить(ся)
meeting (*rendezvous*)	свида́ние
menacingly	гро́зно
Mephistopheles	Мефисто́фель
merchant	купе́ц
military man	вое́нный
milk	молоко́
mind	ум
mine (*explosive*)	ми́на
minister (*government official*)	мини́стр
minus	без
minute	мину́та
mirror	зе́ркало
mistake, to make a	ошиба́ться/ошиби́ться
mistress	хозя́йка
mockingly	насме́шливо
modern	совреме́нный
mom	ма́ма
Monday	понеде́льник
money	де́ньги
monster	чудо́вище
month	ме́сяц
monument	па́мятник

more	бо́лее (used to form the compound comparative); бо́льше
more frequently ча́ще	
more rarely ре́же	
more ... than ... бо́лее..., чем...	
morning	у́тро
in the morning утра́ (used when a definite hour is stated); у́тром	
Moscow	Москва́
most	са́мый (used to form the superlative of adjectives)
most (of) большинство́	
mother	мать
motionless	неподви́жно
movie	фильм
movie actor киноарти́ст	
movie theater кино́	
much	гора́здо (used only with comparatives); мно́го
museum	музе́й
music	му́зыка
my	мой, моё, моя́, мои́
my own свой, своё, своя́, свои́	
myself	сам, сама́ (emphatic); себя́ (reflexive)

N

name, last	фами́лия
What is your last name? Как ва́ша фами́лия?	
name, to	называ́ть/назва́ть
His name is Herman. Его́ зову́т Ге́рманном.	
Napoleon	Наполео́н
narrate, to	расска́зывать/рассказа́ть
Narumov	Нару́мов
near	о́коло
nearby	сосе́дний
necessary	ну́жный
it's necessary ну́жно	
need, I	мне ну́жен (ну́жно, нужна́, ну́жны)
neighboring	сосе́дний

ENGLISH-RUSSIAN VOCABULARY

neither ... nor ...	ни... ни...
nervous	не́рвный
never (again)	никогда́ (бо́льше)
nevertheless	всё-таки
new	но́вый
news	но́вость
newspaper	газе́та
New York	Нью-Йо́рк
next	сле́дующий (following); сосе́дний (adjacent, neighboring)
nice	ми́лый
nice for me, it's	мне хорошо́
Nicholas	Никола́й
night	ночь
at night	но́чи (when a definite hour is stated); но́чью
to spend the night ночева́ть	
Nina	Ни́на
nine	де́вять
nine (*the playing card*)	девя́тка
nine hundred девятьсо́т	
nine hundredth девятисо́тый	
nineteen	девятна́дцать
nineteenth	девятна́дцатый
ninetieth	девяно́стый
ninety	девяно́сто
ninth	девя́тый
no	нет
no longer уже́ не	
no one никто́	
noise	шум
not	не
not as yet ещё не	
not far (from) недалеко́ (от)	
notebook	тетра́дь
nothing	ничего́
notice, to	замеча́ть/заме́тить
novel	рома́н
November	ноя́брь
now	тепе́рь
number	ци́фра
number (*room*) но́мер	

O

object with horn-like protrusions	рогу́лька
occupy, to	занима́ть/заня́ть
October	октя́брь
of	из (as in *one of my friends*); за (as in *to grab hold of*)
of course коне́чно	
office	кабине́т
officer	офице́р
old	ста́рый
old woman стару́ха	
Oleg (*a first name*)	Оле́г
on	на
on (*along*) по	
once	раз
one	оди́н, одно́, одна́
one thing одно́	
only (*sole*)	еди́нственный
only (*just*) то́лько	
onto	на
open, to	открыва́ть/откры́ть
opera	о́пера
or	и́ли
order, to	прика́зывать/приказа́ть
other	друго́й
ought to	до́лжен, должно́, должна́, должны́
our	наш, на́ше, на́ша, на́ши
our own свой, своё, своя́, свои́	
ourselves	са́ми (*emphatic*); себя́ (*reflexive*)
over	над

P

package	паке́т
page	страни́ца
pair	па́ра
palace	дворе́ц
pale	бле́дный
pardon, to	извиня́ть/извини́ть
pardon me извини́(те)	

ENGLISH-RUSSIAN VOCABULARY

parents	роди́тели
park	парк
pass, to	проходи́ть/пройти́
passenger	пассажи́р
passion	страсть
passionate	стра́стный
passionately	стра́стно
pay (for), to	плати́ть/заплати́ть (за)
peace	мир
people	лю́ди
perhaps	мо́жет быть
permission	разреше́ние
permit, to	разреша́ть/разреши́ть
person	челове́к
Peter	Пётр
Petrodvorets	Петродворе́ц
photograph	фотогра́фия
piano (grand)	роя́ль
pick up, to	поднима́ть/подня́ть
picture	карти́на
pilot (of a plane)	пило́т
pistol	пистоле́т
place	ме́сто
place (a bet on), to	ста́вить/поста́вить (на)
plan	план
plane	самолёт
play	пье́са
play, to	игра́ть
to play cards	игра́ть в ка́рты
to play for money	игра́ть на де́ньги
to play the guitar (piano)	игра́ть на гита́ре (роя́ле)
pleasant, it's	прия́тно
please	пожа́луйста
pleased	дово́льный
plus	плюс
poem (short)	стихотворе́ние
point of view, from the	с то́чки зре́ния
poor	бе́дный
poorly	пло́хо
pose	по́за
postcard	откры́тка
powerful	си́льный

pray, to	моли́ться
prepare, to	приготовля́ть/пригото́вить
preserve, to	сохраня́ть/сохрани́ть
prevent (someone from performing an action), to	меша́ть/помеша́ть
prince	князь
prison	тюрьма́
probably	наве́рно
promise, to	обеща́ть
to make him promise	взять с него́ сло́во
pronunciation	произноше́ние
proposal	предложе́ние
propose, to	де́лать/сде́лать предложе́ние
proud	го́рдый
prudent (with money)	расчётливый
pull out, to	вытя́гивать/вы́тянуть
put, to	класть/положи́ть
to put (a bet on)	ста́вить/поста́вить (на)
to put away	убира́ть/убра́ть
to put on (an item of clothing)	надева́ть/наде́ть

Q

quarter, a	че́тверть
queen of spades	пи́ковая да́ма
question	вопро́с
quicker	скоре́е
quickly	бы́стро, ско́ро
quiet	ти́хий
quietly	ти́хо

R

rarely	ре́дко
read, to	чита́ть/прочита́ть
ready	гото́вый
to get (something) ready	приготовля́ть/пригото́вить
real	настоя́щий
really	и
receive, to	получа́ть/получи́ть

recognize, to	узнава́ть/узна́ть
red	кра́сный
reign of, in the	при
relative (*n.*)	ро́дственник
remarkable (*wonderful*)	замеча́тельный
remarkable (*unusual*)	необыкнове́нный
remember, to	по́мнить
rendezvous	свида́ние
repeat, to	повторя́ть/повтори́ть
report	докла́д
republic	респу́блика
reread, to	перечи́тывать/перечита́ть
resemblance	схо́дство
respect, to	уважа́ть
restaurant	рестора́н
return, to (*to come back*)	возвраща́ться/возврати́ться
to return (*to give back*)	возвраща́ть/возврати́ть
reveal, to	открыва́ть/откры́ть
rich	бога́тый
right (*correct*)	прав, пра́во, права́, пра́вы
to the right	напра́во
risk (something), to	рискова́ть
road	доро́га
rock (from side to side), to	кача́ться
romantic	романти́ческий
room	ко́мната
Roosevelt	Ру́звельт
rope (thick)	кана́т
ruble	рубль
Russia	Росси́я
Russian (*adj.*)	ру́сский
Russian (*n.*)	ру́сский, ру́сская
(in) Russian	по-ру́сски

S

sail, to	плыть — пла́вать
saint	свято́й
St. Germain	Сен-Жерме́н
St. Petersburg	Петербу́рг
St. Sophia's	Софи́йский

St. Vladimir's	Влади́мирский
same	тот же
the same thing то же са́мое	
Sasha	Са́ша
satisfied	дово́льный
Saturday	суббо́та
sausage	колбаса́
save (from destruction), to	спаса́ть/спасти́
say, to	говори́ть/сказа́ть
scene	сце́на
school	шко́ла
scold (someone for something), to	руга́ть/вы́ругать (за)
screw up one's eye, to	прищу́ривать/прищу́рить глаз
sea	мо́ре
search	о́быск
to search (for) иска́ть	
second (*ordinal*)	второ́й
secret	та́йна
see, to	ви́деть; уви́деть (to catch sight of)
to see a play (по)смотре́ть пье́су	
seem, to	каза́ться/показа́ться
seize, to	хвата́ться/схвати́ться (за)
seldom	ре́дко
sell, to	продава́ть/прода́ть
send, to	посыла́ть/посла́ть
sentence	фра́за
September	сентя́брь
Sergeevich	Серге́евич
servant	слуга́
set on fire, to	поджига́ть/подже́чь
seven	семь
seven (*the playing card*)	семёрка
seven hundred	семьсо́т
seven hundredth	семисо́тый
seventeen	семна́дцать
seventeenth	семна́дцатый
seventh	седьмо́й
seventieth	семидеся́тый
seventy	се́мьдесят
several	не́сколько
sew, to	шить
shapely	стро́йный

ENGLISH-RUSSIAN VOCABULARY

Shashkin	Ша́шкин
she	она́
ship	парохо́д
shirt	руба́шка
shore	бе́рег
should (*ought to*)	до́лжен, должно́, должна́, должны́
shout (at), to	крича́ть/кри́кнуть (на)
show, to	пока́зывать/показа́ть
Siberia	Сиби́рь
sick	больно́й
silent, to be	молча́ть
since	по́сле того́ как
sing, to	петь/спеть
sink, to	тону́ть/потону́ть
sister	сестра́
sit, to	сиде́ть
to sit down сади́ться/сесть	
six	шесть
six hundred шестьсо́т	
six hundredth шестисо́тый	
sixteen	шестна́дцать
sixteenth	шестна́дцатый
sixth	шесто́й
sixtieth	шестидеся́тый
sixty	шестьдеся́т
sleep, to	спать
slowly	ме́дленно
small	ма́ленький
smaller	ме́ньше; ме́ньший
smile (at), to	улыба́ться/улыбну́ться
Smith	Смит
so	так
soap	мы́ло
sofa	дива́н
soldier	солда́т
some	не́который
some kind of, some ... or other како́й-то	
someone	кто́-то
something	что́-то
sometimes	иногда́
son	сын
song	пе́сня

soon	ско́ро
sooner	скоре́е
sorry, I'm	мне жаль
soul	душа́
soup	суп
Soviet	сове́тский
speak, to	говори́ть
spend the night, to	ночева́ть
spot	ме́сто
spring, in (during) the	весно́й
spy	шпио́н
St.	See *Saint*.
Stalin	Ста́лин
stand, to	стоя́ть
to stand (*to endure*) терпе́ть	
state	штат
steal (from), to	красть/укра́сть (у)
Steinbeck	Ста́йнбек
step (*footstep*)	шаг
stifled, she felt	ей бы́ло ду́шно
stifling, it's	ду́шно
still (*adv.*)	ещё
stop, to	остана́вливать(ся)/останови́ть(ся)
store	магази́н
story	исто́рия; по́весть; расска́з
strange	стра́нный
strangely	стра́нно
street	у́лица
strike the hour, to	бить/проби́ть
strong	си́льный
student	студе́нт
study, office	кабине́т
study, to	занима́ться
stumble, to	оступа́ться/оступи́ться
stupid	глу́пый
success	успе́х
succession, in	подря́д
such (a)	тако́й
suddenly	вдруг
sugar	са́хар
suit	костю́м
suitcase	чемода́н

ENGLISH-RUSSIAN VOCABULARY

summer	ле́то
in (during) the summer ле́том	
Sunday	воскресе́нье
superstitious	суеве́рный
supper, to eat	у́жинать/поу́жинать
surname	фами́лия
surprised, to be	удивля́ться/удиви́ться
swim, to	плыть — пла́вать
swim, to start to	поплы́ть

T

table	стол
tactless	беста́ктный
take (from), to	брать/взять (у)
to take off снима́ть/снять	
talk, a (*report*)	докла́д
talk, to	говори́ть
tea	чай
teach, to	преподава́ть
teacher (*male*)	преподава́тель
tear (*n.*)	слеза́
tease, to	дразни́ть
telegram	телегра́мма
tell, to	говори́ть/сказа́ть
to tell (at some length)	расска́зывать/рассказа́ть
ten	де́сять
tender	не́жный
tenth	деся́тый
terribly	ужа́сно
terrified, she felt	ей бы́ло стра́шно
it's terrifying стра́шно	
than	чем
thank, to	благодари́ть/поблагодари́ть
thank you спаси́бо	
that	кото́рый (*relative pronoun*); тот, то, та, те (*demonstrative adjective*); что (*conjunction*)
theater	теа́тр
their	их
themselves	са́ми (*emphatic*); себя́ (*reflexive*)

then	потóм, тогдá
there	там (*location*); тудá (*direction*)
therefore	поэ́тому
these are (the) ...	э́то...
thief	вор
thing	вещь
think, to	ду́мать/поду́мать
third	тре́тий
thirteen	тринáдцать
thirteenth	тринáдцатый
thirtieth	тридцáтый
thirty	три́дцать
this	э́тот, э́то, э́та, э́ти
this afternoon	сегóдня днём
this evening	сегóдня вéчером
this is (a, the) ...	э́то...
this is what (something) is like	вот...
this morning	сегóдня у́тром
thousand	ты́сяча
thousandth	ты́сячный
three	три
three (*the playing card*)	трóйка
three hundred	три́ста
three hundredth	трёхсóтый
through	чéрез
throw, to	бросáть/брóсить
Thursday	четвéрг
thus	так
ticket	билéт
tie, to	свя́зывать/связáть
time (*occasion*)	раз
time	врéмя
for some time	нéкоторое врéмя
in the time of	при
it's time	порá
What time is it?	Котóрый час?
to	в; к, in the sense of *toward*, also in the sense of *to someone's* (*house, office, etc.*); на, with на-nouns
today	сегóдня
Tolstoy	Толстóй
Tom	Том

tomorrow	за́втра
the day after tomorrow	послеза́втра
Tomsky	То́мский
tonight	сего́дня но́чью; **сего́дня ве́чером** if *tonight* means *this evening*.
toward	к
town	го́род
tremble, to	дрожа́ть
to start to tremble	задрожа́ть
true, it's	пра́вда
truth	пра́вда
Tuesday	вто́рник
twelfth	двена́дцатый
twelve	двена́дцать
twentieth	двадца́тый
twenty	два́дцать
twenty-four hours	су́тки
two	два (*masc., neut.*), две (*fem.*)
two hundred	две́сти
two hundredth	двухсо́тый

U

Ukrainian	украи́нский
(in) Ukrainian	по-украи́нски
under	под
understand, to	понима́ть/поня́ть
undress (oneself), to	раздева́ть(ся)/разде́ть(ся)
unfamiliar	незнако́мый
unfortunately	к сожале́нию
unhappy	несча́стный
union	сою́з
united	соединённый
university	университе́т
until	до
unusual	необыкнове́нный
upset (*adj.*)	взволно́ванный
U.S.A.	США (Соединённые Шта́ты Аме́рики)
usual	обыкнове́нный
usually	обыкнове́нно

V

valuable	це́нный
various	ра́зный
vase	ва́за
Vera	Ве́ра
very (much)	о́чень
Victor	Ви́ктор
view (of)	вид (на)
visa	ви́за
visit, to	посеща́ть/посети́ть
Vladimir	Влади́мир
voice	го́лос

W

wait (for), to	ждать
wake up, to	просыпа́ться/просну́ться
walk, to	идти́-ходи́ть/пойти́
wall	стена́
wander (about), to	броди́ть (по)
want, to	хоте́ть
war	война́
ward	воспи́танница
warm	тёплый
it's warm	тепло́
it was warm	бы́ло тепло́
warmer	тепле́е
wash (oneself), to	мы́ть(ся)/вы́мыть(ся)
watch	часы́
watch, to	смотре́ть
water	вода́
wave, to	маха́ть/махну́ть
way	доро́га
we	мы
weather	пого́да
wedding	сва́дьба
Wednesday	среда́
week	неде́ля
well, good	хорошо́
well (*interj.*)	ну

ENGLISH-RUSSIAN VOCABULARY

    well known изве́стный
what кото́рый (*interrogative adj.*); что (*interrogative pronoun*)
  what (a) ... како́й...
  What are you saying! Что ты (вы)!
  What do you have to say? Что ска́жешь?
  what kind of како́й
  What should I forgive you for? За что тебя́ проща́ть?
  What should we do? Что нам де́лать?
  What time is it? Кото́рый час?
  What use is it to you? Что вам в ней?
  What's on your mind? Что ска́жешь?
  What's the matter with you? Что с тобо́й?
  What's there to understand here? Что тут понима́ть?
when когда́
where где (*location*); куда́ (*direction*)
which кото́рый (*interrogative adj., relative pronoun*)
white бе́лый
who кото́рый (*relative pronoun*); кто (*interrogative pronoun*)
whole, the весь, всё, вся
whose чей, чьё, чья, чьи
why почему́
wife жена́
win, to выи́грывать/вы́играть
  to win back money that one has lost оты́грываться/отыгра́ться
window окно́
windy, it's ве́трено
wine вино́
winter, in (during) the зимо́й
wish, to жела́ть/пожела́ть
with с
within (a certain period of time) че́рез
without без
woman же́нщина
  old woman стару́ха
wonderful замеча́тельный
word сло́во
  word for word сло́во в сло́во
work (of art, literature, etc.) произведе́ние
  work рабо́та

work, to	рабо́тать
worse	ху́дший; ху́же
worst	ху́дший
write, to	писа́ть/написа́ть

Y

Yalta	Я́лта
Yasnaya Polyana	Я́сная Поля́на
year	год
yes	да
yesterday	вчера́
day before yesterday	позавчера́
yesterday afternoon	вчера́ днём
yesterday evening	вчера́ ве́чером
yesterday morning	вчера́ у́тром
yet	ещё
not yet ещё не	
you	вы; ты
young	молодо́й
younger	моло́же
your	ваш, ва́ше, ва́ша, ва́ши; твой, твоё, твоя́, твой
your own свой, своё, своя́, свой	
yourself	сам, сама́, са́ми (*emphatic*); себя́ (*reflexive*)
yourselves	са́ми (*emphatic*); себя́ (*reflexive*)
youth	мо́лодость

INDEX

Numbers in parentheses refer to footnote capsule explanations.

Absence, expression of, 187 (n. 26)
Accent, 10, 83, 158, 236, 249, 263, 266
Accusative case, 51; special characteristics of some nouns, 432–435; with prepositions, 446–447
Adjectival nouns, 433
Adjectives: accusative case, 51; affected by spelling rules, 137–138, 436–437; agreement of, 38, 39; comparative of, 263–265, 440; dative case, 73; declension of, 435–437; genitive case, 46; instrumental case, 98; locative case, 66; with masculine singular nominative ending in -ой, 436; nominative case, 38; short-form predicate, 167–168, 174 (n. 13); superlative of, 275–276, 441; *see also All;* Demonstrative, Interrogative, *and* Pronominal adjectives
Adverbs: comparative of, 265–266, 441; of quantity, 147, 148; superlative of, 276, 441
Advisability, expression of concern about, 286 (n. 22)
Age expressions, 220–221
Agreement of adjectives, 38, 39
All (весь), declension of, 440
Alphabet, 30
Apposition, 234 (n. 32)
Aspects, 58–59, 89–91, 124–125

Cardinal numbers, 312–316
Clause as an object of a preposition, 282 (n. 3)
Comparative, of adjectives, 263–265, 440; of adverbs 265–266, 441
Completion verbs, 58–59, 89, 90–91, 125
Conditional statements, 211–212
Conjugations, I, 81–82, 90; II, 82–83, 90
Consonants: followed by hard sign, 28, 29; hard, 19–20, 21, 29; soft, 20–21, 29; unvoicing, 28; variable (hard and soft versions), 7–10, 17–19, 29; voicing, 28–29; ч pronounced as a hard consonant, 7, 20, 29
Constructions without a grammatical subject, 199–201
Contrary to fact conditions, *see* Unfulfilled conditions in *if* statements

Date expressions: days and months, 247; months and years, 273–274; years, 297
Dative case, 73–74; special characteristics of some nouns, 432–435; with prepositions, 446
Declension: adjectives, 435–437; *all* (весь), 440; demonstrative adjectives, 438–439; interrogative adjective *whose* (чей), 439; interrogative pronouns *what* (что) and *who* (кто), 442; nouns, 431–435; personal pronouns, 441–442; pronominal adjectives, 437–438; special characteristics of some nouns, 432–435

Demonstrative adjectives, declension, 438–439
Description of a state, 199–200
Determinate verbs, *see* Incompletion-repetition verbs
Direct object, of a negated verb, 45, 46; of a positive verb, 51

Emphatic pronoun **сам** (*myself, yourself,* etc.), 244 (n. 12), 442

Fleeting -e-/-o- in masculine nouns, 433
Formal/plural *your* (ваш), *you* (вы), 38–39, 39–40
Future tense, 89–91

Genitive case, 45–46; in expressions of quantity, 147–148, 433; pronunciation of endings -ого, -его, 46; special characteristics of some nouns, 432–435; with prepositions, 446
Gender, determination of, 37, 434
Gerunds, *see* Verbal adverbs

Hard consonants, 19–20, 21, 29
Hard sign, 27, 28, 29
Have and *have not* constructions, 113–114

I (я), past tense forms used with, 57
If conditional statements, 211–212
Imperative, 158–159
Imperfective verbs, *see* Incompletion-repetition verbs
Impersonal constructions, 199–201
Impossibility, expression of, 200–201
Incompletion-repetition verbs, 58, 89; separate verbs to express incompletion and repetition, 124–125, 206 (n. 6)
Indeclinable nouns, 435
Indeterminate verbs, *see* Incompletion-repetition verbs
Indicator vowels: following a hard or soft consonant, 21, 29; following a variable consonant, 17–19, 29; not following a consonant, 27–28, 29
Indirect object, 73, 74
Indirect statement, question, or thought, 119 (n. 6)
Informal singular *your* (твой), *you* (ты), 38–39, 39–40
Instrumental case, 97–99; special characteristics of some nouns, 432–435; predicate instrumental, 135 (n. 25); with prepositions, 446, 447; with *to make* (делать/сделать), 209 (n. 27); with *to seem* (казаться/показаться), 271 (n. 6)
Interrogative adjective *whose* (чей), 439
Interrogative constructions expressing despair, concern, 163 (n. 1)

Interrogative pronouns *what* (что) and *who* (кто): accusative case, 51; dative case, 74; declension, 442; genitive case, 46; instrumental case, 98; locative case, 66; nominative case, 39–40; past tense form used with *who*, 57–58
It, expression of, 40

Last names ending in -ов(а), -ев(а), -ин(а), 433
Locative case, 65–66; prepositions used with, 446, 447; special characteristics with some nouns, 432–435

Need, expression of, 195 (n. 4)
Negative, double, 122 (n. 26), 132 (n. 14), 184 (n. 11)
Nominative case, 37–40; special characteristics of some nouns, 432–435
Nouns: accusative case, 51; affected by spelling rules, 137–139, 432; dative case, 73; declension of 431–435; gender of, 37, 434; genitive case, 45, 147–148; instrumental case, 97–98; locative case, 65–66; nominative case, 37–38; nouns indicating quantity, 148; predicate nouns, 37, 135 (n. 25); special characteristics of some nouns, 432–435; на-nouns, 122 (n. 27), 447
Numbers, cardinal, 312–316; ordinal, 316–318

Object, direct, 45, 46, 51; indirect, 73, 74
Of relationship, 45
Ordinal numbers, 316–318

Participles, *see* Verbal adjectives
Particle -ся (-сь), 223–225; with active verbal adjectives, 289
Passive, expression of, 132 (n. 12), 224, 298–302
Past tense, 57–58
Perfective verbs, *see* Completion verbs
Permission and possibility, expression of, 200–201
Personal pronouns: accusative case, 51; dative case, 74; declension, 441–442; genitive case, 46; instrumental case, 98–99; *it*, expression of, 40; locative case, 66; nominative case, 39–40; prefix after prepositions, 99, 114
Personal state, description of, 199–200
Possession, 45
Predicate: adjectives, 167–168, 174 (n. 13); nouns, 37, 135 (n. 25)
Prepositions: clause as an object of, 282 (n. 3); prefixed personal pronouns after, 99, 114; summary, 446–447
Prepositional case, *see* Locative case
Present tense, 81–84; of *to be* (быть), 10, 112 (n. 35), 114
Pronominal adjectives: accusative case, 51; agreement of, 38, 39; dative case, 74; declension, 437–438; genitive case, 46; instrumental case, 98; locative case, 66; nominative case, 38–39; special pronominal adjective свой (*my own, your own*, etc.), 189–190
Pronouns, *see* Emphatic, Interrogative, Personal, Reflexive, *and* Relative pronouns
Pronunciation: genitive endings -ого and -его, 46; hard consonants, 19–20, 21, 29; indicator vowels, 18–19, 27–28, 29; particle -ся, 223; prepositions, 65; simple vowels, 6; soft consonants, 20–21, 29; unvoicing and voicing of consonants, 28–29; variable consonants, 7–10, 17–19, 29

Quantity expressions, 147–148, 433

Reciprocal verbs, 224

Reflexive pronoun себя (*myself, yourself*, etc.), 262 (n. 42), 443
Reflexive verbs, 223–224
Relative pronoun который, 178–179

Seem (каза́ться/показа́ться), expression of, 271 (n. 6)
Short-form predicate adjectives, 167–168
Simple *if* conditional statements, 211
Simple vowels, 6
Soft consonants, 20–21, 29
Soft sign: following a hard or soft consonant, 21; following a variable consonant, 17–18, 29
Some, expression of, 147–148
Spelling rules, 137–139, 249, 288, 432, 436–437, 444–445
Stress, *see* Accent
Subject: noun, 37; pronoun, 39; constructions without a grammatical subject, 199–201
Substitutes: for constructions with active verbal adjectives, 289; for constructions with passive verbal adjectives, 301–302; for constructions with verbal adverbs of completed action, 237–238; for constructions with verbal adverbs of simultaneous action, 250–252
Superlative of adjectives and adverbs, 275–276, 441

Tense, in indirect statement, question, or thought, 119 (n. 6); *see also* Future, Past, *and* Present tense; Verbs
Than, expression of, 264–265, 266
Time, expression of, 145–146, 165–166, 176–177, 197–198

Unfulfilled conditions in *if* statements, 211–212
Unvoicing of consonants, 28

Variable consonants, 7–10, 17–19, 29
Verbal adjectives: active, 287–289; passive, 298–301
Verbal adverbs: of completed action, 235–237; of simultaneous action, 248–250
Verbs: active verbal adjectives, 287–289; affected by spelling rules, 138, 249, 444–445; completion, 58–59, 89, 90–91, 125; future tense, 89–91; imperative, 158–159; incompletion-repetition, 58, 59, 124–125, 206 (n. 6); passive, expression of, 132 (n. 12), 224, 298–302; passive verbal adjectives, 298–301; past tense, 57–58; past tense with *I* (я), *you* (ты, вы), *who* (кто), 57–58; present tense, 81–84; present tense of *to be* (быть), 10, 112 (n. 35), 114; reciprocal, 224; reflexive, 223–224; summary of verb forms, 443–445; verbal adverbs of completed action, 235–237; verbal adverbs of simultaneous action, 248–250; with adverbs of quantity, 147; with -ся (-сь), 223–225
Voicing of consonants, 28–29
Vowels: indicator vowels following a hard or soft consonant, 21, 29; indicator vowels following a variable consonant, 17–19, 29; indicator vowels not following consonants, 27–28, 29; simple, 6

Whether, expression of, 281 (n. 1)
Who (кто), past tense form used with, 57–58
Word order, 10, 45, 122 (n. 26), 289, 301
Writing, 6–10, 18–21, 28

You (ты, вы): informal singular and formal/plural, 39–40; past tense forms used with, 57–58
Your (твой, ваш), informal singular and formal/plural, 38–39